U0959868

权威·前沿·原创

皮书系列为
“十二五”“十三五”国家重点图书出版规划项目

BLUE BOOK

智库成果出版与传播平台

福利彩票蓝皮书
BLUE BOOK OF WELFARE LOTTERY

中国福利彩票发展报告（2020）

REPORT ON WELFARE LOTTERY IN CHINA (2020)

中国社会科学院福利彩票课题组
中国社会科学院大学社会责任研究中心 / 研 创
何 辉 / 主 编

社会科学文献出版社
SOCIAL SCIENCES ACADEMIC PRESS (CHINA)

图书在版编目（CIP）数据

中国福利彩票发展报告. 2020/中国社会科学院福利彩票课题组，中国社会科学院大学社会责任研究中心研创；何辉主编. --北京：社会科学文献出版社，2021. 10
（福利彩票蓝皮书）
ISBN 978-7-5201-9113-5

Ⅰ. ①中… Ⅱ. ①中… ②中… ③何… Ⅲ. ①社会福利-彩票-研究报告-中国-2020 Ⅳ. ①F832. 5

中国版本图书馆 CIP 数据核字（2021）第 200358 号

福利彩票蓝皮书
中国福利彩票发展报告（2020）

研　　创 / 中国社会科学院福利彩票课题组
　　　　　中国社会科学院大学社会责任研究中心
主　　编 / 何　辉

出 版 人 / 王利民
组稿编辑 / 陈　颖
责任编辑 / 桂　芳
文稿编辑 / 王小翠
责任印制 / 王京美

出　　版 / 社会科学文献出版社 · 皮书出版分社（010）59367127
　　　　　地址：北京市北三环中路甲 29 号院华龙大厦　邮编：100029
　　　　　网址：www. ssap. com. cn
发　　行 / 市场营销中心（010）59367081　59367083
印　　装 / 天津千鹤文化传播有限公司

规　　格 / 开 本：787mm × 1092mm　1/16
　　　　　印 张：22. 75　字 数：340 千字
版　　次 / 2021 年 10 月第 1 版　2021 年 10 月第 1 次印刷
书　　号 / ISBN 978-7-5201-9113-5
定　　价 / 158. 00 元

中国福利彩票发展报告（2020）
编　委　会

主要编撰者简介

何　辉　经济学博士，副教授，中国社会科学院大学商学院党总支书记，兼任中国社会科学院大学社会责任研究中心主任，中国社会科学院大学公共政策研究中心研究员。主要研究领域为政府规制和产业经济学、公益市场、彩票、公共政策和社会组织等，曾出版《政府规制：理论、政策与案例》《中国社会组织报告（2018）》等著作。在彩票研究方面，担任《中国福利彩票发展报告》（蓝皮书系列）主编；发表《福利彩票事业的公共价值、发展方向和供给侧改革》《中国彩票销量变化背后的产品结构和政府规制》等文章。

马福云　法学博士，教授、博士生导师，中共中央党校（国家行政学院）社会和生态文明教研部社会治理教研室主任，兼任社会工作专业硕士（MSW）教育中心主任。主要研究领域为发展社会学，研究主题包括基层治理、社会服务、彩票管理等。曾在中国—欧盟村务管理项目、民政部社工研究中心从事研究培训工作。在彩票研究方面，出版专著《彩票利益相关方的社会责任》，发表《中国彩票业的发展及其政府规制》《以彩票立法解决彩票政府规制问题》等文章，并参与《中国福利彩票发展报告》（蓝皮书系列）研究和撰稿工作。

马　妍　《国家彩票》杂志社副社长。主要研究领域为国内外彩票政策、彩票管理体制、彩票市场。2004 年至今在彩票发行机构、彩票行业媒体领域工作多年，有丰富的彩票政策和实务经验。主持或参与多个国家和省部级项目，包括彩票公益金的社会责任研究（国家社科基金项目）、彩票管理体制改革研究（民政部项目）、国际彩票行业发展现状和趋势研究（国家体育总局体育彩票管理中心项目）等，发表《国际彩票行业现状和趋势研究》等文章，并参与《中国福利彩票发展报告》（蓝皮书系列）研究和撰稿工作。

王晶磊　中国社会科学院大学学生工作部协助负责人，法学院党总支副书记，研究生第二党总支副书记，高级工程师，高级项目经理，兼任中国社会科学院大学社会责任研究中心研究员，主要研究领域为数据分析与项目管理、公共治理、彩票市场。作为主要作者参与《中国福利彩票公益发展报告（2018）》、《中国福利彩票发展报告（2019）》、《中国福利彩票发展报告（2020）》（蓝皮书系列）的研究和写作，也负责该系列蓝皮书在立项、商务及项目管理等方面的统筹规划。发表《中国福利彩票公益发展评估体系》《福利彩票的省级区域比较分析》等文章。

摘　要

本书是福利彩票蓝皮书系列的第三本。本书出版有两个目的：一是通过全面梳理2019年福利彩票市场的销售，公益金筹集、分配和使用情况等，呈现2019年我国福利彩票事业发展的概貌及趋势等；二是通过多个专题性的研究文章，试图就我国彩票产业和彩票事业发展不同领域的问题进行分析，并提出有针对性的政策建议。

通过统计学方法对2019年福利彩票各种游戏市场表现、省级区域的销量变化进行定量分析发现：政府规制政策等因素引发了2019年我国彩票行业的结构性减速；大型乐透型游戏增长乏力，游戏多样性不足，不能满足主流市场人群的需求；不同省份的彩票销量呈现巨大的差异，彩票发展的区域不平衡非常明显。监管部门和彩票机构需要在彩票品种多样化、游戏设计的低博弈性和娱乐性兼顾、彩票营销渠道等方面进行探索和创新。

经过30余年的演变，我国彩票运行从早期的奖券运行模式到部门彩票运行模式，再发展到当前的国家彩票运行模式。现有模式在推动彩票的国家属性、扩宽公益金使用范围方面具有优势。由于分割了彩票发行机构与彩票公益金使用部门，现有模式弱化了彩票的社会责任形象。

基于对彩票公益金监管体制机制的考察，本书认为，目前公益金的分配使用存在资金分配结构不够合理、第三方监管缺乏、资金封闭管理和使用效率不高等问题，建议公益金监管采取“公益信托＋基金会”的模式。公益信托使彩票公益金转换为彩票公益基金，而基金会的诸多特征可提升公益金使用的透明度和绩效。

彩票专营是我国彩票管理的重要特征。彩票专营和烟草专卖在政府考量、法律依据、运行机制、市场化程度、国际接轨程度五个维度有所区别。为了进一步完善彩票专营，需要以专卖制度为基础，构建适度竞争机制，减少对行政化路径的依赖等。

新闻报道在福彩事业中发挥重要作用。通过对福彩新闻报道背后的议程设置进行研究，以及对中日两国的彩票新闻报道进行比较，发现福彩新闻存在公益主题色彩不够明显、报道方式全而未融、新媒体发布频率较低、价值导向不足、福彩主题缺乏联动等问题，需要在提升福彩公益形象、打造全媒体中心、注重新闻价值导向等方面进行改进。

彩票本质上属于国民收入和财富的第三次分配，是中国特色社会主义市场经济下的一种慈善募捐。近些年彩票产业发展引发了一些问题。彩票要重新回归第三次分配的定位，体现彩票的人民属性、国家属性和公益属性。

对于彩票的研究和政策分析往往忽略了彩票事业是包含彩票销售市场和公益金分配使用市场的统一整体。从彩票事业的整体观出发，我国彩票事业的高质量发展，需要在经济高质量、社会高质量和治理高质量三个方面着力推进。

关键词： 结构性减速　政府规制　高质量发展

目 录

Ⅰ 总报告

Ⅱ 市场篇

Ⅲ 彩票公益篇

Ⅳ 调查评估篇

Ⅴ 专题研究篇

Ⅵ 附 录

总 报 告

General Report

B.1

结构性减速和高质量发展

——2019年中国福利彩票发展报告

中国社会科学院福利彩票课题组*

摘　要：本报告梳理了2019年我国彩票市场特别是福利彩票市场的销售情况，公益金筹集、分配和使用情况，认为结构性减速主要受政府规制影响。目前，中国彩票产业发展处于“三期叠加”的状态；政府规制和彩票销量的结构性减速客观上为彩票高质量发展提供了契机。我国彩票销量在经过前几年的一波上涨后，正从高速度增长向高质量发展转变，彩票市场已正式进入“质量时代”。为了推动彩票产业高质量发展，政府规制部门需要将严格监管和适当放松相结合；彩票机构要

* 本文为课题组的集体研究成果，参与总报告撰写的课题组成员包括何辉、王晶磊、王微微、李石强、蒋楠、何佳、荣耀等。何辉、王晶磊、李石强、王微微、蒋楠均为中国社会科学院大学教师；何佳、荣耀为中国社会科学院大学公共管理专业硕士研究生。本文的主要执笔人为何辉，经济学博士，副教授，中国社会科学院大学商学院党总支书记，主要研究领域为政府规制和产业经济学、公益市场、彩票、公共政策和社会组织等。

做好适应性发展，践行社会责任，重视游戏产品的研发、渠道开拓和营销创新。

关键词： 结构性减速 政府规制 高质量发展 福利彩票

一 2019年福利彩票发行销售情况

2019 年，受高频快开和竞彩游戏规则调整影响，全国彩票销量急剧下降。其中，福利彩票全年销量为 1912. 38 亿元，同比减少 333. 18 亿元；体育彩票 2018 年受世界杯影响，销量基数较高，2019 年销量下降幅度更大，全年销量为 2308. 15 亿元，同比减少 561. 01 亿元。总体来看，受政府规制和管理以及市场环境变化影响，我国彩票游戏销量明显下滑。

（一）我国彩票发行销售的整体情况

1. 2019年我国彩票销量急剧下降，同比降幅高达17. 5%

2019 年，我国彩票销量[①]急剧下降，锐减至 4220. 53 亿元，比上年同期大减 894. 19 亿元，同比降幅高达 17. 5%。2019 年是我国彩票自 1998 年发行以来降幅最大的一年。其中，福利彩票发行销售彩票 1912. 38 亿元，体育彩票机构发行销售彩票 2308. 15 亿元。2019 年，我国彩票市场的福利彩票和体育彩票销量分别同比下降 14. 8% 和 19. 6%（见图 1）。

2019 年，我国彩票市场出现明显变化主要是年初监管部门调整高频快开和竞彩游戏规则引起的。值得一提的是，近 10 年来全国彩票出现的两次销量下降的情况，都是受彩票市场监管政策影响，再次体现政策是彩票行业的重要影响因素。

---

① 这里统计的彩票销量，不包括我国香港特别行政区、澳门特别行政区和台湾地区。本书中除特别指明外，凡涉及对全国销量等的统计均作此理解。

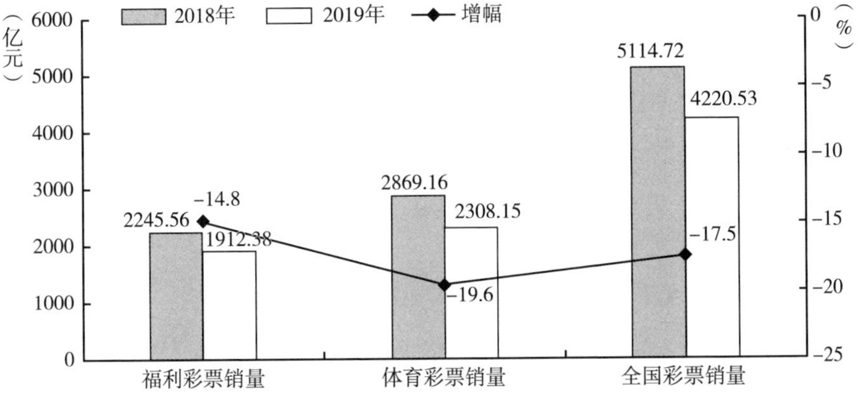

图1　2018～2019 年我国彩票销量及增幅情况

资料来源：《中华人民共和国财政部公告 2020 年 38 号》，财政部网站，2020 年 8 月 31 日，http：//zhs. mof. gov. cn/zhengcefabu/202008/t20200831_ 3578164. htm；《财政部：2018 年彩票公益金筹集分配情况和中央集中彩票公益金安排使用情况公告》，中国福彩网，2019 年9 月 2 日，http：//www. cwl. gov. cn/c/2019 －09 －02/457337. shtml。

2019 年，我国彩票销量大幅下降 17. 5%，同期我国经济平稳发展，GDP 同比增长 6. 1%，增幅仍保持在 6% 以上。2019 年，我国彩票销量增幅与 GDP 增幅差异较大，当年我国彩票销售趋势与国民经济发展关联不大（见图 2）。

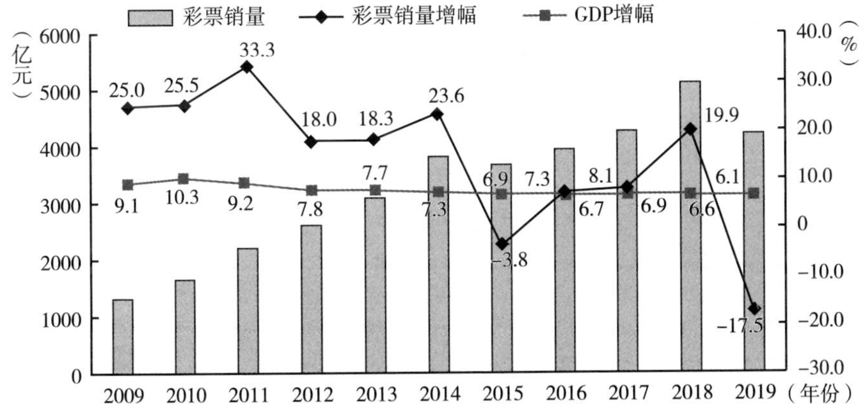

图2　2009～2019 年我国彩票销量增幅与 GDP 增幅比较

资料来源：彩票销量数据，参见国家统计局网站公布数据，https：//data. stats. gov. cn/easyquery. htm？ cn = C01&zb = A0P09&sj = 2020；GDP 数据，参见国家统计局网站公布数据，https：//data. stats. gov. cn/easyquery. htm？ cn = C01&zb = A0201&sj = 2020。

2. 竞彩和高频快开游戏销量急剧下降，导致整个彩票销量大幅下滑

2019 年，刮刮乐、基诺型、顶呱刮这三类竞猜游戏是当年全国彩票增幅最高的 3 种彩票游戏，但仅带来约61 亿元的销售增量。同时，竞彩、福彩快开和体彩高频销量受到政策调整以及 2018 年世界杯赛事影响大幅降低约 1032 亿元，这导致全国彩票销量大幅下降（见表 1）。

表 1　2019 年全国彩票各彩种/游戏销量增长情况

单位：亿元，%

彩种/游戏		2019 年销量	销量占比	同比增量	增幅
福彩	福彩快开	581. 27	13. 8	-351. 55	-37. 7
	双色球	542. 02	12. 8	9. 43	1. 8
	中福在线	440. 83	10. 4	-33. 52	-7. 1
	3D	175. 04	4. 1	8. 63	5. 2
	刮刮乐	149. 64	3. 5	35. 37	31. 0
	地方游戏	11. 96	0. 3	-1. 24	-9. 4
	七乐彩	9. 95	0. 2	-0. 72	-6. 8
	基诺型	1. 67	0. 04	0. 37	28. 6
体彩	竞彩	1063. 00	25. 2	-450. 19	-29. 8
	超级大乐透	411. 51	9. 8	73. 61	21. 8
	体彩高频	406. 50	9. 6	-231. 11	-36. 2
	顶呱刮	135. 58	3. 2	25. 58	22. 2
	排列 3/5	96. 21	2. 3	5. 77	6. 4
	传统足彩	87. 74	2. 1	-1. 73	-1. 9
	传统单场	33. 69	0. 8	5. 56	19. 8
	虚拟足球	28. 00	0. 7	3. 30	13. 4
	七星彩	19. 78	0. 5	1. 12	6. 0
	地方游戏	19. 12	0. 5	0. 68	3. 7

资料来源：中国福利彩票发行管理中心、国家体育总局体育彩票管理中心网站 2018 年和 2019 年的销售数据。2019 年的数据参见《2019 年中国体育彩票发行销售数据公告》，中国体彩网，2020 年 5 月 29 日，https：//www. zhcw. com/h5/c/2020 - 05 - 29/600614. shtml；《中国福利彩票 2019 年发行销售有关情况公告》，中国福彩网，2020 年 5 月 29 日，http：//www. cwl. gov. cn/c/2020 - 05 - 29/468801. shtml。

2019 年，除高频快开、竞彩和中福在线等受政策因素影响外，其余游戏销量大多数实现增长，而且增长幅度普遍大于 2018 年的增幅，这一方面

表明，高频快开和竞彩销量下降后，其他游戏销量上升；另一方面也表明，目前彩票市场仍有增长空间（见图3）。

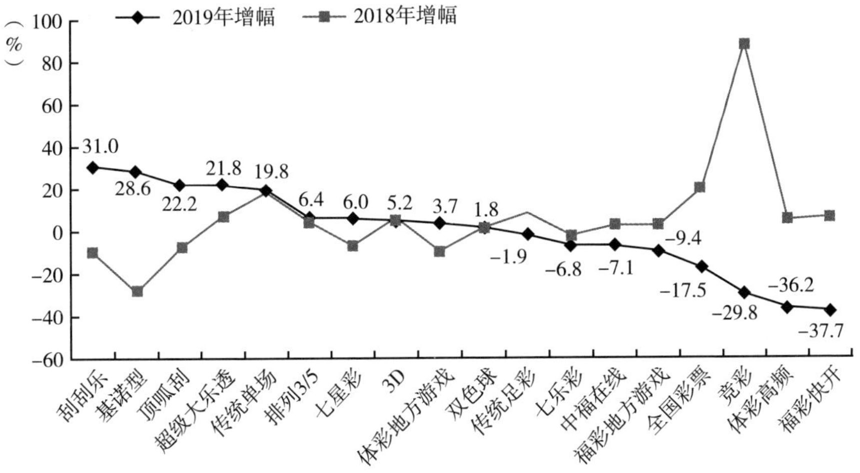

图3　2018～2019年全国彩票各彩种/游戏增幅比较

资料来源：中国福利彩票发行管理中心、国家体育总局体育彩票管理中心网站2018年和2019年的销售数据。2019年的数据参见《2019年中国体育彩票发行销售数据公告》，中国体彩网，2020年5月29日，https：//www.zhcw.com/h5/c/2020－05－29/600614.shtml；《中国福利彩票2019年发行销售有关情况公告》，中国福彩网，2020年5月29日，http：//www.cwl.gov.cn/c/2020－05－29/468801.shtml。

3. 竞彩市场“霸主”地位无法撼动，超级大乐透影响增强

2019年，彩票市场各游戏品种结构未有明显变化，竞彩、福彩快开全年销量由于下降较多，市场占比有所减少，但竞彩和福彩快开游戏的销量仍高于其他游戏，分列市场的第1位和第2位。除体彩高频游戏的销量排名从第3位下降到第6位以外，其他主要游戏品种双色球、中福在线和超级大乐透的销量排名则分别前进1位。剩余游戏品种的全年销量增幅较大，甚至超过30%，市场占比均有不同程度的增加，但因为销量基数普遍较低，因此销量占比仍然在5%以下，市场地位与主流的6个游戏品种的差距很大。2019年，通过彩票机构的推动和营销，即开票（福彩刮刮乐和体彩顶呱刮）销量虽然增幅明显，但占全国彩票销量比例仅为3%左右，仍需不断努力。另外，超级大乐透的市场份额增加了3.1

个百分点，接近10%，其在我国彩票市场的影响越来越大，已逐渐接近双色球的市场份额（见图4）。

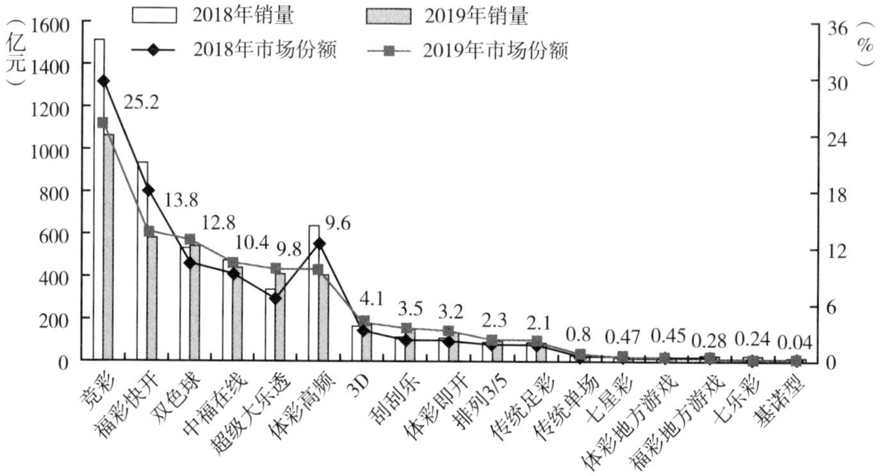

图4　2018～2019年全国彩票各彩种/游戏销量及市场份额变化比较

资料来源：中国福利彩票发行管理中心、国家体育总局体育彩票管理中心网站2018年和2019年的销售数据。2019年的数据参见《2019年中国体育彩票发行销售数据公告》，中国体彩网，2020年5月29日，https://www.zhcw.com/h5/c/2020-05-29/600614.shtml；《中国福利彩票2019年发行销售有关情况公告》，中国福彩网，2020年5月29日，http://www.cwl.gov.cn/c/2020-05-29/468801.shtml。

4. 福彩、体彩销量大幅下降，市场份额相对稳定

2019年，福彩和体彩销量均大幅下降，尤其是体彩降幅更大，市场份额略有减少，而福彩市场份额则略有增加。但福彩市场份额已连续两年低于体彩，且与体彩相差较大，二者市场份额相差约10个百分点，体彩已基本稳固其市场优势（见图5）。今后如游戏产品不出现大变化，福彩的市场份额可能会持续落后于体彩。

5. 我国人均可支配收入购彩率①为98.09元/万元，降幅较大

2019年我国人口为14.005亿人。以此计算，人均购彩金额为301.46

① 人均可支配收入购彩率＝人均购彩金额/人均可支配收入×10000。

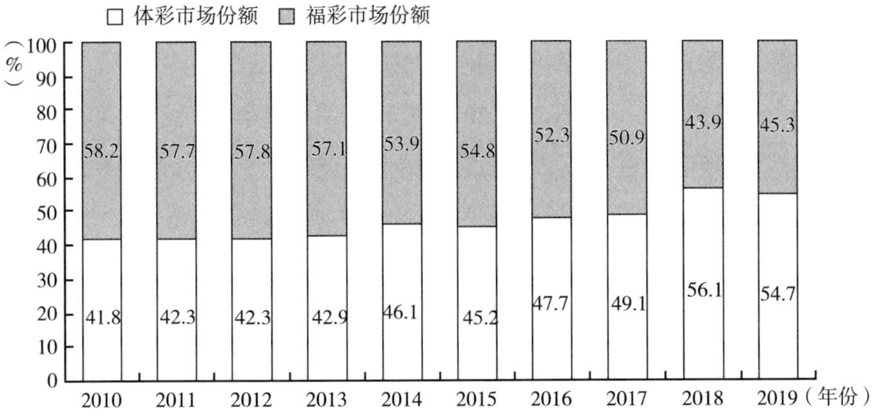

图 5　2010～2019 年我国福彩、体彩市场份额变化情况

资料来源：根据国家统计局发布的彩票销量数据分析制作。

元。2019 年我国居民人均可支配收入为 30733 元。我国人均可支配收入购彩率明显下降，由上年的每万元可支配收入购彩 129.85 元降至 100 元以下（见图 6）。

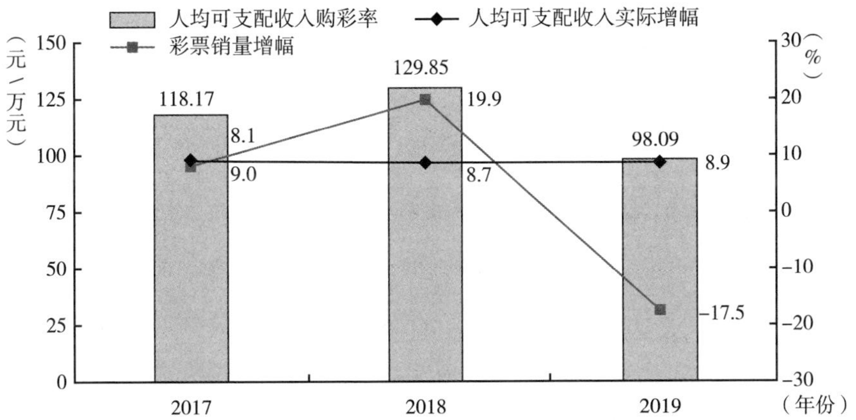

图 6　2017～2019 年我国人均可支配收入购彩率、增幅及彩票销量增幅

资料来源：根据国家统计局发布的人均可支配收入、彩票销量的相关数据分析制作。

如果与全国居民人均可支配收入相比，人均购彩金额不足人均可支配收入的 1%，我国彩票人均购彩金额处于合理空间内。

6. 我国彩票发展指数（彩票销量/GDP）为0.426%

从我国彩票发展指数变化来看，彩票发展指数从2010年的0.407%增长到2014年最高的0.601%。但2019年我国彩票发展指数再度降至0.5%以下，与全国经济总量相比，全国彩票销量略低，且市场波动较大，发展不够稳定（见图7）。

图7　2010～2019年我国彩票发展指数及销量情况

资料来源：根据国家统计局发布的GDP数据和彩票销量数据分析制作。

（二）福利彩票的发行销售情况

2019年，我国福利彩票销量跌落至2000亿元以下，为1912.38亿元，同比减少333.18亿元，降幅略小于同期全国彩票的降幅（见图8）。福利彩票年销量仍低于体育彩票，市场份额约为45.3%，比上年增加约1.4个百分点（见图8）。前文对此已经做了分析，福利彩票市场份额上升的主要原因为体育彩票竞彩游戏销量的大幅下滑。

1. 增长情况

2019年，中国福利彩票销量连续5年保持在2000亿元以上的势头终止，销量同比下降14.8%。自2010年以来，福利彩票销量增幅在大多数年份都小于全国彩票销量增幅，仅在2015年和2019年两个彩票销量下降的年

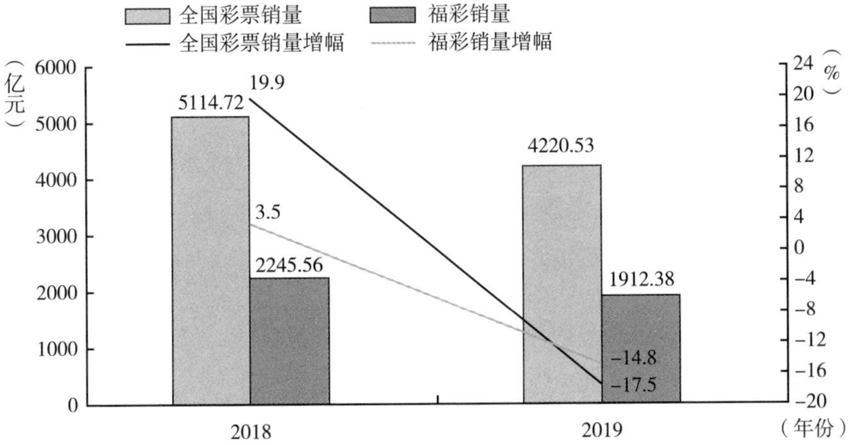

图 8　2018～2019 年全国彩票及福利彩票销售情况

资料来源：《中华人民共和国财政部公告 2020 年 38 号》，财政部网站，2020 年 8 月 31 日，http：//zhs. mof. gov. cn/zhengcefabu/202008/t20200831_ 3578164. htm；《财政部：2018 年彩票公益金筹集分配情况和中央集中彩票公益金安排使用情况公告》，中国福彩网，2019 年 9 月 2 日，http：//www. cwl. gov. cn/c/2019 －09 －02/457337. shtml。

份，降幅略小于全国彩票（见图 9）。这主要是因为，福彩销售主力为乐透数字型彩票，其销售相对更平稳，而体彩的主力游戏竞猜型彩票，近些年销售增幅一直较大，只是到了 2019 年因为政策原因变为负增长。

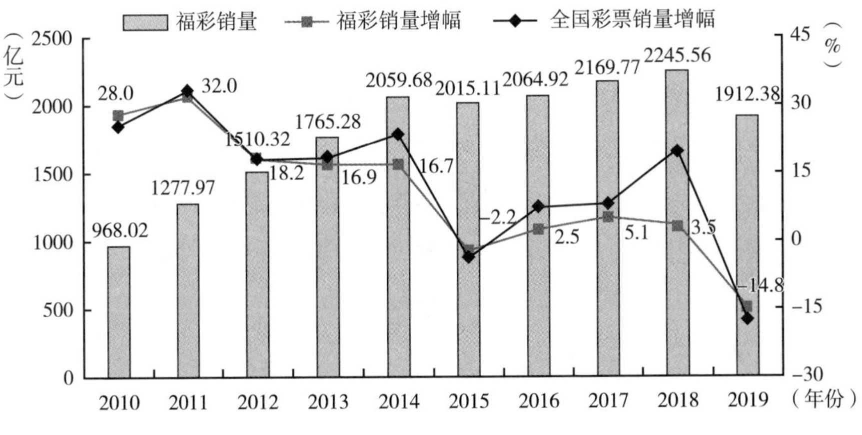

图 9　2010～2019 年我国福利彩票销量及销量增幅与全国彩票增幅比较情况

资料来源：根据国家统计局发布的相关年份彩票销售数据分析制作。

2. 人均购买福彩金额

从人均购买福彩金额来看，2019 年全国人均购买福彩金额为 136. 59 元，同比减少 24. 34 元，降幅为 15. 1%，大于销量降幅。2019 年，人均购买福彩金额仅与 2013 年人均购买福彩金额相当，与最高点 2018 年相比减少了约 24 元。可以预期，随着彩票市场的逐步稳定，以及近些年我国人均收入的持续增加，人均购买福彩金额应该会有较大增长空间（见图 10）。

图 10　2010 ~ 2019 年全国人均购买福彩金额及增幅变化情况

资料来源：根据国家统计局发布的相关年份人口数据和彩票销量数据分析制作。

3. 人均可支配收入购福彩率

2019 年，我国居民人均可支配收入为 30733 元，据此计算，2019 年我国人均可支配收入购福彩率为 44. 45 元/万元。近年来，我国人均可支配收入逐年增长，而人均可支配收入购福彩率呈现逐年递减的趋势（见图 11）。一方面，说明近几年购买福彩对居民生活消费影响逐步减小；另一方面，也可以理解为福利彩票销量增长的潜力较大。

4. 不同游戏产品的销售状况

从各彩票游戏的销售情况来看，2019 年福彩各游戏销售情况差异仍较大。福彩快开和中福在线销量受政策监管影响，出现明显下降；七乐彩和地方游戏销量较低，并进一步下降；即开票刮刮乐、基诺型游戏销量受快开游

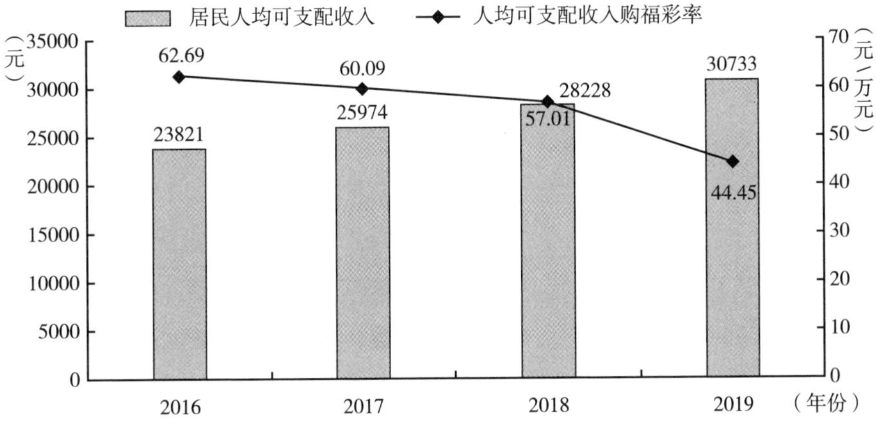

图 11　2016～2019 年全国居民人均可支配收入及人均可支配收入购福彩率情况

资料来源：根据国家统计局发布的相关年份人口数据和彩票销量数据分析制作。

戏调整影响实现大幅增长；双色球和 3D 销量也有小幅增长。

2019 年，在福彩销量实现增长的游戏品种中，增幅较大的刮刮乐和基诺型销量都相对较低，即使全年增幅达 30% 左右，但并不能带动福彩销量的增长。而除福彩快开和中福在线外，福彩的另一销售主力游戏双色球全年增幅仅 1.8%，在全年彩票市场出现较大变动的情况下，仍未能实现大幅增长。

福彩快开游戏和中福在线销量因政策影响大幅下降在情理之中。而七乐彩和地方游戏销量不仅基数较低，且逐年下降，目前销量均已降至 10 亿元左右，对福彩市场影响越来越小，如果销量继续下滑，应该考虑对这两个游戏品种进行调整优化（见表 2）。

表 2　2019 年福彩各彩种/游戏销量增长情况

单位：亿元，%

彩种/游戏	2019 年销量	销量占比	同比增量	增幅
福彩快开	581.27	30.4	-351.55	-37.7
双色球	542.02	28.3	9.43	1.8
中福在线	440.83	23.1	-33.52	-7.1

续表

彩种/游戏	2019 年销量	销量占比	同比增量	增幅
3D	175.04	9.2	8.63	5.2
刮刮乐	149.64	7.8	35.37	30.9
地方游戏	11.96	0.6	-1.24	-9.4
七乐彩	9.95	0.5	-0.72	-6.8
基诺型	1.67	0.09	0.37	28.4

资料来源：中国福利彩票发行管理中心网站2018年和2019年的销售数据。2019年的数据参见《中国福利彩票2019年发行销售有关情况公告》，中国福彩网，2020年5月29日，http://www.cwl.gov.cn/c/2020-05-29/468801.shtml。

2019年，福彩快开、双色球和中福在线销量占福彩市场前3位，仅这3款游戏就占福彩总销量的81.8%，这三大游戏对福彩发展影响较大。其中，福彩快开游戏虽仍是销量占比最高的品种，但其市场占比已降至30%左右，与双色球基本相当。从福彩快开游戏的占比变化也可看出，近年来福彩发展过于依赖快开游戏，导致在快开游戏受到严格监管后，销量出现大幅下降（见表3）。

表3　2019年福彩各彩种/游戏销量及市场占比情况

单位：亿元，%

彩种/游戏	2019 年销量	2019 年市场占比	2018 年销量	2018 年市场占比	市场占比增幅
福彩快开	581.27	30.4	932.82	41.5	-11.1
双色球	542.02	28.3	532.59	23.7	4.6
中福在线	440.83	23.1	474.35	21.1	2.0
3D	175.04	9.2	166.41	7.4	1.8
刮刮乐	149.64	7.8	114.27	5.1	2.7
地方游戏	11.96	0.6	13.2	0.6	0.03
七乐彩	9.95	0.5	10.67	0.5	0.02
基诺型	1.67	0.09	1.3	0.1	-0.01

资料来源：中国福利彩票发行管理中心网站2018年和2019年的销售数据。2019年的数据参见《中国福利彩票2019年发行销售有关情况公告》，中国福彩网，2020年5月29日，http://www.cwl.gov.cn/c/2020-05-29/468801.shtml。

在福彩现有销量超过百亿元的游戏品种中，福彩快开游戏和中福在线都受到监管政策的限制，增长趋势不再；双色球和3D市场已趋于稳定，销量增长幅度较小，很难大幅增长带动福彩销量上涨；唯有刮刮乐有较大的增长空间。

二　政府规制和彩票市场的结构性减速

对于2019年彩票销量的下降，本部分从政府规制的角度进行专门的讨论。2019年，我国彩票监督管理部门进一步加强了对彩票市场的监督管理，从加强彩票游戏管理等方面着手，严格制定相关政策，控制彩票市场风险，进一步彰显国家彩票公益性和社会责任。但与此同时，正如前面的数据呈现的，2019年的彩票销量出现较大程度的下滑。

（一）加强对高频快开游戏的监管

1. 紧急叫停高频快开游戏派奖促销

2019年伊始，财政部等彩票监督管理部门就加强了对高频快开游戏的监管，在1月的半个月内连发两道通知，对高频快开游戏市场加强监管。

财政部、民政部、国家体育总局在2019年1月15日联合发布《财政部　民政部　体育总局关于加强高频快开游戏派奖促销管理的通知》，对高频快开游戏进行严格监管。通知要求，自2019年1月16日起，暂停开展任何形式的派奖和促销活动。“对于正在开展的派奖活动，应当及时发布调整公告，派奖周期不得超过5天，并应当于期满后立即停止，派奖活动的最后一期派奖奖金有结余的，不再继续派奖。对于已公告但尚未开展的派奖活动，应当及时发布取消公告。”①

① 《财政部　民政部　体育总局关于加强高频快开游戏派奖促销管理的通知》，中国福彩网，2019年1月15日，http：//www.cwl.gov.cn/c/2019－01－15/447975.shtml。

该通知出台的背景之一是，近年来高频快开游戏因为开奖频率高、投注倍数大、派奖促销活动时间长、派奖金额高等，引发大量的高额非理性购彩等问题。与此同时，高频快开游戏也被一些非法彩票所利用。

近年来，公安部在打击网络赌博中发现，涉案的80%以上的赌博网站、App，都设有高频快开型彩票和游戏类板块，跨境赌博集团利用该类彩票玩法比较多、容易入门、频次快、辐射面大、投注金额高等特点，借国内高频快开型彩票品种、开奖周期非法坐庄牟利。非法彩票和网络游戏向普通民众扩散，也诱导培育了新的参赌群体。

此前，各地公安部门多次破获赌博集团借高频快开游戏开展网络赌博的案件，主要是利用“时时彩”、北京赛车“PK 拾”等快开彩票开设网络赌场。2018 年，公安部就将“利用北京赛车‘PK 拾’彩票开设赌场案”列为当年重要案件之一，侦破了多个以“北京赛车”“网上赛车”“虚拟赛车”等为名，利用北京福彩快开游戏“PK 拾”开奖结果进行非法彩票销售的赌博团伙案。基于以上原因，三部委紧急发文，全面叫停高频快开游戏的派奖和促销活动。

2. 调整游戏规则，限制宣传销售

在三部委下发通知紧急叫停高频快开游戏派奖促销后不到半个月，2019 年 1 月 28 日，财政部、民政部、国家体育总局三部委再次联合发布《财政部　民政部　体育总局关于调整高频快开彩票游戏和竞猜彩票游戏规则加强彩票市场监管的通知》。调整高频快开彩票游戏和竞猜彩票游戏规则，拉长每期销售时间，提高公益金提取比例；调整投注倍数范围；规定销售机构不得新增销售终端；对单台销售终端实行额度监管等。该通知主要是对高频快开和单场竞猜两类游戏进行整顿。其中，关于高频快开游戏的整顿主要包括三个方面。

（1）在游戏规则方面做出调整

减少高频快开游戏的开奖频次，要求原来 5 ~ 10 分钟开奖一次的一律调整为 20 分钟开奖一次，直接将各高频快开游戏的销售期数减少一半以上。同时，取消高频快开游戏 1% 的调节基金。

（2）限制高频快开游戏的宣传

该通知要求，禁止在实体店外对高频快开游戏开展任何形式的宣传。开奖结果不得在实体店外公布，实体店也不得提供有关高频快开游戏的分析、预测等信息。

（3）加强高频快开游戏销售端管理

将高频快开游戏的单张彩票投注倍数降至20倍，加强实体店销售终端数量管理，不得新增销售终端数量；加强单台销售终端额度监管，单日销量超过1.5万元的应当要求实体店及时提供书面情况说明。①

此次对高频快开游戏加强监管的措施严厉、力度大，类似2008年对中福在线游戏的管理，直接导致了高频快开游戏销量大幅下降。政策执行后，高频快开游戏销量同比下降40%以上。这是国家彩票监管部门继对擅自利用互联网销售彩票行为进行打击后，再次对我国彩票市场实施的强有力干预政策，也为高频快开游戏和竞彩游戏等缺乏市场监管的现象敲响了警钟。

3. 高频快开游戏的市场变化

2019年，彩票监管部门对高频快开和竞彩游戏进行整顿，使得这两类游戏销量出现明显下降，在彩票市场中的占比也有所减少。其中，高频快开游戏销量降至1000亿元以下，比上年下降37.1%，在全国彩票市场中的占比也由上年的30.7%降至23.4%，大幅减少7.3个百分点。这是高频快开游戏自2013年销量突破千亿元以后，在全国彩票市场中的占比首次降至30%以下（见图12）。

2014～2017年，高频快开游戏销量在全国彩票市场中占比超过1/3。2018年，竞彩受世界杯刺激销量暴增至1500多亿元，使得其他游戏的市场占比都有所下降，但高频快开游戏销量仍占全国彩票销量的30%以上，全国彩票市场大致是竞彩、高频快开游戏和其他游戏三分天下。

---

① 《财政部　民政部　体育总局关于调整高频快开彩票游戏和竞猜彩票游戏规则加强彩票市场监管的通知》，民政部网站，2019年1月28日，http：//www.mca.gov.cn/article/xw/mzyw/201901/20190100014643.shtml。

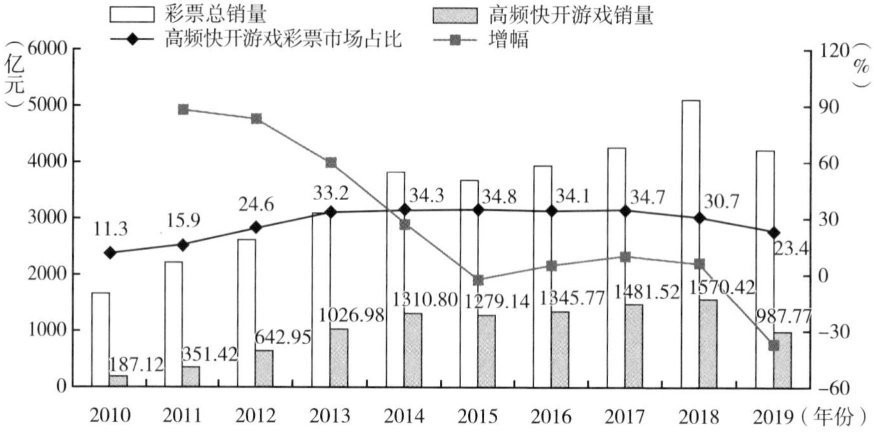

图 12　2010～2019 年高频快开游戏销量及在全国彩票市场占比情况

资料来源：中国福利彩票发行管理中心、国家体育总局体育彩票管理中心网站 2018 年和 2019 年的销售数据。2019 年的数据参见《2019 年中国体育彩票发行销售数据公告》，中国体彩网，2020 年 5 月 29 日，https：//www. zhcw. com/h5/c/2020 －05 －29/600614. shtml；《中国福利彩票 2019 年发行销售有关情况公告》，中国福彩网，2020 年 5 月 29 日，http：//www. cwl. gov. cn/c/2020 －05 －29/468801. shtml。

从福彩、体彩来看，快开游戏的销量变化对福彩影响较大。由于缺少类似竞彩的游戏产品，双色球市场增长缓慢、中福在线销量受终端机纠纷困扰增幅下降。近年来，各地福彩销售机构普遍以快开游戏为主要增长点，使得快开游戏在福彩中的销量占比在 2013 年开始突破 20%，2014 年突破 30%，2018 年已达 41. 5%，几乎占福彩总销量的半壁江山。2019 年，快开游戏销量大幅下降，同比下降 37. 7%，其在福彩销量中的占比降至 30% 左右，减少了 11. 1 个百分点，使得福彩年销量在连续 5 年保持 2000 亿元以上的情况后，首次降至 2000 亿元以下（见图 13）。

相比之下，高频游戏销量在体彩总销量中的占比要小一些。2014 年后，由于竞彩销量连续暴增，高频游戏销量在体彩销量中的占比不断下降，至 2018 年仅占 22. 2%。2019 年，高频游戏销量受新政策影响，同比减少了 200 多亿元，降幅达 36. 2%，比福利彩票的快开游戏销量降幅略小。在体彩销量中的占比进一步缩小到 17. 6%，但体彩全年销量仍保持在 2000 亿元以上，高频游戏的市场变化对体彩总销量及游戏机构影响

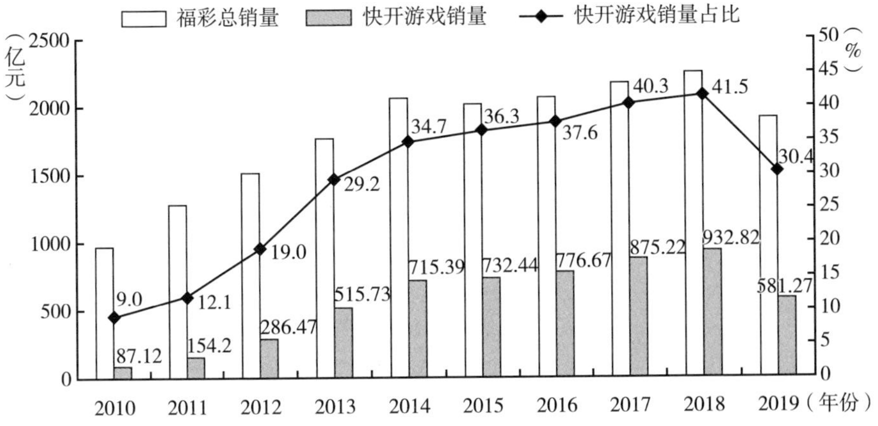

图 13　2010～2019 年快开游戏销量及在福彩销量中的占比情况

资料来源：中国福利彩票发行管理中心网站 2018 年和 2019 年的销售数据。2019 年的数据参见《中国福利彩票 2019 年发行销售有关情况公告》，中国福彩网，2020 年 5 月 29 日，http：//www. cwl. gov. cn/c/2020－05－29/468801. shtml。

相对较小（见图 14）。

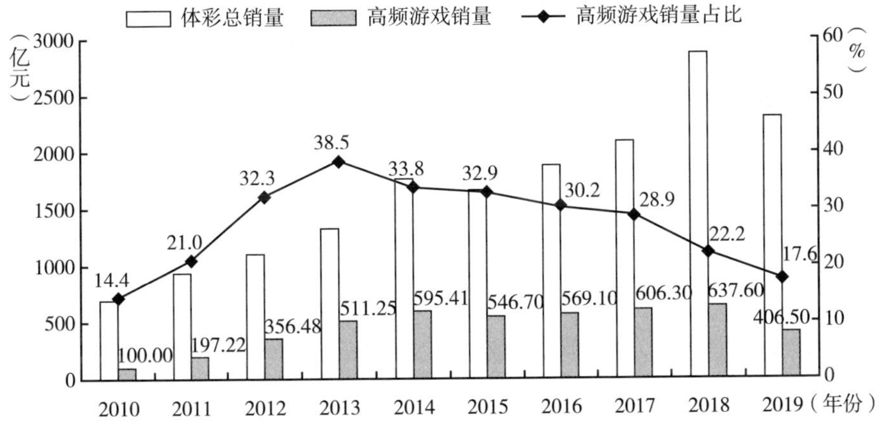

图 14　2010～2019 年高频游戏销量及在体彩销量中的占比情况

资料来源：国家体育总局体育彩票管理中心网站 2018 年和 2019 年的销售数据。2019 年的数据参见《2019 年中国体育彩票发行销售数据公告》，中国体彩网，2020 年 5 月 29 日，https：//www. zhcw. com/h5/c/2020－05－29/600614. shtml。

（二）加强对竞猜类游戏的监管

竞猜类游戏是体育彩票的重要游戏品种。2001 年 10 月 22 日，我国最早的竞猜型游戏——传统足彩上市。2009 年，新型单场竞猜游戏“竞彩足球”“竞彩篮球”玩法产生，竞彩游戏上市。竞彩的上市开启了竞猜型彩票的新时代。近些年来，在我国彩票销量增长中，主要贡献者是竞猜型彩票。2016 年，上市仅仅第 7 个年头的竞彩，销量就一举超越福彩的双色球，成为中国彩票游戏单品的销量冠军。竞猜型彩票，特别是竞彩，成为近几年左右体育彩票和福利彩票市场份额的决定性产品。

《财政部　民政部　国家体育总局关于调整高频快开彩票游戏和竞猜彩票游戏规则加强彩票市场监管的通知》要求，加强彩票市场监管，调整竞彩游戏规则，降低竞彩返奖率，并要求竞猜销售赛事至少比上年减少 30% 等。具体的规制内容如下。

（1）调整单场竞猜游戏返奖奖金比例

“将单场竞猜游戏返奖奖金比例由 73% 调整为 71%，即取消提取 1% 的调节基金、并下调单场竞猜游戏当期返奖奖金比例 1 个百分点，相应将彩票公益金提取比例由 18% 提高至 20%。实体店代销费用提取比例不得高于 7%。”①

（2）严格控制竞猜开售比赛数量和投注倍数范围

“自 2019 年起，单场竞猜游戏全年竞猜开售比赛的场次和赛事数量不得高于 2018 年开售比赛场次和赛事数量的 70%，切实引导和促进竞猜游戏市场理性健康发展。”“单场竞猜游戏单张彩票的投注倍数范围由 2 ~ 99 倍调整为 2 ~ 50 倍。”②

① 《财政部　民政部　体育总局关于调整高频快开彩票游戏和竞猜彩票游戏规则加强彩票市场监管的通知》，民政部网站，2019 年 1 月 28 日，http：//www. mca. gov. cn/article/xw/mzyw/201901/20190100014643. shtml。

② 《财政部　民政部　体育总局关于调整高频快开彩票游戏和竞猜彩票游戏规则加强彩票市场监管的通知》，民政部网站，2019 年 1 月 28 日，http：//www. mca. gov. cn/article/xw/mzyw/201901/20190100014643. shtml。

（3）加强实体店销售终端数量和额度管理

彩票销售机构不得新增单场竞猜游戏销售终端数量。每个实体店单场竞猜游戏销售终端不得超过 1 台。“凡超过 1 台的，应当于 2019 年 2 月 11 日起全部停止销售。”“单场竞猜游戏销售终端周中（周一至周五）单日销量超过 4 万元的或者周末（周六、周日）单日销量超过 6 万元的，彩票销售机构应当要求实体店及时提供书面情况说明，并建立销售终端监管台账。”①

（4）彩票销售机构不得对单场竞猜游戏开展任何形式的派奖和促销活动

2019 年初的规制举措，对竞彩全年销量影响较大。2019 年，竞彩游戏全年销量虽仍保持在千亿元以上，但由上年的 1513.19 亿元降至 1063 亿元，降幅近 30%。这是竞彩上市 10 年来销量首次出现下降，且降幅较大（见图 15）。不过，由于竞彩游戏的市场份额大，2019 年竞彩仍是我国彩票市场销量最高的游戏，大幅领先于其他彩票游戏。

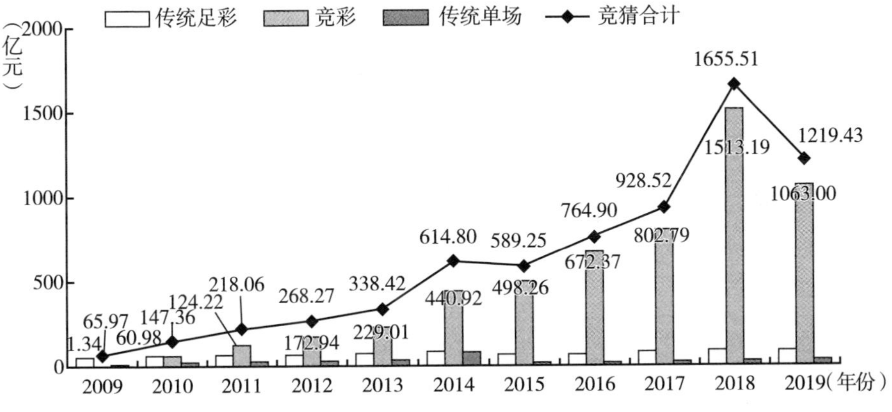

图 15　2009～2019 年我国竞猜型彩票销量变化情况

资料来源：国家体育总局体育彩票管理中心网站 2018 年和 2019 年的销售数据。2019 年的数据参见《2019 年中国体育彩票发行销售数据公告》，中国体彩网，2020 年 5 月 29 日，https：//www.zhcw.com/h5/c/2020－05－29/600614.shtml。

① 《财政部　民政部　体育总局关于调整高频快开彩票游戏和竞猜彩票游戏规则加强彩票市场监管的通知》，民政部网站，2019 年 1 月 28 日，http：//www.mca.gov.cn/article/xw/mzyw/201901/20190100014643.shtml。

（三）游戏结构变化

2019 年，我国彩票市场波动较大，主要受高频快开和竞彩游戏规则调整影响①，全年彩票销售额降至4200.53 亿元，同比下降 17.5%，不仅是近 10 年来的第 2 次下降，且下降幅度为 1998 年来最大。但值得注意的是，剔除高频快开和竞彩游戏，2019 年我国其他彩票游戏销量达 1728.93 亿元，同比增长 11.1%，高于同期 GDP 增幅。

1. 政府规制和市场变化对其他游戏销量的影响

2019 年，受市场监管影响，高频快开和竞彩游戏销量大幅下降，其他游戏不可避免地受到影响。从 2019 年各游戏销量增长情况来看，除高频快开、竞彩游戏和中福在线销量受政策调整下降外，其他大部分游戏销量都有不同程度增长，仅七乐彩销量同比下降。超级大乐透销量因规则调整和特别规定实现同比大幅增长。即开票销量也实现大幅增长，2019 年 2 月，在高频快开游戏新政策实施后，体彩即开票和福彩即开票销量都出现了明显增长，4～12 月，体彩即开票和福彩即开票各月份销量同比增幅普遍在 30% 以上，福彩即开票销量在 7～11 月同比增幅更是都保持在 45% 以上。此外，福彩基诺游戏销量也有明显增长，其他游戏销量受影响不大。福彩 3D、体彩排列 3/5、七星彩等游戏销量同比增长 5% 左右，与往年增幅相当。

2. 严格监管对我国彩票市场发展的导向

2019 年政府监管引发的彩票市场的结构性减速，一是再次表明了彩票市场是一个受政府严格规制的产业，彩票发行管理机构和营销部门的诸多事项，都要接受监管部门的严格规制；二是政府规制对彩票结构的调整，后续可能引发体育彩票和福利彩票市场发展态势的变化；三是彩票游戏的调整，给彩票市场的经营者带来巨大的冲击，与此同时，也引导彩票机构和彩票经

① 在对高频快开游戏进行严格监管的同时，监管机构也对中福在线的视频型游戏进行了规制。例如 2019 年 7 月，中国福利彩票发行管理中心下发《关于严格执行中福在线视频型彩票投注限额规定的通知》，重申“中福在线每人每天 200 元投注限额”要求，对于不严格执行的销售大厅和机构，予以严惩。

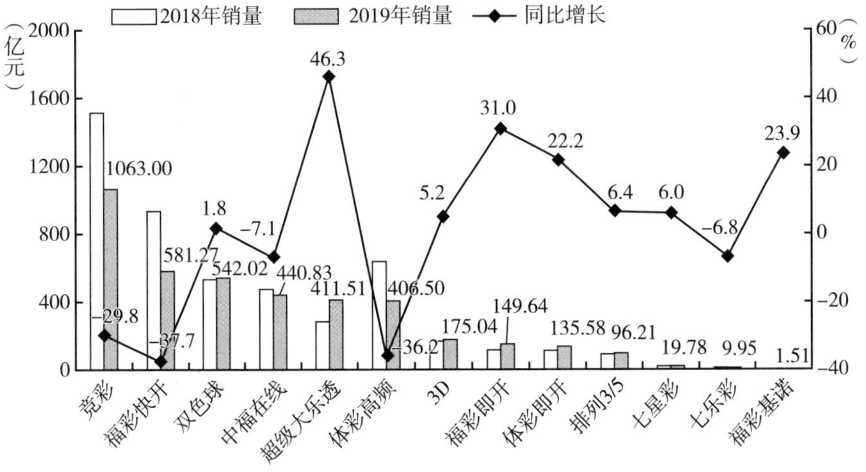

图 16　2018～2019 年主要彩票彩种/游戏销量及同比增长比较

资料来源：中国福利彩票发行管理中心、国家体育总局体育彩票管理中心网站 2018 年和 2019 年的销售数据。2019 年的数据参见《2019 年中国体育彩票发行销售数据公告》，中国体彩网，2020 年 5 月 29 日，https：//www. zhcw. com/h5/c/2020 －05 －29/600614. shtml；《中国福利彩票 2019 年发行销售有关情况公告》，中国福彩网，2020 年 5 月 29 日，http：//www. cwl. gov. cn/c/2020 －05 －29/468801. shtml。

营者对营销重心进行调整；四是 2019 年的结构性减速，能够推动现有彩票游戏和新游戏种类的调整向合理化发展。本报告将在第四部分对这些内容进行探讨。

三　2019年彩票公益金筹集分配和使用情况

（一）2019年全国彩票公益金筹集情况

2019 年，全国发行销售彩票 4220. 53 亿元。其中，福利彩票发行销售 1912. 38 亿元，体育彩票发行销售 2308. 15 亿元。自彩票诞生至 2019 年底，中国两种类型彩票累计发行 45931. 28 亿元，共筹集彩票公益金 12891. 59 亿元（不含弃奖）。其中，福利彩票累计发行 24022. 01 亿元；体育彩票累计发行 21909. 27 亿元。

按照现行的彩票管理规定，彩票公益金来自彩票发行销售收入和逾期未兑奖的奖金。不同品种彩票从发行销售收入中提取彩票公益金的比例不同，2019 年不同品种彩票公益金筹集额和收入的资金分配比例情况见图 17 和表 4。

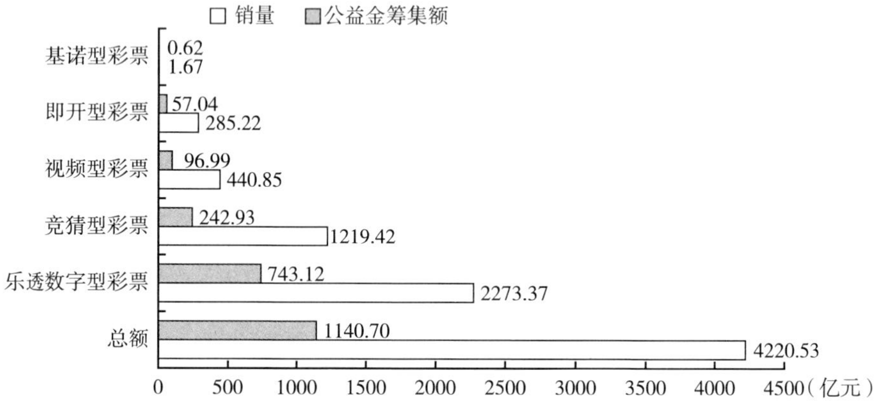

图 17　2019 年不同品种彩票的销量和公益金筹集额

资料来源：《中华人民共和国财政部公告 2020 年 38 号》，财政部网站，2020 年 8 月 31 日，http：//zhs. mof. gov. cn/zhengcefabu/202008/t20200831_ 3578164. htm。

表 4　2019 年不同品种彩票收入的资金分配比例

单位：%，亿元

彩票品种	公益金	彩票奖金	发行费	公益金筹集额
乐透数字型（高频快开）	36（29）	51（58）	13	743. 12
竞猜型	20	71	9	242. 93
视频型	22	65	13	96. 99
即开型	20	65	15	57. 04
基诺型	37	50	13	0. 62

资料来源：《中华人民共和国财政部公告 2020 年 38 号》，财政部网站，2020 年 8 月 31 日，http：//zhs. mof. gov. cn/zhengcefabu/202008/t20200831_ 3578164. htm。

一是以双色球、超级大乐透等为主的全国性乐透数字型彩票，彩票公益金提取比例约为 36%，彩票奖金和彩票发行费提取比例约为 51% 和 13%；以快速开奖等为主的地方性乐透数字型彩票，大部分彩票游戏的彩票公益金提取比例为29%，彩票奖金和彩票发行费提取比例为58%和13%。[①] 整体来看，2019年乐透数字型彩票筹集彩票公益金743.12亿元，提取比例为32.7%。“二是以竞彩为主的竞猜型彩票，大部分彩票游戏的彩票公益金提取比例为20%，彩票奖金和彩票发行费提取比例为71%和9%，2019年竞猜型彩票筹集彩票公益金242.93亿元。三是以中福在线为主的视频型彩票，彩票公益金提取比例为22%，彩票奖金和彩票发行费提取比例为65%和13%，2019年视频型彩票筹集彩票公益金96.99亿元。四是即开型彩票，大部分彩票游戏的彩票公益金提取比例为20%，彩票奖金和彩票发行费提取比例为65%和15%，2019年即开型彩票筹集彩票公益金57.04亿元。五是以快乐8为主的基诺型彩票，彩票公益金提取比例为37%，彩票奖金和彩票发行费提取比例为50%和13%，2019年基诺型彩票筹集彩票公益金0.62亿元。”[②]

1. 2019年全国销售彩票筹集彩票公益金总量为1140.7亿元，同比减少13.2%

2019年全国销售彩票筹集彩票公益金总量为1140.7亿元。如果加上2019年逾期未兑奖奖金18.11亿元，则2019年共筹集彩票公益金1158.81亿元。

2019年彩票公益金筹集额较2018年公益金筹集额[③]减少172.9亿元，同比减少13.2%（见图18）。前文提到，2019年彩票销量比2018年减少17.5%。相比较而言，彩票公益金筹集额降幅略低于彩票销量的降幅。

2009～2018年，彩票公益金筹集额除2015年之外，均为逐年增加的。而彩票公益金的筹集率（提取比例）则总体呈下降趋势，从2009年的31.1%下降到2018年的25.7%。2018年较2017年下降了1.5个百分点，降幅较大。2019年的彩票公益金筹集额下降较多，同比下降13.2%，不仅

① 《中华人民共和国财政部公告2020年38号》，财政部网站，2020年8月31日，http://zhs.mof.gov.cn/zhengcefabu/202008/t20200831_3578164.htm。

② 《中华人民共和国财政部公告2020年38号》，财政部网站，2020年8月31日，http://zhs.mof.gov.cn/zhengcefabu/202008/t20200831_3578164.htm。

③ 这里的公益金筹集额，未包括当年度的弃奖。

低于2018年，还低于2017年。不过，彩票公益金的提取比例有所上升（见图19）。这主要得益于在销量中占比较大的竞猜类游戏销量的下降。竞猜类游戏的彩票公益金提取比例仅为20%，该种游戏销量的大幅下降，反过来会提高整个彩票的公益金筹集水平。

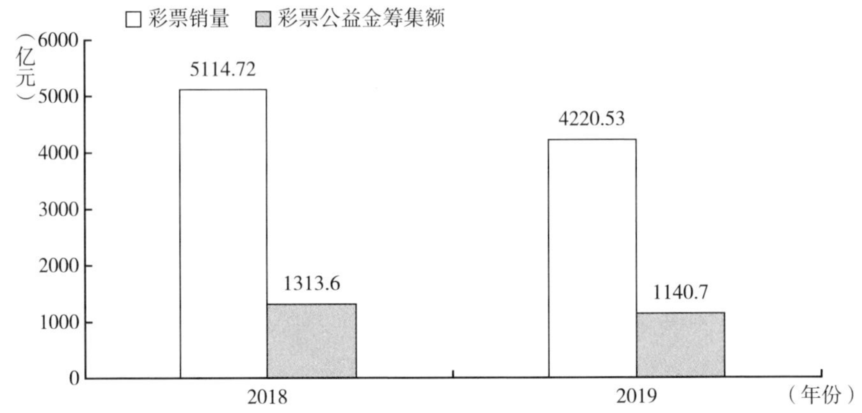

图18　2018～2019年彩票销量及彩票公益金筹集额

资料来源：《中华人民共和国财政部公告2020年38号》，财政部网站，2020年8月31日，http：//zhs. mof. gov. cn/zhengcefabu/202008/t20200831_ 3578164. htm。

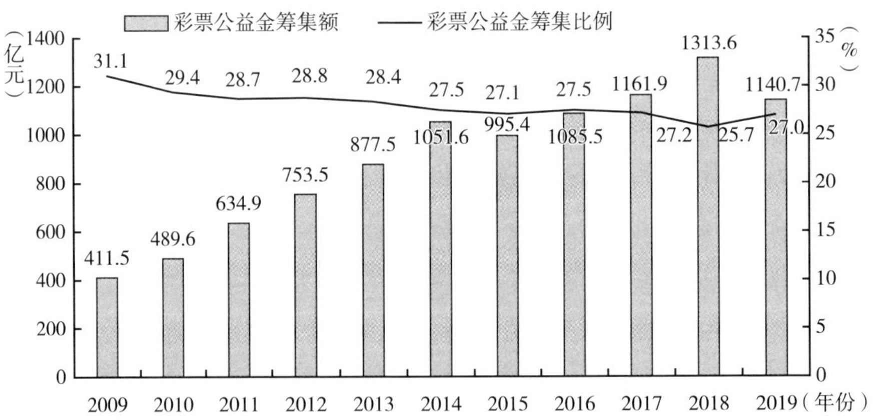

图19　2009～2019年彩票公益金筹集额及筹集比例

资料来源：根据财政部公布的相关年份彩票公益金数据统计制作。

2.2019年福利彩票公益金筹集比例比体育彩票高3.8个百分点

2010年以来，福利彩票的公益金筹集比例一直高于体育彩票。2019年，福利彩票和体育彩票的公益金筹集比例都有所上升，二者的筹集比例差距缩小。2019年福利彩票公益金筹集比例比体育彩票高3.8个百分点（见图20）。

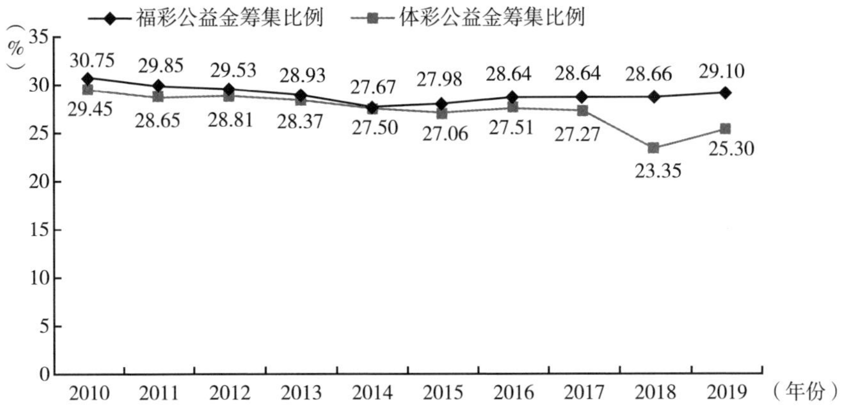

图20　2010～2019年福利彩票和体育彩票公益金筹集比例

资料来源：根据财政部公布的相关年份彩票公益金数据统计制作。

（二）2019年全国彩票公益金分配使用情况

如果说彩票销量的增加在一定程度上是彩票机构经营能力的体现的话，那么彩票公益金的分配和使用，则是彩票公益性的彰显，甚至事关彩票业顺利运行的伦理基础和法制基础。①

根据国务院批准的彩票公益金分配政策，彩票公益金在中央和地方之间按50∶50的比例分配，专项用于社会福利、体育等社会公益事业，被纳入政府性基金预算，专款专用，结余结转下年继续使用。地方留成彩票公益金，由省级财政部门商民政、体育等有关部门研究确定分配原则进行分配使用。

① 宋宗合：《2018年中国彩票与慈善发展报告》，载杨团主编《中国慈善发展报告（2019）》，社会科学文献出版社，2019。据皮书数据库：https://www.pishu.com.cn/skwx_ps/bookDetail?SiteID=14&ID=10983293。

1. 中央集中的彩票公益金分配情况

2019年，中央财政彩票公益金收入为570.72亿元，加上2018年度结转收入150.69亿元，共721.41亿元。2019年中央财政安排彩票公益金支出为717.58亿元。综合上述政策和当年情况，中央集中彩票公益金分配给社保基金会464.28亿元，用于补充全国社会保障基金；分配给中央专项彩票公益金175.92亿元，用于国务院批准的社会公益事业项目，经由彩票公益金的使用部门或单位向财政部提出申请，财政部审核报国务院批准后组织实施；分配给民政部38.69亿元，按照“扶老、助残、救孤、济困、赈灾”的宗旨，用于资助为老年人、残疾人、孤儿、有特殊困难等人群服务的社会福利设施建设等项目；分配给国家体育总局38.69亿元，支持群众体育和竞技体育发展项目（见表5）。

表5　2019年中央集中的彩票公益金分配情况

单位：亿元，%

类别	分配金额	比例
补充全国社会保障基金	464.28	64.7
中央专项彩票公益金	175.92	24.5
民政部	38.69	5.4
国家体育总局	38.69	5.4
总计	717.58	100

资料来源：《中华人民共和国财政部公告2020年38号》，财政部网站，2020年8月31日，http：//zhs. mof. gov. cn/zhengcefabu/202008/t20200831_ 3578164. htm。

（1）分配给全国社会保障基金会464.28亿元，占中央集中彩票公益金年度分配总额的64.7%

全国社会保障基金（以下简称全国社保基金），是国家社会保障储备基金，用于人口老龄化高峰时期的养老保险等社会保障支出的补充、调剂。全国社保基金由中央财政预算拨款、国有资本划转、基金投资收益和以国务院批准的其他方式筹集的资金构成。

2019年，财政性拨入全国社保基金资金464.93亿元。其中，中央财政预算拨款为100亿元；彩票公益金为364.49亿元；[①] 国有股减持资金为0.44亿元。

截至2019年末，财政性拨入全国社保基金资金和股份累计9616.50亿元。其中，中央财政预算拨款3398.36亿元，国有股减转持资金和股份2843.51亿元（减持资金971.39亿元，境内转持股票1028.57亿元，境外转持股票843.55亿元），彩票公益金3374.63亿元。扣除实业投资项目上市时社保基金会作为国有股东履行减持义务累计减少国有股的13.88亿元，以及用于四川地震灾区工伤保险金补助财政调回的6.80亿元，财政性净拨入全国社保基金累计9595.82亿元。公益金占比达35.1%，接近中央财政预算拨款。[②]

可以说，彩票公益金是全国社保基金的重要资金来源。尽管这些资金目前并没有立即用于我国的社会保障项目或者社会福利项目。但这是基于整个社会未来的考虑，是事关国家发展大局、事关亿万百姓福祉的重大民生工程。[③]

（2）2019年中央专项彩票公益金分配情况

按照政策规定，中央专项的彩票公益金主要用于社会公益。具体的实施部门包括政府部委、人民团体和基金会等（见表6）。

表6 2019年中央专项彩票公益金在不同项目间的分配情况

单位：亿元，%

序号	项目名称	实施部门	资金总额	占比
1	红十字事业	中国红十字会总会	4.37	2.48
2	残疾人事业	中国残疾人联合会	21.99	12.50
3	医疗救助	国家医疗保障局	18	10.23
4	教育助学	中国教育发展基金会	10	5.68
5	大学生创新创业项目	教育部	0.5	0.28

① 2019年安排彩票公益金补充全国社会保障基金464.28亿元，当年拨付364.49亿元，结转以后年度拨付99.79亿元。

② 《全国社会保障基金理事会社保基金年度报告（2019年度）》，全国社会保障基金理事会网站，2020年9月11日，http://www.ssf.gov.cn/cwsj/ndbg/202009/t20200910_7798.html。

③ 《让数字告诉你：彩票公益金与社保基金有啥关系?》，中国福彩网，2019年9月10日，http://www.cwl.gov.cn/c/2019-09-10/457665.shtml。

续表

序号	项目名称	实施部门	资金总额	占比
6	扶贫事业	国务院扶贫办	26.4	15.01
7	未成年人校外教育	教育部	9.2	5.23
8	文化公益事业	国家艺术基金管理中心	8	4.55
9	法律援助	中国法律援助基金会	1.4	0.80
10	农村贫困母亲“两癌”救助	中国妇女发展基金会	3.02	1.72
11	养老公共服务	民政部	10	5.68
12	出生缺陷干预救助	中国出生缺陷干预救助基金会	1.5	0.85
13	乡村学校少年宫建设	中央文明办	7.39	4.20
14	留守儿童快乐家园	中国儿童少年基金会	0.15	0.09
15	足球公益事业	中国足球发展基金会	4	2.27
16	支持地方社会公益事业		50	28.42

资料来源：《中华人民共和国财政部公告 2020 年 38 号》，财政部网站，2020 年 8 月 31 日，http：//zhs. mof. gov. cn/zhengcefabu/202008/t20200831_ 3578164. htm。

2019 年，中央专项彩票公益金 175. 92 亿元的具体支出安排如下。①

①未成年人校外教育 9. 2 亿元。该项目由教育部组织实施，主要用于支持全国中小学生研学实践教育基地和全国中小学生研学实践教育营地等。

②乡村学校少年宫建设 7. 39 亿元。该项目由中央文明办组织实施，主要用于支持新建乡村学校少年宫以及已建成的乡村学校少年宫开展活动及更新设备。

③教育助学 10 亿元。该项目由中国教育发展基金会组织实施，主要用于奖励普通高中品学兼优的家庭经济困难学生，资助家庭经济特别困难的教师，资助家庭经济困难的大学新生入学交通费和短期生活费，救助遭遇突发灾害的学校。

④大学生创新创业项目 0. 5 亿元。该项目由教育部组织实施，主要用于支持创新创业教育优质课程建设、教师创新创业教育教学能力培训、“青年红色筑梦之旅”等活动开展。

---

① 以下内容参见《中华人民共和国财政部公告 2020 年 38 号》，财政部网站，2020 年 8 月 31 日，http：//zhs. mof. gov. cn/zhengcefabu/202008/t20200831_ 3578164. htm。

⑤医疗救助 18 亿元。该项目由国家医疗保障局组织实施，主要用于资助困难群众参加城乡居民基本医疗保险，并对其难以负担的基本医疗自付费用给予补助。

⑥养老公共服务 10 亿元。该项目由民政部组织实施，主要用于支持地方开展居家和社区养老服务改革试点。

⑦扶贫事业 26.4 亿元。该项目由国务院扶贫办组织实施，主要用于贫困革命老区贫困村小型生产性公益设施建设。

⑧文化公益事业 8 亿元。该项目由国家艺术基金管理中心组织实施，主要用于支持艺术创作生产、传播交流推广和人才培养等项目。

⑨残疾人事业 21.99 亿元。该项目由中国残疾人联合会组织实施，主要用于残疾人体育，盲人读物出版、盲人公共文化服务，以及残疾儿童康复救助、贫困智力精神和重度残疾人残疾评定补贴、助学、贫困重度残疾人家庭无障碍改造、残疾人康复和托养机构设备补贴、残疾人文化等方面支出。

⑩红十字事业 4.37 亿元。该项目由中国红十字会总会组织实施，主要用于贫困大病儿童救助、中国造血干细胞捐献者资料库、红十字会人道救助救援、红十字生命健康安全教育、失能老人养老服务、人体器官捐献等项目。

⑪法律援助 1.4 亿元。该项目由中国法律援助基金会组织实施，主要用于资助开展针对困难群众的法律援助工作。

⑫农村贫困母亲“两癌”救助 3.02 亿元。该项目由中国妇女发展基金会等组织实施，主要用于救助患有乳腺癌和宫颈癌的农村贫困妇女。

⑬留守儿童快乐家园 0.15 亿元。该项目由中国儿童少年基金会组织实施，主要用于为农村留守儿童校外活动场所配置设施并开展关爱服务。

⑭出生缺陷干预救助 1.5 亿元。该项目由中国出生缺陷干预救助基金会组织实施，主要用于出生缺陷救助、出生缺陷防治宣传和健康教育等工作。

⑮足球公益事业 4 亿元。该项目由体育总局委托中国足球发展基金会组织实施，主要用于支持有关青少年足球人才培养和社会足球公益活动。

⑯支持地方社会公益事业50亿元。该项目主要由中西部等地区结合实际情况统筹使用，重点用于养老、扶贫、基本公共文化等社会公益事业发展薄弱环节和领域，改善落后现状，促进全国各地社会公益事业的协调发展。[①] 各地获得公益金的具体情况，详见图21。

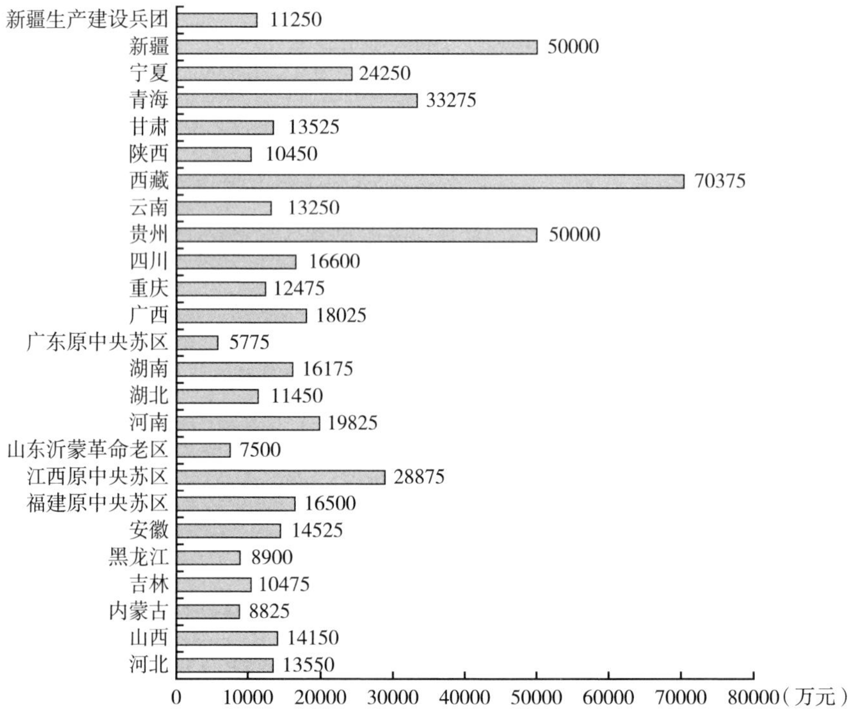

图21　2019年中央专项彩票公益金补助地方社会公益情况

资料来源：《中华人民共和国财政部公告2020年38号》，财政部网站，2020年8月31日，http：//zhs. mof. gov. cn/zhengcefabu/202008/t20200831_ 3578164. htm。

（3）中央专项彩票公益金项目的特点

①扶贫项目。自2008年中央财政将扶贫事业纳入中央专项彩票公益金支持范围以来，用于革命老区扶贫系列项目的中央专项彩票公益金已累计达136.75

① 《中华人民共和国财政部公告2020年38号》，财政部网站，2020年8月31日，http：//zhs. mof. gov. cn/zhengcefabu/202008/t20200831_ 3578164. htm。

亿元。“扶贫已是当前中央专项彩票公益金使用的一个重要领域。2008～2010年，财政部安排中央专项彩票公益金5.1亿元用于在全国扶贫开发工作重点县中的部分革命老区县实施整村推进试点项目。根据国务院扶贫办公布的数据，三年试点共涉及包括陕西在内的11个省（区）27个县360个贫困村。”①

“十二五”时期，中央累计安排52.25亿元专项彩票公益金支持贫困革命老区开展整村推进工作，并加大资金支持力度，拓宽资金使用范围。“十三五”以来（截至2019年）累计安排136.75亿元彩票公益金，加大彩票公益金对贫困革命老区扶贫开发的力度，资金主要用于建档立卡贫困村实施村内小型生产性公益设施建设项目。②

②支持中西部地方社会公益事业项目。2019年所有项目中，支持中西部地方社会公益事业的金额最高，达50亿元。2017～2020年，中央财政安排200亿元支持地方社会公益事业发展。2017～2019年，补助地方社会公益事业项目各50亿元。这些资金安排使用的重点，是向党中央、国务院明确提出要求的重大民生项目倾斜，向贫困地区和革命老区、困难行业和弱势群体倾斜，向补“短板”的社会公益事业倾斜，扎实推进当地社会公益事业发展。③

③中央专项彩票公益金在助力残疾人康复项目、教育项目、公共文化等项目上每年都有针对性的资金支出，2007～2019年，中央彩票公益金用于残疾人事业的资金超166.6934亿元，有力保障了残疾人受教育的权益。

④医疗救助项目。彩票公益金一直是我国医疗卫生事业发展的重要力量。2003年中央就拨付3亿元公益金用于补助地方农村医疗救助基金，之后每年都有彩票公益金用于农村医疗救助，且金额不断增加，到2011年已经增加至10亿元。截至2019年，公益金累计投入213亿元。2019年，中央专项彩票公益金为医疗救助投入18亿元，为农村贫困母亲“两癌”救助投

① 丰佳佳：《体彩扶贫　输血造血同步进行》，《中国体育报》2018年10月22日，第11版。

② 《超百亿中央专项彩票公益金用于老区扶贫》，中国福彩网，2019年3月28日，http://www.cwl.gov.cn/c/2019－03－28/450746.shtml。

③ 财政部：《关于“十三五”时期中央专项彩票公益金支持地方社会公益事业发展安排以及下达2017年资金的通知》，2017年9月27日。

入 3.02 亿元，为出生缺陷干预救助投入 1.5 亿元。

⑤教育助学和大学生创新创业项目。“从 2007 年起，中国教育发展基金会开始接受财政部、教育部的委托，开展中央专项彩票公益金在教育领域的公益项目”，“2007～2010 年，中央专项彩票公益金教育助学项目累计投入 21 亿元人民币，共资助中西部 22 个省（区、市）和新疆建设兵团的县、镇、农村普通家庭特别困难的学生 210 万人次”。[①] 2011 年以来，教育助学项目主要是通过三项计划，即“滋蕙计划”、“励耕计划”和“润雨计划”，进行资助，包括奖励高中学校品学兼优的家庭困难学生，资助家庭经济特别困难的教师，救助遭遇突发灾害的学校等。

⑥养老公共服务项目。老年人一直是彩票公益金项目支持的重点，特别是贫困、独居、高龄老人等群体。2013～2019 年，累计投入 60 亿元，其中 2019 年彩票公益金为养老公共服务投入 10 亿元。除此之外，近年来中国红十字会还实施了中央专项彩票公益金支持失能老人养老服务项目。

2019 年的 16 类公益项目与 2018 年的项目类型是一样的，区别在于部分项目的金额有所变化（见表 7）。

表 7　2018～2019 年部分中央专项彩票公益金项目的资金额

单位：亿元

项目名称	实施部门	2018 年资金额	2019 年资金额
乡村学校少年宫建设	中央文明办	7.3952	7.39
扶贫事业	国务院扶贫办	20	26.4
文化公益事业	国家艺术基金管理中心	8.32	8
残疾人事业	中国残疾人联合会	20.09	21.99
红十字事业	中国红十字会总会	4.534	4.37
法律援助	中国法律援助基金会	1.3	1.4
农村贫困母亲“两癌”救助	中国妇女发展基金会	3.06	3.02

资料来源：《中华人民共和国财政部公告 2020 年 38 号》，财政部网站，2020 年 8 月 31 日，http://zhs.mof.gov.cn/zhengcefabu/202008/t20200831_3578164.htm。

① 何佳：《中央专项彩票公益金项目发展概况》，载何辉主编《中国福利彩票发展报告（2019）》，社会科学文献出版社，2020。

2. 民政部彩票公益金分配使用情况

2019 年，民政部彩票公益金预算额度为 38.69 亿元，专项用于民政社会福利及相关公益事业。按照“扶老、助残、救孤、济困”的福彩公益金使用宗旨和彩票公益金使用的相关规定，民政部的公益金重点支持社会养老服务体系建设项目；优先支持社会福利设施建设以及残疾人、孤儿、经济困难人群等特殊困难群体受益的项目；适当支持符合规定的其他社会公益项目；补助地方资金着重向贫困地区倾斜。①

（1）补助地方项目情况

“根据《财政部　民政部关于下达 2019 年中央集中彩票公益金支持社会福利事业专项资金预算的通知》（财社〔2019〕74 号）、《财政部　民政部关于下达新疆生产建设兵团 2019 年中央集中彩票公益金支持社会福利事业专项资金预算的通知》（财社〔2019〕75 号），财政部、民政部向各地下达 2019 年度民政部本级彩票公益金补助地方项目资金共计 385301 万元，占民政部 2019 年彩票公益金总额度（386900 万元）的 99.6%，分别用于支持老年人福利类、残疾人福利类、儿童福利类和社会公益类项目”②，具体如下。③

①老年人福利类项目，计 193556 万元。资金主要用于新建和改扩建以服务生活困难和失能失智老年人为主的城镇老年社会福利机构、城乡社区养老服务设施、农村特困人员供养服务设施、城乡社区为老服务信息网络平台建设等。采取以奖代补等方式，引导和帮助养老机构（包括民办养老机构）按照国家工程建设消防技术标准配置消防设施器材，针对重大火灾隐患进行整改。支持实施老年人居家适老化改造工程，对被纳入特困供养、建档立卡范围的高龄、失能、残疾老年人家庭，按照相关规范标准实施适老化改造。

① 《关于彩票公益金使用管理政策文件解读》，中国福彩网，2017 年 6 月 21 日，http：//www.cwl.gov.cn/c/2017－06－21/428480.shtml。

② 《民政部 2019 年度彩票公益金使用情况公告》，民政部网站，2020 年 6 月 30 日，http：//xxgk.mca.gov.cn：8011/gdnps/pc/content.jsp？id＝14496&mtype＝4。

③ 以下内容引自《民政部 2019 年度彩票公益金使用情况公告》，民政部网站，2020 年 6 月 30 日，http：//xxgk.mca.gov.cn：8011/gdnps/pc/content.jsp？id＝14496&mtype＝4。

支持培育居家和社区养老服务组织和机构，提高城乡居家和社区养老服务覆盖率，加强基本养老服务保障。支持加强养老护理员队伍建设，对养老护理员培养培训、技能水平鉴定等予以补贴激励。该项目资金分配金额，四川省是 10108 万元，河南省是 10028 万元，湖北省是 9720 万元，在获得补助的省份中排前 3（见图 22）。

②残疾人福利类项目，计 52063 万元。包括以下几个方面。第一，残疾人福利机构建设及购买服务项目 43142 万元。资金主要用于支持开展精神障碍社区康复服务机构建设及购买服务；精神卫生社会福利机构、民政直属康复辅具机构建设和设施设备配置；国家康复辅助器具产业综合创新试点；康复辅助器具社区租赁服务试点。第二，残障群体示范性配置康复辅具及手术矫正治疗（福康工程）项目 8921 万元。资金主要用于补助有深度贫困地区（含深度贫困村）的省（区）和新疆生产建设兵团，由省级民政部门为有意愿的建档立卡贫困户、低保家庭和特困人员中的残疾人配置假肢、矫形器和轮椅、拐杖、助行器、护理床等康复辅助器具，从中筛选具有手术适应证的肢体（脊柱除外）畸形患者进行手术矫治，并进行康复训练。该项目资金分配金额排前 3 的分别是四川省 3136 万元，河南省 2968 万元，安徽省 2457 万元（见表 8 和图 22）。

③儿童福利类项目，计 78659 万元。包括以下几个方面。第一，儿童福利服务体系建设项目 39063 万元。资金主要用于为现有儿童福利机构配备相应设施设备；加强基层儿童福利服务体系建设，为儿童之家配备相应的设施设备；支持儿童福利机构特殊教育和脑瘫康复训练示范基地开展工作；资助孤儿养育、医疗、教育、康复项目；资助各级民政部门通过购买服务的方式支持开展儿童福利工作；资助国务院防治艾滋病工作委员会办公室确认的全国艾滋病流行重点省份的艾滋病防治工作。第二，残疾孤儿手术康复明天计划项目 13000 万元。资金主要用于资助 0～18 周岁孤儿和年满 18 周岁后仍在校就读孤儿的诊疗费用、康复费用等相关医疗费用。第三，孤儿助学工程项目 26596 万元。资金主要用于对考入全日制高等院校和中等职业院校的成年孤儿在校期间生活、学习等方面予以补助，激励引导成年孤儿继续接受教育。该项目资金分配金额排前 3 的分别是四川省 5407 万元，河南省 4891 万

元，广东省 4777 万元（见表 8 和图 22）。

④社会公益类项目，计 26023 万元。包括以下几个方面。第一，未成年人救助保护机构功能建设及购买服务项目 9109 万元。资金主要用于支持流动人口多、流浪未成年人救助任务重的地区和农村留守儿童、困境儿童数量较多的地区建立相对独立、设施较为齐全的未成年人救助保护机构，提高县级未成年人救助保护机构覆盖率。为未成年人救助保护中心配备相应的设施设备，以救助保护机构为平台构建完善未成年人保护服务体系和网络。通过购买服务，加强基层工作人员能力建设，对乡镇儿童督导员和村居儿童主任开展业务培训和工作指导，针对无人监护、遭受监护侵害等困境未成年人，开展动态管理、线索收集、家庭监护情况评估、定期随访、监护指导、心理疏导、干预帮扶等救助和关爱保护服务。第二，殡葬基础设施设备建设更新改造项目 11710 万元。资金主要用于中西部地区殡葬基础设施设备［包括殡仪馆设施设备、公益性安放（葬）设施、民族地区殡仪设施设备］建设和改造，其中，对殡葬基础设施建设缺口大、财政困难地区给予重点资助，着力补齐中西部地区殡葬基础设施建设短板，强化对殡葬改革方向的正向引导，并以此带动和促进全国殡葬改革发展。第三，社会工作和志愿服务项目 5204 万元。资金主要用于补助各地开展一批面向老年人、残疾人、儿童和困难群众的社会工作和志愿服务项目，帮助其修复和发展社会功能、建立社会关爱与支持系统、改善生活境况。通过项目开展，促进各地社会工作和志愿服务体系建设，发挥社会工作和志愿服务力量在脱贫攻坚、保障改善民生、创新社会治理中的积极作用。该项目资金分配金额排前 3 的分别是四川省 1601 万元，广西壮族自治区 1311 万元，湖南省 1304 万元（见表 8 和图 22）。

⑤“三区三州”等专项倾斜资金，计 35000 万元。为贯彻落实中共中央、国务院关于打赢脱贫攻坚战的决策部署，专项倾斜支持“三区三州”等深度贫困地区资金 35000 万元，资金按“老年人福利类、残疾人福利类、儿童福利类和社会公益类”项目要求，由相关省（区）民政厅结合实际分配使用。

财政部、民政部向各地下达 2019 年度民政部本级彩票公益金补助地方项目资金共计38.5301亿元，分别用于老年人福利类、残疾人福利类、儿童福利类、社会公益类项目和“三区三州”等专项倾斜资金（见表8）。

表8 2019年民政部本级彩票公益金补助地方项目资金分配情况

单位：万元，%

项目名称	资助金额		占比
老年人福利类项目	193556		50.24
残疾人福利类项目	残疾人福利机构建设及购买服务项目	43142	13.51
	福康工程及康复训练	8921	
儿童福利类项目	儿童福利服务体系建设项目	39063	20.41
	残疾孤儿手术康复明天计划项目	13000	
	孤儿助学工程项目	26596	
社会公益类项目	未成年人救助保护机构功能建设及购买服务项目	9109	6.75
	殡葬基础设施设备建设更新改造项目	11710	
	社会工作和志愿服务项目	5204	
“三区三州”等专项倾斜资金	35000		9.08
合计	385301		100

资料来源：《民政部2019年度彩票公益金使用情况公告》，民政部网站，2020年6月30日，http://xxgk.mca.gov.cn:8011/gdnps/pc/content.jsp?id=14496&mtype=4。

不同省份补助地方项目资金额，主要采用因素法（主要因素包括财政困难系数、工作对象人数、工作任务数量及工作绩效等）进行分配。残疾孤儿手术康复“明天计划”项目资金采用项目法分配。民政部将彩票公益金分配给各地，由各地结合实际情况分配使用，具体使用情况依据有关规定由各地公告（见图22）。

（2）民政部本级彩票公益金项目资金分配情况①

本级项目是由民政部所属的事业单位申报，经财政部批复实施的。2019年民政部本级彩票公益金项目一共有6个，共1599万元，占民政部当年度彩票公益金总额（386900万元）的0.4%（见表9）。

① 以下内容主要引自《民政部2019年度彩票公益金使用情况公告》，民政部网站，2020年6月30日，http://xxgk.mca.gov.cn:8011/gdnps/pc/content.jsp?id=14496&mtype=4。

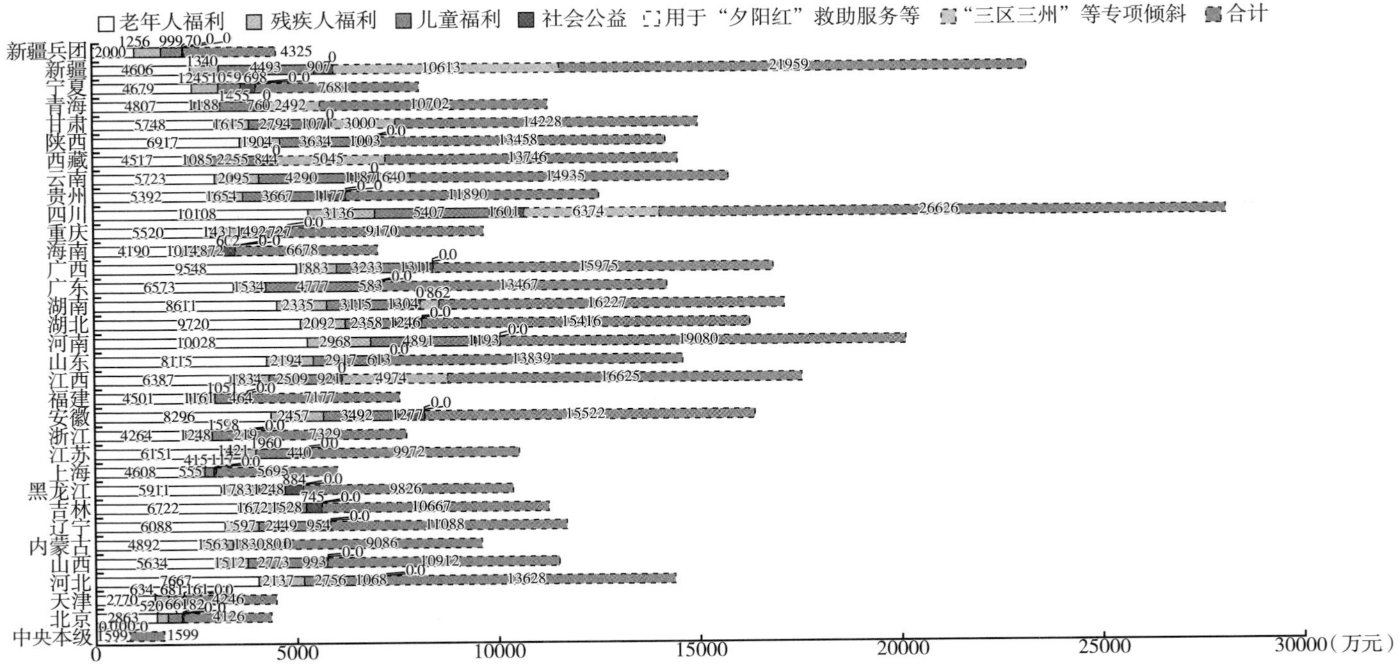

图 22　2019 年民政部彩票公益金补助地方项目分配情况

资料来源：《民政部 2019 年度彩票公益金使用情况公告》，民政部网站，2020 年 6 月 30 日，http：//xxgk. mca. gov. cn：8011/gdnps/pc/content. jsp? id = 14496&mtype = 4。

表9　2019年民政部本级彩票公益金项目资金分配情况

单位：万元，%

项目类型	民政部本级彩票公益金项目金额	占比
“福康工程”指导、服务和评估项目	100	6.25
涉外送养儿童寻根回访及中国文化教育项目	252	15.76
“明天计划”监督管理服务项目	49	3.06
助学工程管理服务项目	44	2.75
“夕阳红”救助服务项目	1000	62.54
彩票公益金第三方绩效评价、评审和审计项目	154	9.63
总计	1599	100

资料来源：《民政部2019年度彩票公益金使用情况公告》，民政部网站，2020年6月30日，http：//xxgk.mca.gov.cn：8011/gdnps/pc/content.jsp？id=14496&mtype=4。

①“福康工程”指导、服务和评估项目，100万元，由社会事务司实施。主要是委托第三方专业机构通过现场技术指导、产品质量抽检、技术培训、问卷调查、电话回访、实地调研等多种方式，对各地实施“福康工程”项目情况进行技术指导服务和成效评估。通过项目实施，保障了“福康工程”项目在各地规范有效运行。

②涉外送养儿童寻根回访及中国文化教育项目，252万元，由中国儿童福利和收养中心实施。主要是资助涉外送养儿童来华寻根回访，通过组织其回访福利院、参加系列文化讲座、开展社会实践活动等，帮助他们了解中国，加深对祖国的认同和热爱。2019年共资助254名涉外送养儿童来华寻根回访。

③“明天计划”监督管理服务项目，49万元，由儿童福利司实施。主要用于对“孤儿医疗康复明天计划”相关政策进行宣传解读，委托第三方机构开展审计检查和绩效考评，举办全国“孤儿医疗康复明天计划”培训班。

④助学工程管理服务项目，44万元，由儿童福利司实施。主要用于

对“福彩圆梦·孤儿助学工程”相关政策进行宣传解读，委托第三方机构开展审计检查和绩效考评，举办全国“福彩圆梦·孤儿助学工程”培训班。

⑤“夕阳红”救助服务项目，1000万元，由国管局财务管理司负责实施。主要为身患重病、抚养残障子女等困难老年人、失能半失能和高龄老年人提供救助服务、康复护理服务、“一键通”紧急救助呼叫服务等，帮助这些老年人改善生活处境、提高生活质量。2019年，共为249名困难老年人提供救助资金，为失能半失能老年人提供康复护理服务49779人次，为635名75岁以上高龄老年人购买“一键通”呼叫服务，实现了“一键紧急呼叫，一键生活服务”功能。

⑥彩票公益金第三方绩效评价、评审和审计项目，154万元，由规划财务司实施。主要用于聘请第三方机构对民政部彩票公益金项目和补助地方项目开展审计监督，对补助地方彩票公益金项目开展实地督查、评估和评价。通过项目实施，进一步提升彩票公益金规范管理水平和资金使用效益。

6个大项目中，针对特殊情况老年人的项目金额占比最大，达62.54%，其次是涉及涉外送养儿童的项目，彩票公益金第三方绩效评价、评审和审计项目（见表9）。

3. 省级彩票公益金分配使用情况

相比中央专项和民政部的彩票公益金，省级彩票公益金资金来源较为多样化，由全国筹集的彩票公益金、中央专项彩票公益金、民政部和国家体育总局彩票公益金四部分构成。2019年全国共筹集彩票公益金1158.81亿元，按照中央和地方各50%的分配比例划分，地方各级政府可以使用的公益金为579.41亿元；同时，在2019年中央专项彩票公益金的175.92亿元中，有50亿元明确用于支持地方社会公益事业的发展，占中央专项公益金的28.42%，剩余的资金也被以不同形式分配到了地方项目。根据最新发布的《民政部彩票公益金预算操作规程》，补助地方项目切块比例和项目额度按照老年人福利类项目总额不低于民政部彩票公益金总额的55%、社会公益类项目总额不超过民政部彩票公益金总额的10%的标准来控制；剩余额度切分给补助地方残疾人福利和补助地方儿童福利类项目，原则上按1∶1分配。民政部2019年本级彩票公益金补助地方项目主要集中在老年人福利、残疾人福利、儿童福利和社会公益4个方面，支持资金385301万元，占民政部年度公益金的99.6%。按照财政部批复的预算，国家体育总局2019年度本级使用彩票公益金386900万元，除了中央本级使用的119827万元外，剩余的267073万元全部用于资助地方的群众体育和竞技体育事业发展，占国家体育总局项目总金额的69.03%。

省级福彩公益金和体彩公益金进行单独核算，一般由各省级财政部门与民政、体育等部门研究确定具体的分配原则并支配使用。下面以山东省为例，介绍该省2019年彩票公益金的使用情况。

2019年，山东省共销售彩票3374740万元，筹集彩票公益金886316万元。按照现行的彩票管理规定和山东省的公益金分配政策①，2019年上缴中央彩票公益金436195万元，省级留成彩票公益金165162万元，市县分成彩票公益金284959万元。在使用方面，2019年，山东省级彩票公益金安排项目支出160700万元，其中，省本级支出62926万元，对市县转移支付97774万元，主要涉及社会福利项目、体育事业项目、社会救助项目、残疾人事业项目、城乡医疗救助项目和其他公益事业项目六大类（见表10）。省本级项目福彩公益金共58672万元，包括养老服务体系建设、困难群众基本生活救助、特困人员服务机构能力建设、公益性公墓建设奖补等项目（见表11）。

① 彩票公益金在中央和地方之间按各50%的比例分配，弃奖收入形成的彩票公益金全部留归地方。省留成的彩票公益金，福利彩票公益金按省级30%、市县70%（省级与青岛市为15%、85%）的比例分配；体育彩票公益金按省级40%、市县60%（省级与青岛市为15%、85%）的比例分配。

表 10　2019 年山东省本级彩票公益金使用情况

单位：万元

项目名称	省本级支出金	对市县转移支付	合计
社会福利项目		25000	25000
体育事业项目	57041	18159	75200
社会救助项目		34200	34200
残疾人事业项目	1260	1240	2500
城乡医疗救助项目		13000	13000
其他公益事业项目	4625	6175	10800
合计	62926	97774	160700

资料来源：根据山东省财政厅公布的数据制作。

表 11　2019 年山东省本级福彩公益金使用情况

单位：万元

项目名称	资助金额
养老服务体系建设	23572
困难群众基本生活救助	28500
特困人员服务机构能力建设	700
公益性公墓建设奖补	5000
贫困家庭残疾人假肢康复辅助器具配置	900
合计	58672

资料来源：根据山东省民政厅公布的数据制作。

2019 年，除了山东省留成的公益金之外，民政部、国家体育总局和中央专项彩票公益金分别下拨给山东省 17641 万元、10652 万元和 46952 万元，占比分别为 5.04%、2.75% 和 2.97%（见表 12）。

表 12　2019 年山东省接受中央专项国家体育总局、民政部彩票公益金资金分配情况

单位：万元，%

资助部门及项目名称		全国资助金额	山东省资助金额	占比
国家体育总局		386900	10652	2.75
民政部	残疾人福利类	52063	2194	4.21
	儿童福利类	78659	2917	3.71
	社会公益类	26023	613	2.36
	老年人福利类	193556	11917	6.16
	合计	350301	17641	5.04

续表

资助部门及项目名称		全国资助金额	山东省资助金额	占比
中央专项彩票公益金	未成年人校外教育	92000	6144	6.68
	乡村学校少年宫建设	73872	3467	4.69
	教育助学	100000	245	0.25
	大学生创新创业	5000	253	5.06
	医疗救助	180000	2679	1.49
	养老公共服务	100000	3802	3.80
	扶贫事业	264000	8000	3.03
	残疾人事业	219900	12746	5.80
	法律援助	14000	781	5.58
	农村贫困母亲“两癌”救助	30200	1237	4.10
	留守儿童快乐家园	1500	98	6.53
	地方社会公益事业	500000	7500	1.50
	合计	1580472	46952	2.97
总计		2317673	75245	3.25

资料来源：根据财政部、民政部、国家体育总局和山东省福利彩票发行中心公布的数据制作。

四 行业发展和社会责任建设

（一）行业发展

1. 新技术应用

在网络运用方面，福彩机构推出微信兑奖功能，加快了即开票社会化渠道的发展。例如，2019 年 5 月，河北福彩即开票微信兑奖软件顺利通过了中福彩技术研究中心组织的验收评审。彩民登录“河北福彩”官方微信公众号和订阅号，点击“刮刮乐兑奖”菜单，然后扫描刮刮乐彩票上的保安区即可完成兑奖，奖金自动进入中奖彩民的微信账户。5 月 30 日，北京市福彩中心官方微信“京福京彩”新增便民功能——刮刮乐扫码兑奖。用户关注“京福京彩”微信公众号，点击公众号下方菜单的“扫码兑奖”，刮开中奖刮刮乐的保安区，点击“扫码兑奖”按钮，扫描保安区内条形码，即可完成兑奖。7月，“辽宁刮刮乐自助兑奖”微信公众号上线。此前，辽宁使用“福彩自助终端”微信公众号进行自助兑奖。上海福彩即开票新技术系统在官方微信实现手机兑奖功能的同时，推出具有即开票交易管理、配送管理、彩票预订等功能的集成系统。新系统在释放传统销售网点活力的同时，也为上海福彩社会化渠道销售即开票提供机遇。

在区块链技术应用方面，中国福利彩票发行管理中心开始进行基于区块链智能合约技术的可公证性电子开奖技术研究与应用的研究。该研究从福利彩票电子开奖的开奖号码生成的实际需求和不同省份的应用场景出发，结合金融区块链技术的核心特点，研究将区块链智能合约技术应用到电子开奖系统的手段和模式中，解决当前福利彩票行业电子开奖系统在公正和审计方面存在的问题，并对下一代摇奖与开奖系统技术进行研究。深圳福彩开始启动智能网络系统建设。该系统基于“商用密码技术”，并与深圳福彩已建成的“CA 安全认证中心”联动，成为福利彩票业内首次使用“商用密码技术”算法安全认证的应用案例。系统建成后，将为深圳福彩现有投注站多元化、智能化发展提供更加安全、更加便利、成本可控、可扩展的基础网络支撑。

2. 监督和管理机构动态

2019 年 2 月，民政部机构设置进行调整，新组建了慈善事业促进和社会工作司。机构调整后，规划财务司、慈善事业促进和社会工作司分别负责福利彩票公益金管理和福利彩票发行销售管理。规划财务司负责拟订民政部门彩票公益金使用管理办法，管理本级彩票公益金；慈善事业促进和社会工作司负责拟订福利彩票管理制度，监督福利彩票的开奖和销毁，管理监督福利彩票代销行为。

3 月，中国机构编制网发布财政部职能配置、内设机构和人员编制规定。财政部主要职责为管理中央各项财政收支、分工负责政府非税收管理等。其中，综合司承担彩票管理有关工作，负责政府非税收管理包括制定彩票管理政策和有关办法、监管彩票市场、按规定管理彩票资金。

3. 公益金分配方法的部分优化

2018～2019 年，民政部在会同财政部采用因素法分配中央财政困难群众救助补助资金方面，新增深度贫困的因素，使资金分配向深度贫困地区倾斜。2018 年，向 22 个脱贫攻坚任务重的省份下拨民政部彩票公益金 22.5 亿元，占下拨各地资金的近 80%。

2019 年 6 月，财政部发布《中央专项彩票公益金支持地方社会公益事业发展资金管理办法》，该办法进一步规范和加强了中央专项彩票公益金支持地方社会公益事业发展资金的管理，要求资金应当重点向“补短板”的社会公益事业项目倾斜，向困难行业和弱势群体倾斜，用于当地社会公益事业发展薄弱环节和领域。

4. 加强对非法互联网彩票的防范和查处

2019 年 3 月 27 日，中国人民银行发布了《关于进一步加强支付结算管理防范电信网络新型违法犯罪有关事项的通知》（银发〔2019〕85 号），进一步加强支付管理，防范电信诈骗。通知明确要求，不得直接或变相为互联网赌博、互联网销售彩票平台，非法外汇、贵金属投资交易平台，非法证券期货类交易平台等的非法交易提供支付结算服务。

4 月 22 日，国家网信办举报中心发布文章《“赌一把”？警惕互联网彩票欺诈骗局!》称，仍有少数不法分子擅自开展网络售彩活动，引诱彩民网上购彩。文章指出，打击非法售彩网站艰巨而复杂，不法分子绞尽脑汁企图规避执法部门的查处，相关网站不断出现，形式不断翻新。文章提醒，公众可通过国家网信办举报中心官方网站举报入口、网络举报客户端、举报中心微信公众号和官方微博的“一键举报”等途径，提供必要的网址链接和截图等证据，进行举报。

（二）彩票机构的社会责任建设

1. 福利彩票通过世界彩票协会责任彩票三级认证

2019 年 7 月，中国福利彩票通过世界彩票协会责任彩票三级认证。这是继 2016 年通过世界彩票协会责任彩票二级认证之后，中国福利彩票在社会责任建设和履行方面的又一进展。[①] 据不完全统计，2019 年全年有 11 个

① 参见何辉主编《中国福利彩票发展报告（2019）》，社会科学文献出版社，2020。

省级福彩机构发布了上一年度的福利彩票社会责任报告①，一些地级市的福彩机构也发布了社会责任报告。②

在履行社会责任、推动传统彩票产业转型发展方面，一些省份的福彩中心进行了有益的探索。浙江省福利彩票的发展有一定的特色，2019 年 4 月，浙江福彩中心荣获“全国民政系统先进集体”称号。③

2. 行业聚焦社会责任建设

2019 年，彩票行业对于社会责任建设更加重视。例如 5 月 28 日，《彩票管理条例》实行 10 周年暨彩票理论体系建设研讨会在北京召开，来自福利彩票、体育彩票发行和销售机构的从业者围绕“彩票的内涵和外延”“我国彩票的社会责任”两个主题进行讨论。第二届中国彩票行业沙龙亚太年会暨亚洲彩票论坛也在 5 月召开。论坛就“如何践行彩票社会责任”进行专题讨论，一些专家围绕日本的《负责人博弈法》、中国澳门博彩的社会责任发展、责任彩票的实践案例等做专题演讲。

3. 行业工会建设

一些地方通过行业协会和行业工会的方式进行履行社会责任的探索。2019 年 4 月，杭州市福利彩票销售网点行业工会联合会正式成立。该工会联合会涵盖了杭州市福利彩票销售网点 1490 余家，从业人员 2000 余名。这是全国首个针对彩票销售员群体的工会组织。行业工会的工作重点，一是加强销售员权益维护，二是强化行业自律，三是帮助销售员技能提升，四是实现困难帮扶制度化常态化。④

4. 公益活动

2019 年，在公益活动方面，无论是中国福利彩票发行管理中心，还是各个省级福利彩票发行中心，均围绕发行宗旨，特别是结合打赢脱贫攻坚战，

---

① 中国福彩网，http：//www. cwl. gov. cn/shzr/shzrbg/。

② 参见浙江在线网站“责任福彩”板块，http：//www. zjflcp. com/ch120/zrfc/。

③ 参见本书 B. 7《以责任建设倒逼发展方式转型转轨——浙江省福彩社会责任指标体系研究》。

④ 《杭州成立全国首家福利彩票销售网点行业工会联合会》，杭州工会网，2019 年 3 月 29 日，http：//www. hzgh. org/newsview63363. htm。

以助老、助学、扶贫等为主题，开展了多种类型的福彩公益活动。其中，在品牌建设方面，与往年相比有较大突破，在全国范围内开展“福彩圆梦”“福彩欢迎您”等公益活动和宣传活动。多地的福彩机构将“2019 福彩圆梦”作为主题，贯穿全年组织的系列公益宣传活动，对公益金重点投放领域，特别是老年人公益事业、儿童公益事业、脱贫攻坚等领域进行全方位宣传，创新宣传形式，丰富宣传内涵，提升了社会公众对福彩的认知度。

5. 信息公开和公众参与

彩票开奖环节，是关系彩票是否公平、公正、公开的重要因素。中国福利彩票发行管理中心从 2005 年开始邀请社会公众现场参与福彩的部分奖种的开奖。2005 年以来，连续举办“走近双色球”活动，邀请社会各界公众代表走进“双色球”摇奖直播现场，通过现场情况介绍、问题解答、观摩摇奖直播过程等一系列面对面的交流活动，展现开奖过程的阳光和透明。例如，2019 年“走近双色球”活动从 3 月 24 日开始，全年共开展 70 期，接待 5560 人次。

从 2013 年开始，中国福利彩票发行管理中心推出“走近刮刮乐”活动，7 年间共有万余人次走进刮刮乐印制厂，亲眼见证了刮刮乐生产全过程，了解了即开票生产的公平性、随机性、透明性。“走近刮刮乐”和“走近双色球”活动的举办，在一定程度上让福利彩票的参与者、关心者、受益者更加了解和支持福利彩票，减少了社会质疑，增强了品牌认可度。

在以上活动的基础上，2019 年 11 月 1 日，中国福利彩票发行管理中心发布公告，向社会公众开放自行报名参观福利彩票开奖渠道。根据安排，每年 3～12 月开奖日为社会公众开放日，其中，周二为双色球、3D 开奖开放日，周三为七乐彩、3D 开奖开放日。前期开通电话报名渠道。报名预约成功后，参观人员在规定时间前到达福利彩票开奖现场登记参观。①

6. 彩民咨询、支持和救助

在针对非理性购彩、彩民支持救助方面，一些地区开展了相关的工作。

① 《关于开放社会公众自行报名参观福利彩票开奖的公告》，中国福彩网，2019 年 11 年 1 日，http://www.cwl.gov.cn/c/2019-11-01/459569.shtml。

例如，2019 年 5 月，重庆市福彩中心通过委托第三方社会组织的方式开通社工服务热线。社工热线由专业社工与心理专家接听，协助解决购彩中出现的困惑与困扰，引导塑造健康、正确的购彩认知与购彩心理，减少或避免过度购彩及成瘾性购彩等不良购彩行为，及其对购彩者家庭与社会造成的损害。6 月，连云港市福彩中心成立“心灵港湾”彩民理性购彩指导中心。中心聘请了连云港市康复医院的两位心理科专家、市福彩中心的两位社工师，为自愿寻求帮助的广大彩民提供专业的心理疏导和购彩服务。

五　结构性减速和高质量发展：政策建议

（一）结构性减速和福利彩票产业发展的“三期叠加”

1. 2019年福利彩票市场表现

综观福利彩票 2019 年的市场发展情况，呈现如下特点。

一是市场环境日益复杂，宏观经济不确定因素增多。与此同时，我国福彩和体彩在较长时间内处于高位运行状态，社会关注度不断提高，舆论环境由于技术发展等因素越发复杂，面对经济发展新常态，福利彩票销售面临的各类风险和挑战增多。

二是在政府严格规制下，我国彩票进行结构性调整并带来销量的下降，这些对彩票销售终端的经营者造成较大压力，也为彩票产业的健康发展带来挑战。近几年，在总销量中占比重很大的福彩快开游戏在受到政府严格规制后，不仅销量锐减，且造成福彩整体销量较大幅度下降。传统站点生存压力加大，收益相对下降，积极性受挫；现有游戏结构缺乏新的增长点；新渠道拓展短期内难以产生规模效益；营销模式和方法尚需创新，购彩群体还需不断培育开发，彩票行业遭遇市场疲软滑坡的风险越来越大。

三是彩票市场的竞争更为激烈。2018 年，中国体育彩票借助世界杯赛事对竞猜型彩票的利好，增量和增幅远超福彩，且销量占比一举超过 50%，达56.1%。2019年，因为高频游戏和竞彩游戏受政府规制和体育赛事减少等的影响，体育彩票销量下降幅度大于福彩销量下降幅度，但占比依然维持在50%以上。一些学者和行业观察者认为，与福彩相比，体彩在运营机制、销售系统、游戏产品方面有一定优势。

四是福利彩票市场发展不平衡不充分的情况依然明显。从彩票游戏角度来看，双色球等主力游戏增长乏力。2019年，尽管即开型游戏和基诺型游戏销量增加较多，但因为这两种游戏销量体量很小，对彩票的总销量影响较小。由于快开游戏的销量锐减，游戏销量结构不平衡状况仍比较明显。[①] 从不同地区的销量来看，我国东中西部地区，不同省份的彩票产业发展非常不平衡。从近些年的发展来看，不同地区发展不平衡的态势依然没有发生改变。[②]

2. 福利彩票产业发展的“三期叠加”

整体来看，近几年我国的福利彩票产业发展乃至我国彩票产业发展，都面临新的局面。2019年的市场发展呈现新的特征。与我国宏观经济“三期叠加”的态势非常类似，福利彩票产业发展进入结构调整阵痛期、增长速度换挡期、前期政策消化期。

不过，彩票产业的“三期叠加”与宏观经济“三期叠加”态势也有所不同。宏观经济的增长速度进入换挡期，这是由经济发展的客观规律所决定的，是长期高速发展后的一个自然过程和阶段性现象。而我国彩票产业，即使一些游戏产品受到政府的严格规制，但仍然有较大发展潜力和增速潜力。结构调整面临阵痛期，是政府加快经济发展方式转变的主动选择。而我国彩票产业的结构调整，既是彩票机构的主动选择，也是在政府对彩票游戏品种进行严格监管后的被动应对。前期政策消化期，是政府化解多年来积累的深层次矛盾的必经阶段。我国彩票产业的健康发展，既要逐步消化2019年的一系列规制政策，也需要对后续政策有一定预测和判断。

① 参见本书B.2《2019年福利彩票各类型游戏比较分析》。

② 参见本书B.3《2019年福利彩票省级区域比较分析》。

（二）结构性减速和高质量发展的关系①

2019 年，在政府严格监管下，彩票销量整体上表现为结构性减速，造成了彩票行业的短期发展困境。不过，从中长期来看，严格的政府监管对于我国彩票行业的可持续发展是有积极作用的。

首先，对于高频快开、竞猜型彩票以及 2019 年下半年中福在线游戏规则的调整，进一步明确了在我国彩票产业的发展中，政府对于一些具有较强博弈性的彩票品种的规制方向。

其次，在规则改变的情况下，虽然整体上销量下滑比较明显，但也有部分游戏，例如即开型游戏的销量出现较大幅度的增加。前文提到，即开型彩票的销量占彩票总销量的比重非常低。但考虑到在我国彩票发展早期，即开型彩票的占比非常大，也考虑到在国外许多国家的彩票游戏中，即开型彩票占比较大的情况，可以预期随着政府规制的进一步细化，在整个彩票游戏结构中，低博弈性彩票的占比会增加，我国彩票游戏的品种会逐步优化。

最后，前文提到，政府严格限制高频快开和竞彩游戏的一个重要背景是，近几年来，一些国内外的赌博和非法彩票组织利用我国高频快开游戏的开奖等，从事非法彩票和赌博活动。而 2019 年政府对于高频快开游戏的规制，在一定程度上对非法彩票和赌博是一个打击。这对于国内彩票市场的净化起到一定的作用。

从以上三点来看，2019 年的销量下降属于结构性的调整，其对于彩票市场游戏结构的优化、非法彩票的打击，或起到促进作用。因此，本报告认为，结构性减速对于我国彩票行业的高质量发展是有一定促进作用的。

（三）政府规制的循序渐进：严格监管和适当放松相结合

但不可否认，政府规制的诸多严厉举措，对于彩票市场的稳定，特别是

① 对于彩票产业高质量发展的详细论述，参见本书 B.9《彩票事业高质量发展的理念和路径》。

对于众多彩票从业者而言，均有很大的影响。回溯前些年我国彩票产业的销量起伏，也都与政府的监管有密切关系，因此从彩票产业稳定健康发展的视角来看，是否还有其他的政策选项，既能够推动彩票的高质量发展，又能尽量减少对市场的剧烈冲击？

无论是监管机构，还是彩票机构，都应该有共同的理念，就是彩票是我国重要的公益和社会福利的资金筹集渠道。从这些年我国经济社会的发展，以及既有的彩票销量来看，我国彩票市场的潜力是巨大的，与此同时，我国对于公益资金的需求也是非常大的。因此，需要进一步准确定位彩票产业和彩票事业，在监管、彩票机构等方面积极推动彩票事业发展。

1. 2019年政府规制的具体措施

从政府规制工具的角度来看，涉及价格规制、数量规制、进入规制、营销和广告规制等多个方面。规制机构对于规制工具的使用更加多元化和娴熟，指向也更精准，对彩票市场产生巨大影响。不过，考虑到2019年规制政策对于市场的巨大影响，建议今后在规制时要适当考虑市场的消化能力，在规制强度上有更好的拿捏。

2. 彩票规制机构需要更全面、整体地看到彩票事业中的两个市场

彩票规制机构需在彩票消费市场和彩票公益金市场同步发力，而非单方面地通过禁止等方式来降低风险。通过制度创新等方式，将彩票销售和彩票公益金分配使用两个市场的关系塑造得更紧密，通过公益项目的影响力和传播力，反哺彩票市场的发展。

3. 在严格监管下，需要注意两点

一是如何尽可能地减少销量下降。因为销售额和最后提取的公益金是直接挂钩的，销量的锐减会直接减少社会福利和公益的资金投入。二是如何减少对产品进行监管导致的基层网点站点的经营压力。一方面，需要尽快推出具有吸引力的游戏品种，来弥补因为监管而下架的游戏带来的销售空档；另一方面，要对现有部分游戏进行大力宣传，或者通过某种促销和优惠措施，尽可能在该品种上增加经营者的收入。

（四）彩票机构的适应性发展：社会责任、产品和营销创新

1. 彩票机构的外部环境

对于彩票机构而言，当前既有困难和挑战，也存在改革的机遇。从困难和挑战来看，乐透数字型游戏老化、即开票市场占比小等问题一直存在，站点经营成本不断增加，不少销售站点过于依赖快开游戏。福彩系统因为体制机制的限制，在专业能力方面有所欠缺，推动创新协调发展的难度仍然不小。

从机遇和有利因素来看，“彩票法”的立法推进，为彩票体制机制改革提供了有利的政治法律环境。随着彩票的“人民性、国家性、公益性”属性的进一步确认，彩票在我国社会公益事业发展中扮演重要角色，彩票发展的“合法性”和社会基础进一步拓宽。国民收入持续稳定增长，消费升级带动文化娱乐消费支出增长，潜在消费群体庞大，彩票事业发展拥有广阔的市场空间。

2. 适应性发展，加强社会责任建设

2019 年，政府规制的诸多举措，对彩票发行管理机构有非常大的影响，对彩票产业长期以来形成的发展模式、经营模式，[①] 对已有的产品结构，都产生了巨大的冲击。彩票机构需要在遵循监管要求的情况下，努力通过挖掘潜力、推出新产品、开拓新的销售渠道等，做好适应性发展。彩票机构也需要通过创新公益营销，在自身可控的范围内，塑造彩票和彩票机构的良好形象。强化社会责任理念，加强责任彩票建设，构建以安全为基础、以公益责任为核心、预防非理性购彩的责任彩票体系，这将是我国彩票业未来发展的重要趋势。

3. 新产品的研发和市场替代

推动即开票游戏和新基诺游戏研发，完善发行销售运营管理制度体系，加快推进审批上市。根据各地实际情况，合理布局新基诺游戏销售渠道，缓

---

① 参见本书 B. 11《烟草专卖制度对我国福利彩票专营制度的启示》。

解站点经营压力。推进区域联销乐透型、数字型新游戏论证，适时上报审批。积极推进互联网销售福利彩票准备工作，推动福彩综合体验中心的建设。

4. 营销理念和策略的调整

随着我国社会的主要矛盾的变化，随着社会上青年人群和中高收入群体消费习惯的变化，为了能够适应彩票游戏品种的调整和更新，需要在市场营销方面进行积极的探索。传统的营销理论强调4P，即产品（product），价格（pirce），渠道（place），促销（promotion）。近些年有学者提出4C的新营销理论，强调以消费者为中心，产品和营销不仅要满足消费者的价值需要和实际需求，而且要保证消费过程的低成本和便捷，以及随时与消费者沟通了解消费者的动态。

我国的彩票产业经过连续快速增长，整体销量已经进入高位阶段。在2019年政府对高频快开、竞猜型彩票实施严格规制的情况下，彩票机构需要在其他彩票游戏营销上发力。这个时候，4C营销理论就非常具有指导意义。从以卖方为中心，以生产为前提调整为以消费者为中心，要强调消费者购彩的便捷性以及购彩体验，满足消费者个性化的经济需求和价值需求。

5. 加强福彩文化传播和公益活动宣传，重塑公益福彩整体品牌形象

福利彩票事业是一个系统，包括彩票产业发展和彩票公益发展。[①] 因此，从整个福利彩票事业发展的角度来看，彩票机构和彩票公益金的分配使用部门需要合力，共同推动和塑造福利彩票的整体品牌形象，突出福彩的公益和文化传播。从福彩机构来看，需要围绕“公益福彩、快乐慈善”的理念，进一步推进“阳光福彩”、“责任福彩”和“诚信福彩”建设。需要在继续用好传统媒体、传统宣传阵地做公益活动的同时，开发新的宣传载体，引进新兴媒体资源，在做好市场营销的同时，重点发展公益品牌，凝聚“福彩力量”，展示“福彩形象”，讲好“福彩故事”，弘扬“公益、慈善、健康、快乐、创新”的福彩文化，提升公益福彩整体品牌形象。

---

① 参见本书B.9《彩票事业高质量发展的理念和路径》。

参考文献

沈小钰：《国外责任彩票建设：背景、经验与启示》，《中国民政》2020 年第 12 期。

杨团主编《中国慈善发展报告（2020）》，社会科学文献出版社，2020。

何辉主编《中国福利彩票公益发展报告（2019）》，社会科学文献出版社，2020。

张增帆：《彩票行业属性研究》，《社会福利》（理论版）2018 年第 12 期。

何辉：《福利彩票公益金分配使用尚有很大提升空间》，《经济参考报》2020 年 10 月 22 日。

何辉：《深化供给侧改革创新　推动福利彩票事业新发展》，《中国民政》2020 年第 18 期。

市 场 篇

Market Reports

B.2 2019年福利彩票各类型游戏比较分析

马 妍*

摘 要：2019年福利彩票销量出现两位数的降幅，其原因包括：一是受政策影响福彩快开型游戏销售量大幅回落；二是作为市场基石的大型乐透游戏销售量增长乏力；三是游戏多样性不足，地方、区域游戏种类少，没有形成产品矩阵。另外，彩票游戏的体验性较差，不能满足年轻群体的需要，这也是未来彩票市场发展中一个需要着重加强的地方。本报告建议对双色球的现有中奖概率和奖金额度进行探索和调整，并增加彩票游戏的种类，持续优化即开票的设计和渠道建设，提升购彩体验。

关键词：福利彩票 游戏类型 产品布局 返奖率

* 马妍，国家彩票杂志社副社长，主要研究领域为国内外彩票政策、彩票管理体制、彩票市场。

一 2019年福利彩票市场的基本情况

2019 年福利彩票累计销售 1912.38 亿元，受到政策影响销量同比下降 14.8%。这是近 5 年来，福利彩票年销量第二次出现负增长，第一次是在2015 年（-2.16%），相比较而言，2019 年的降幅远高于2015 年（见图1）。自发行（1987 年）以来，福利彩票销量共出现过 6 次负增长，2019 年降幅位列第三。

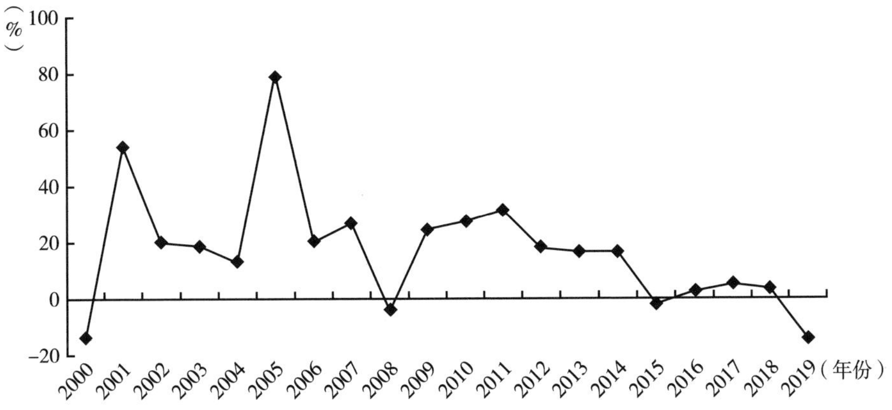

图1 2000～2019 年福利彩票增幅情况

资料来源：根据财政部网站公布数据、《中国彩票年鉴》（2002～2020 年）相关资料整理。

2014 年底，审计署对彩票行业开展审计，揭开彩票业界存在的众多风险和问题，从而拉开彩票业整顿大幕。经过近 20 年爆炸式增长之后，中国彩票业向健康方向回归，市场从求销量向重质量进行调整，福利彩票自2015 年起也从两位数的增长幅度回落到一位数的增长幅度，其中，2015 年、2019 年更是出现了负增长，这两年的销量波动与行业整顿、政策调整密切相关，尤其是 2019 年。

2019 年 1 月 15 日，财政部、民政部、国家体育总局三部委联合发出通知，要求暂停高频快开游戏派奖促销活动。1 月 28 日，三部委再次联合发布通知，调整高频快开彩票游戏和竞猜游戏规则，要求每期销售时间调整为20 分钟，单张彩票的投注倍数范围由 2～99 倍调整为 2～50 倍。此举一出，快开型彩票游戏的销量出现大幅回落。

同年7月，中福彩中心又下发了《关于严格执行中福在线视频型彩票投注限额规定的通知》文件，提出“中福在线每人每天200元投注限额”，对不严格执行的销售大厅和机构予以严惩，视频型彩票在该年销量上对此有所反应。

从2019年各类型彩票游戏销售情况来看，在福利彩票旗下的乐透数字型、即开型、视频型、基诺型四大类型中，乐透数字型全年销售1320.25亿元，市场占比最大，为69%；即开型全年销售149.63亿元，市场占比为7.82%；视频型全年销售440.82亿元，市场占比为23.05%；基诺型全年销售1.66亿元，市场占比为0.09%。显而易见，乐透数字型在我国福利彩票游戏市场占主导地位（见图2）。

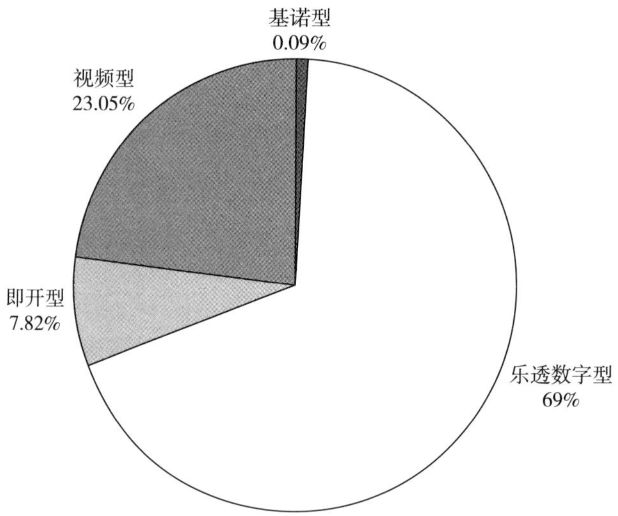

图2　2019年福利彩票各类型游戏市场占比

资料来源：财政部网站公布数据。

与2018年相比，即开型、基诺型彩票游戏实现了正向增长，分别是31.0%和28.6%，市场占比最大的乐透数字型彩票游戏出现了20.3%的负增长，视频型彩票游戏出现了7.1%的负增长（见表1）。

表 1　2018 年和 2019 年福利彩票游戏销量情况

单位：亿元，%

类型	本年累计		
	2018 年销量	2019 年销量	同比增长
福利彩票	2245. 56117571	1912. 38166720	-14. 8
乐透数字型	1655. 65161618	1320. 25287096	-20. 3
即开型	114. 26691761	149. 63516053	31. 0
视频型	474. 34525908	440. 82505943	-7. 1
基诺型	1. 29738284	1. 66857628	28. 6

资料来源：财政部网站公布数据。

2019 年福利彩票游戏销量的下滑主要来自乐透型彩票游戏，尤其是乐透数字型彩票游戏中的快开型彩票游戏。快开型彩票游戏在 2018 年实现销量 932 亿元，市场份额占比为 41. 51%。2019 年快开型彩票游戏销量降为 581 亿元，其在 31 个省（区、市）的下降幅度平均值为 40. 60%，其中，海南下降幅度最大，为 85. 21%，唯有上海略有增长，为 2. 19%。2019 年快开型彩票游戏市场份额占比跌落到 30. 38%。

长期以来，作为福利彩票增长点的视频型彩票游戏在 2019 年也出现负增长，这是视频型彩票游戏近 10 年来出现的唯一一次负增长。视频型彩票游戏在除北京、新疆和西藏的 28 个省（区、市）发行，虽然整体上出现销量下降的情况，但下降幅度相对较小，28 个省（区、市）销量变化平均值为 -5. 76%，其中，湖南下降幅度最大，为 22. 73%，四川增长幅度最大，为 13. 54%。

从 2019 年各省（区、市）销售情况来看，各类型彩票游戏销量前 10 的省（区、市）基本占了近六成的该类型彩票游戏的市场份额（见图 3）。其中，乐透数字型彩票游戏年销量前 10 的省占整个市场份额的 58%（见图 4）。即开型彩票游戏年销量前 5 的省（区、市）占整个市场份额的 42%，前 10 的省（区、市）占比达 63%（见图 5）。视频彩票游戏年销量前 10 的省占整个市场份额的 66%（见图 6）。可以看出，不同省（区、市）的彩票游戏市场销量状况差距较大。一般来看，福利彩票各类游戏市场发展较好的地区，基本兼具人口数量大、经济发达两个条件。

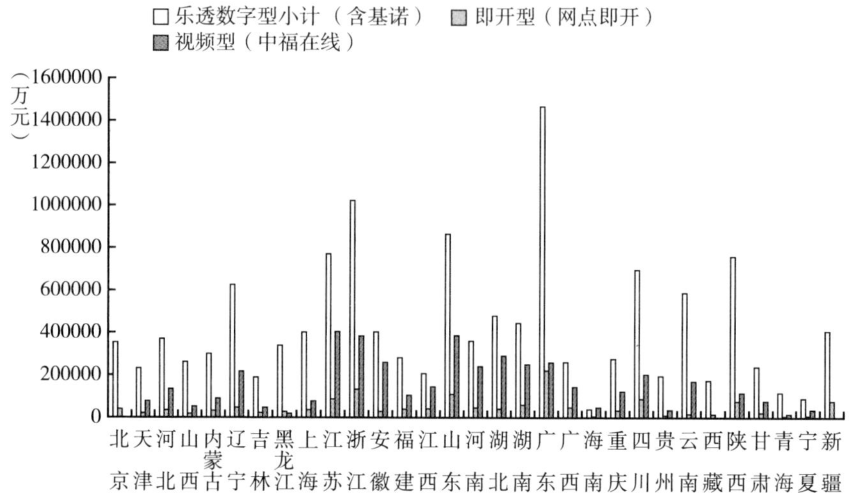

图3　2019年各类型彩票游戏在各省（区、市）的市场情况

资料来源：根据财政部网站公布数据、《中国彩票年鉴》（2002～2020年）相关资料整理，下同。

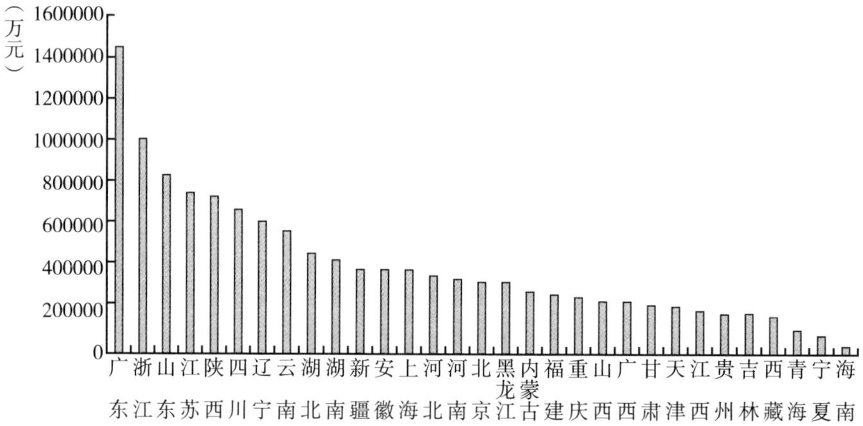

图4　2019年各省（区、市）乐透数字型彩票销量情况

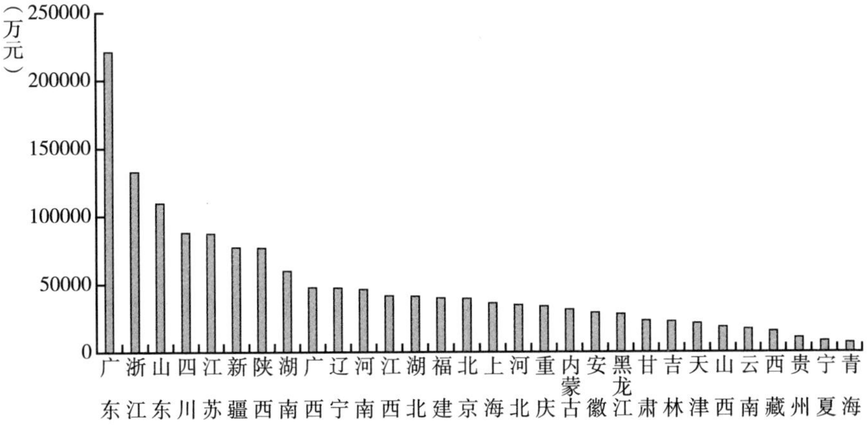

图5　2019 年各省（区、市）即开型彩票销量情况

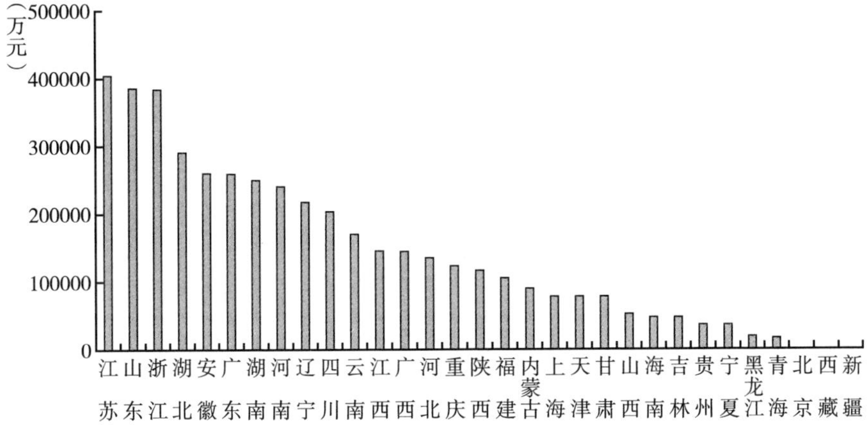

图6　2019 年各省（区、市）视频型彩票销量情况

二　快开型彩票游戏市场分析

快开型彩票游戏（以下简称“快开型游戏”）因销售开奖频率快而得名，一般从销售到开奖的全部过程只需要 5～10 分钟。快开型游戏 2001 年投放市场，到 2012 年实现了 31 个省（区、市）全覆盖。

从游戏机理看，可以将快开型游戏分为 4 类，分别是数字型、乐透型、基诺型和虚拟竞技型游戏。从市场份额来看，数字型和乐透型游戏占绝对主导地位，基诺型和虚拟竞技型游戏市场表现较弱。从游戏返奖率看，快开型游戏包含67%、59%、50% 3类。其中，59%返奖率的游戏是市场的销售主体，67%返奖的游戏仅在部分特定区域销售，如：海南、深圳、舟山、汕头等。

截至2019年，福彩快开型游戏共有12款游戏在售，分别是快3、快乐三宝、时时彩、时时彩（新疆）、快2、群英会（山东）、快乐十二、广西快乐十分（21选5）、幸运彩（河南）、快乐十分、快乐8、PK拾（见表2）。在12款游戏中，2011年上市的快3游戏，参与销售的省份最多，是快开型游戏销量最高的产品。

表2　福利彩票快开型游戏分类及返奖率

单位：%

游戏类别	游戏名称	返奖率
数字型	快3	59
	快乐三宝	67
	时时彩	50
	时时彩(新疆)	59
	快2	67
乐透型	群英会(山东)	59
	快乐十二	59
	广西快乐十分(21选5)	50
	幸运彩(河南)	59
	快乐十分	59
基诺型	快乐8	50
虚拟竞技型	PK拾	50

资料来源：根据财政部网站公布数据、《中国彩票年鉴》（2002~2020年）相关资料整理。

从发展历程来看，2008年之前快开型游戏还未受到重视，只是作为对彩票产品的新探索和补充。2008年是快开型游戏的转折点。一方面，福彩销量出现下降，一些销售机构开始寻找新的市场增长点；另一方面，随着时间的推移，快开型游戏彩民培育周期短、销量增长迅速等特征逐步被发现。

于是从2008年开始，全国各省（区、市）开始争先恐后地上市快开型游戏。从市场情况来看，2007年快开型游戏仅占市场份额的1%，2008年市场份额就增长到3%，到2009年已经达到10%。

“数字少、奖项多、固定返奖、中奖面宽、开奖快”是此类游戏的特点和卖点。2013年，快开型游戏进入500亿元时代，全年销量为516亿元，到2018年市场销量飙升到932亿元（见图7）。2014年以来，快开型游戏市场份额基本保持在30%以上，两度超过40%，是近些年福彩销售市场的主要贡献力量。

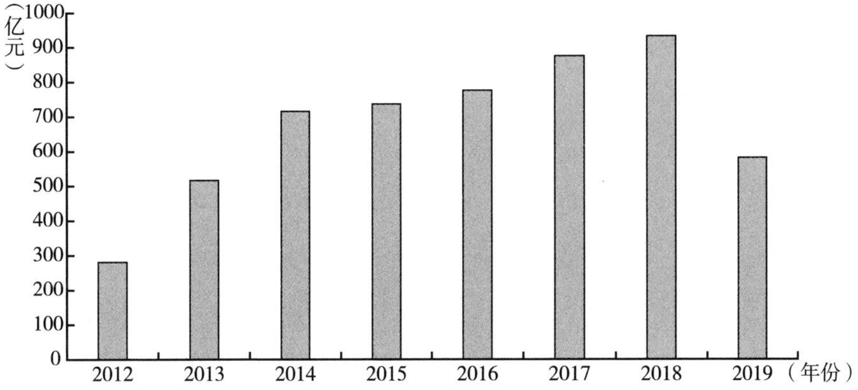

图7　2012～2019年福利彩票快开型游戏销量情况

资料来源：根据财政部网站公布数据整理。

随着快开型游戏销量的飞速增长，快开型游戏存在的问题也逐步显现。快开型游戏在上市初期都会呈现在销量上突飞猛进，发展迅速，然后下滑至某个量级的规律。而一些地区快开型游戏能够保持增长，主要依靠的是派奖活动。南方某市2018年快开型游戏的派奖金额达到3000万元，派奖期间快开型游戏每天销量能达到1000多万元，最高接近2000万元，而在平时，快开型游戏每天的销量基本保持在700万元左右。经统计，2018年全国共使用超过13亿元对福彩快开型游戏进行派奖，有的省份派奖金额高达1亿元。

另外，从市场份额和连年销售情况来看，快开型游戏的上市对其他游戏产品市场造成了挤压，最明显的是对即开型游戏和小盘乐透游戏市场的挤压。

除了给彩票行业自身带来的影响外，其他负面影响也日渐显现。2018年，为了打击私彩，重庆福彩中心、北京福彩中心、上海福彩中心等彩票销售机构停止了通过公开媒体发布快开型游戏的开奖信息，转而在彩站发布。

北京福彩中心之所以不再通过公开媒体发布开奖信息，是因为此前私彩大肆利用北京福彩“PK 拾”的开奖号码销售假“PK 拾”游戏。私彩盯上快开型游戏，主要是因为游戏开奖速度快，吸收非法资金时间短，不容易被发现。

重庆“时时彩”是国内最早发行的快开型游戏之一，其因玩法简单、中奖率高、开奖快、即买即兑、赔率设奖、固定奖金等特点受到购彩者欢迎，也因此成为私彩利用的对象。

开奖快、刺激性强的快开型游戏在提升了国家彩票销量的同时，也为私彩发展提供了条件，游戏被模仿，购彩者被私彩吸引。私彩利用快开型游戏不仅侵占了公共利益，也损害了国家彩票的形象。

2019 年初，财政部、民政部、体育总局发出《关于加强高频快开游戏派奖促销管理的通知》（以下简称《通知》）。《通知》要求自该年 1 月 16 日起，暂停高频快开游戏开展任何形式的派奖和促销活动。此举主要是为切实整顿彩票市场秩序，遏制部分彩票游戏派奖促销活动中出现的强度持续加大、时间恶意延长、派奖金额远超返奖率以及促销引发大额非理性购彩等问题。而派奖促销一直都是高频快开游戏销量提升的利器，派奖促销的市场行为暂停，高频快开游戏销量出现回落，加上快开型游戏占市场近一半的份额，它的销量变动对福彩销售总量有较大的影响。2019 年，福彩快开型游戏销量为 582.95 亿元，同比下降 37.59%，市场份额从 2018 年的 41.00%回落到 30.49%。

三　即开型彩票游戏市场分析

中国当代的彩票发端于即开型彩票游戏（以下简称“即开票”）。2000

年以前，即开票一统彩票市场，但随着电脑彩票的出现和普及，即开票逐渐淡出了人们的视野。2004 年“西安体彩宝马事件”几乎给即开票判了“死刑”，但是 2008 年奥运主题的即开票“重出江湖”，让人耳目一新。正当人们对即开票充满期待，2010 年后即开票却进入了下行通道。

即开票的主要销售渠道为现有的彩票站点。为了扩大购彩群体、增加即开票的销量，拓展其他行业渠道成为即开票市场营销的重要工作。从当前彩票机构开发的行业渠道来看，既有商超渠道，例如连锁超市、大型商场等，也有国企渠道，即中石油、中石化、中国邮政等。总体来看，彩票机构对即开票行业渠道开发并不顺利，主要原因有以下六个方面。

一是无法自助兑奖。兑奖一直是即开票行业渠道面临的一个难题。行业渠道由于自身资金管理制度所限，很难做到现行垫付兑奖奖金。对于彩票机构来说，因为成本高，即开票销售终端设备（可兑奖）不可能配发到每一个行业渠道的网点。久而久之，行业渠道就没有了销售的积极性。有些彩票机构也期望通过为行业渠道提供兑奖备用金的方式解决此难题，但是也因为行业渠道的财务管理等问题未能实现。而对于购彩者来说，不能及时兑奖就影响购彩体验，很难产生持续购彩的意愿。

二是即开票的包销制制约了行业渠道的发展。目前即开票的销售模式多为先结算再销售，但是这种模式在很多行业渠道却很难适应，行业渠道很难做到先垫付资金购买即开票，然后再配发到渠道网点去销售。而对于彩票机构来说，也没有办法做到先赊销再结算，这是法规不允许的。因此，合作双方资金结算制度不同，给行业渠道开发带来难度。

三是利润低。对于行业渠道来说，即开票的代销费是有限的，最高不超过 10%。与低利润相反，即开票的销售需要投入很高的人力成本。

四是游戏产品设计。虽然市面上即开票产品种类较多，但质量参差不齐。有些游戏设计比较粗浅，并没有掌握设计原理，只是简单模仿销量较好的即开票，也没有把握其核心的数据设计，最终导致市场表现不佳。

五是即开票的返奖率。我国即开票的返奖率单一，为 65%，这与国际上即开票浮动返奖不同。在很多国家，面值越高的游戏返奖率越大，浮动返奖率的设置可能从市场方面更加科学，也直接影响购彩者的购彩体验。

六是近些年来即开票的市场受到其他彩票游戏，特别是快开型游戏的挤压。

基于以上原因，多年来彩票机构虽然在即开票上下足了功夫，但市场表现一直不佳。2019 年即开票止跌回升，福彩即开型游戏销量同比大涨 31%（见图 8）。连续多年低迷冷清的即开票市场呈现回暖的势态。

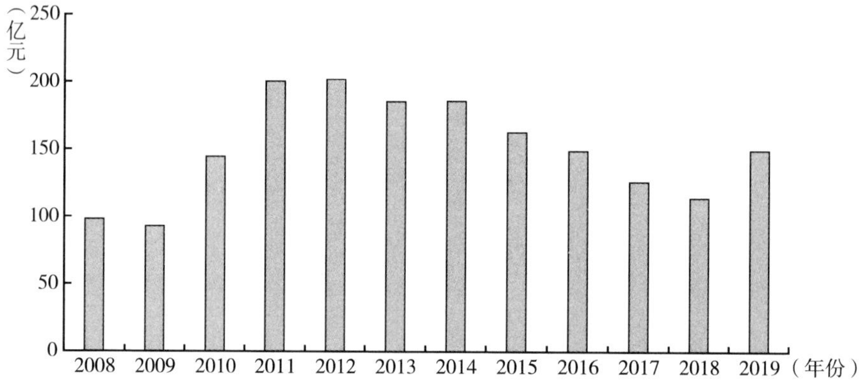

图 8　2008～2019 年福利彩票即开型游戏销量情况

资料来源：财政部网站。

2019 年，在售即开票 282 个品种，当年上市 24 种。其中，“好运十倍”作为老牌游戏一直稳居销量第一，在 2019 年的即开票市场份额达到 14%，紧随其后的是“百发百中”和“中国龙”。在销量前三的游戏中，两款为老游戏，“中国龙”是当年推出的新游戏。

2019 年即开票似乎摆脱颓势，销量同比大幅提升。但 2019 年即开票无论在产品上，还是在销售模式方面并没有重大突破。销量大幅提升，除了快开型游戏受到政策影响，让出了一些市场空间以外，最重要的原因是电脑彩票促销政策大幅收紧，销售机构将电脑彩票的发行费大量补贴给即开票。销售投入激增，促进了销量提升。从长远来看，发展好即开票仍要面对产品、渠道的难题。

四　双色球游戏市场分析

2019 年，双色球游戏销售 542.02 亿元，同比增长 1.7%（见图 9）。从近 5 年的销售情况来看，虽然双色球持续增长，但是增长幅度较小，游戏已经进入市场稳定期。

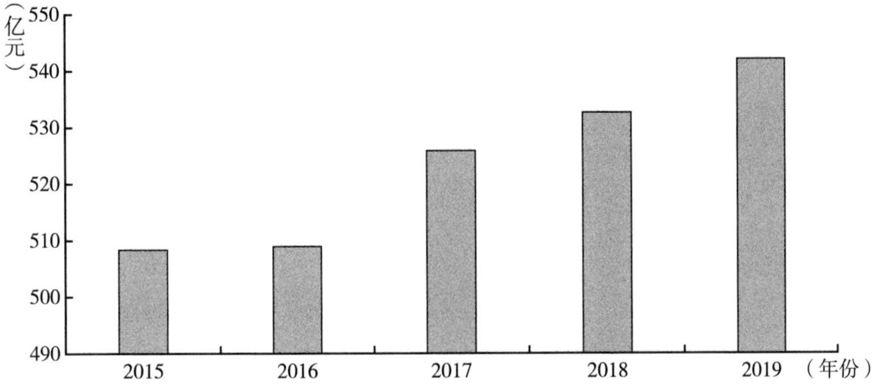

图 9　2015～2019 年福利彩票双色球游戏销量情况

资料来源：中国福利彩票官方网站。

2003 年 2 月，双色球上市销售，成为最早的全国联网乐透游戏，抢占市场先机。2003 年彩票市场还是以地方奖池型乐透游戏为主，如 30 选 7、36 选 7、6 + 1 等，理论奖组都在几百万注，一等奖理论奖金全都小于 500 万元，但统一执行了 500 万元封顶政策。地方乐透游戏偶尔会在一等奖中奖率偏低的某个阶段，短时间形成奖池，但当中奖率回归理论值后，奖池就会被掏空。

双色球理论奖组达到了 1772 万注，一等奖理论奖金达到 650 万元，理论上具备了形成大规模奖池的可能。双色球上市初期一周双开奖，从而在起步阶段，保证了单期销量与较大的理论奖组匹配。经过一年半的培育，单期销量稳定在 8000 万元以上，奖池稳定在 1 亿元以上，这时双色球才调整为周三开奖。当双色球过亿元的奖池形成常态，地方中小奖组乐透游戏销量陡降，被迫纷纷退市。

双色球稳扎稳打，通过“快乐系列”小奖促销，培养购彩者选号习惯，最终形成忠实的稳定的购彩群体。

双色球自上市以来，销量始终独占鳌头。七星彩、金银彩、大乐透轮番上阵，时至今日也无法威胁到双色球的市场地位。但是放眼中国彩票行业，双色球也逐步陷入发展困境。经过 2007 ~ 2012 年销量快速增长后，2013 年双色球销量首度滞胀，2015 年又出现了萎缩，2016 年经过 9 亿元派奖促销，销量才勉强同比持平。

究其原因，2012 年之后，实体店销售渠道进入相对饱和状态，这为 2013 年的滞胀埋下伏笔，2015 年互联网代购被叫停，直接导致了销量萎缩。与销量相比，双色球的市场份额下滑就更值得关注。2009 年双色球市场份额达到最大，为 25.67%，之后一路下跌，2016 年已经跌到 12.90%，跌幅为 12.77%。这与国内彩票游戏产品不断丰富，市场竞争日趋激烈直接相关。2008 年以来，以高频、快开为代表的赔率型乐透游戏，以竞彩为代表的赔率型竞猜游戏，逐渐成为市场宠儿。

为了提升市场活跃度、拉动市场销量，双色球开启了每年的亿元派奖活动。活动的前几年确实在销量上起到了明显的作用，但是自 2014 年以来派奖活动力不从心。从数据上来看，2015 年的双色球 6 亿元派奖活动，派奖前的 8 期平均销量为 3.2 亿元，派奖后第一期（2015126 期）销量仅为 3.21 亿元，第二期（2015127 期）为 3.23 亿元，与派奖前 2015125 期 3.42 亿元的销量相比，每期甚至下降 2000 多万元。虽然每年派奖金额都在提高（见图 10），但派奖效果已经微乎其微。

双色球面临的困境表面上来自外部，实际上缘于自身。无疑，500 万元封顶政策已经脱离了当前中国社会发展现状，不能满足市场需求，成为中国彩票行业发展的最大障碍。但是，即使放开封顶或提高封顶金额，从目前的双色球的奖组规模、奖级设置来看，也未必能担得起真正的亿元大奖。

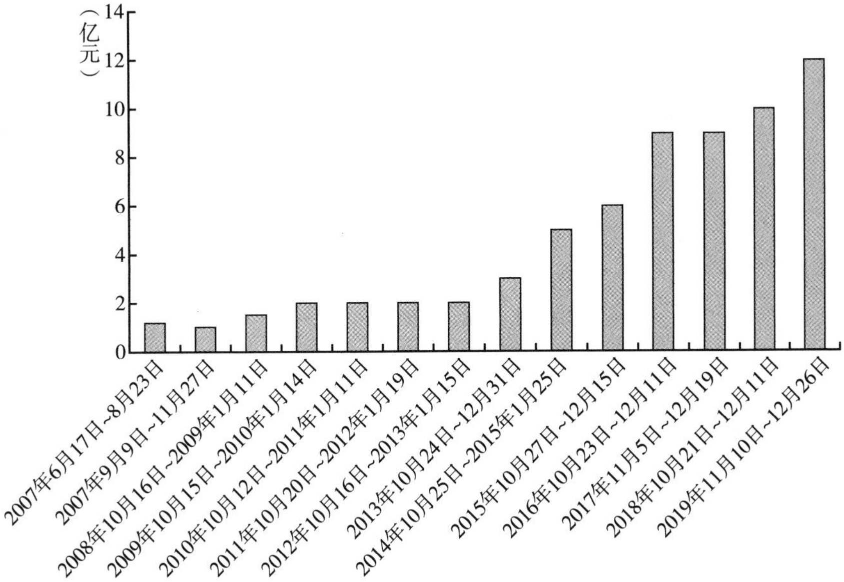

图10　2007～2019年双色球亿元派奖活动派奖金额情况

资料来源：中国福利彩票官方网站。

五　结论

一是大型乐透游戏不够“大”，头奖500万元封顶值得商榷。当前，国际上大盘乐透游戏都在向“难度高、奖金大”的方向发展。国内难度最大的游戏是体彩游戏中的大乐透，福彩游戏中难度最大的游戏是双色球，其一等奖中奖概率是1772万分之一，而美国强力球的中奖概率已经达到2.9亿分之一。从我国人口数和稳定购彩群体数量来看，目前国内的大盘游戏都不足够大，也难以撑起更大的奖金。另外，执行多年的500万元封顶政策已经很难满足目前购彩者的需求，购彩者通过追加倍投的方式令奖金提升，但从责任彩票的角度出发，这种投注方式是有损彩票发展及购彩者利益的。

二是游戏缺少多样性。目前我国彩票市场地方性彩票游戏种类非常少，现有地方或者区域游戏市场份额较小，在彩票产品结构中明显不足。需要统筹考虑游戏布局和定位，对全国联销游戏和地方游戏进行合理配置与发展，形成产品矩阵，推动市场健康发展。此外，市场现有游戏中，广泛受欢迎的游戏较少。除双色球、快开型游戏中的快3外，再无单期销量过亿元的游戏。这导致市场过度依赖一两个产品，影响彩票市场的稳定和可持续发展。2019年快开型游戏销量锐减带动整个彩票销量的下滑，就是一个例子。因此，需要在彩票游戏的多元发展方面下更大的力气。

三是即开票发展，任重道远。在欧美国家，即开票市场占有率往往达到50%。即开票的博弈性较低，是一种相对"更健康"的彩票游戏。2019年我国即开票的销量增加，但仍然需要在产品设计、渠道建设、自助兑奖、包销制方面进行探索和突破。

B.3
2019年福利彩票省级区域比较分析

王晶磊　杨　乐*

摘　要：基于2019年我国福利彩票在省级层面的销售数据，本报告分析了不同省（区、市）的福彩销售额排名、福彩发展指数、销售额占比与GDP占比、福彩人均销售额等。通过设定“彩票偏差指数”，得出“西部、北部大多省（区、市）福彩销售额占比高于其GDP占比”“东南沿海、中部大多省（区、市）福彩销售额占比低于GDP占比或与之基本持平”等结论。在此分析基础上，结合历年数据，对较为通用的“彩票发展指数”与本报告设定的“彩票偏差指数”进行对比分析。通过RStudio软件，验证了“彩票发展指数”与“彩票偏差指数”的正态分布，并结合直方图与核密度曲线分析了数据的态势。

关键词：福利彩票销售额　福利彩票偏差指数　福利彩票发展指数

* 王晶磊，高级工程师，高级项目经理，中国社会科学院大学学工部协助负责人，法学院党总支副书记，中国社会科学院大学社会责任研究中心研究员，主要研究领域为数据分析、项目管理、公共治理；杨乐，中国社会科学院大学图书馆馆员，主要研究领域为图书馆资源建设、教育财政、公共管理。

一　福利彩票的省级销售额分析

（一）2019年各省（区、市）福利彩票销售额分析

1. 销售额排名

2019 年，在全国 31 个省（区、市）中，29 个省（区、市）的福彩销售额都出现显著下降，仅四川、上海销售额同比上升。通过分析 2019 年我国各省（区、市）销售额数据可知，广东销售额依然位列全国首位，但其年销售额为 194.8 亿元，同比下降 19.75%，自 2014 年以来首次不足 200 亿元。浙江、山东、江苏 3 省分别位列第二至第四，销售额分别为 153.9 亿元、136.0 亿元、126.2 亿元，分别同比下降 8.29%、11.10%、21.00%。与去年不同的是本年度山东销售额超越江苏，排名位列第三。四川由去年销售额排名第八跃至第五，年销售额 98.8 亿元，同比增长 6.98%（见图 1）。

根据各省（区、市）销售额区间可分为不同梯队。广东销售额位居全国首位，浙江、山东、江苏 3 省紧随其后，均高于 100 亿元且与广东的销售额差距在逐步缩小，四川、陕西、辽宁 3 省销售额再次之，分别为 98.8 亿元、95.3 亿元、89.1 亿元。上述 7 省销售额数据属于第一梯队，领先于其余大部分省（区、市）销售额。湖北、云南、湖南、安徽、河南、河北、上海、新疆 8 省（区、市）销售额属于第二梯队，分别为 81.2 亿元、77.5 亿元、75.5 亿元、69.2 亿元、64.7 亿元、54.0 亿元、51.6 亿元、48.4 亿元。其余 16 省（区、市）则销售额相对较低。

2019 年全国各省（区、市）平均彩票销售额为 61.7 亿元，共有 12 个省销售额高于平均彩票销售额，19 个省（区、市）低于平均彩票销售额。彩票销售额的中位数仍是广西，与去年相同。由此可见，位于第一梯队的省份（如广东、浙江、山东、江苏等），其销售额以较大幅度领先平均彩票销售额，而其他梯队低于平均彩票销售额的省（区、市）数量较多。

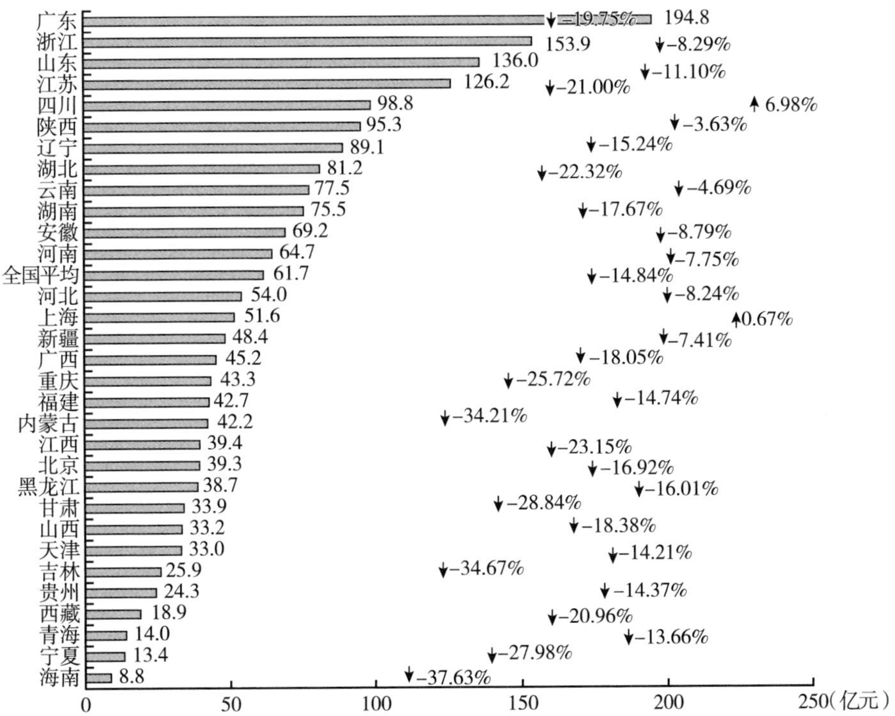

图1　2019 年全国平均及各省（区、市）福利彩票销售额及同比增长率

资料来源：民政部网站公布数据。

2. 销售额增长情况

2019 年福利彩票销售额同比增长率为 -14.84%，全国仅有四川及上海同比增长率为正，其余 29 个省（区、市）销售额均出现不同程度的下降。其中，四川在此大环境下销售额同比上升 6.98%，销售额赶超陕西、辽宁、湖北 3 省，同比增长率全国最高。上海销售额同比增长 0.67%，相较去年销售额保持相对稳定。此外，海南、吉林、内蒙古销售额同比增长率下降最多，分别为 -37.63%、-34.67%、-34.21%。

（二）省级福利彩票发展指数的比较

目前使用较多的彩票发展指数（福彩销售额/GDP），通常用来对不同省（区、市）的福利彩票发展指数进行对比。

2019 年，福彩发展指数排名前五的省（区、市）分别是西藏、青海、甘肃、陕西、辽宁，相较于 2018 年前五名（西藏、甘肃、青海、宁夏、云南），青海超过甘肃，位列第二，陕西、辽宁 2 省取代宁夏和云南，进入前五名。此外，西藏福彩发展指数由 2018 年的 1.622% 下降为 2019 年的 1.1161%，有较大幅度下降。2019 年共有 15 个省（市）福彩发展指数低于全国平均福彩发展指数，其中贵州、上海、江苏、河南、北京、福建都低于 0.15%，全国平均福彩发展指数（0.1947%）相较于 2018 年（0.249%）也显著降低（见图 2）。

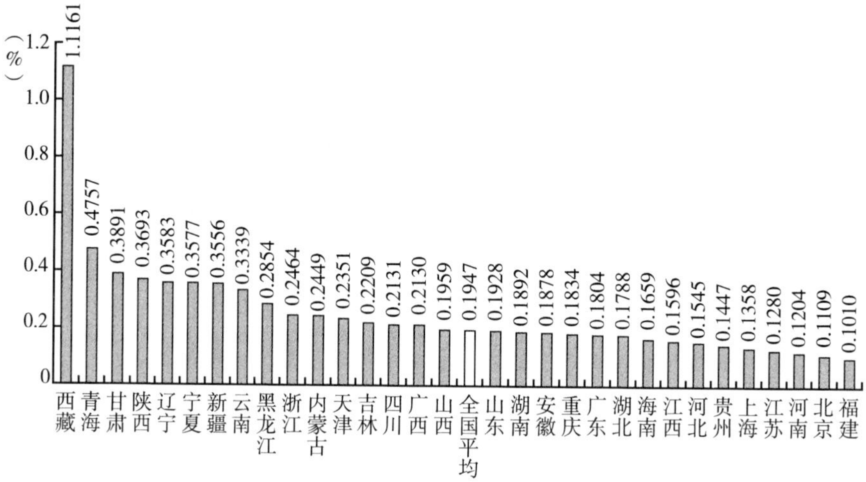

图 2　2019 年全国平均及各省（区、市）的福利彩票发展指数

资料来源：民政部网站公布数据。

（三）2019年各省（区、市）福彩销售额、GDP 占比分析

前文展现了目前较为普遍的彩票发展指数统计方式，为了更清晰地对不同省（区、市）福利彩票销售量与 GDP 的增长关系进行衡量，可以通过对比方式呈现。

GDP 是经济核算体系中的核心指标，可直观体现地区经济态势。通过将 GDP 占比与省（区、市）福彩销售额占比进行对比，可体现该省（区、市）在相对经济状况下福利彩票的销售情况。根据图 3 所示，福彩销售额前四名的广东、浙江、山东、江苏均位于沿海经济较发达地区，其福彩销售额占总销售额的比例分别为 10.185%、8.047%、7.111%、6.602%。这 4 省也是我国 2019 年 GDP 排名前四的省份，GDP 占比分别为 10.99%、6.36%、7.18%、10.04%。广东、浙江、山东、江苏 4 省无论在福彩销售额占比还是 GDP 占比上，均处于领先地位。四川、陕西、辽宁、湖北、云南、湖南 6 省福彩销售额占比分别位列第五至第十，其销售额差距不大，但 GDP 占比却有本质性差距。例如四川与云南相比，销售占比分别为 5.167% 和 4.054%，相差约 1 个百分点；而在 GDP 占比方面，上述 2 省 GDP 占比分别为 4.72% 与 2.36%，四川 GDP 占比为云南的两倍。由此可见，大部分省（区、市）GDP 与销售额呈同趋势变化，但在部分省（区、市），其销售额与 GDP 变化趋势并不相一致（见图 3）。

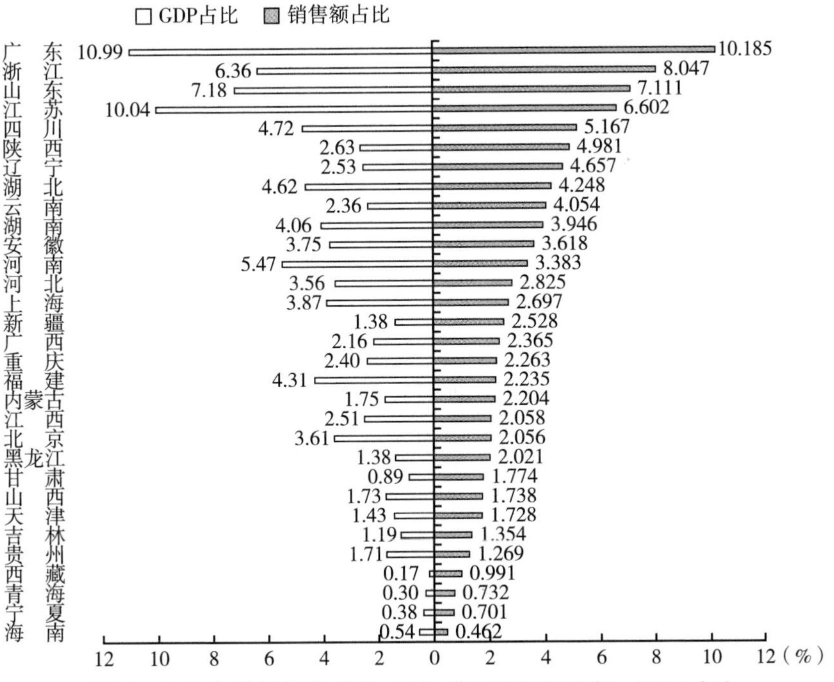

图 3　2019 年我国各省（区、市）福利彩票销售额、GDP 占比

资料来源：民政部网站公布数据、国家统计局网站公布数据。

2018 年采用了偏差指数，即（福彩销售额占比 - GDP 占比）/福彩销售额占比的方式来分析各省（区、市）福彩销售额与 GDP 的关系，即依照偏差指数对各省（区、市）福彩销售额与 GDP 的关系进行分类评估。2019 年可以依照此模式分析当年数据，并与 2018 年情况进行对比。横坐标 0 的位置，为（总销售额占比 - 总 GDP 占比）/总销售额占比。由于总销售额占比、总 GDP 占比均为 1，因此（总销售额占比 - 总 GDP 占比）/总销售额占比为 0。有 15 个省（市）的偏差指数低于 0，即该地区的福彩销售额占比小于 GDP 占比（2018 年为 14 个省份）；16 个省（区、市）的偏差指数大于 0，即该地区的福彩销售额占比大于 GDP 占比（2018 年为 17 个省份）。

根据偏差指数区间，来判定相应偏差定义：

1. 偏差指标 >50%，代表福彩销售额大幅高于 GDP；

2. 10% <偏差指标 <50%，代表福彩销售额高于 GDP；

3. -10% <偏差指标 <10%，代表福彩销售额与 GDP 基本持平；

4. -50% <偏差指标 < -10%，代表福彩销售额低于 GDP；

5. 偏差指标 < -50%，代表福彩销售额大幅低于 GDP。

如图 4 所示，福彩销售额大幅高于 GDP（偏差指标 >50%）的省（区、市）有 2 个：西藏与青海。其中，西藏 2019 年 GDP 占比与 2018 年相同，皆为 0.17%，福彩销售额占比由原先的 1.07% 下降为 0.991%，仍为 GDP 占比近 6 倍。

福彩销售额高于 GDP（10% <偏差指标 <50%）的省（区、市）有 11 个：甘肃、陕西、辽宁、宁夏、新疆、云南、黑龙江、浙江、内蒙古、天津、吉林。

福彩销售额基本持平于 GDP（ -10% <偏差指标 <10%）的省（市）有 9 个：四川、广西、山西、山东、湖南、安徽、重庆、广东、湖北。

福彩销售额低于 GDP（ -50% <偏差指标 < -10%）的省（市）有 5 个：海南、江西、河北、贵州、上海。

福彩销售额大幅低于 GDP（偏差指标 < -50%）的省（市）有 4 个：江苏、河南、北京、福建。

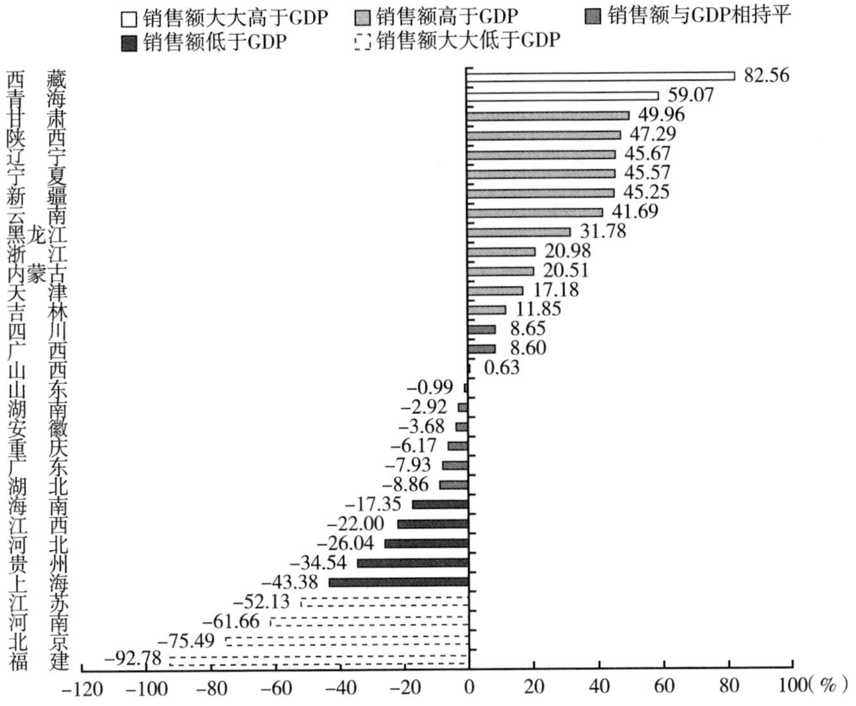

图 4　2019 年我国各省（区、市）偏差指标统计

资料来源：根据民政部网站公布数据、国家统计局公布数据整理。

从上述内容中可以得出以下结论：

1. GDP 占比相对较低的几个省（区、市）中，大多数省（区、市）福彩销售额占比高于 GDP 占比；

2. GDP 占比相对较高的省（市）中，大多省（市）福彩销售额占比低于 GDP 占比或与之基本持平；

3. 福彩销售额占比高于 GDP 占比的省（区、市）有 16 个，低于 GDP 占比的省（市）有 15 个，两者相对平衡；

4. 我国西部、北部大多省（区、市）福彩销售额占比高于 GDP 占比；

5. 我国东南沿海、中部大多省（区、市）福彩销售额占比低于 GDP 占比或与之基本持平；

6. 海南偏差指数由 2018 年“福彩销售额高于 GDP（10% <偏差指标 <

50%）”转变为2019年“福彩销售额低于GDP（-50%<偏差指标<-10%）”，符合其福彩销售额同比下降37.63%的统计；

7. 结合两年偏差数据分析，浙江是个特例，与上述规律有所不符。浙江2019年销售额占比为8.047%，排名全国第二；GDP占比为6.36%，排名全国第四。根据此前结论，GDP占比较高的省（市）其福彩销售额往往低于GDP占比，以及东南沿海发达地区福彩销售额占比往往低于GDP占比。浙江GDP较高且处于东南沿海经济发达地区，由此推测其省内民众对于福彩购买意向相较于其他条件相似的省（市）而言更为强烈。

（四）各省（区、市）福彩人均销售额

我国各省（区、市）受位置、气候、人口等各类因素影响，福利彩票销售额也存在较大差异。在各类影响因素中，人口因素最为重要，大省（区、市）与小省（区、市）间往往存有数倍乃至数十倍的人口差距。在2018年各省（区、市）人口统计中，我国广东人口总数为11521万人，居全国之首；山东、河南、四川、江苏紧随其后，人口数量均在8000万人以上；海南、宁夏、青海、西藏人口数量均不足1000万人，其中西藏总人口数为351万人。

正因如此，各省（区、市）彩票人均销售额指标具有较高参考价值，可以直观体现该地区民众对于福利彩票的购买意向。2019年我国福彩人均销售额为136.2元，在全国31个省（区、市）中，共有16个省（区、市）福彩人均销售额高于全国人均销售额。其中，西藏福彩人均销售额为539.8元，相较于2017年的795.64元、2018年的696.9元，连续三年出现显著下降，但仍位于省（区、市）福彩人均销售额首位，以十分明显的优势领先于其余各省（区、市）。

除西藏外，其余省（区、市）的福彩人均销售额也存在一定差距。浙江、陕西、青海、上海、天津、辽宁6省（市）福彩人均销售额超过200元；吉林、海南、广西、山西、江西、河北、河南、贵州8省（区、市）福彩人均销售额不足100元。其中，河南、贵州2省福彩人均销售额不足70元（见图5）。

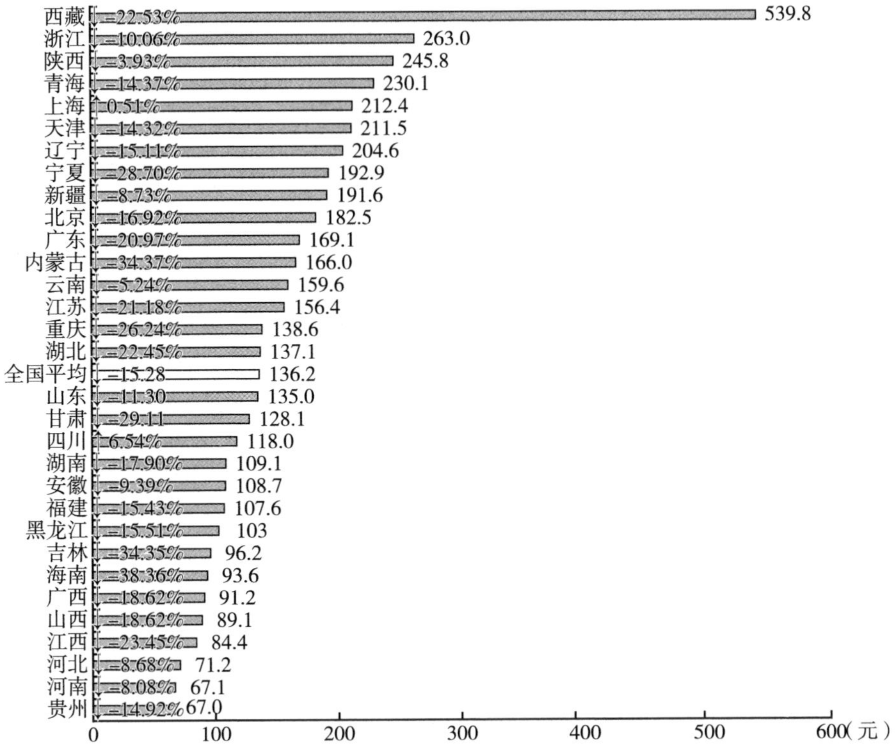

图 5　2019 年我国各省（区、市）福利彩票人均销售额及同比增长率

资料来源：民政部网站公布数据、国家统计局网站公布数据。

二　福彩销售指数统计分析

前文中提到两种福彩销售指数判定方式，分别是“福彩发展指数”（以下简称“发展指数”），计算方式：福彩销售额/GDP；“福彩偏差指数”（以下简称“偏差指数”），计算方式：（福彩销售额占比 - GDP 占比）/福彩销售额占比。下面，就此两种方式从统计学角度进行对比分析，来验证偏差指数与发展指数的泛用性。

（一）数据整理

根据已有数据，梳理偏差指数与发展指数数据（见表 1、表 2）。

表1　2014～2019年我国各省（区、市）偏差指数数据

单位：%

省（区、市）	2014年偏差指数	2015年偏差指数	2016年偏差指数	2017年偏差指数	2018年偏差指数	2019偏差指数
西藏	61.8673	73.1464	80.7069	87.4777	84.1334	82.5566
青海	39.0358	42.3129	55.6479	59.9539	58.3381	59.0739
甘肃	55.7849	58.2291	57.6729	61.3693	58.2380	49.9639
陕西	29.6872	39.2659	40.4485	38.7481	40.5025	47.2870
辽宁	19.1470	27.0564	46.2401	43.0591	45.0353	45.6666
宁夏	46.2224	47.0498	50.9973	50.2973	53.6787	45.5695
新疆	24.6116	34.6973	39.1225	39.5748	39.7429	45.2518
云南	33.8701	41.4699	46.2892	44.6669	36.9493	41.6880
黑龙江	12.4673	15.9857	19.3828	14.5316	31.4248	31.7821
浙江	12.2381	18.5861	17.3337	15.2429	15.0822	20.9773
内蒙古	-7.7975	7.2296	17.2257	34.1996	38.1224	20.5094
天津	-11.0226	-21.8526	-24.3212	-24.4737	14.7696	17.1823
吉林	10.2139	-12.0662	-9.6147	-10.5477	30.2626	11.8506
四川	-9.8958	-0.4046	-2.6200	-6.1611	-14.1044	8.6493
广西	33.4522	7.6532	-1.7065	13.9768	12.6513	8.5998
山西	5.9723	16.0005	20.8433	9.5321	3.7187	0.6333
山东	-21.0061	-21.2499	-22.6043	-22.7920	-7.0393	-0.9876
湖南	-11.6195	-3.6720	2.2081	2.4705	2.6356	-2.9226
安徽	9.4949	6.5108	5.2063	6.5568	-10.1527	-3.6833
重庆	30.7537	4.0076	-4.4952	10.4040	8.9887	-6.1717
广东	1.3150	0.9991	-1.2937	-0.4009	-1.1600	-7.9348
湖北	7.6867	12.2737	14.7124	11.5747	1.3036	-8.8569
海南	36.4164	40.7972	35.8239	25.5984	14.9256	-17.3481
江西	23.0526	-44.1454	-65.1862	-20.7510	-8.9473	-21.9987
河北	-10.5632	-8.8110	-35.4844	-55.8340	-35.5755	-26.0434
贵州	-29.6285	-17.2298	-15.8595	-22.8656	-33.0917	-34.5396
上海	-47.1153	-63.3323	-65.8436	-61.5049	-72.6669	-43.3825
江苏	-40.8451	-35.3015	-37.7052	-43.0248	-43.2857	-52.1327
河南	-61.3005	-64.6489	-61.8474	-65.6163	-74.9377	-61.6638
北京	-20.3222	-27.4332	-44.3127	-53.6462	-71.8256	-75.4932
福建	-44.7767	-42.3651	-52.0282	-62.7240	-89.5585	-92.7768

资料来源：国家统计局网站公布数据。

表 2　2014～2019 年我国各省（区、市）发展指数数据

单位：%

省（区、市）	2014 年发展指数	2015 年发展指数	2016 年发展指数	2017 年发展指数	2018 年发展指数	2019 年发展指数
西藏	0.00789268	0.01038241	0.013720401	0.020453723	0.015482415	0.0111607
青海	0.00493682	0.004833048	0.005968352	0.006395838	0.00589636	0.00475687
甘肃	0.006806932	0.006674617	0.006253899	0.00663019	0.005882225	0.003890787
陕西	0.004280432	0.004590578	0.004445044	0.004181562	0.004128806	0.003693207
辽宁	0.003722425	0.003822195	0.00492391	0.004498146	0.004469296	0.003583065
宁夏	0.005596551	0.005265408	0.005401934	0.005153212	0.005303252	0.003576673
新疆	0.003992248	0.004269418	0.004348224	0.004238771	0.004076754	0.003555916
云南	0.004551183	0.004763438	0.004928417	0.004628847	0.003896123	0.003338594
黑龙江	0.003438365	0.003318538	0.003283532	0.002996763	0.00358225	0.002853798
浙江	0.003429386	0.003424532	0.00320214	0.003021911	0.002892838	0.002463595
内蒙古	0.002791988	0.00300532	0.003197964	0.003892506	0.003969991	0.002449096
天津	0.002710883	0.002288047	0.002129235	0.002057692	0.002882227	0.002350704
吉林	0.00335207	0.002487856	0.002414906	0.002316906	0.003522551	0.002208523
四川	0.002738678	0.002776812	0.002579509	0.002412641	0.002152883	0.002131129
广西	0.004522602	0.003019105	0.002602677	0.002977438	0.002812331	0.002129975
山西	0.003200859	0.00331912	0.003344116	0.002831154	0.002551414	0.001959208
山东	0.0062487224	0.002299422	0.002159052	0.002085874	0.002294985	0.001927762
湖南	0.002696386	0.002689294	0.002706862	0.002626167	0.002523032	0.001891519
安徽	0.003525441	0.002982212	0.002792477	0.002741008	0.002230117	0.001877641
重庆	0.004346362	0.002904446	0.002533219	0.002858706	0.002699153	0.0018336634
广东	0.0030469799	0.002816183	0.002613283	0.002551059	0.002428366	0.001803682
湖北	0.003260302	0.00317812	0.003103723	0.002896552	0.00248898	0.001788402
海南	0.004733443	0.004709318	0.00412473	0.003442513	0.002887513	0.001658996
江西	0.003911363	0.00193419	0.001602489	0.002121131	0.002254791	0.001595755
河北	0.002722146	0.002562282	0.001953798	0.001643599	0.001811931	0.001544547
贵州	0.002321784	0.002378275	0.002284743	0.002084624	0.001845746	0.001447009
上海	0.002045806	0.001706978	0.001596138	0.001585887	0.001422702	0.001357767
江苏	0.002136882	0.002060618	0.001922288	0.001790799	0.001714432	0.001279672
河南	0.001865892	0.001693328	0.001635548	0.001546518	0.001404234	0.001204227
北京	0.002501361	0.002187849	0.001834275	0.001667002	0.001429668	0.001109331
福建	0.002078852	0.001958378	0.001741184	0.001574006	0.001295924	0.001009873

资料来源：国家统计局网站公布数据。

将偏差指数与发展指数分别归类，形成汇总数据，以备后续分析使用。

（二）验证正态分布①

正态分布是一个在数学、物理及工程等领域都非常重要的概率分布，在统计学的许多方面有重大的影响力。在这里用 RStudio 软件来验证偏差指数、发展指数是否符合正态分布。

1. 在 RStudio 中加载 readxl 函数，进行数据初始化。
2. 通过公式将原有数据导入 RStudio。
3. 将 Excel 里的偏差指数与发展指数两个字段分别赋值给 a 和 b。
4. 判断 a 和 b 是否是数值型变量。
5. 判断 a 和 b 是否符合正态分布。

a 的检测结果：$W = 0.98365$，$p - value$② $= 0.0288$

b 的检测结果：$W = 0.64463$，$p - value < 2.2e - 16$

根据以往界定范围，显著性水平 p 通常有两种取值（0.01 和 0.05）：

如果 $p < 0.01$，说明是较强的判定结果，拒绝原假设的条件；

如果 $0.01 < p < 0.05$，说明较弱的判定结果；

如果 $p > 0.05$，说明结果无法拒绝原假设。

依照现有界定标准，来判断偏差指数和发展指数的 p 值得知，偏差指数的 p 值为 0.0288，处于 $0.01 < p < 0.05$ 范畴，意味着较弱正态分布原假设判定；发展指数的 p 值为小于 $2.2e - 16$，即远远小于 0.01 范围，意味着拒绝

---

① 正态分布（Normal distribution），也称“常态分布”，又名高斯分布（Gaussian distribution），最早由棣莫弗（Abraham de Moivre）在求二项分布的渐近公式中得到，C. F. 高斯在研究测量误差时从另一个角度导出了它，P. S. 拉普拉斯和高斯研究了它的性质。

② p 值（$p - value$）就是当原假设为真时，比所得到的样本观察结果更极端的结果出现的概率。如果 p 值很小，说明原假设情况的发生概率很小，而如果出现了，根据小概率原理，我们就有理由拒绝原假设，p 值越小，我们拒绝原假设的理由越充分。总之，p 值越小，表明结果越显著。但是检验的结果究竟是“显著的”、“中度显著的”还是“高度显著的”需要我们自己根据 p 值的大小和实际问题来解决。

正态分布原假设判定。

通过以上分析可以得出，偏差指数现阶段数据不能完全确定其符合正态分布判断，不过在累计数据足够的情况下有可能完全符合正态分布；发展指数则不符合正态分布。

（三）分析数据态势

下面使用 RStudio 的 ggplot 工具对偏差指数和发展指数的汇总数据态势进行分析，通过直方图与核密度曲线复合方式直观展示偏差指数数据态势。

1. 生成偏差指数的直方图与核密度曲线

如图 6 所示，图中将 2014 ~2019 年计算的我国各省（区、市）偏差指数数据（共计 186 条）分为 30 个区间，用直方图来显示各区间的计数，并用实线与虚线分别显示在不同核密度下的密度曲线，依照 adjust 字段控制，值越大越平滑。在图中可以看出，偏差指数总体趋势符合正态分布模式，实线曲线的核密度要低于虚线曲线，因此虚线曲线更加平滑。

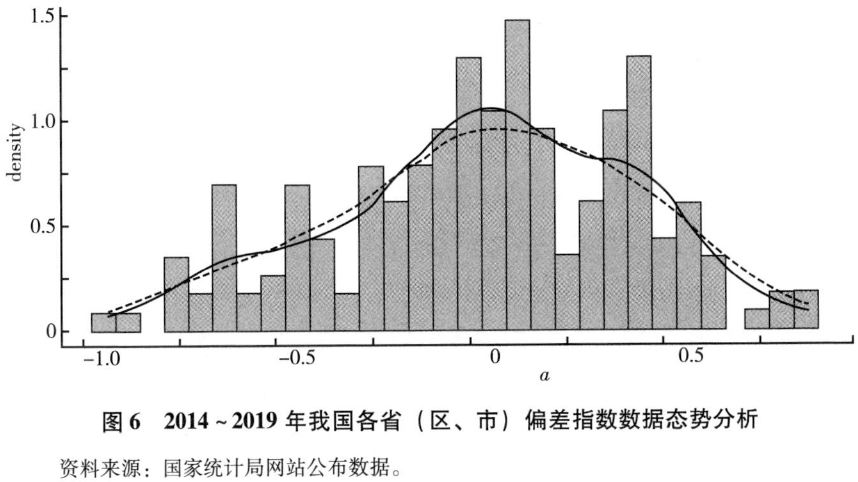

图 6　2014 ~2019 年我国各省（区、市）偏差指数数据态势分析

资料来源：国家统计局网站公布数据。

2. 生成发展指数的直方图与核密度曲线

如图 7 所示，发展指数大量集中于某个既定区域，为避免数据过于集中，因此划分了 50 个区间，但从图中可看出［0 ~0.005］区间中仍涵盖了大部分数据。由于发展指数是销售额与GDP的比值，因此在进行各省（区、市）间对比分析时会导致显示结果不够直观，在数据统计分析时也会较为不便。

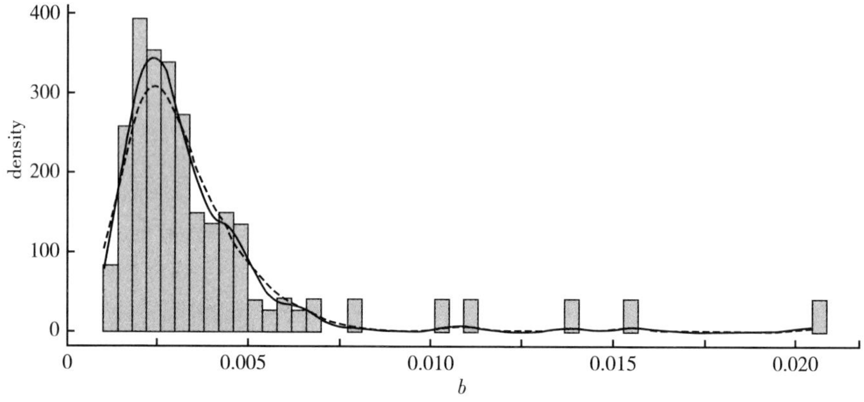

图7　2014～2019年我国各省（区、市）发展指数数据态势分析

资料来源：国家统计局网站公布数据。

（四）小结

1. 在现阶段统计范畴中，偏差指数与发展指数都不能通过原假设验证其符合正态分布。有所区别的是，偏差指数p值为0.0288，处于$0.01 < p < 0.05$状态；发展指数p值$< 2.2e-16$，远远< 0.01。

2. 通过偏差指数直方图与核密度曲线，可以直观看出偏差指数存有中心极限定律趋势，也就是在一定程度上越靠近偏差指数中心（也就是0值）的样本数据越多。根据此结论分析，结合偏差指数定义公式“（福彩销售额占比－GDP占比）/福彩销售额占比”可以得出，从宏观角度福彩销售额占比与GDP占比呈同趋势变化。

3. 彩票发展指数作为较为通用的指标，更适合用来衡量国际不同国家的整体发展指数分析，或者对于不同国家行政区之间的发展指数进行对比分析，有较强的适用性；彩票偏差指数更适合直观分析固定范围内

（如国家及其下属行政区），在存有历年数据的情况下分析 GDP 与彩票销售额的关系。

结　论

1. 2019 年受政策调整影响，全年彩票销售额同比急剧下降。全国共销售彩票 4220.53 亿元，同比下降 17.5%；福利彩票销售额为 1912.38 亿元，同比下降 14.8%；体育彩票销售额为 2308.15 亿元，同比降幅达 19.6%。

2. 全国 31 个省（区、市），29 个省（区、市）的福彩销售额都出现显著下降，仅四川、上海销售额同比增长。其中四川同比增长 6.98%，上海同比增长 0.67%。

3. 广东销售额依然位列全国首位，但其年销售额为 194.8 亿元，同比下降 19.75%，自 2014 年以来首次不足 200 亿元。此外各省（区、市）平均彩票销售额为 61.7 亿元，共有 12 个省销售额高于平均彩票销售额，19 个省（区、市）低于平均彩票销售额。

4. 福彩偏差指数是评估某省（区、市）福彩销售额占比与 GDP 占比的重要指标，通过对 2018 年、2019 年相关数据进行分析后，得出各省（区、市）GDP 与福彩销售额间存在以下规律。

（1）GDP 占比相对较低的几个省（区、市）中，大多省（区、市）福彩销售额占比高于 GDP 占比；

（2）GDP 占比相对较高的省（市）中，大多省（市）福彩销售额占比低于 GDP 占比或与之基本持平；

（3）福彩销售额占比高于 GDP 占比的省（区、市）有 16 个，低于 GDP 占比的省（区、市）有 15 个，两者相对平衡；

（4）我国西部、北部大多省（区、市）福彩销售额占比高于 GDP 占比；

（5）我国东南沿海、中部大多省（区、市）福彩销售额占比低于 GDP 占比或与之基本持平；

（6）海南偏差指数由 2018 年“福彩销售额高于 GDP（10% <偏差指标< 50%）”转变为 2019 年“福彩销售额低于 GDP（ -50% <偏差指标< -10%）”，符合其福彩销售额同比下降 37.63% 的统计；

（7）结合两年偏差数据分析，浙江是个特例，与上述规律有所不符。浙江 2019 年销售额占比为 8.047%，排名全国第二；GDP 占比为 6.36%，排名全国第四。根据此前结论，GDP 占比较高的省（市）其福彩销售额往往低于 GDP 占比，以及东南沿海发达地区福彩销售额占比往往低于 GDP 占比。浙江 GDP 较高且处于东南沿海经济发达地区，由此推测其省内民众对于福彩购买意向相较于其他条件相似的省（市）而言更为强烈。

5. 2019 年我国福彩人均销售额为 136.2 元，西藏福彩人均销售额为 539.8 元，排名首位，浙江、陕西、青海、上海、天津、辽宁 6 省（市）福彩人均销售额超过 200 元。全国共有 16 个省（区、市）福彩人均销售额高于全国福彩人均销售额。

6. 经过对福彩偏差指数“（福彩销售额占比 - GDP 占比）/福彩销售额占比”与福彩发展指数“销售额/GDP”统计分析，可以得出以下结论：

（1）在现阶段统计范畴中，偏差指数与发展指数都不能通过原假设验证其符合正态分布。其中偏差指数 p 值为 0.0288，处于 $0.01 < p < 0.05$ 状态；发展指数 p 值小于 2.2e-16，远远小于 0.01。因此，偏差指数在样本数量足够多的情况下，存在完全符合正态分布的可能性。

（2）通过偏差指数直方图与核密度曲线，可以直观看出偏差指数存有中心极限定律趋势，也就是在一定程度上越靠近偏差指数中心（也就是 0 值）的样本数据越多。根据此结论分析，结合偏差指数定义公式“（福彩销售额占比 - GDP 占比）/福彩销售额占比”可以得出，从宏观角度福彩销售额占比与 GDP 占比呈同趋势变化。

（3）彩票发展指数作为较为通用的指标，更适合用来衡量国际不同国家的整体发展指数分析，或者对于不同国家行政区之间的发展指数进行对比分析，有较强的适用性；彩票偏差指数是体现差异性的指标，更适合直观分析固定行政区域内（如我国各省级行政区），在存有历史数据的情况下分析GDP与彩票销售额的关系。

参考文献

谢小冬：《基于市场分析的上海市体育彩票销售薄弱区域对策研究》，硕士学位论文，上海体育学院，2016。

王晶磊：《福利彩票的省级区域比较分析》，载何辉主编《中国福利彩票发展报告（2019）》，社会科学文献出版社，2020。

杨洋：《中国省级彩票业发展综合评价及其影响因素实证分析》，硕士学位论文，上海师范大学，2017。

谢丹霞、吴际：《影响我国体育彩票销售额的宏观经济、社会因素定量研究》，《上海体育学院学报》2015年第1期。

彩票公益篇

Lottery Public Welfare Reports

B.4

彩票公益金监管的沿革、现状和优化路径

蒋 楠*

摘 要： 本报告梳理了我国福彩公益金监管体制的历史沿革，以2019年为例，对中央、民政部和省级部门等各层次公益金的分配和使用情况进行了分析。我国公益金现有的监管制度和分配使用情况存在资金分配结构尚待优化、第三方监管不足等问题。通过对中国香港赛马会运作机制及英美监管机构的分析，并结合我国内地福彩公益金的实际情况，本报告提出应推进彩票管理的法治化进程、优化资金使用结构、推行对彩票资金的定期审计、通过基金会模式管理、保持并适当提高公益金筹集比例以及加大信息公开力度等六个方面的建议。

关键词： 福彩公益金 监督管理 法治化进程

* 蒋楠，经济学博士，中国社会科学院大学商学院讲师，中国社会科学院大学企业社会责任研究中心研究员，主要研究领域为公司财务和资本市场。

一　彩票公益金监管体制的历史沿革

1987 年我国福利彩票创立之后，有关彩票公益金的监管制度形成了不同的演进阶段。基于彩票市场和我国经济社会发展的需要，彩票公益金的监管制度分别经历了政府部门联合形式下的民政部和中国社会福利有奖募捐委员会（以下简称“中募会”）（1987～1993 年）、金融部门负责制形式下的中国人民银行（1994～1998 年）和政府部门联合形式下的财政部和民政部（1999 年至今）三个阶段。

（一）起步探索阶段

20 世纪 80 年代末到 90 年代早期，鉴于我国福利彩票刚诞生不久，因此彩票公益金的监督管理工作缺少经验，还处在摸索的阶段。根据当时国家的经济处境和社会保证体系的构建情况，彩票公益金主要通过公开募捐的途径获得，所得款项主要用于弥补国家财政资金短缺或现有资金无法应对的临时突发的社会问题，涉及残疾人、老年人和孤儿等群体的社会福利和康复事业。由于这个时期的彩票销售额尚未达到一定规模，因此监管方面的规定较为简单，要求也相对较低，对于资金的具体使用管理情况，原则上按照民政部 1987 年发布的《关于开展社会福利有奖募捐活动的通知》和中募会 1989 年发布的《有奖募捐社会福利资金使用试行办法》，将所得资金上交中募会，经过委员会全体成员审议后向社会公布并接受公众监督。可以说，这个时期的管理模式属于政府部门的联合监管，民政部虽然名义上承担部分监管职能，但实际上是由中募会具体实施操作。随着彩票发行规模的逐步扩大，社会福利资金的额度也逐年上升。为了及时跟进对彩票的管理，避免多头管理或监管缺失引发的风险，国务院在 1991 年发布了《关于加强彩票市场管理的通知》，明确要求国务院相关部门和地方政府对彩票募集资金从严管控，这是我国福利彩票发展初期在政府层面出台的较为正式的管理政策。不难看出，这个阶段虽然国家对福利资金的筹集和使用提出了明确的规范和要求，但是对资金的监督管理并没有形成统一的体系，彩票发行只有主管部门，没有设置相应的监管机构。尽管中募会行使了部分监管职能，但它是隶属于民政部管理的一个全国性的社会福利团体，与民政部具有的上下级关系使其缺乏独立的监督管理效力，因此在当时的情况下，多由急需资金的机构组织发行彩票，福利资金的筹集与使用部门通常是同一主体。可以说，起步探索阶段所具有的社保体系等因素决定了对公益金的使用缺乏监管，这在很大程度上是由当时的国情特征所决定的，也与各层面的制度不成熟、不完善有极大的关系。虽然这个时期缺少监管方面的政策，但是已经初步具备了系统化、规范化的政策雏形，为公益金的规范发展奠定了良好的基础。

（二）整顿规范阶段

随着彩票发行的逐步推进，部分地方、单位或部门出现了私自发行彩票的违规现象，缺乏统一的管理体系引发了彩票市场的混乱，甚至威胁到国家正常的彩票发行工作。为了保证市场的正常运行，保障广大彩民和社会公众的利益，国务院对已有的彩票管理政策进行了重新调整。在保持国务院审批权限不变的情况下，与彩票发行、销售有关的工作统一由民政部负责。由于这一阶段将彩票视为金融业，因此中国人民银行成为名义上的监管部门，主要负责彩票公益金的分配和使用，制定福利资金的管理政策及相关的规章制度，这是我国彩票发行以来首次对资金的监管工作做出的明确规定。[①] 该阶段在对福利资金的提取方式、分配原则和使用范围做出更为详细说明的同时，还增设了审计部门、财政部门等多个市场监管主体，要求主管和各监管部门各司其职、各行其责，基本明确了与发行、销售和监管有关的具体任务和分工，福利彩票的规范化管理体系初步形成。

---

① 《中国人民银行关于贯彻执行〈中共中央办公厅、国务院办公厅关于严格彩票市场管理禁止擅自批准发行彩票的通知〉的通知》，法律图书馆网站，http：//www. law－lib. com/law/law_ view1. asp？id＝58645。

（三）完善提升阶段

考虑到具体管理的专业性和资金的分配、使用情况，经国务院批准，中国人民银行和财政部在 1999 年共同发布了《关于移交彩票监管工作的通知》，中国人民银行将其彩票监督管理权限完全移交给财政部。至此，在审批权和发行权所属机构保持不变的前提下，我国的彩票管理体制又迎来了一次变革，正式将财政部从一般性质的行政部门划入彩票管理体系中，成为彩票的监管部门，专门负责起草、制定有关彩票监督管理制度和政策，监督管理彩票的发行和销售活动以及彩票资金的解缴和使用，会同民政部等有关部门提出彩票公益金分配政策建议，审批彩票发行机构财务收支计划并监督彩票发行机构财务管理活动等。[①] 这一次监管机构的调整实际上体现了国家对彩票属性的定位，即彩票资金在本质上并非金融行为，也有别于税费等财政收入，是独立于公共产品的提供与生产之外的政府的收入再分配活动。因此，财政部作为政府资金统一的调配和管理者，对于彩票资金这一特殊的政府筹资行为，就理论上而言应具有直接的管理职能。这一阶段我国福利彩票发行管理体制脉络更为明晰，即由国务院审批、财政部门监管、民政部门主管和彩票机构发行销售，福彩管理的规范体系基本形成，而 2009 年颁布的《彩票管理条例》使彩票的监管正式迈进了法制化阶段。[②]

二　2019年全国彩票公益金分配使用情况

本报告以 2019 年为例，对全国彩票公益金分配使用情况进行介绍。

彩票销售额扣除彩民所得及必要的销售和管理费用后剩余部分就是彩票公益金。公益金的分配及使用是彩票管理的重要内容，更是彩票公益性的重

① 《〈彩票管理条例实施细则〉2018 年修订版》，中国福彩网，2018 年 10 月 1 日，http：//www. cwl. gov. cn/c/2018 – 10 – 01/443984. shtml。

② 《彩票管理条例》，民政部网站，2009 年 5 月 12 日，http：//www. mca. gov. cn/article/gk/fg/shflhcssy/201507/20150715848520. shtml。

要体现。根据国务院相关办法规定，彩票公益金包括中央集中彩票公益金和地方留成彩票公益金两部分，按照各自50%的比例进行分配。在具体实施过程中，彩票公益金必须专项用于社会福利、体育等社会公益事业，不得用于平衡财政一般预算。2019年，全国发行销售彩票4220.53亿元，福利彩票和体育彩票机构发行额分别是1912.38亿元、2308.15亿元。就具体类型来看，发行销售乐透数字型彩票2273.37亿元，公益金提取比例约为33%，筹集公益金743.12亿元；发行销售竞猜型彩票1219.42亿元，公益金提取比例约为20%，筹集彩票公益金242.93亿元；发行销售视频型彩票440.85亿元，公益金提取比例约为22%，筹集彩票公益金96.99亿元；发行销售即开型彩票285.22亿元，公益金提取比例约为20%，筹集彩票公益金57.04亿元；发行销售基诺型彩票1.67亿元，公益金提取比例约为37%，筹集彩票公益金0.62亿元。加上逾期未兑奖奖金18.11亿元，2019年共筹集彩票公益金1158.81亿元（见图1）。

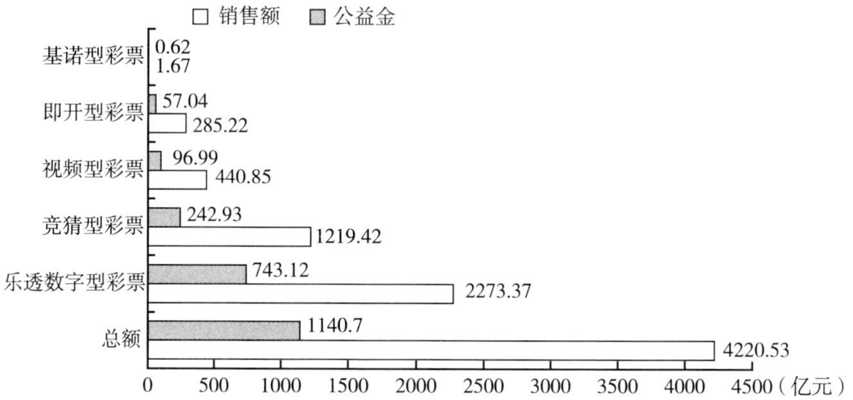

图1　2019年各类型彩票销售额和公益金提取情况

资料来源：根据财政部网站公布的2019年彩票销售及公益金提取数据制作。

（一）中央集中彩票公益金分配使用情况

中央集中彩票公益金由中央财政在全国社会保障基金（以下简称“社保基金”）、中央专项彩票公益金、民政部和国家体育总局之间分别按照

60%、30%、5%和5%的比例进行分配。2019年中央财政彩票公益金收入570.72亿元，加上上一年度结转收入150.69亿元，共721.41亿元。2019年中央财政安排彩票公益金支出717.58亿元。根据60%、30%、5%和5%的分配政策，中央公益金分配给全国社会保障基金464.28亿元，用于补充全国社会保障基金；分配给中央专项彩票公益金175.92亿元，用于国务院批准的社会公益事业项目，经由彩票公益金的使用部门或单位向财政部提出申请，财政部审核报国务院批准后组织实施；分配给民政部38.69亿元，按照“扶老、助残、救孤、济困、赈灾”的宗旨，主要用于资助为老年人、残疾人、孤儿、有特殊困难等人群服务的社会福利设施建设等项目；分配给国家体育总局38.69亿元，支持群众体育和竞技体育发展项目。①

（二）民政部彩票公益金分配使用情况

经财政部批复，民政部2019年彩票公益金预算额度为386900万元，专项用于民政社会福利及相关公益事业。遵循福彩公益金“扶老、助残、救孤、济困”的使用宗旨和彩票公益金使用的相关规定，民政部彩票公益金主要用于资助为老年人、残疾人、儿童（孤儿、农村留守儿童和困境儿童、事实无人抚养儿童以及艾滋病病毒感染儿童等）和其他基本生活特别困难人员等特殊群体提供服务的社会福利项目，以及符合福彩宗旨的其他社会公益项目，具体包括社会福利基本设施建设项目、社会福利服务项目、符合宗旨的培训等能力建设项目和符合宗旨的其他社会公益项目。

1. 补助地方项目资金情况

《民政部彩票公益金预算操作规程》（2020）明确要求②，补助地方项目切块资金预算总额为民政部彩票公益金预算总额减去民政部项目预算总额。切块比例和项目额度按照老年人福利类项目总额（含民政部和补助地方项目）

① 《中华人民共和国财政部公告2020年38号》，财政部网站，2020年8月31日，http：//zhs. mof. gov. cn/zhengcefabu/202008/t20200831_ 3578164. htm。

② 《民政部办公厅印发〈民政部彩票公益金使用管理办法〉等六个办法的通知》，民政部网站，2020年1月8日，http：//www. mca. gov. cn/article/gk/cpgyjgl/gyj/202001/20200100022865. shtml。

不低于民政部彩票公益金总额的55%、社会公益类项目总额（含民政部和补助地方项目）不超过民政部彩票公益金总额的10%来控制；剩余额度切分给补助地方残疾人福利和补助地方儿童福利类项目，原则上按1∶1分配。2019年，财政部和民政部向各地下达民政部本级彩票公益金补助地方项目资金共计385301万元，占民政部2019年彩票公益金总额度的99.6%，分别用于支持老年人福利、残疾人福利、儿童福利和社会公益项目。其中，老年人福利类项目193556万元，残疾人福利类项目52063万元，儿童福利类项目78659万元，社会公益类项目26023万元，“三区三州”等专项倾斜资金35000万元。①

2. 民政部本级项目资金情况

按照《民政部彩票公益金预算操作规程》（2020）的规定，民政部项目资金原则上不超过民政部彩票公益金总额的5%。2019年，财政部批复民政部彩票公益金民政部项目6个，包括“福康工程”指导、服务和评估项目100万元，涉外送养儿童寻根回访及中国文化教育项目252万元，“明天计划”监督管理服务项目49万元，助学工程管理服务项目44万元，“夕阳红”救助服务项目1000万元以及彩票公益金第三方绩效评价、评审和审计项目154万元，预算金额总计1599万元，占民政部2019年彩票公益金总额度的0.4%。②

（三）省级彩票公益金分配使用情况

相比中央和民政部的彩票公益金，省级彩票公益金资金来源途径较为多样化，由全国筹集的彩票公益金、中央专项彩票公益金、民政部和国家体育总局公益金四部分构成。2019年全国共筹集彩票公益金1158.81亿元，按照中央和地方各50%的分配比例划分，地方各级政府可以使用的公益金是579.41亿元；同时，在2019年中央专项彩票公益金175.92亿元中，有50亿元明确用于支持地方社会公益事业的发展用资金，占中央专项公益金的

① 《民政部2019年度彩票公益金使用情况公告》，中国福彩网，2020年7月7日，http://www.cwl.gov.cn/c/2020-07-07/470657.shtml。

② 《民政部2019年度彩票公益金使用情况公告》，中国福彩网，2020年7月7日，http://www.cwl.gov.cn/c/2020-07-07/470657.shtml。

28.42%，剩余的资金也以不同形式分配到了地方项目。① 民政部2019年本级彩票公益金补助地方项目主要集中在老年人福利、残疾人福利、儿童福利和社会公益四个方面，支持资金385301万元，占民政部年度公益金的99.6%。按照财政部批复的预算，国家体育总局2019年度本级使用彩票公益金386900万元，除了中央本级使用119827万元外，剩余的267073万元全部用于资助地方的群众体育和竞技体育事业发展，占体育总局项目总金额的69.03%。②

省级福彩公益金和体彩公益金进行单独核算，一般由各省级财政部门与民政、体育等部门研究确定具体的分配原则并支配使用。以山东为例，2019年全省共销售彩票3374740万元，筹集彩票公益金886316万元。按照现行的彩票管理规定和山东的公益金分配政策③，2019年上缴中央彩票公益金436195万元，省级留成彩票公益金165162万元，市县分成彩票公益金284959万元。在使用方面，2019年山东省级彩票公益金安排项目支出160700万元，其中省本级支出62926万元、对市县转移支付97774万元，主要涉及社会福利项目、体育事业项目、社会救助项目、残疾人事业项目、城乡医疗救助项目和其他公益事业项目六大类。省本级福彩公益金项目共58672万元，包括养老服务体系建设、困难群众基本生活救助、特困人员服务机构能力建设、公益性公墓建设奖补等项目。除了山东留成的公益金使用之外，民政部、国家体育总局和中央专项彩票公益金2019年分别下拨给山东17641万元、10652万元和46952万元，占比分别为5.04%、2.75%和2.97%。④

---

① 《中华人民共和国财政部公告2020年38号》，财政部网站，2020年8月31日，http://zhs.mof.gov.cn/zhengcefabu/202008/t20200831_3578164.htm。

② 《民政部2019年度彩票公益金使用情况公告》，中国福彩网，2020年7月7日，http://www.cwl.gov.cn/c/2020-07-07/470657.shtml。

③ 彩票公益金在中央和地方之间按各50%的比例分配，弃奖收入形成的彩票公益金全部留归地方。省留成的彩票公益金，福利彩票公益金按省级30%、市县70%（省级与青岛市为15%、85%）的比例分配；体育彩票公益金按省级40%、市县60%（省级与青岛市为15%、85%）的比例分配。

④ 《山东省2019年度福利彩票公益金使用情况的公告》，中国福彩网，2020年7月3日，http://www.cwl.gov.cn/c/2020-07-03/470517.shtml。

三　彩票公益金监管的现状特征

从前文对福彩公益金监管体制的历史沿革以及2019年彩票公益金的分配使用情况的梳理可以看出，我国福利彩票管理体系建立以来，公益金管理体制在逐步完善，我国的彩票事业也为全国及各地的社会保障、公益发展等提供了强有力的资金支持（见图2）。接下来将对近年来福彩公益金的监管制度和分配使用情况进行系统的总结分析。

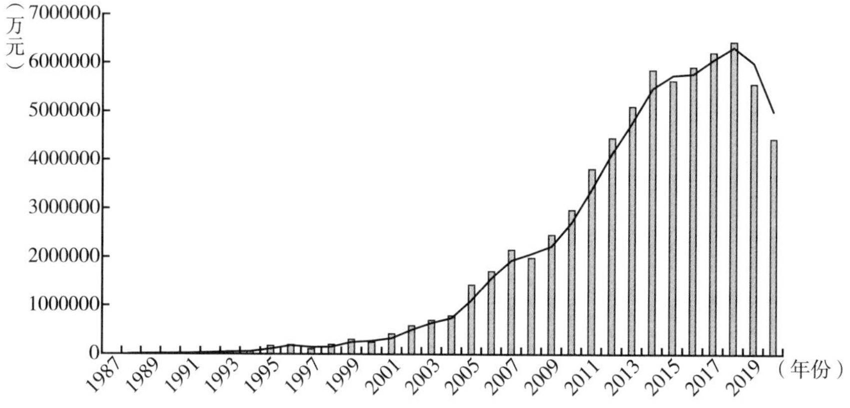

图2　1987～2020年福利彩票公益金数量

资料来源：根据中国福利彩票发行管理中心网站公布的1987～2020年的数据制作。

（一）监管制度层面

1999年，中国人民银行和财政部发布了有关彩票监管方面的第一份政策性文件——《关于移交彩票监管工作的通知》。在确定了财政部的监管权限后，国务院和财政部分别出台了《关于进一步规范彩票管理的通知》（2001）和《彩票公益金管理办法》（2007）等一系列的管理办法和实施条例，有效推动了彩票事业的法制化、规范化建设。为了加强对彩票的管理，2009年国务院颁布了《彩票管理条例》，明确国务院财政部门负责全国的彩票监督管理工作，民政部门、体育行政部门按照各自的职责分别负责全国的福利彩票、体育彩票管理工作。根据《彩票管理条例》的制定，财政部、民政部和国家体育总局在2012年发布了《彩票管理条例实施细则》，进一步明确了各级监管部门的职责。为了规范彩票公益金的筹集、分配和管理，建立健全彩票公益金的监督管理机制，2012年财政部出台了《彩票公益金管理办法》，对公益金的收缴管理、分配使用、监督检查等做出了具体要求。随着彩票资金规模的不断扩大，审计署在2014年对财政部、民政部及所属中国福利彩票发行管理中心、体育总局及所属体育彩票管理中心以及北京、山西、辽宁、吉林等18个省（市，以下统称省）的省级财政、民政、体育行政等部门及228个省市级彩票销售机构、4965个彩票公益金资助项目2012年至2014年的彩票发行费和公益金进行了审计。[①] 针对这次专项审计发现的问题，民政部高度重视，积极进行全面整改，强化执纪问责并加快了政策文件的制定速度，丰富相关内容，提高了政策出台的频率。2016年，民政部办公厅先后出台了《民政部本级彩票公益金使用管理办法》和《民政部彩票公益金本级项目立项和评审办法》，特别是《民政部本级彩票公益金使用管理办法》详细阐述并界定了本级公益金的资助对象、范围、归口部门管理职责、资金分配和预算报审的条件和原则、预算执行及信息公开要求、公益金使用的绩效评价与督查等问题。为了进一步加强对公益金本级项目和补助地方项目的监督管理，民政部随后在2017年又陆续发布了《民政部彩票公益金本级服务和其他类项目管理办法（试行）》、《民政部彩票公益金使用管理信息公开办法（试行）》和《民政部彩票公益金项目督查办法（试行）》，通过不断完善各类规章制度，形成了更加科学规范的监督制度体系。为了适应新形势下的彩票工作管理需要，2018年民政部印发了《民政部彩票公益金使用管理办法》、《民政部彩票公益金民政部项目立项和评审办法》、《民政部彩票公益金项目督查办法》以及《民政部彩票公益金使用

① 《2015年第4号公告：彩票资金审计结果》，审计署网站，2015年6月25日，http://www.audit.gov.cn/n5/n25/c67336/content.html。

管理信息公开办法》等，其中《民政部彩票公益金项目督查办法》将第三方审计机构进行财务审计纳入督查方式中，并要求每年由民政部定期或不定期对公益金使用管理情况进行督查。此外，民政部还会同财政部和国家体育总局联合发布了新修订的《彩票管理条例实施细则》。新版《彩票管理条例实施细则》除了对部分条文顺序和文字内容进行相应的调整和删除外，最显著的修改就是增加了第六十二条规定，即“各级财政部门、民政部门、体育行政部门及其工作人员，在彩票监督管理活动中存在违反本细则规定的行为，以及滥用职权、玩忽职守、徇私舞弊等违法违纪行为的，依照《中华人民共和国行政许可法》《中华人民共和国公务员法》《中华人民共和国监察法》《财政违法行为处罚处分条例》《彩票管理条例》等国家有关规定追究相应责任；涉嫌犯罪的，依法移送司法机关处理”，从法律的角度强化了对彩票监督管理的追究责任。2019 年，民政部又对 2018 年实施的《民政部彩票公益金使用管理办法》《民政部彩票公益金预算操作规程》等政策文件进行了持续的修订和完善，我国公益金监管制度进入了良性循环的轨道。

如表 1 所示，有关公益金监管方面的文件都是各国家部委特别是民政部以行政法规的方式发布执行，没有一项以法律形式颁布实施的规范要求。从已发布的文件内容来看，条例和细则过于侧重原则性方面的规定，监管权力界定模糊，缺少具体的可操作性说明，而以财政部为主导的监管模式又具有太多的行政色彩，缺乏一定的法律效力，相关的办法、通知等虽然具有一定的辅助性约束力，但仍存在内容过于宽泛的情况，特别是对于公益金的使用、管理和效果的评估缺少明确的规定和要求，法律法规的不健全使相关部门只能采用行政执行的方式，从而导致整体法律层次较低，监管力度较弱。

表 1　我国福利彩票公益金监管的相关文件

年份	发布机构	名称
1999	中国人民银行、财政部	《关于移交彩票监管工作的通知》(银发〔1999〕429 号)
2000	财政部	《关于接受彩票监管职能有关事项的通知》
2001	国务院	《关于进一步规范彩票管理的通知》(国发〔2001〕35 号)

续表

时间	发布机构	名称
2001	财政部	《关于印发〈彩票发行与销售机构财务管理办法〉的通知》(财综〔2001〕84号)
2002	财政部	《彩票发行与销售管理暂行规定》(财综〔2002〕13号)
2006	财政部	《关于调整彩票公益金分配政策的通知》(财综函〔2006〕7号)
2007	财政部	《彩票公益金管理办法》(财综〔2007〕83号)
2009	国务院	《彩票管理条例》[①](国务院令第554号)
2012	财政部、民政部、国家体育总局	《彩票管理条例实施细则》(财政部 民政部 国家体育总局令第67号)
2012	财政部	《彩票公益金管理办法》(财综〔2012〕15号)
2016	民政部	《民政部本级彩票公益金使用管理办法》(民办发〔2016〕7号)
2016	民政部	《民政部彩票公益金本级项目立项和评审办法》(民办发〔2016〕18号)
2017	民政部	《民政部彩票公益金本级服务和其他类项目管理办法(试行)》(民办发〔2017〕23号)
2017	民政部	《民政部彩票公益金使用管理信息公开办法(试行)》(民办函〔2017〕172号)
2017	民政部	《民政部彩票公益金项目督查办法(试行)》(民办函〔2017〕173号)
2017	财政部	《中央集中彩票公益金支持社会福利事业资金使用管理办法》(财社〔2017〕237号)
2018	财政部、民政部、国家体育总局	《关于修改〈彩票管理条例实施细则〉的决定》(财政部 民政部 国家体育总局令第96号)
2018	民政部	废止《民政部彩票公益金使用管理办法》(2016)、《民政部彩票公益金民政部项目立项和评审办法》(2016)、《民政部彩票公益金项目督查办法(试行)》(2017)、《民政部彩票公益金使用管理信息公开办法(试行)》(2017)、《民政部彩票公益金本级服务和其他类项目管理办法(试行)》(2017),同时执行以上各文件的新版规定
2019	财政部	《财政部关于印发〈中央专项彩票公益金支持地方社会公益事业发展资金管理办法〉的通知》(财综〔2019〕21号)
2019	民政部	废止《民政部彩票公益金使用管理办法》(2018)、《民政部彩票公益金民政部项目立项和评审办法》(2018)、《民政部彩票公益金使用管理信息公开办法》(2018)、《民政部彩票公益金服务和其他类项目管理办法》(2018)、《民政部彩票公益金培训项目管理办法》(2018)和《民政部办公厅关于印发〈民政部彩票公益金预算操作规程〉的通知》(2018),同时执行以上各文件的新版规定

① 2009年发布的《彩票管理条例》是国务院第58次常务会议通过的，而非全国人大及其常委会通过的，应属于行政法规或行政决定类文件。

续表

时间	发布机构	名称
2021	财政部	印发《彩票公益金管理办法》（财综〔2021〕18 号）、《彩票市场调控资金管理暂行办法》（财综〔2021〕17 号）和《中央专项彩票公益金支持地方社会公益事业发展资金管理办法》（财综〔2021〕21 号），财综〔2012〕15 号、财综〔2016〕30 号和财综〔2019〕21 号同时废止 《关于下达 2021 年中央专项彩票公益金支持地方社会公益事业发展资金预算的通知》（财综〔2021〕20 号）
2021	财政部国务院扶贫办	印发《中央专项彩票公益金支持欠发达革命老区乡村振兴项目资金管理办法》（财农〔2021〕50 号），财农〔2018〕21 号和财农〔2019〕20 号同时废止

资料来源：根据中国政府网、财政部网站、民政部网站、中国福利彩票网等 1999 ~2021 年公布的文件制作。

（二）资金分配和使用层面

1. 资金分配使用结构不合理

2001 年，我国彩票公益金的基数由财政部会同民政部和国家体育总局确定，超过公益金基数的 80% 纳入全国社保基金，剩余部分统筹使用。2006 年开始，彩票公益金在分配时先按照 5∶5 的比例分为中央集中彩票公益金和地方留成彩票公益金两部分，随后中央集中彩票公益金的 60% 被分配给社会保障基金，30% 纳入中央专项彩票公益金，民政部和体育总局分别分配使用其中 5% 的公益金。中央专项彩票公益金覆盖范围较广，涉及大学生创新创业、扶贫、法律援助、医疗救助、养老公共服务等多个项目；民政部公益金分别用于支持老年人救助、残疾人福利、儿童福利以及社会公益等项目。尽管中央专项和民政部公益金覆盖面较大，但是随着社会群体趋于多元化，部分资助项目是否具有公益性遭到质疑。除了资金的用途有违福彩社会公益属性的初衷外，具体资金的分配使用也存在重复、交叉使用的现象。由于我国中央和地方政府部门的部分职责权限范围不清晰，加之事权财权不匹配，使中央集中彩票公益金和地方留成彩票公益金的分配使用存在重复资助的情况。以养老服务为例，2019 年中央专项彩票公益金中有 10 亿元投入养老公共服务项目，主要用于支持地方开展居家及社区养老服务改革试点，分配给红十字总会的 4.37 亿元有用于失能老人养老服务的部分，在支持地方社会公益事业的 50 亿元中也明确要重点用于养老服务项目；民政部补助地方项目资金分配中，分配给老年人福利类项目的 193556 万元资金主要用于新建和改、扩建以服务生活困难和失能失智老年人为主的城镇老年社会福利机构、城乡社区养老服务设施、农村特困人员供养服务设施、城乡社区为老服务信息网络平台建设以及支持培育居家和社区养老服务组织机构等；在 2019 年山东本级福彩公益金分配使用中，有 23572 万元用于养老服务体系建设项目。除了养老服务外，社会公益事业、残疾人及儿童福利项目等也都或多或少地存在中央专项公益金与民政部、省级公益金分配使用的多头管理、交叉重复的情况。

2. 独立的第三方监管不足

我国彩票资金实行“收支两条线”管理，即彩票公益金按照政府性基金管理纳入财政预算，发行费纳入财政专户管理，这既有助于加强公益金的管理使用工作，也促进了具体执行工作的规范化。由于没有设置像证监会、银监会这样的监督管理机构，在监管公益金的实施过程中会存在一些问题，引入独立的第三方审计就显得尤为必要。2001 年，国务院发布的《关于进一步规范彩票管理的通知》明确要求“国家审计机关要加强对彩票发行以及彩票公益金筹集、分配和使用情况的审计，年度审计结果向社会公布”，但一直以来，彩票资金的筹集、分配和使用情况并未接受任何形式的审计监督①，常规性、强制性的审计体系尚未建立，公益金的具体使用效果、项目的验收结项以及是否存在截留、滥用和跑（未专款专用）、冒（管理过严）、滴（资金支出不合理）、漏（资金疏于监督）现象等并未予以核实、验证。

---

① 根据国务院常务会议通过的中华人民共和国国务院令第 667 号《全国社会保障基金条例》要求，自 2016 年 5 月 1 日开始，全国社会保障基金理事会应当通过公开招标的方式选聘会计师事务所，对全国社会保障基金进行审计，通过其网站、全国范围内发行的报纸每年向社会公布全国社会保障基金的收支、管理和投资运营情况，接受社会监督。同时该条例还规定，审计署应当对全国社会保障基金每年至少进行一次审计，审计结果应当向社会公布。

民政部已在2020年开始着手对彩票公益金进行第三方绩效评价、评审和审计工作①，希望通过这一有效的独立监管方式进一步提升公益金使用报告的透明度、及时性和规范化②。

3. 划拨社保基金有悖公益性原则

从2000年8月国务院建立全国社会保障基金以来，我国社保基金规模不断扩大。2002年开始，中央财政每年都分配部分中央集中彩票公益金给全国社保基金，以补充社保基金的不足。自2005年起，中央财政开始将大量的中央集中彩票公益金投入社保基金。紧接着，财政部在2006年4月发布通知，明确规定了彩票公益金在中央和地方之间按5∶5的比例分配，中央集中的彩票公益金分别按60%、30%、5%和5%的比例分配给社会保障基金、专项公益金、民政部和国家体育总局。特别是2014年以来，彩票公益金投入额度和比例逐年增加（见表2）。截至2019年末，财政性拨入全国社保基金资金和股份累计达到9616.50亿元，其中，中央财政预算拨款3398.36亿元，国有股减转持资金和股份2843.51亿元（减持资金971.39亿元，境内转持股票1028.57亿元，境外转持股票843.55亿元），彩票公益金3374.63亿元，占比高达35%，几乎与中央财政预算拨款持平。③ 彩票公益金显然已经成为全国社保基金的重要资金来源之一，为增进我国人民福祉、维护社会的正常稳定提供了重要保障。需要指出的是，作为国家战略储备基金，社保基金主要用于今后人口老龄化高峰时期的社会保障和其他社会

① 《民政部彩票公益金第三方绩效评价、评审和审计项目中标（成交）结果公告》，中国政府采购网，2020年8月7日，http://www.ccgp.gov.cn/cggg/zygg/zbgg/202008/t20200807_14794788.htm。

② 《中华人民共和国财政部公告2020年38号》，财政部网站，2020年8月31日，http://zhs.mof.gov.cn/zhengcefabu/202008/t20200831_3578164.htm；《民政部2019年度彩票公益金使用情况公告》，民政部网站，2020年6月30日，http://www.mca.gov.cn/article/gk/cpgyjgl/mcabj/202007/20200700028529.shtml；《山东省2019年度福利彩票公益金使用情况的公告》，民政部网站，2020年6月30日，http://www.mca.gov.cn/article/gk/cpgyjgl/gs/201906/20190600018015.shtml。

③ 《山东省2019年度彩票公益金筹集分配使用情况公告》，山东省财政厅网站，2020年6月25日，http://czt.shandong.gov.cn/art/202016125/art_10559_10125043.html。

保障需要，并未立即用于“扶老、助残、救孤、济困、赈灾”等社会福利和社会公益事业项目，资金用途与彩票的公益属性几乎没有任何关联。不仅如此，与体彩公益金为社区提供健身器材并附有“公益体彩 乐善人生”的标注相比，公益金划拨社保基金既没有通过直观的感性认知，也没有营造合适的社会氛围来向社会公众呈现彩票的公益形象①，因此，在目前公益金使用“可见性”较弱的状态下，划拨社保基金又进一步加剧了彩票公益形象的不可见性。

表2　2001～2019年彩票公益金投入与财政性拨入社保基金比例情况

单位：亿元，%

年度	彩票公益金	当年财政性拨入社保基金	占比
2002	23.75	415.76	5.71
2003	45.00	49.08	91.69
2004	60.53	278.54	21.73
2005	46.05	228.70	20.14
2006	73.67	574.24	12.83
2007	83.28	308.14	27.03
2014	269.81	552.64	48.82
2015	327.34	706.40	46.34
2016	315.60	700.60	45.05
2017	318.24	597.83	53.23
2018	358.45	573.77	62.47
2019	364.49	464.93	78.40

注：社保基金理事会从2008年起执行财政部2006年2月15日发布的企业会计准则及相关规定，对2008年资产负债表年初数和收益表上年数进行了追溯调整。由于社保基金理事会2001年现金流量表中来自彩票销售收入的现金流入额度为零，加之发布的2008～2013年度报告中取消了现金流量表，也未披露财政性拨入情况，故2001年和2008～2013年度的数据未纳入上表中。

资料来源：根据全国社保基金理事会公布的社保基金年度报告数据制作。

四　彩票公益金监管经验借鉴

目前，我国内地福彩公益金的监管存在立法层次较低、公益金分配使用

① 何辉：《关于设立“全国彩票公益日”的设想》，《中国老年报》2020年10月21日。

结构不合理以及外部监管不足等问题。接下来，对在公益金运作机制以及监管模式上有特点的中国香港赛马会和美国、英国的经验进行介绍。

（一）中国香港

作为香港特区政府授权的唯一一家举办合法博彩的机构，香港赛马会除了经办会所和速度赛马业务外，还经营六合彩和足彩事务。依托独特的运作机制，马会“以商业之道做慈善之事”的方式将体育博彩与慈善完美地融合在一起，成为全球最大的慈善捐助机构之一。为了更好地管理慈善事务，1993年香港赛马会慈善信托基金成立，资金全部来源于马会每年的净额盈余，基金的多寡完全取决于马会当年的经营状况和基金的投资收益。多年来，基金采用与马会一致的非营利组织运作模式，通过完善的组织结构、专业的信托管理和严格的监管制度，实现了基金的高效运行。作为担保责任公司，董事局是马会的最高管理机构，信托基金的信托人由十二位董事兼任，由于没有股东和管理层代表，所有董事均为独立非执行董事。不仅如此，马会基金还参照香港对上市公司的要求，在财务监管、风险管理、信息披露和企业社会责任等方面采取最佳的机构管理模式。虽然是一个“非牟利”的公共机构，不以追求利益最大化为主要目标，但基金会在业务策略和管理方面仍遵循商业原则。为了保证慈善事业所需资金的持续性和稳定性，基金的投资回报率一直保持较高的水平，这主要得益于其完善的会计政策和稳定的投资策略。例如，基金信托人在编制财务报表时必须严格按照香港会计师公会颁布的财务报表准则要求，备用基金只有在马会投注业务遇到暂无收入时才能启动使用，备用基金的投资被界定为非买卖用途基金，所有收益必须以公允价值列示在结算日的账簿中，备用基金投资所得的盈余只能用于再投资，其投资盈亏都要列入该投资组合中。此外，马会基金还设立了长期投资组合和债务证券组合两个非买卖用途基金，通过将剩余资金用以再投资，实现了中长期资本的增值。为了保证每一笔捐赠资金都能适当、有效使用，马会及信托基金的资产均按照严格的制度要求进行管理，接受董事局财务及一般事务委员会的监督。为了保证基金所有的捐助项目和金额公开透明，不仅需要在公司年报中刊登该年度获得资助的机构名称、项目名称、资金用途和具体金额，而且获得资助的机构也必须接受监管，确保申报书中所申请的服务与活动项目如实举办，以便随时接受公众的监督和审查。[①] 马会和信托基金这种公开、公平和公正的运作方式维护了彩民的利益、赢得了公众的信任，在引导合法博彩的同时也为香港居民提供了福祉。

（二）美国

与我国不同，美国的各个州都有自己的法律体系，州议会是唯一掌管彩票立法权的机构，只有通过州议会同意批准后才能发行和销售彩票。作为彩票的唯一监管机构，州彩票委员本身不获得任何政府拨款[②]，其最突出的特点就是在机构设置上独立于州政府和其他行政部门，主要职责包括负责制定本州的各项彩票政策和规则、对彩票的发行和销售行为进行监管、监管彩票代销商的销售收入、监督彩票资金的使用情况以及公布彩票年度综合财政报告等，因此彩票的公正与透明才得以保证。虽然各州彩票发行收入的分配比例不同，但是对彩票公益金的使用普遍以“教育优先”为原则，大额的公益金通常用于当地的公共教育或环保等公益事业。由于各州会在彩票法中对公益金的使用领域和方向做出明确规定，甚至会详细列出专用项目，因此美国公益金无论使用还是管理都非常规范，一般由彩票发行机构按照规定的比例把公益金上缴给州彩票委员会，再由州彩票委员会根据当地彩票法中公益金规定的用途或要求拨付给相关机构，做到专款专用。就信息披露而言，一方面，各州彩票公司要定期在网上公布销售金额和资金流向，年底还会公开披露本年的年度报告，即在接受彩票委员会监督的同时，也必须接受广大彩民的监督；另一方面，根据 1967 年颁布的《信息自由法》（*Freedom of Information Act*，*FOIA*）的规定，美国联邦政府各部门及政府管控下的所有组织机构都必须向社会公开信息，因此为了保障公民的

① 何辉主编《中国福利彩票发展报告（2019）》，社会科学文献出版社，2020。

② 例如，加利福尼亚州 1984 年的《彩票法案》就明确规定：“除了按本法规定暂借给委员会用于启动的资金以外，不允许对委员会进行拨款、借款或任何形式州资金转移。”

知情权，各州的彩票信息必须依法公开，州彩票委员会在每年甚至每个季度定期公开财务报表，彩民可以从中获取彩票发行和销售收入的具体信息，个别州甚至要求在报表中披露资金受益的项目、学校和具体金额，以便接受公众的监督。除了监管机构较高的独立性和信息的公开披露外，对彩票管理的安全审计更是保证资金透明管理的重要手段。例如，加利福尼亚州 1984 年发布的《彩票法案》规定，州彩票委员会必须每隔两年邀请独立第三方对州彩票发行公司的风险控制进行安全审计，审计结果须呈交彩票委员会、州长、审计长、州检察长以及州议会，以"确保彩票发行机构的正直、诚实以及合规"；在彩票发行的财务报表审计方面，每年公布年报之前，加州彩票发行公司必须邀请独立的第三方会计师事务所对其财务报表进行审计，并将审计报告结果作为年报内容的一部分，以向社会公众保证财务报表的真实性和可信性。可以说，对资金的透明监管是美国彩票业健康发展的主要原因之一。

（三）英国

英国可以说是各个国家中彩票立法最多的国家。在《1993 国家彩票法案》（*National Lottery Act 1993*）对国家彩票监管机构和发行政策进行规定之后，英国又修订并颁布了《1998 国家彩票法案》（*National Lottery Act 1998*）和《2006 国家彩票法案》（*National Lottery Act 2006*），进一步赋予了国家监管机构部分权力。除了对国家彩票进行规定外，英国还制定了有关赛马投注、奥运彩票和博彩业的法律法规，如《2004 赛马投注和奥运彩票法》（*Horserace Betting and Olympic Lottery Act 2004*）和《2005 赌博法》（*Gambling Act 2005*）等。在相关法律的支持下，英国国家彩票采用的是"政府主办、企业承包"的发行模式，即由政府统一发行，具有许可证资格的承销商通过公开招标获得彩票的垄断运营权。根据《1993 国家彩票法案》和《1998 国家彩票法案》的规定，财政部在负责征收彩票税的同时，和审计部门一起对国家彩票行使一定的管理职能。除了财政部门和审计部门外，博彩委员会（the Gambling Commission，GC）成为英国唯一相对独立的彩票监管机构，并由审计署对其进行审计。资金使用方面，除了必须按照财政部的要求建立公益金和投资资金账户外，公益金的使用和支付也必须经过财政部批准。英国的有关法律并没有明确规定公益金的分配比例，具体的使用和分配工作由公益金分配基金委员会（the National Lottery Distribution Fund，NLDF）来专门负责，根据公益金的相关政策和使用领域分设不同的基金管理机构，每一个资金使用领域都专门成立一个独立的基金管理组织，专门审核发放这一项目的公益金，完全不受其他机构的干涉或制约，从而保证了公益金分配的公益性和公正性。资金管理方面，公益金由专门成立的国家彩票公益金基金会（the National Lottery Fund，NLF）进行监管。公益金基金会和公益金分配基金委员会都独立于政府、监管和运营机构。因此，英国国家彩票从发行、销售到公益金的分配、使用和监管，整个过程都在完善的法律环境下形成了各自独立的运行系统，保证了公益金使用的公开透明。

五　我国公益金监管的优化建议

近年来，我国的慈善公益事业发展迅速。随着社会服务机构及基金会等社会组织数量的快速增长，社会工作和志愿服务的专业水平也在逐步提升，公益慈善事业已经从粗放型的数量增长向注重内涵式的质量发展转变，我国公益事业整体迈上了一个新台阶。在新的形势下，政府和社会都对公益服务等提出了新的更高期望和要求，如何提高公益金的分配、使用和监管效率，使其实现从重投入、重数量到重产出、重质量的转变，是新阶段的重要任务。

（一）推动出台“彩票法”，规范公益金的监管

通过重新分配社会闲散资金用于社会慈善事业，福利彩票实现了“扶老、助残、救孤、济困、赈灾”的宗旨。虽然彩票资金的筹集更多地利用了公众“以小博大”的侥幸心理，但其具有合法的公益性质，这与非法赌博行为截然不同。因此，为了限制非法的赌博行为，有必要通过立法的形式

对合法购彩行为予以鼓励、保护。就我国现有的政策体系来看，与彩票管理领域有关的规定主要包括《彩票管理条例》、《彩票管理条例实施细则》和《彩票公益金管理办法》三部[①]，通过行政手段规范彩票的发行、销售、管理以及彩票公益金的筹集、分配和使用等，不具备任何法律效力。可以说，福彩公益金使用过程中的不合理、不规范、不透明等一系列问题与缺少法律法规有极大的关系。因此，应加快推动“彩票法”的出台，推进彩票管理的法治化进程，将与彩票公益金监督管理有关的各个环节都纳入国家法律体系中，增强监管的法律约束力，规范彩票市场的监管，从根源上解决彩票公益金筹集、分配和使用过程中出现的问题，营造健康良好的购彩环境。

（二）优化支出结构，提高资金使用效率

随着公益金规模的不断扩大，投入社保基金的份额也在逐渐增加。2019年福彩公益金中有64.7%的资金都被投放到社保基金中，占到了当年财政性拨入社保基金总额的78.4%。彩票设立的最初目的是用于公益事业，而非弥补因为历史原因造成的社保基金的缺口问题，这样使用有悖于彩票公益性的原则。在中央和地方的公益金分配上，可综合采用因素分配法、项目资助法和以奖代补法等进一步完善公益金的配套管理制度，针对当前分配制度下各级政府留成公益金数额偏少的现状，应适当调整中央与地方公益金分配比例，通过提高省市留成公益金的份额，充分调动各级地方政府在彩票发行工作方面的积极性。[②] 在选择项目进行公益金拨付时，相关部门应事先做好调研，在科学评估社会福利资金需求、分配领域和使用范围的基础上，针对社会的具体需要，在尽可能大的范围内进行项目的征集和招投标，保证项目申报符合福利彩票“扶老、助残、救孤、济困”的发行宗旨，通过建立公益金项目库的方式确保将有限的资金投到最需要且最合适的项目

---

① 财政部及有关部门已对相关文件和办法进行了修订，详见本报告表1。

② 何辉主编《中国福利彩票发展报告（2019）》，社会科学文献出版社，2020。

中，避免不同资金重复投到相同或相近的项目中。为了不断满足人民群众对美好生活的需要，在充分考虑我国各地区、各省份之间存在的差异后，适当地将公益金向革命老区、经济欠发达地区、少数民族地区和边境边疆地区的中低收入者等社会弱势群体倾斜，优化支持方式，适当拓展资金用途，尽可能地通过市场化的运作方式降低成本，提高公益金分配的专业性和效率。尽管2018年民政部重新修订了《民政部彩票公益金项目督查办法》并要求将第三方审计机构进行财务审计纳入督查方式中，每年由民政部定期或不定期对公益金使用管理情况进行督查，但是在实际的操作中，过于侧重资金的使用安全，对公益金使用效果的关注尚显不足。在规范资金使用范围的前提下，理顺资金的分配规则和预算下达程序。为了保证项目的执行效率和效果，在对具体项目进行绩效评估时，一方面，要重视资金安全，特别是这些公益项目本身的意义和价值，聚焦公益金的使用效果，包括资金所扶持和资助的项目在社会发展中的重要性以及项目与区域发展规划、公众需要、特殊群体需要的匹配程度等①，围绕乡村振兴、扶贫攻坚等我国经济发展中的热点、重点问题，巩固已有的脱贫成果，提高资金使用效率；另一方面，要考虑到项目绩效评估的量化指标，可通过完工百分比法、合同法等不同方式进行设定，特别要重视那些难以量化但非常重要的指标，逐步从重基础设施和硬件投入转变到重专业服务质量上来，尽快推动这一过程的优化②，实现公益金绩效评价机制的规范化、系统化、制度化、常态化。

（三）实施审计监督，维护行业公信力

我国彩票业经过30多年的繁荣发展，销售规模快速扩大，2018年仅福利彩票销售额就高达2200多亿元，为各个地区的经济社会发展提供了强有力的资金支持。《彩票管理条例》第36条和《彩票管理条例实施细

① 何辉主编《中国福利彩票公益发展报告（2018）》，社会科学文献出版社，2019。

② 何辉主编《中国福利彩票发展报告（2019）》，社会科学文献出版社，2020。

则》（2018 修订版）第 58 条明确要求“彩票公益金的管理、使用单位，应当依法接受财政部门、审计机关和社会公众的监督”，《民政部彩票公益金使用管理办法》（2019）第 28 条、第 29 条和第 30 条则要求建立公益金使用审计制度，并将审计结果及绩效评价结果作为下一年度公益金预算安排的重要参考依据。尽管如此，彩票公益金还是出现了不同程度的违法、违规现象。接下来，可进一步细化现有的彩票资金管理和使用的具体规定，定期发布财务报告，逐步完善、健全彩票资金使用绩效评价机制。为了防止在资金筹集、分配和使用过程中出现权力寻租或利益合谋，为了体现我国彩票的人民性、国家性和公益性，可以参照 2015 年审计署执行的彩票资金专项审计，建立对彩票资金常规性、强制性的外部审核、评价和监督，定期发布审计报告和绩效评价报告，对审计过程中发现的问题要及时公开，依法整改，建立跟踪问责制，尽快向社会公告整改结果，保证督促整改到位。

（四）采用基金会运作模式，提高公益金分配使用质量

我国的公益金长期以来都采用中央政府统筹、对政府负责的运行模式，彩票的发行、销售工作由民政部下属的中国福利彩票发行管理中心负责，财政部会同民政部组织分配公益金，按照政府性基金的管理办法纳入预算。虽然采用收支两条线的方式，但是公益金的使用与财政预算资金并无两样，这一点也体现在了 2018 年 9 月 5 日财政部发布的《关于彩票机构执行〈政府会计制度——行政事业单位会计科目和报表〉的补充规定和衔接规定的通知》中。就本质上而言，无论是福彩公益金的筹集还是具体的使用都是“因公益而起、为公益所用”，应该属于公益慈善领域而非政府管控行为，特别是中央专项彩票公益金，可根据具体的支出或用途在不同的政府会计收支分类科目或账户中予以反映，包括用于社会福利及其他公益事业等。因此，我国可以在财政部下设或单独成立专门的一个或几个非营利性机构对彩票公益金进行独立的分配、运作和管理，避免部门之间的利益干扰，每年接受审计署或独立的第三方会计师事务所审计，定期公开财务报表和

审计报告，使公益金的分配、使用和管理形成良性互动，确保公益金使用提质增效，结果公开透明。

（五）保持并适当提高公益金筹集比例，体现社会公益性

经过几十年的发展，我国彩票整体销售规模快速扩大，但彩票公益金的筹集比例却呈现下降的态势。根据国际经验，全球各国彩票机构彩票销售收入中以各种税费形式（彩票税、费用或特殊税费）和公益金缴纳给政府和拨付给公益事业（包括慈善、福利、教育、环境等）的资金比例为25%～35%。其中，美国彩票发行以州为单位，各州对于彩票资金的分配比例各不相同，上缴给州财政或州内各项专项公益金的比例一般不会低于30%。英国规定经博彩委员会许可或注册发行的社团性彩票和地方当局彩票收益中至少20%必须用于公益和慈善事业。一般而言，国家彩票销售收入分配比例是50%支付返奖奖金，28%贡献给公益金。① 2015年，财政部发布了《关于进一步规范和加强彩票资金构成比例政策管理的通知》，要求公益金比例最低不得低于20%，应坚守公益金提取比例红线，将其稳定在一个合理的水平。从全球来看，设定的20%公益金提取比例相对较低，在保持合理稳定的发行销售增速的前提下，建议可以适当提高筹集比例②，以满足社会公益事业的需求。

（六）加大信息公开力度，增强公益金形象的“可见性”

虽然近些年我国彩票领域加强了信息公开的制度建设，但是彩票信息在公开内容的详尽性、及时性、可获得性和便捷性等方面仍然存在一定程度的不足，也由此引发了社会上的一些质疑。一是对公益金使用去向和信息公开的质疑。这主要是由于一些彩民不了解公益金的分配和使用情况，相关的公益金使用和管理部门存在信息公开不及时、宣传不到位的情况，销售人员也

---

① 《看看各国彩票资金是怎么分？法国返奖率45%～70%》，腾讯网彩票频道，2015年1月24日，https://sports.qq.com/a/20150124/025826.htm。

② 何辉主编《中国福利彩票公益发展报告（2018）》，社会科学文献出版社，2019。

缺乏有关宣传的意识和能力，引发了彩民的质疑和误解。二是对彩票游戏随机性的质疑。不仅彩民对此有疑问，部分销售员代表也表示不解，质疑彩票缺乏透明度，可能存在人为操纵的现象。三是对中大奖现象的质疑。既质疑中大奖本身的真实性，也质疑个别地方利用身穿伪装服的中奖彩民照片进行过度宣传等现象。[①] 因此，彩票公益金的管理机构应围绕这些方面，及时公布开奖信息，丰富信息公开内容，拓展信息公布渠道，加大信息公开力度并增强舆情应对能力。特别是在公益金的使用环节上，除了加大监管力度外，还要重视强调更广泛意义上的资金使用效果，即公益信息传播的能力。充分利用传播规律，借助公共场所中公益项目“留痕”的方式，通过足够多、足够便捷、足够广泛的媒体报道和信息公开，整合彩票从发行销售到公益金使用的各个环节和相关主体，呈现完整的国家彩票公益形象，通过彩票公益形象的“可见性”强化彩票的公益形象，推动我国彩票事业的健康发展。[②]

参考文献

何辉：《福利彩票亟待进一步推动供给侧改革》，《经济参考报》2020 年 6 月 11 日。

何辉：《公共价值是我国彩票事业健康发展的方向》，《经济参考报》2020 年 7 月 30 日。

何辉：《福利彩票公益金分配使用尚有很大提升空间》，《经济参考报》2020 年 10 月 22 日。

马福云：《公益金分配使用要确保社会公益目标》，《经济参考报》2020 年 9 月 10 日。

马福云：《以彩票立法解决彩票政府规制问题》，《经济参考报》2020 年 7 月 16 日。

马福云：《彩票公益金筹集比例不宜过低》，《经济参考报》2020 年 7 月 2 日。

马福云：《彩票运营以公益责任为基石》，《经济参考报》2020 年 8 月 27 日。

何辉：《深化供给侧改革创新　推动福利彩票事业新发展》，《中国民政》2020 年第

① 中国福利彩票发行管理中心 2017 年内部专项调研报告。

② 何辉：《关于设立“全国彩票公益日”的设想》，《中国老年报》2020 年 10 月 21 日。

18 期。

《中央集中彩票公益金支持社会福利事业资金使用管理办法》，《中国民政》2018 年第 1 期。

邵祥东、朱春霞：《彩票公益金“项目制”改革与财政精准监管》，《地方财政研究》2018 年第 8 期。

朱彤、余晖：《彩票市场的竞争性质与我国彩票监管体制的重构》，《中国工业经济》2004 年第 4 期。

B.5
彩票公益金监管的民法设计

雷秋玉　宋慧敏　刘　丽*

摘　要： 现行的彩票公益金监管模式在于确保公益目的的实现，行政化色彩浓厚。其存在被挤占的现实性、行政管理的封闭性和使用效率不高的问题。本报告认为进行民法改造只是一种可能性，或可选择“公益信托＋基金会”。公益信托使彩票公益金转换为彩票公益基金在法律上成为可能。基金会的制度关键要素设计的开放化、制度运行的扁平化、理事会或者委员会议事的社会参与，能够增加制度运行的透明度、提高绩效和科学性，且社会福利社会化有利于实现彩票公益金监管公开、公平、公正和高效运行的目标。

关键词： 彩票公益金　行政化　民法改造　公益信托

彩票公益金是彩票资金最重要的组成部分，通常情况下它由彩票资金划出彩票机构运营费用和支付奖励金之后的余额加上弃奖奖金组成。彩票公益金的使用直接决定了彩票的公益程度，是彩票公益属性的直接决定因素。彩票公益金在我国仍采用财政监管，这种监管是一种完全不同于市场化运作的监管，逻辑上与其前期的市场化运作显得很不协调。在彩票公益金审计中发现的诸多问题均与这种监管机制有着内在和本质关联。将彩票公益金进行民

---

* 雷秋玉，法学博士，安徽大学法学院教授，博士研究生导师，主要研究领域为民法学；宋慧敏、刘丽，昆明理工大学法学院2019级硕士研究生，主要研究领域为民法学。

法改造，一方面可以理顺逻辑、理顺监管的层次，提高制度的逻辑合理性和监管的透明度；另一方面可以在彩票公益金的监管私法化基础上，提高其运用效率，不仅“用得其所”，也可“得其所用”。

本报告中的“监管”除了监督管理的意义外，还包括对彩票公益金的分配、使用以及监督等，不涉及筹集彩票公益金的发行销售环节。本报告所阐述的“民法改造”，也并非是一种必行的制度改造，仅为进一步完善我国彩票公益金管理提供一条可供参考借鉴的制度路径。

一　彩票公益金监管的制度现状

国际彩票业的基本特征包括彩票立法、国家垄断和筹集资金用于公益事业。[①] 其核心为彩票立法及彩票法律的实施。

我国现行的彩票公益金监管的政策法规，主要是国务院颁布的《彩票管理条例》（2009）和三部委联合制定颁布的《彩票管理条例实施细则》（2012）。另有财政部颁布的《彩票公益金管理办法》（2012）、《政府非税收入管理办法》（2016）和民政部颁布的《民政部彩票公益金使用管理办法》（2018）与国家体育总局颁布的《国家体育总局彩票公益金使用管理规定（暂行）》（2012）等。这些彩票公益金相关的政策法规建构了我国彩票公益金的监督、管理（使用、分配）制度体系。

这个制度运作的“末梢”部分，即销售环节部分采用市场化的运作方式，利用了民法的射幸合同作为其与彩票消费者之间的联系纽带与润滑剂。但是除此之外，销售前、销售后的所有环节，完全采用了行政化的运作模式。当然我们要看到这一几乎纯行政化运作模式与市场化运作模式之间可共享的制度成分，即为公益目的的确保而制定的比例管制和目的管制，此类管制成分在公益性的私法法人之中也是不可或缺的部分。在此，本报告拟先介绍就公益目的确定的共享制度成分，再述评彩票公益金监管的行政制度。

① 李友志等：《现代彩票》，人民出版社，2001。

（一）公益目的的确保

公益目的的确保，首先涉及公益目的的确定。《彩票管理条例》（以下简称《条例》）第一条所列的五个立法目的已然明确，即制定该条例的目的之一是，“促进社会公益事业的发展”。《条例》第二条对彩票的概念进行了界定，其定义中明确规定“国家为筹集社会公益资金”发行和销售彩票。《民政部彩票公益金使用管理办法》第三条对于公益目的也有明确界定，即发行和销售彩票，要“遵循福利彩票‘扶老、助残、救孤、济困’的宗旨，主要用于资助为老年人、残疾人、儿童和其他基本生活特别困难人员等特殊群体提供服务的社会福利项目，以及符合宗旨的其他社会公益项目”。为进一步明确该宗旨，条文同时对公益目的的项目进行了非穷尽性的列举，有建设项目、服务项目、能力提升项目以及其他社会公益项目四类，这些项目皆围绕“社会福利提供”这一中心宗旨。与此类似，《体育彩票公益金管理暂行办法》[①] 第二条规定指出，体育彩票公益金专项用于发展体育事业。

对于公益项目，以 2016～2018 年民政部福利彩票公益项目投放[②]和国家体育总局体育彩票项目投放情况为例[③]，予以说明，其中展开阐述 2016 年情况。

2016 年福利彩票投放项目包括民政部本级项目和补充地方项目，其中本级项目有：（1）老年人福利项目（含国家养老服务信息系统运维项目、“夕阳红”救助服务项目)；(2）残疾人福利类项目（含残障群体示范性配置康复辅具及手术矫正治疗“福康工程”、国家助老助残辅具需求数据库及研究应用平台建设项目、我国社会福利企业改革创新与转型发展研究项目、国家康复辅具研究中心整体工程——二期工程项目)；（3）儿童福利项目

① 《体育彩票公益金管理暂行办法》系 1998 年 9 月 1 日由国家体育总局、财政部、中国人民银行联合发布，2013 年废止。

② 目前在民政部网站上，可以获得 2016 年、2017 年与 2018 年的“彩票公益金使用情况公告”。2016 年的具体内容可参见民政部公告第 405 号。

③ 目前在国家体育总局的网站上，可以获得 2016 年、2017 年与 2018 年的“本级体育彩票公益金使用情况公告”。2016 年的具体内容可参见国家体育总局公告第 31 号。

（大龄孤儿学历教育项目、孤残儿童高等教育助学工程项目、涉外送养儿童寻根回访及中国文化教育项目、儿童福利机构管理和专项技能培训项目、全国儿童福利信息管理系统运行维护项目、推进儿童福利机构社工服务项目）；（4）社会公益类项目（关爱支持两岸婚姻家庭困难弱势人群项目、社会福利和社会工作人才培训项目、社会福利及相关公益事业科技和标准化建设项目、社会福利服务人才职业能力建设项目、农村留守流动儿童与老年人保障服务状况调查及相关政策支持体系研究项目、我国儿童和老年人福利保障政策绩效评估项目、社会福利及相关公益事业制度建设项目、社会福利服务人才技能竞赛项目）。补充地方项目与本级项目类目相似。

2016年国家体育总局体育彩票投放的项目有，第一，实施群众体育工作：（1）援建全民健身场地设施和捐赠体育健身器材，包括资助以户外、开放性为特征的农民体育健身工程（根据2006年国家体育总局《关于实施农民体育健身工程的意见》，农民体育健身工程以行政村为对象①），以室内体育设施为主的全民健身活动中心，利用城市社区空间综合两种或两种以上体育项目的多功能运动场，等等；（2）资助群众体育组织和队伍建设；（3）资助或组织开展全民健身活动；（4）开展全民健身科学研究与宣传。第二，资助竞技体育工作：（1）资助举办全国性综合体育赛事；（2）全面资助不同层次的高水平体育后备人才的培养；（3）对国家队备战或者参加国际性的综合赛事均予以资助。

从2017年、2018年这两年彩票公益金投放的具体情况看，项目投放情况与2016年相比，在大类不变的情况下，小类及资助金额均有一些变化。②

---

① 《关于印发〈关于实施农民体育健身工程的意见〉的通知》，中国政府网，2006年3月20日，http：//www. gov. cn/gzdt/2006－03/20/content_ 231408. htm。

② 《民政部2017年度彩票公益金使用情况公告》，民政部网站，2018年6月29日，http：//www. mca. gov. cn/article/gk/cpgyjgl/mcabj/201806/20180600009890. shtml；《民政部2018年度彩票公益金使用情况公告》，民政部网站，2019年6月28日，http：//www. mca. gov. cn/article/gk/cpgyjgl/mcabj/201906/20190600018041. shtml；《体育总局2017年度本级体育彩票公益金使用情况公告》，中国政府网，2018年6月26日，http：//www. gov. cn/xinwen/2018－06/26/content_ 5301311. htm；《国家体育总局2018年度本级体育彩票公益金使用情况公告》，国家体育总局网站，2019年6月28日，http：//www. sport. gov. cn/n316/n336/c914855/content. html。

其次，涉及公益金项目占彩票资金的比例。彩票公益金与发行费、奖金一起构成彩票资金。彩票公益金作为彩票资金的一部分，其占有的比例，由国务院财政部门按照国务院的决定确定①。彩票资金系全部来自彩票的发行与销售。② 彩票公益金占彩票资金的比例，与奖金、发行费的比例切实相关。根据市场法则，奖金与发行费的比例越高，对彩票的发行、销售刺激度越高。但为确保彩票的公益性，公益金的比例必须维持一个较为适宜的度，过低则公益性无法保持。彩票资金比例的设置，由国务院授权财政部确定，须低于75%，因不同的彩票类型的销售需求状况不同等，对于具体各类彩票资金的比例设置，也不尽相同。就其最低限度而言，公益金在彩票资金中的占比不得低于20%。相较于公益金占比的确保和彩票奖金的膨胀欲望，发行费一般处于严控之中，例如，传统型、即开型彩票发行费比例有15%的最高比的限制，乐透型、数字型、竞猜型、视频型、基诺型等彩票发行费比例则有13%的最高比的限制。据《关于进一步规范和加强彩票资金构成比例政策管理的通知》，自2016年1月1日起，经财政部批准已上市销售的彩票品种，按照新的制度规则，其发行费在彩票资金中的占比有如下区分：第一，维持15%比例不变的类型，即传统型、即开型彩票发行费比例；第二，以13%为基准，超过的调整为13%，没有超过的维持不变的类型，即乐透型、数字型、视频型、基诺型；第三，一律下调2个百分点的彩票类型，该类彩票均属于彩票公益金在彩票资金中占比低于20%的竞猜型彩票，在下调2个百分点的彩票类型中，除中国福利彩票双色球将该下调比例中的1%用于返奖外，其余的均将下调比例所获资金全额用于上调彩票公益金的比例。③

彩票公益金的提取比例，可以2018年财政部公布的数据为例，予以说明。④

① 《彩票管理条例》第二十八条。

② 《彩票管理条例实施细则》第四十六条。

③ 《关于进一步规范和加强彩票资金构成比例政策管理的通知》，财政部网站，2015年10月21日，http://zhs.mof.gov.cn/zhengcefabu/201511/t20151113_1560814.htm。

④ 《中华人民共和国财政部公告2019年第82号》，财政部网站，2019年8月29日，http://zhs.mof.gov.cn/zhengcefabu/201908/t20190830_3377406.htm。

(1) 彩票类型的选取。选取的彩票类型包括：其一，以双色球、超级大乐透等为主的全国性乐透数字型彩票；其二，以快速开奖等为主的地方性乐透数字型彩票；其三，以竞彩为主的竞猜型彩票；其四，以中福在线为主的视频型彩票；其五，即开型彩票；其六，以快乐 8、开乐彩等为主的基诺型彩票。(2) 以上六种彩票类型的彩票公益金的提取比例分别为 36%、28%（大部分）、18%（大部分）、22%、20%、37%。(3) 六种彩票类型彩票奖金的提取比例分别为 51%、59%、73%、65%、65%、50%。(4) 六种彩票类型彩票发行费的提取比例分别为 13%、13%、9%、13%、15%、13%。

上述 2018 年财政部公布的数据说明，除竞猜型彩票中存在奖金占比高于彩票公益金占比的上限外，其他类型的彩票均遵守了财政部规定的 20% 彩票公益金占比的下限；彩票发行费的比例，除了即开型彩票发行费高于 15% 的比例上限外，其他类型彩票的发行费占比均未超过该比例上限。

（二）彩票公益金监管的行政化

为畅通对彩票公益金的监管，我国三部门，即财政部、民政部与国家体育总局，均有针对性地制定了相关法律文件。财政部的《彩票公益金管理办法》设置了彩票公益金管理的总纲，民政部和国家体育总局在此总纲下，专门针对福利彩票和体育彩票制定了相关规定。

财政部颁发的《彩票公益金管理办法》总计六章，分别为总则、收缴管理、分配和使用、宣传公告、监督检查和附则。总则部分有三个条文，分别规定立法目的、彩票公益金的概念、彩票公益金管理的基本原则。其中彩票公益金管理的基本原则有：纳入政府性基金预算管理、专款专用、结余转结下年继续使用①。“纳入政府性基金预算管理”的这条规则于 2016 年财政部颁行《政府非税收入管理办法》后被“非税收入”的管理规则替代，彩

① 《彩票公益金管理办法》第三条。

票公益金的征收与政府性基金并列为非税收入的子类目。[①] 除总则外，与彩票公益金关联度尤为紧密的为收缴管理、分配和使用两章的内容。收缴管理部分包括五个条文：第四条（公益金的提取和央地分配）、第五条（上缴中央的公益金的执行）、第六条（上缴中央公益金执行单位的报告义务）、第七条（上缴省级财政公益金的执收）、第八条（公益金清算与收缴工作的完成）。分配和使用部分包括十个条文：第九条（上缴中央公益金的公益使用及管理办法制定授权）、第十条（中央财政公益金使用的审批程序[②]）、第十一条（用于补充全国社会保障基金的彩票公益金的拨付）、第十二条（用于其他专项公益事业的彩票公益金的审批[③]）、第十三条（省级彩票公益金由三部门[④]会商分配）、第十四条（省级彩票公益金的使用申报）、第十五条（彩票公益金项目资金使用计划和预算的执行规则）、第十六条（彩票公益金的国库支付）、第十七条（省级以上民政、体育行政等彩票公益金使用部门、单位向同级财政部门的报告义务）、第十八条（省级以上部门彩票公益金使用绩效的内部评价）。

民政部于2018年颁发了六个关于彩票公益金的管理办法，并于2020年对相关办法进行了修订，有《民政部彩票公益金使用管理办法》《民政部彩

① 《政府非税收入管理办法》总计六章，分别为总则、设立和征收管理、票据管理、资金管理、监督管理与附则。其中，资金管理一章主要设置了单一国库与资金分成的规则。

② 该条规定："（一）财政部每年根据国务院批准的彩票公益金分配政策核定用于社会福利事业和体育事业的彩票公益金预算支出指标，分别列入中央本级支出以及中央对地方转移支付预算；（二）列入中央本级支出的彩票公益金，由民政部和国家体育总局提出项目支出预算，报财政部审核后在部门预算中批复；民政部和国家体育总局根据财政部批准的预算，组织实施和管理；（三）列入中央对地方转移支付预算的彩票公益金，由民政部和国家体育总局会同财政部确定资金分配原则，并提出分地区建议数，报财政部审核下达。"这一规定坐实了民政部和国家体育总局对于彩票公益金的实际支配权。

③ 该条规定："（一）申请使用彩票公益金的部门、单位，应当向财政部提交彩票公益金项目申报材料，财政部提出审核意见后报国务院审批；（二）经国务院批准后，财政部向申请使用彩票公益金的部门、单位批复项目资金使用计划，并根据彩票公益金年度收入和项目进展情况，分别列入中央本级支出和中央对地方转移支付预算；（三）申请使用彩票公益金的部门、单位，根据财政部批复的项目资金使用计划和预算，在项目管理办法制定后组织实施和管理。项目资金使用计划因特殊原因需要进行调整的，应当报财政部审核批准。"

④ 三部门是指民政部门、体育管理部门、财政部门。

票公益金民政部项目立项和评审办法》《民政部彩票公益金项目督查办法》《民政部彩票公益金使用管理信息公开办法》《民政部彩票公益金服务和其他类项目管理办法》《民政部彩票公益金培训项目管理办法》。[①] 这六个办法中，《民政部彩票公益金使用管理办法》是最为核心的规范，其他几个办法是围绕这一办法的具体展开，相关内容十分烦琐，下面仅就《民政部彩票公益金使用管理办法》的内容进行归纳介绍。

《民政部彩票公益金使用管理办法》分为总则、管理职责、资金分配和预算报审、预算执行、信息公开、绩效管理与监督检查和附则，共计七章。（1）总则部分有六个条文，与行政管理相关的核心条文为第五条，该条明确规定了福利彩票使用管理的三个原则：原则一为“公开、公平、公正”；原则二为“谁使用、谁管理、谁负责”的归口管理；原则三为纳入民政部权力清单，规范管理。（2）管理职责部分有五个条文，是对管理权力在民政部的内部划分。（3）资金分配和预算报审部分有八个条文，其主要内容可概括为：项目的申报与项目的审核批准。这是一套全流程的内部运作体系，项目单位也是民政部的内部单位，对此后文将予详述。（4）预算执行部分为七个条文。该部分主要内容为严格执行预算的纪律性规定。（5）信息公开部分有两个条文，主要是让社会公众参与监督。（6）绩效管理和监督检查部分有六个条文，涉及内部监督、外部督查和审计检查。

2012 年制定的《国家体育总局彩票公益金使用管理规定（暂行）》（以下简称《暂行规定》）总计有条文十六个。该暂行规定与其附件中的三个流程配套适用。《暂行规定》核心条文的内容与民政部福利彩票的核心规则相似：一是公益金的项目申报（第五条）；二是申报项目的审核；三是项目预算的执行以及监督检查。该暂行规定显得过于简略，难以由此看清项目的确定、审核审批以及执行调整的具体权责部门及流程。《暂行规定》所附的三个流程也较为简略。该暂行规定之所以简略，是因为此前有国家体育总局、财政部、中

① 《民政部办公厅关于印发〈民政部彩票公益金使用管理办法〉等六个办法的通知（已废止）》，民政部网站，2018 年 7 月 3 日，http：//www. mca. gov. cn/article/gk/cpgyjgl/gyj/201807/20180700009926. shtml。

国人民银行联合颁布的《体育彩票公益金管理暂行办法》（1998 年，以下简称《暂行办法》[①]）的存在，但事实上《暂行办法》对于彩票公益金的使用的规定仅具有原则性，远不如《民政部彩票公益金使用管理办法》的规定详尽和清晰。《暂行规定》的最大变化，在于“项目制”的提出。

从以上相关规则的整理看，彩票公益金的使用、管理单位，是财政部和民政部、国家体育管理总局以及民政部、国家体育管理总局内部各司局，这与彩票的发行、销售形成鲜明的对比。在彩票销售工作完成、彩票资金筹集完毕后，彩票公益金上缴国库，此后的管理、使用、分配是一套完整、琐细的行政流程。如果说中国福利彩票发行管理中心与国家体育总局体育彩票管理中心两家彩票发行机构，是按照彩票市场经营特性的规律在运作，所依赖的是国家对彩票发行、销售的垄断权以及民法射幸合同的运用，面向的是彩票市场，那么彩票公益金的监管规则，则是按照行政逻辑运作的，所依赖的是国家的行政管理权。彩票公益金筹集与监管的运作逻辑不具有一贯性，保持一贯性仍是法律制度运行的一般逻辑，例如，税收的征收与税收的国库管理，就是具有逻辑一贯性的运作，持续运用的均是国家行政管理的权力。当然这种一贯性的缺失，在政府的非税收入中，并非只存在于彩票公益金中，在一些其他项目中也必然是存在的，例如国有资本收益、特许经营收入、捐赠收入等[②]，但是唯独彩票公益金收入的逻辑一贯性缺失尤为醒目，这可能与其资金量大、社会影响广有关。造成这一印象的更为重要的影响因素，应是其对射幸合同的运用以及无本取利的结果，可能使民众对于彩票公益金的使用、分配抱有不同于其他非税收入的、更强的市场化期待。

二　彩票公益金法律监管的制度缺陷及具象

现行的彩票公益金监管制度存在一些制度上的缺陷，据有关学者的研

---

① 该暂行办法共计八章，分别为总则、公益金管理机构、公益金的来源及构成、公益金专户管理、公益金的使用、公益金收支计划及报表、监督与处罚和附则。

② 《政府非税收入管理办法》第三条。

究，首先表现为固有的行政管理方式监管者与被监管者不分、管理层级过多、程序封闭，导致效率较低，其审计评价的不良结果一度成为社会热点话题。

财政部集中了两大彩票的审批权，宣布了国家对彩票的经营和公益金分配、使用的垄断[①]。从历史数据看，彩票监管效率较低，监管不及时、不到位。2015 年“审计风暴”说明了这一问题。根据审计署于 2015 年 6 月 25 日公布的审计公告，彩票公益金面临挤占、侵占、违规使用、闲置等诸多问题。[②] 具体情况如下：（1）通过编造事项或者提供虚假的材料，抑或挤占挪用、扭曲改变彩票公益金的公益用途等方式，套取或者违规使用 42.87 亿元；（2）通过账外循环或者不入账、不入库等方式套取 90.43 亿元，这主要是指违规采购或者账目外核算等，具体手段可能包括不遵守集中、公开招标采购的规定或超标准采购，或者于账外核算彩票资金，又或者本应上缴财政专户或国库的彩票资金拖延入户或入库；（3）彩票资金违规使用 36.02 亿元，主要手段包括违规购建楼堂馆所、发放津贴补贴，“三公”支出，超出制度规定的标准购置及使用公车，违反规定组织出境游或者将彩票资金以培训、会议等名义行公事之名而实际上进行公款旅游；（4）部分单位和个人违规牟取不正当利益；（5）其他问题，包括挪用彩票公益金等财政资金向互联网彩票销售商支付佣金[③]，彩票资金大量闲置[④]。从另一个角度看，2015 年“审计风暴”曝光了当时彩票资金违法违规使用情况，同时也反映了审计正在发挥其外部监督的作用。事实上，外部审计监督的强力介入，对于彩票资金的合法合规使用产生了积极促进作用，2015 年之后，彩票资金中央层级

① 《彩票管理条例》第三条，该条宣布了国家对彩票的垄断权：“国务院特许发行福利彩票、体育彩票。未经国务院特许，禁止发行其他彩票。禁止在中华人民共和国境内发行、销售境外彩票。”

② 《2015 年第 4 号公告：彩票资金审计结果》，审计署网站，2015 年 6 月 25 日，http://www.audit.gov.cn/n5/n25/c67336/content.html。

③ 向互联网彩票销售商支付佣金 66.7 亿元，其中挪用彩票公益金等财政资金支付 3.06 亿元。

④ 有 204.72 亿元彩票资金结存在财政部门、彩票公益金使用单位等超过一年以上未使用；有 34 个彩票公益金资助项目因决策失误等原因建成后长期闲置或未能正常使用，涉及金额 2.68 亿元。

的审计再无同样重大问题被曝光出来。

其次表现为发行费占彩票资金的比例较高，有可能对彩票资金公益目的实现造成一定程度的冲击。

2016 年之后，彩票发行费法定的提取比例上限为 13%。这是一个较高的比例上限。2016 年之前，法定比例上限应为 15%。在实际的运行中，发行费占彩票资金的比例，可以通过财政部发布的数据简单予以描述分析[①]：第一，2016 年前的数据情况，2009 年为 14.3%、2010 年为 14.3%、2014 年为 14.3%、2015 年为 13.8%；第二，2016 年之后的数据情况，2016 年为 12.6%、2017 年为 12.6%、2018 年为 12.6%。从发行费的提取比例看，均较为接近财政部 2016 年规定的平均 13.6% 的发行费提取比例。由于彩票资金总量较大，由此提取的发行费便是一个可观的数据，以近 3 年为例，2016 年发行彩票 39464128 万元，发行费提取便约为 4972480 万元；2017 年发行彩票 42666909 万元，发行费提取便约为 5376030.543 万元；2018 年发行彩票 51147173 万元，发行费提取便约为 6444543.798 万元。2016 年财政部规定彩票发行费提取比例根据不同类型分别为 15%、13%，这个已经是相当高的提取比例。有学者指出，发行费提取比例较高，造成不少部门竞相进入彩票发行市场，例如教育、农业、环保等部门呼吁进入彩票发行市场，其固然是出于公共利益实现的设想，但是其中也隐含着希望在彩票发行费上获取部门发展利益的意图。[②]

彩票公益金的比例规则的历史变化表明，其最低比例有降低的倾向：1987 年为 50%，1988 年为 45%，1989 年为 40%，1990 年为 30%，1993 ~ 2001 年维持在 30%。[③] 2016 年财政部将提取的最低比例降至 20%。从实际提取的比例看，2009 ~ 2018 年，彩票公益金的平均提取比例为 2009 年 25.6%，2010 年 25.6%，2014 年 23.25%，2015 年 25.6%，2016 年 26.8%，2017 年

① 以 2009 年、2010 年、2014 年、2015 年、2017 年、2018 年等六年的财政部公布的发行费的提取比例数据为参考，均为平均数据，财政部网站：http://www.mof.gov.cn/。

② 朱新力等：《彩票业的政府管制与立法研究》，浙江大学出版社，2007。

③ 申卫平、齐志：《我国彩票公益金公共性本质与管理模式优化》，《改革》2009 年第 8 期。

26.8%，2018 年 26.8%。

另一个较受学界诟病的是彩票公益金在分配使用中的问题。对彩票公益金的分配使用存在使用过程中的公共性缺失和监督过程中的公共性缺失[①]的问题。当然，这种批判是否一语中的，仍有思考权衡的空间。

彩票公益金分配使用是否存在制度性问题，首先应考察的是，制度本身的规则设置是否存在问题，其次是制度在实际生活中的运作是否顺畅，是否导致不公平、不正义的结果。

就我国的彩票公益金分配制度格局看，先有中央与地方的分成，目前这一比例为 1∶1。其次有中央与地方对彩票公益金的分配使用。中央层级的彩票公益金由财政部、民政部和国家体育总局共同负责。其中，财政部实际控制的彩票公益资金，占中央一级资金的 90%，60% 投往全国社会保障基金，30% 作为中央专项公益资金，民政部和国家体育总局可从中各分配 5%。这一分配格局名义上是财政部占大头，民政部和国家体育总局占小头。财政部名义上控制投入全国社会保障基金的 60% 的彩票公益金，用来补充、调剂社会保障资金[②]。全国社会保障基金理事会是全国社会保障基金的管理运营单位[③]，而非使用单位。全国社会保障基金的使用方案由国务院确定，使用单位是人力资源和社会保障部，共同的监管单位是财政部会同人力资源和社会保障部，全国社会保障基金“根据财政部、劳动和社会保障部共同下达的指令和确定的方式拨出资金”[④]。30% 的中央层级彩票公益金作为中央专项公益资金支出，由使用单位申请，财政部进行项目审核，国务院进行项目审批，项目具体资金的使用计划和预算由财政部审批[⑤]。中央层级的彩票公益金分配的制度格局总体上是合理的，它符合整体大于局部、全局利益重于

① 申卫平、齐志：《我国彩票公益金公共性本质与管理模式优化》，《改革》2009 年第 8 期。

② 《全国社会保障基金条例》第三条：“全国社会保障基金是国家社会保障储备基金，用于人口老龄化高峰时期的养老保险等社会保障支出的补充、调剂。”

③ 《全国社会保障基金条例》第五条第二款：“全国社会保障基金理事会负责全国社会保障基金的管理运营。”

④ 《全国社会保障基金理事会章程》第四条第五项。

⑤ 《彩票公益金使用管理办法》第十二条。

局部利益的利益分配原则。

地方层级的彩票公益金的分配使用，根据《彩票公益金管理办法》的规定，应当按照国务院批准的彩票公益金分配政策，坚持依照彩票发行宗旨使用，由省级财政部门商民政、体育行政等有关部门研究确定分配原则。该规则在具体适用中的格局如何，可以云南2019年全省彩票公益金筹集分配情况的通告为例[①]，予以说明，该文件在通告具体分配情况之前，宣示了其“彩票公益金分配政策规定”。（1）省级（地方）留成的彩票公益金，省本级与昆明市按照75∶25的比例分成，省本级与其余州（市）均按50∶50的比例分成。（2）省本级留存的彩票公益金的分配政策如下：第一部分，当年彩票公益金收入的20%调入一般公共预算，统筹用于扶贫；第二部分，扶贫统筹后彩票公益金剩余部分的8%由省残联统筹用于残疾人事业；第三部分，福彩公益金扣除扶贫统筹和残疾人事业后的部分，70%由省民政厅统筹用于全省社会福利事业发展，30%由省财政厅统筹建立省级专项彩票公益金；体彩公益金扣除扶贫统筹和残疾人事业后的部分，70%由省体育局统筹用于全省体育事业发展，30%由省财政厅统筹建立省级专项彩票公益金。

就上述彩票公益金分配的宏观制度格局而言，当然可从很多不同的角度进行价值评判，例如，分配比例的确定程序是否合法，分配比例是否能产生积极的公益效果，分配比例的确定是否将有公平、正义的结果，将中央层级的彩票公益金的60%拨给全国社会保障基金是否存在法律上的正当性，等等。单就分配程序的合法性而言，一般不容置疑，但也非完全不可探讨。分配比例的效率、公平、正义，属于公共政策的评价领域，也非本报告可以超越的，另外这是一个仁者见仁，智者见智的问题，同时也是具有历史性、动态性的问题，因评价标准、工具、方法等不同，将产生不同的结果，无法给出统一、确定无疑的答案。在程序合法的基础上，公共政策的制度、实施、调整，其效率性、公平与公正性，均由法定程序予以保障，从法律的角度

① 《云南省财政厅关于2019年全省彩票公益金筹集分配使用情况的通告》，云南省财政厅网站，2020年8月18日，http://czt.yn.gov.cn/news_des.html?id=1597716944397711307。

看，唯一可以评价的是其合法性，尤其是合法性中的程序透明度问题。

再将评价的目的转向“使用”。恰如前文所述，彩票公益金的使用，可进入评价的要素事实上只有一个，即项目制。但是这种项目制，无论是项目的形成，还是项目的审核批准，均具有因制度本身的缺陷造成的操作透明度不足、内部循环和封闭性的特点，与项目制市场化运作应当具备的品格还存在一定的差距。

首先，中央层级彩票公益金涉及项目制的是，专项公益事业的彩票公益资金的使用①。根据《彩票公益金管理办法》第十二条的规定，该部分公益金采用项目申请和审批的程序进行：（1）项目的申请、审核和审批；（2）资金使用计划的批复和列入预算（本级支出与转移支出）；（3）项目单位对项目和预算的实施、执行及调整的批复。就此专项公益事业彩票公益金的专项确定，从目前的制度看，并不具有衡定性，而是带有一事一议和时效性的特点，富有机动性。有的持续时间较短，例如，中央专项彩票公益金支持地方社会公益事业发展资金②生效日期为 2019 年 6 月 27 日，有效期至 2020 年 12 月 31 日。有的持续时间比较长，例如，中央专项彩票公益金支持贫困革命老区脱贫攻坚资金③生效日期为 2018 年 5 月 4 日，但是并未说明失效日期。这些“专项”基金形成显然不是随机的，而是带有极强的计划性或者落实中央相关政策的痕迹。例如，2018 年中央专项彩票公益金支持贫困革命老区脱贫攻坚资金，按照财政部的说明，即“为贯彻落实党中央、国务院关于打好精准脱贫攻坚战的决策部署，进一步加强和规范中央专项彩票公益金支持贫困革命老区脱贫攻坚资金使用与管理，促进提升资金使用效益，我们对《中央专项彩票公益金支持贫困革命老区整村推进项目资金管理办法》（财农〔2011〕152 号）进行了修订，制定了《中央专项彩票公益金支

---

① 划归全国社会保障基金部分的公益金，不可能实行项目制。

② 《关于印发〈中央专项彩票公益金支持地方社会公益事业发展资金管理办法〉的通知》，财政部网站，2021 年 6 月 7 日，http：//zhs. mof. gov. cn/zhengcefabu/202106/t20210622_ 3722304. htm。

③ 《财政部　国务院扶贫办关于印发〈中央专项彩票公益金支持贫困革命老区脱贫攻坚资金管理办法〉的通知》，中国政府网，2018 年 5 月 4 日，http：//www. gov. cn/gongbao/content/2018/content_ 5323094. htm。

持贫困革命老区脱贫攻坚资金管理办法》”，说明此类专项基金明显带有落实政策性安排的痕迹。在专项确定的框架下，谁可以获得此类基金的支持，是按照《彩票基金管理办法》第十二条的规则，实行申请、审核和审批制，例如中央专项彩票公益金支持地方社会公益事业发展资金，其2018年的预算指标只涉及24个地区①，这说明此类基金的申请是按地区进行的，在审核、审批的流程中有24个地区获得资助。关于此类基金项目的具体形成过程，其所依据的程序，并非是透明的。

其次，中央层级彩票公益金涉及项目制的是，民政部与国家体育总局的彩票公益金，这部分资金的使用，仍以《民政部福利彩票公益金使用管理办法》相关规定为例，予以解释。第一，管理权限划分。具体如下：（1）规划财务司，规划财务司是公益金使用管理统筹协调单位和部门机关公益金项目资金核拨单位，负责公益金预算管理；（2）归口管理单位，归口管理单位是公益金切块资金具体管理单位，负责本业务领域切块公益金的使用管理。归口管理单位具体划分为对于民政部的本级项目，养老服务司归口管理老年人福利类项目，社会事务司归口管理残疾人福利类项目，儿童福利司归口管理儿童福利类项目，机关党委（人事司）归口管理培训类项目，此外还有补助地方项目，养老服务司依然归口管理老年人福利类项目，社会事务司归口管理残疾人福利类项目和殡葬设施改造项目，儿童福利司负责归口管理儿童福利类项目，慈善事业促进和社会工作司归口管理社会工作和志愿服务项目；（3）项目单位，项目单位是部机关司（局）和直属单位等公益金项目具体执行单位，负责公益金预算执行。第二，民政部的本级项目的申报、审核审批与执行。具体包括，（1）项目入库。项目入库的流程包括：项目单位的项目及预算方案的确定→项目单位的项目申报→规划司的项目审核→专家评审→部长办公会审议→内部公示→纳入项目库。（2）形成

① 《财政部关于提前下达2018年中央专项彩票公益金支持地方社会公益事业发展资金预算指标的通知》中的附件《提前下达2018年中央专项彩票公益金支持地方社会公益事业发展资金预算指标分配表》，中国政府网，2017年11月14日，http：//www.gov.cn/xinwen/2017-11/14/content_5239523.htm。

预算及审批。形成预算的流程包括：福慈司确定资金切块分配方案→福慈司从项目库选取项目形成公益金年度资金支出预算草案→司长办公会审核通过→分管副部长审核同意→部长办公会审定→纳入民政部部门预算草案→财政部审批。(3) 项目单位执行。项目单位执行的内容如前文所述，此处不赘。

监督检查以及通过审计展示的彩票公益金的实际使用状况。从制度层面的设计看，主要体现为内部监督、外部的监督检查。内部监督是指行政体制内部的监督，包括财政部、民政部和国家体育总局的监督。从历史数据看，内部监督不及时、不到位，上述2015年“审计风暴”直接说明了这一问题。

中央层级将彩票公益金使用情况进行网络公示，接受公众监督已成常态。2015年之后，财政部、民政部和国家体育总局均有连续性的发布年度彩票资金使用情况公告，可将其视为一种资金使用透明度上的进步。地方层面的彩票资金的审计情况，也多通过互联网予以公开，且对于负面的信息不予掩饰回避，在此以两个例子予以说明。第一，广西壮族自治区2020年4月8日公布了《广西壮族自治区审计厅2020年第14号审计结果公告：全区福利彩票公益金专项审计调查结果》[①]，该公告对于彩票公益金使用的不足之处进行了概括性描述：“部分已交付使用的乡镇敬老院使用效率不高，存在入住率低、闲置、用于非养老用途等问题；部分项目建设进度缓慢，未能发挥应有效益；部分设区市民政局未按规定将自治区返还的市、县即开型福利彩票公益金纳入本级年度预算；部分项目资金收支管理不规范；部分项目管理不规范。”第二，在江苏苏州吴中区2018年福利彩票公益金审计结果的公告中，也披露了彩票公益金使用中存在的问题：（1）部分项目预算调整较多，年初预算不精确；（2）区民政局搭建的社会组织培育孵化型平台职能定位存在交叉情况；（3）困境儿童业务涉及民政多个业务部门，项目执

① 《广西壮族自治区审计厅2020年第14号审计结果公告：全区福利彩票公益金专项审计调查结果》，广西壮族自治区审计厅网站，2020年4月20日，http://sjt.gxzf.gov.cn/zwgk_44393/sjjggghzgqk/t5086849.shtml。

行进度缓慢；（4）个别项目台账资料不完整或未按规定程序办理。[1]

在难以改变彩票资金项目制内部性的前提下，加强外部监督和审计，将彩票资金使用的情况和审计结果“暴露在阳光之下”，是促使彩票资金合法合规使用的强有力手段。在彩票资金使用情况网络公示和审计结果网络公示两者之间，鉴于彩票资金使用情况的公开性仍有不足，公众监督的能力参差不齐，尤其需要加强审计结果的网络公开力度。

三　彩票公益金法律监管的民法设计方案与理据

（一）民法设计方案

彩票公益金的法律监管需要进行改造，本报告认为，彩票公益金的法律监管局部改革可以作为一条可选的路径。这条路径就是在尊重和基于现有制度的基础上，朝着公私法混合、局部私法化的方向发展。这一设想初步展开如下。

第一，中央层级拨付给全国社会保障基金的60%的彩票公益金，其目的在于补充和调剂社会保障基金的短缺，应当全部用于维系其公法运作的体系框架。

这部分公益金存在的目的并非“公益”性的，而是国家义务的履行。《全国社会保障基金条例》第一条规定中的立法根据[2]、第三条阐明的全国社会保障基金的目的[3]，都清晰地表明，全国社会保障基金是社会保险的辅助性组成部分。上述第三条规定中的“补充、调剂”的目的性表述，确立了该种基金与社会保险基金之间的直接关联。鉴于其特殊的目的性，

① 《吴中区2018年福利彩票公益金审计结果的公告》，苏州市吴中区人民政府网站，2019年11月7日，http：//www. szwz. gov. cn//szwz/czsjtzgg/201911/4986518f2ecd4b7580936b885d66a83f. shtml。

② 其表明的立法根据是：“根据《中华人民共和国社会保险法》，制定本条例。”

③ 第三条：“全国社会保障基金是国家社会保障储备基金，用于人口老龄化高峰时期的养老保险等社会保障支出的补充、调剂。”

它不可能有如同专项公益事业的彩票公益资金一样的灵活度，只能在社会保险金出现缺口或者不平衡时，发挥其填补功能或者调剂功能，而此种功能只能委之以国家，而不能委之以私人。其本质目的在于辅助国家履行其对于社会的“保护义务”，此种义务衍生了“保护国原则”，即“国家应在宪法价值体系及法秩序统一性下，整合相关部门法律，使其分工、互补、协力及合作，有效率地保障人民安全，并使其于遭受损害时，得获合理必要的救济”①。国家做“公益”，在广义的范畴内，也属于“国家保护原则”之下国家义务的履行，但是严格来说，“公益”并非法律义务，而带有强烈的道德伦理色彩，做“公益”的行为也应以帮助、扶助为其意义指向。既然此60%中央层级的彩票公益金被法定投放于全国社会保障基金，专用于“补充、调剂”社会保障支出或者不平衡的状态，其显然已经去除“公益”的特性，而专用于国家义务的履行，自然不可进行私法改造。

第二，不撼动彩票发行销售的现有格局。

我国现行的彩票发行销售的总体格局是由民政部与国家体育总局的彩票发行中心为主体构成的。这一发行与销售的网络遍布全国，深入到中国的大街小巷。如要将彩票发行销售的行政化控制去掉，势必涉及较大发行与销售网络的全盘更新，即一旦将彩票发行销售的控制权从民政部与国家体育总局收回，基于彩票“国家垄断”的基本原则，必然有其他的行政机关甚至国有企业法人接手，其结局并不见得会比维持现有权力利益格局更好，事实上这一点基本无法论证。基于制度改革的结果无法确知的缘故，维系现有制度的合理性即占据上风。

第三，对于中央层级的专项公益事业的彩票公益资金与由民政部、国家体育总局审批的彩票公益金，以及地方彩票公益金，在公益金目的不变的前提下，其运作主体完全可以私法化，且可以统一运作主体。其制度架构可将公益信托与基金会法人制度相结合。

① 王泽鉴：《损害赔偿》，北京大学出版社，2018。

（二）方案的理据

事实上，即便进行局部改革，依然面临需要澄清的问题，即要为此种局部改革方面提供理据，否则无异于空口说白话。这些理据至少应当涉及如下几个方面：能否契合现行的制度，以减少改革的阻力与难度；能否克服制度运行的封闭与不透明化，便于外部监督；能否通过变革达到组织扁平化、决策迅速和提高运行的效率；能否兼顾各方利益，而不是一方利益或者少数几方利益独大；是否有法理上的依据；等等。

1. 新制度方案契合现行制度

本报告认为，新的制度方案至少在两个方面是契合现行制度的。首先，项目制在公法与私法领域中具有共享性。初步设想范围内的彩票公益金，去除投放全国社会保障基金外，占全国彩票公益金的70%。该部分公益金的运作，目前全部采用项目制的方式。项目制本身是中性的，并不限于私法或者公法领域。可为政府机关法人采用，也可为企业法人或者其他私法人采用。① 其次，公益目的实现途径的非唯一性。公益目的实现，不一定需要通过政府公益提供的途径，也可借由民间社会或者居于公私之间的法人组织提供，例如宋庆龄基金会的公益提供，这一点已经成为共识。

2. 新制度方案应能克服现行制度运行的封闭与不透明性

新制度方案在克服现行制度封闭性弊病的同时，提供外部监督的便利性。当然，这还取决于新的制度本身如何设计和运行。

其一，新的制度必将行政主管部门与彩票公益金的使用决策部门区别开来，打破行政主管部门“既当裁判员又当运动员”② 的双重身份格局，形成彩票公益金使用制度透明化运行的基础条件。

其二，新制度方案的引入，将使决策机制朝着公开、公平的方向发生重大变化。

---

① 陈远等：《项目管理》，武汉大学出版社，2003。

② 漆多俊：《经济法基础理论》（第四版），法律出版社，2008。

在现行的福利彩票公益金项目的确立过程中，我们可以看到部分社会力量介入的痕迹，例如项目入库前的专家评审，但是这一环节在行政审核、审批环节，能发挥的作用有多大，值得探讨。新的制度引入，将使社会力量介入项目制的决策机制成为关键环节，这无疑将增加其透明度。

其三，新制度中的理事会表决制度，将取代行政长官决定的制度，项目入库、预算确定等程序的透明度将得到较大的提升。同时，基金化法人的身份，将使审计监督常态化，审计监督结果的公开化也将常态化。近年来，网络或者报刊常有关于基金会透明度的评价信息甚至榜单的张贴[①]，这说明了基金会在接受社会监督方面明显优于行政机关[②]。

去行政化将带来制度运行层级的减少，在去除行政审核、审批过多的烦琐环节之后，项目和预算的形成将更具有效率。

彩票公益金运作主体基金会化之后，应使公益金的使用在决策上具有较大的利益包容性。民政部和国家体育总局不仅代表国家垄断彩票的销售发行，也在此后的彩票公益金的分配使用上起导向作用，财政部在实质上控制中央彩票公益金收入的30%。这一利益控制格局自然会引起诸多争议，力图进入这一利益版图分得一杯羹的部门必然不少。[③] 彩票公益金运作制度基金会化后，其决策机制中可以容纳其他部门的利益，使相关的利益格局之间的矛盾可以通过决策机制获得合理的表达渠道，并通过决策机制的运行得以纾解。

3. 新制度方案的“公益信托 + 基金会”的法律构架与法理吻合

上述从可能具有的积极利好方面进行阐述，从预期的角度论证了彩票公益金采用基金会这一运作制度与方式的合理性。然而还有另一问题也须解决，即信托与基金会这一混搭的制度格局，是否具有相应的依据。

---

① 《2019 中国最透明慈善公益基金会排行榜发布，五家基金会满分夺冠》，看点快报，2019 年 12 月 29 日，https：//kuaibao. qq. com/s/20191229A0IZR500？ refer = spider；《2019 中国最透明基金会排行榜发布》，《中国红十字报》2019 年 12 月 24 日。

② 对于行政机关彩票公益金使用的透明度，是不可能在网络上进行排行与评价的，网络上的评价事实上也是一种社会监督，对于彩票公益金使用的透明度提升应有较大的促进作用。

③ 申卫平、齐志：《我国彩票公益金公共性本质与管理模式优化》，《改革》2009 年第 8 期。

从常识而论，基金会通常与遗嘱捐赠或者单纯的捐赠有关，而与信托关系较远。我国《基金会管理条例》第二条明确界定了基金会是指利用自然人、法人或者其他组织捐赠的财产，开展慈善活动的非营利性法人。如果由此界定出发，信托与基金会是无法相结合的。然而事实上，以“基金会”命名的组织并非完全遵循基金会“类型强制”规则，对此有学者指出，在中国基金会的类型划分中，应当将“官办”与“民办”作为基金会类型谱系的两端，在两端之间，还有官办民助型与民办官助型。单就纯粹的“官办”基金会而言，例如国家自然科学基金会、国家社会科学基金会和全国保障基金理事会等，其实质是事业单位，而非真正的基金会。[①] 不过，用法律条文去给社会生活现实“量体裁衣”，无异于对生活现实的“阉割”。承认基金会形式的多样性甚至其规范基础的多样性，乃是必然的趋势。基于不同的法源，可以确定，中国有依据《基金会管理条例》建立起来的基金会，也有依据其他法源建立起来的基金会。所谓的基金会必须是利用“捐赠”资金运作的界定，仅适用于依据《基金会管理条例》建立起来的基金会。在比较法上，有学者指出，将公益信托与基金会融合起来的做法在美国并非罕见，其有：（1）通过公益信托的形式设立的基金会。大部分的私立基金会都是采用这种形式，例如盖蒂信托；（2）信托与基金会的复式运作，例如盖茨基金会；（3）基金会与信托、公司等组织形式的综合运用，例如福特基金会。[②] 此外，需要注意到的是，基金会法人在我国《民法总则》上并未明确其究竟是社团法人还是财团法人，这为法律实践中创设基金会法人留下了较大自由空间，依据现行有效的法律，并同时根据“法不禁止即自由”的民法原则，基金会法人未必不可以是社团法人，但通常应为财团法人。全国社会保障基金理事会是典型的依据其他法源设立的基金会法人。《全国社会保障基金理事会章程》（2009 年）第一条明确规定：“经党中央、国务院批准，成立全国社会保

① 葛道顺等：《中国基金会发展解析》，社会科学文献出版社，2009。

② 李政辉：《公益信托与基金会的关系：基于融合的视角》，《甘肃政法学院学报》2012 年第 4 期。

障基金，并设置全国社会保障基金理事会。”至 2016 年，其法源确定下来，即全国社会保障基金和基金理事会的设立法源事实上是《全国社会保障基金条例》第二条与第五条①。全国社会保障基金的设立绝不可能通过“捐赠”，而需要采用更加合乎法理的其他方式。根据《全国社会保障基金条例》第十五条所确立的“财产区隔规则”②，可以确定全国社会保障基金采用的运作方式就是“公益信托 + 基金会”。由此可见，通过“公益信托 + 基金会”的形式运作彩票公益金并非欠缺相应的法律基础。

彩票公益金基金会化的具体方案可概括为“公益信托 + 基金会”。“公益信托”基金可主要依据《信托法》（2001 年）第六章的相关规则设立。《信托法》中与公益信托设立、运作与基金会密切相关的条文有第六十条（公益信托的概念）③、第六十四条（信托监察人）④、第六条至第九条（含信托目的、信托财产、信托设立的文件及内容）⑤。其中最关键的条文是第九条与第六十条，该条规定的内容为“信托设立的文件及内容”，它提供了

① 这种先有法人设立后明确法源的做法，乃是中国法制建设摸索进步的表征。该条例第二条规定：“国家设立全国社会保障基金。”该第五条第二款规定：“全国社会保障基金理事会负责全国社会保障基金的管理运营。”

② 该条例第十五条：“全国社会保障基金财产应当独立于全国社会保障基金理事会、投资管理人、托管人的固有财产，独立于投资管理人投资和托管人保管的其他财产。”

③ 《信托法》第六十条：“为了下列公共利益目的之一而设立的信托，属于公益信托：（一）救济贫困；（二）救助灾民；（三）扶助残疾人；（四）发展教育、科技、文化、艺术、体育事业；（五）发展医疗卫生事业；（六）发展环境保护事业，维护生态环境；（七）发展其他社会公益事业。”

④ 《信托法》第六十四条：“公益信托应当设置信托监察人。信托监察人由信托文件规定。信托文件未规定的，由公益事业管理机构指定。”

⑤ 《信托法》第六条：“设立信托，必须有合法的信托目的。”第七条：“设立信托，必须有确定的信托财产，并且该信托财产必须是委托人合法所有的财产。本法所称财产包括合法的财产权利。”第八条：“设立信托，应当采取书面形式。书面形式包括信托合同、遗嘱或者法律、行政法规规定的其他书面文件等。采取信托合同形式设立信托的，信托合同签订时，信托成立。采取其他书面形式设立信托的，受托人承诺信托时，信托成立。”第九条：“设立信托，其书面文件应当载明下列事项：（一）信托目的；（二）委托人、受托人的姓名或者名称、住所；（三）受益人或者受益人范围；（四）信托财产的范围、种类及状况；（五）受益人取得信托利益的形式、方法。除前款所列事项外，可以载明信托期限、信托财产的管理方法、受托人的报酬、新受托人的选任方式、信托终止事由等事项。”

依私法自治的方式，委托人通过书面文件厘定信托法律关系可能性及限度，该条为委托人以间接方式介入信托财产的管理提供必要的法律通道。而第六十四条“信托监察人”的规定，为委托人监督信托财产的运行提供了法律途径。在彩票公益金设立为信托基金的法律关系与流程中，国务院代行国库的职责，具体由财政部实施，即此种信托法律关系的具体当事人应当是财政部与受托人之间的信托法律关系。在这种法律关系中，财政部不再依赖其行政权，而依赖其作为委托人的法律地位，以信托文件为依托，行使其作为委托人的法律权利。

公益基金的设立并不等于基金会化，其与基金会的组合方式从时序来看，有如下两种可能性：一是先有基金会，后有公益基金；二是先有公益基金，再以公益基金为基础组建基金会。如果属于前一种组合，基金会法人可为社团法人。如果属于后一种组合，基金会法人为财团法人，其本质即为财团，而非人的组合。财团法人在设立上，尽管在立法体例上存在自由设立主义、特许设立主义和许可设立主义的区分①，但其本质上都只是承认一个财团具有法人的资格。在有选择的前提下，彩票公益金设立为基金会，应采用财团法人的形式，以便全面贯彻设立人的意愿。但是，无论为何种类型的法人，其运行应根据或者类推适用我国《基金会管理条例》的相关规则。

我国《基金会管理条例》有七章内容②，与彩票公益金监管法律改革关系最为密切的为第二章、第三章、第五章，试分述之，同时加上本报告的建议。（1）设立、变更和注销。此处仅阐述设立中的关键点。采用财团法人形式的基金会，其设立人事实上与信托资金的委托人是一致的。根据《基金会管理条例》第九条第二款，设立人应当提交“章程草案”。章程草案作为基金会法人的“灵魂”文件，在彩票公益基金的设立中，其制定应由财政部负责，但是应当包容各方的利益，而不是只有财政部的利益。由于其只

① 罗昆：《财团法人制度研究》，武汉大学出版社，2009。

② 《基金会管理条例》包括总则，设立、变更和注销，组织机构，财产的管理和使用，监督管理，法律责任以及附则。

是代行国务院的职责，故审定应当由国务院负责，以确保其能够包容诸多利益，而不只反映极个别部门的利益，尤其不能只成为财政部或者财政部、民政部与国家体育总局的利益代言。（2）组织机构。基金会的组织机构包括理事会、秘书处、监事或者监事会。根据《基金会管理条例》第二十三条的规定，理事会的理事长、副理事长和秘书长不得由现任国家机关工作人员兼任。该条规定与《全国社会保障基金理事会章程》第五条所规定的“理事长和副理事长由国务院任命”并不矛盾。另《全国社会保障基金理事会章程》第五条同时规定“理事由国务院聘任，包括企业家代表、职工代表、政府官员、专家、学者和社会知名人士”，该条规定可在一定程度上确保其广泛的代表性，彩票公益金基金会的章程与理事会的设置应当参考。此外，据《全国社会保障基金理事会章程》第六章“非常设机构”中第十一条的规定，为“提高选择工作的质量和透明度”，理事会设立专家评审委员会。专家评审委员会由理事会的专业人员、所聘请的理事会以外的有关专家以及社会独立人士组成。专家评审委员会参与决策。该条规定也可供彩票公益金基金会参考延用。监事会可视为信托基金设立中委托人设立信托监察人的延续，其具体人选也应当由国务院确定，以反映公共利益。在彩票公益金基金会的组织机构的运行中，面临的现实问题是，如何将由行政机关采用的项目制度纳入基金会的组织机构议事的新的权力运行结构当中。本报告认为，仍可采用项目制，但是流程可以简化、层次应予压缩，可采用项目申报、评议审核、大会审议通过的方式。项目申报的具体受理机构为秘书处，秘书处只进行形式审查，对于申报的项目，能收尽收；专家委员会负责评议、审核和筛选；理事会会议审议通过。当然，具体如何申报、如何审核、如何审议，仍需要进行制度上的细化设计，以确保效率、透明度、项目形成与项目预算形成的科学性。（3）监督管理。《基金会管理条例》所规定的监督管理涉及登记机关的监督管理，民政部门、业务主管部门的监督管理，县级以上人民政府的发展改革、财政、税务、公安、外事、人力资源社会保障、审计等有关部门的监督管理，其他单位、个人、新闻媒体的监督。相较于《彩票公益金管理办法》仅规定了一个监督管理部门（财政部）而言，《基金会管理条例》所规定的监督管理者较多，这在一定程度上可提高基金会运行的透明度、公正性和效率。

结　语

针对彩票公益金在法律监管制度上存在的问题，本报告认为可以在改革现在行政管理方式的同时，探寻另一种改造的可能性，即对其进行民法改造。彩票公益金民法改造的目的，并不在于取代现行行政管理方式，而是为其提供另一种可以选择的改革路径。在具体的方案设置上，彩票公益金的改造并非是对其全盘的推翻，而是在保留全国社会保障基金投入、彩票发行的现行利益格局的前提下，对其他部分彩票公益金运作进行“公益信托 + 基金会”改造。

首先，这种改造将监管者与被监管者区别开来，避免了自己监管自己的情况出现。其次，此种改造利用基金会制度中的关键性因素，例如基金会章程、理事会的组成等，朝着开放性的方向变革，兼顾了各群体、各部门的利益。最后，它利用了《信托法》中的公益信托，以确保公益目的的实行和在法律上的可行性，也利用了基金会法人的特殊制度构造，包括我国《基金会管理条例》中的制度构造规范与有益的经验暨《全国社会保障基金理事会章程》中的既有经验性做法，由此设想建构透明、高效和便于监管的彩票公益金基金会法人制度。其中，理事会组成成员的社会化和专家评审委员会的引入、监督渠道的增加将极大地加强其社会参与性，增加其透明度。这一系列的制度建构，或许可以在根本上将彩票公益金的使用引入更加公平、公正、高效、透明的轨道上。

B.6 中国福彩新闻报道的现状及其改进

王卫明　杜佳琦　郦　叶*

摘　要： 为呈现中国福彩新闻报道的现状，本报告采用内容分析法与文本分析法，分析中国福彩新闻报道的媒介分布与报道方式，研究福彩新闻消息与通讯体裁的文本特点，从选题、宣传重点、报道优先顺序等三个方面探究福彩新闻报道背后的议程设置功能，并对中国福彩与日本彩票新闻报道进行比较分析，发现中国福彩新闻报道存在报道主题公益色彩不够明显、报道方式全而未融、新媒体内容发布频率较低、新闻价值导向引导不足、福彩主题策划缺乏联动等不足之处，进而提出加强福彩公益形象宣传、打造福彩全媒体中心、加强新媒体运营人员建设、注重新闻价值导向、策划福彩主题节日活动，宣传福彩文化等改进对策。

关键词： 福利彩票　新闻报道　体裁　议程设置

中国福利彩票于1987年发行至今已有30多年，坚持“扶老、助残、救孤、济困”的发行宗旨，建立“公开、公平、公正、公信”的发行原则，实施“安全运行、健康发展”的工作方针，践行“取之于民、用之于民、

* 王卫明，文学博士，南昌大学新闻与传播学院新闻学系主任、教授、博士生导师，主要研究领域为慈善传播、政治传播、家庭传播等；杜佳琦，南昌大学新闻与传播学院硕士研究生，主要研究领域为福彩传播、新媒体传播；郦叶，合煊咨询（杭州）有限公司董事，主要研究领域为养老服务项目运营。

取信于民”的社会承诺，倡导“多人少买、寓募于乐、奉献爱心”的购彩理念。这些是中国福利彩票文化的核心价值理念。由于中国福利彩票文化普及的重要性与中国福彩中心信息披露工作的必要性，福彩新闻报道成为不可或缺的传播途径。随着中国福彩事业的发展，中国福利彩票新闻报道已形成媒介覆盖广泛、报道方式多样、体裁特点鲜明、议程设置功能齐全的局面。

一　中国福彩新闻媒介分布

随着媒介传播技术的发展与福彩文化普及的需要，报纸、电视、广播、App、网站、“两微一抖”以及一些非官方商业媒体平台，都在全方位向广大人民群众报道中国福彩新闻、传播中国福彩文化，让越来越多的人了解福彩、认可福彩、参与福彩。

（一）报纸

如今，虽然报纸已逐渐失去了传播优势，但其官方媒体地位仍难以被新兴媒体取代。因此，报纸仍是中国福彩新闻的官方报道平台之一。中国福利彩票发行管理中心指定的信息披露媒体是《公益时报》中华彩票专刊。该报每日出刊，一共16个版面，报道彩票开奖公告、调查新闻、公益金新闻、玩家新闻等重要彩市新闻。北京智博宝通传媒股份有限公司旗下的《福彩专刊》和《彩民周刊》是报道福彩新闻的专业类纸媒。其中，《彩民周刊》彩票数据新闻报道丰富，专家点评具有投注参考价值。[①] 此外，《湖北日报》等党报刊载福彩公益活动、福彩公益金等新闻，《江南都市报》等都市报不定期刊载福彩开奖新闻，《重庆晚报》《南昌晚报》等晚报也不定期刊登相关福彩新闻。

① 何辉主编《中国福利彩票公益发展报告（2018）》，社会科学文献出版社，2019。

（二）电视

除了平面纸媒外，电视也是报道福彩新闻的主要媒介之一。中国福利彩票发行管理中心以及各地福彩机构与各电视频道合作，打造了多档福利彩票新闻节目。比如，央视财经频道晚间时段播出的《福彩开奖》，对福利彩票开奖全过程进行现场直播报道；中央电视台财经频道每晚播出的《福彩快报》，为受众带来当日福彩要闻；钱江都市频道的《福彩帮帮帮》，则专注于报道福彩公益新闻。除此之外，还有中国教育电视台一套的《福彩一周资讯》、广东电视台新闻频道的《今日福彩》、江苏卫视的《福彩演播室》、内蒙古卫视的《福彩草原情》、漳州公共频道的《福彩》、沈阳广播电视台公共频道的《好运福彩》均定期播放相关福彩新闻等等，不胜枚举。①

（三）广播

广播作为重要的车载媒体，在实时新闻报道方面有着广泛的受众。因此，广播媒介抓住了受众的出行时间，推出福彩新闻广播节目。如山东广播经济频道的《天天福彩》，每天播报开奖信息、彩民故事等新闻。天津福彩携手 FM99 音乐广播开展了“有福彩 够精彩”特别节目，进行福彩专题报道，向天津市民介绍了福利彩票发展历程、公益金筹集使用情况、自媒体及各玩法简介等。同时，中国之声也实时转播中国教育电视台一套的福彩开奖新闻，满足受众在旅途中收听福彩新闻的需求。

（四）App

为方便彩民通过移动终端获取福彩新闻，中国福利彩票发行管理中心及各地福利彩票机构均开发了客户端，使彩民享受便捷福彩服务的同时，也能随时随地接收福彩新闻推送。其中，中国福利彩票发行管理中心运营了三个官方客户端，分别是中福彩客户端、福彩乐透客户端、刮刮乐客户端。中福

---

① 何辉主编《中国福利彩票公益发展报告（2018）》，社会科学文献出版社，2019。

彩客户端上有福彩公告、公益活动、派奖信息、中奖消息和福彩专题新闻等。而福彩乐透客户端和刮刮乐客户端均为手机营销平台，除彩票促销外，主要发布开奖信息和彩市要闻。[①]

（五）网站

随着互联网的飞速发展，网站凭借其云端存储量大、发布信息便捷等特点，成为展示组织形象的信息综合平台。因此，中国福利彩票发行管理中心于2009年初创建中国福彩网，作为官方网站，在中国福彩网中特设“资讯”板块，发布派奖促销、站主风采、公益活动、政策解读等新闻。[②] 各地福利彩票发行管理中心也创建了当地的福彩网，如湖北福利彩票发行中心创建的湖北福彩网，以报道当地福彩新闻为主，同时发布中国福彩政策法规新闻，满足湖北彩民信息获取需求。此外，一些企业机构运行的有关彩票产品及走势分析的专业彩票网站也会发布福彩新闻，如彩经网下设“新闻公告”板块，发布福彩促销新闻及相关通知公告等。

（六）“两微一抖”

如今，移动互联网逐渐普及，微信、微博、抖音短视频三大媒介构成了新闻报道平台的“两微一抖”新媒体矩阵。中国福利彩票发行管理中心及各地福利彩票机构也都建立了当地的“两微一抖”传播平台，报道福彩新闻。

微信平台方面，“中国福利彩票”微信公众号与“中国福利彩票”微信服务号定期发布开奖公告、福彩快讯、公益活动等新闻；“辽宁福彩”“湖北福彩”等各地福彩微信公众号发布当地福彩新闻；“福彩双色球”“福彩刮刮乐”“福彩七乐彩”等微信公众号为游戏产品号，以定期发布开奖新闻为主。

微博平台方面，“中彩网官方微博”是中国福利彩票发行管理中心指定

---

① 何辉主编《中国福利彩票公益发展报告（2018）》，社会科学文献出版社，2019。

② 中国福彩网于2021年9月14日进行改版，本研究样本均来源于改版前的中国福彩网，其中网站板块介绍与最新版本略有差别。

的网络信息发布媒体，其发布的福彩新闻主要转载于中彩网站，内容为开奖资讯、福彩热点新闻。除“中彩网官方微博”外，还有部分地方福彩微博发布福彩新闻，如“安徽福彩”“山东福彩”“北京福彩”。

抖音短视频平台方面，“中国福彩”抖音账号共发布作品15个，主要是“第二届即开型福利彩票营销创意大赛”微视频作品，报道福彩营销赛事新闻。地方福彩抖音账号主要对开奖、领奖新闻进行短视频直播报道、制作福彩公益新闻短视频等。

二　中国福彩新闻的报道方式

随着媒介传播技术的发展，如今福彩新闻报道方式也多种多样。福彩新闻在文字新闻、图片新闻、视频新闻、音频新闻等传统报道方式的基础上，迎合当前受众阅读习惯，采用新媒体技术，产生了数据新闻、H5新闻等新型报道方式。

（一）文字新闻

文字新闻是新闻的初始报道方式。从平面媒体到互联网再到移动终端，福彩新闻工作者根据不同发布平台的受众阅读习惯，对文字采取不同编辑风格，报道福彩文字新闻。在平面媒体上，为满足受众深度阅读的需求，福彩文字新闻以通讯体裁为主。在互联网平台上，为适应传播的快节奏，福彩文字新闻多采用消息体裁，并设置滚动新闻窗口，实时进行福彩文字新闻更新。而移动终端具有社交性特点，因此移动终端上的福彩文字新闻除短消息外，还有互动性较强的新媒体文本，如加入网络语言及表情包、优化美术排版、穿插超链接等编辑方式。

（二）图片新闻

图片新闻也是在平面媒体时代就产生的一种报道方式。首先，当前福彩文字新闻报道多以“文字＋图片”方式呈现，以弥补文字叙述的局限性，使新闻内容更加形象化。这种福彩图片新闻报道方式运用得最为广泛。其次，福彩专题新闻报道设有福彩图片新闻专题，通过一张张新闻照片向受众传达信息。最后，在福彩营销新闻中，发布福彩促销新闻的营销海报也是图片新闻的一种报道方式。这种海报新闻在福彩微信公众号和微博中较为常见。

（三）视频新闻

视频新闻是随着电视机面市而出现的一种新闻报道方式，并越发成为新闻报道主流方式之一。当前的视频新闻主要分为长视频新闻和短视频新闻。

福彩长视频新闻报道方式体现为，以“福彩”为主题的电视新闻节目。节目定期播放、时长固定，内容分板块。具体福彩电视新闻节目范例在媒介分布中有所介绍。

随着移动客户端的发展，为满足受众随时随地利用碎片化时间浏览新闻的需求，福彩新闻报道也采取了短视频新闻报道方式。福彩短视频新闻时长为3分钟左右，没有固定主题，不定期发布。如中国福彩网特设“短视频”板块，其中《福彩快乐8游戏玩法介绍》便以1分40秒的短视频动画报道方式，向受众介绍了福彩快乐8游戏的中奖率、返奖率、开奖时间等信息，并详细说明了10种玩法。这种报道方式相较于纯文字新闻报道更加生动形象。《福彩站点之星：您眼中的福彩销售站是什么颜色的?》则以“福彩站主销售心得”为主题进行短视频新闻报道，2分35秒的短视频报道了河北石家庄市13110052号福彩销售站站主钱卓女士的福彩经营故事。短视频报道方式使受众看到了优秀销售站的店内装修、设施以及感受到了站主的热情服务。

（四）音频新闻

福彩音频新闻报道方式常见于福彩广播新闻节目，具体福彩广播新闻节目范例在媒介分布中有所介绍。

（五）数据新闻

大数据技术的发展带来了数据新闻。数据新闻又叫数据驱动新闻，是指基于数据的抓取、挖掘、统计、分析和可视化呈现的新型新闻报道方式。①中国福彩运营产生的福彩销售数据、公益金使用数据等，都成为具有新闻价值的报道内容。因此，福彩数据新闻报道将福彩数据整合后进行可视化呈现，使受众得以直观了解中国福利彩票的运行情况。

福彩销售数据新闻报道方面，如杭州福彩发布的《杭州福彩“十三五”销量突破140亿元》，该新闻采用数据新闻的报道方式，以“文字+图表”的形式向受众展现了杭州福彩在“十三五”期间的福彩销售与公益金筹集数据，并将“十三五”期间与“十二五”期间的数据相对比，展现了杭州福彩业绩大幅增长，文中还有“十三五”期间每年杭州福彩销售情况对比图表，交代了每年福彩销量数据及同比增幅情况。

福彩公益金数据新闻报道方面，如人民网彩票频道发布的《让数字告诉你：彩票公益金与社保基金有啥关系?》，以数据新闻报道方式解读财政部公布的2018年彩票公益金筹集分配情况和中央集中彩票公益金安排使用情况，向受众说明了彩票公益金已经成为全国社会保障基金的重要资金来源。

（六）H5新闻

H5全称第5代HTML（超文本标记语言），是基于HTML5技术的交互网页应用，即用H5语言制作的一切数字产品。现如今，H5已成为各大媒体传播新闻的有力载体，它不仅可以将图文、视频、音频甚至AR、VR技术融为一体，使作品更具可读性、更有温度，还能依托社交平台的开放性、即时性、互动性特点，让作品在一次次裂变转发中实现病毒式传播。② 因此，福彩相关公众号等社交媒体，也搭上了H5技术快车，生产了大量福彩H5新闻。

在福彩H5新闻报道上，重庆福彩走在前沿。2020年2月28日，重庆

---

① 刘莉：《浅议数据新闻的特征及传播路径》，《科技传播》2019年第3期。

② 《H5，让新闻报道更有温度》，数英网，2020年4月9日，https://www.digitaling.com/articles/280797.html。

福彩创办的内部资料《福彩之窗》推出“抗疫线上特刊”，筛选出《福彩之窗》要闻做成 H5 格式，在重庆福彩中心微信公众号上发布，并在 H5 尾页附《福彩之窗》完整版下载链接，供读者进一步浏览。如《2020 下半场，福彩市场实现“热启动”》，以 H5 格式报道了《福彩之窗》第 97 期要闻。

三　中国福彩新闻报道的体裁特点

新闻是新近发生的事实的报道。中国福彩新闻是中国福利彩票新近发生的事实的报道。因此，尽管福彩新闻报道方式多种多样，但福彩新闻都是新闻工作者把采访中收集到的新近的材料、信息等事实，通过文字等方式制成一定体裁的新闻作品。因此，福彩文字新闻、视频新闻、图片新闻等不同报道方式的新闻作品的区别在于体裁，它们都由不同体裁下的一种或若干种具体样式所构成。

新闻体裁分为消息和通讯两大类。消息是一种简括、更加注重用事实说话、有特殊的结构方式与外在标志的新闻报道体裁。[①] 通讯则是一种详细、生动的新闻报道体裁。[②] 从文体特征来看，通讯和消息的区别在于：通讯报道的事实比消息详细、完整、富于情节，可以满足读者“欲知详情”的需要；通讯报道的事实往往比消息更形象、更生动，它以感性的素材还原生活的原生形态，使这种体裁更具感染力；通讯的文体较自由；通讯的主题鲜明、结构完整；通讯体现出作者较强的主体意识和个人风格；消息多用概括性手法叙述事实，通讯则多用详述和描写手法表现事实；与消息相比，通讯时效性稍差。[③]

基于以上消息、通讯分类依据，又由于中国福彩网上的新闻资讯除原创新闻外，还有许多转载自其他媒体的新闻，具有信息来源广的优势，本报告于 2021 年 2 月 18 日选择中国福彩网“新闻资讯”板块要闻栏目，按发布顺

---

① 刘明华、徐泓、张征：《新闻写作教程》，中国人民大学出版社，2002。
② 刘明华、徐泓、张征：《新闻写作教程》，中国人民大学出版社，2002。
③ 刘明华、徐泓、张征：《新闻写作教程》，中国人民大学出版社，2002。

序从后往前分别选取消息、通讯体裁新闻作品各10篇，对抽取样本进行福彩新闻体裁特点分析。

（一）消息体裁特点

消息特有的导语、近乎固定的主体结构、简练的结尾，使其成为报道福彩新闻的便捷方式。因此，消息也是福彩新闻报道中用得最多、最“活跃”的体裁。分析福彩消息体裁的文本特点，有助于进一步了解福彩新闻的报道模式（见表1）。

表1　福彩新闻消息体裁特点分析

标题	导语类型	主体结构	结尾方式	消息类型
《“周末关爱·爱在福彩”常州福彩发放20万元公益金40户困难家庭每户领到5000元爱心款》	概述	倒金字塔	材料	事件性
《新春走访情意浓　芜湖福彩开展“送福添彩，情暖芜湖”慰问活动》	概述	纵向	评论	事件性
《济宁福彩开展“福彩点亮微心愿”关爱困境儿童公益活动》	评述	点面	评论	描写性
《新春送温暖　慰问暖人心——贵阳市福彩中心开展新春慰问走访行动》	概述	纵向	评论	事件性
《2021年陕西全省福利彩票工作会议在西安召开》	概述	倒金字塔	事实	事件性
《陕西启动“福彩圆梦·助力脱贫攻坚”关爱困难家庭儿童活动》	概述	倒金字塔	评论	事件性
《商洛福彩“十年守望·与爱同行”帮扶困境儿童活动启动》	概述	点面	事实	事件性
《无锡福彩开展关爱留锡人员志愿服务送温暖活动》	概述	纵向	评论、事实	事件性
《南通福彩为市区站点发放冬季慰问品》	概述	倒金字塔	事实	事件性
《石家庄福彩开展快乐8促销活动》	概述	倒金字塔	事实	服务

1. 以概述型为主的导语类型

导语是消息开头用来提示新闻要点与精华、发挥导读作用的段落。

不同媒体、新闻工作者写作的导语风格也各不相同。刘明华教授将导语分为4类，分别是概述型导语、描述型导语、评述型导语、橱窗式导语。[①] 在本报告抽取的10篇福彩消息中，概述型导语有9篇，即以概括的、直接陈述的方式写作的导语。如江苏福彩报道的《“周末关爱·爱在福彩”常州福彩发放20万元公益金40户困难家庭每户领到5000元爱心款》，该消息导语为“为帮助困难家庭度过一个祥和喜乐的春节，常州市福彩中心通过‘周末关爱·爱在福彩’品牌公益栏目发放20万元公益金，捐助40户急难家庭每户5000元公益金，以缓解他们的生活压力。”概述型导语简捷明了，受众通过阅读概述型导语就可以直接了解此次常州福彩的公益活动内容。

2. 以倒金字塔为主的多样化主体结构

消息导语之后的部分称为主体。消息主体结构的选择也体现了新闻报道的风格。主体结构的常见方式有倒金字塔结构、纵向结构、横向结构和点面结构。[②] 与其他新闻消息一样，福彩新闻消息也以倒金字塔结构为主。倒金字塔主体结构按材料的重要程度由重至轻依次展开。如陕西福彩报道的《2021年陕西全省福利彩票工作会议在西安召开》，这则消息并没有按顺序报道福彩工作会议内容，而是首先报道了2020年陕西福彩的销售额与公益金分配情况，其次报道了2020年陕西福彩的重要工作内容，最后总结了2021年陕西福彩工作展望。

除倒金字塔结构外，还有部分福彩消息使用纵向结构或点面结构。如安徽福彩报道的《新春走访情意浓　芜湖福彩开展“送福添彩，情暖芜湖”慰问活动》，该消息主体采用纵向结构，即按事件发展的先后顺序安排结构，以芜湖福彩走访慰问社区行程为时间线，依次讲述了志愿者走访社区、与困难群众交谈、送上慰问物资与慰问金等过程。山东福彩报道的《济宁福彩开展“福彩点亮微心愿”关爱困境儿童公益活动》则

① 刘明华、徐泓、张征：《新闻写作教程》，中国人民大学出版社，2002。

② 刘明华、徐泓、张征：《新闻写作教程》，中国人民大学出版社，2002。

采用点面结构。“点”是指个别的、典型的事例，“面”是指一般的、总体的情况。在该消息主体中，开头便以受助小女孩接受礼物时表达感激的画面交代新闻场景，接着从总体讲述了此次公益活动内容。点面结合的主体结构既让受众看到了福彩公益活动的具体落脚点，又保证了新闻内容完整性。

3. 评论式结尾彰显社会责任意识

消息的结尾方式有其特殊性。它的特点是以事实结尾，即事实该讲到哪里，消息就在哪里结尾。但在大量以事实结尾的消息中，也有以下几种巧妙的结尾方式：典型材料结尾、首尾呼应结尾、议论结尾、抒情结尾等。① 在选取的10篇福彩消息中，4篇以事实结尾，4篇以评论结尾，1篇以材料结尾，1篇以评论和事实相结合结尾。以评论结尾的福彩消息，通过在结尾对事件意义做出评论，进而画龙点睛地表达中国福彩社会责任意识。以材料结尾的福彩消息，则通过文末补充相关宏观数据材料，为受众提供更广阔的阅读视野，侧面烘托了活动的重要意义。

4. 以事件性消息类型报道福彩公益活动

消息体裁以报道事件为主。福彩消息也以报道福彩活动为主。在10篇福彩消息中，8篇为事件性消息，且7篇均以“福彩公益活动”为主题，从帮助困难家庭到节日走访慰问，再到给福彩站主送温暖。这都表现了中国福彩对“扶老、助残、救孤、济困”发行宗旨的实践，塑造了中国福彩“公益福彩”“责任福彩”的形象。

（二）通讯体裁特点

通讯作为一种常见的体裁。它在素材、结构等方面与消息有较大差异。福彩新闻报道对通讯体裁的运用也有自身特点，具体内容见表2。

① 刘明华、徐泓、张征：《新闻写作教程》，中国人民大学出版社，2002。

表 2　福彩新闻通讯体裁特点分析

标题	感性素材获取方式	结构	类型
《2 亿元派奖！6300 张千元加油卡！火热进行中!》	无	横式	事件
《新春走基层:“90 后”福彩销售员为彩票销售注入新活力!》	观察、访问	纵式	人物
《广西福彩中心连续 5 年携手南宁晚报举办“福彩情·爱心年夜饭”活动》	观察、访问	横式	事件
《湖南福彩 2020 年度“关键词”》	无	横式	工作
《佛山福彩走访销售站春节慰问暖人心》	访问	横式	事件
《中 100 万得 200 万南京彩民意外刮中“辛丑牛”百万奖上奖》	访问	纵式	事件
《得知中奖 2878 万　杭州小伙彻夜未眠》	访问	纵式	事件
《筑梦福彩绽芳华微笑服务暖人心》	访问	横式	人物
《佛山福彩开市首日迎来开门红彩民守号 15 年终得 613 万大奖》	访问、观察	纵式	事件
《践行福彩发行宗旨 2020 年威海市福彩公益金助力社会公益服务》	无	横式	工作

1. 观察访问选取感性素材

选材是通讯的关键环节之一。感性素材丰富的通讯常常能使读者仿佛身临其境，因此，记者常常通过现场观察、体验式采访、访问当事人等方式获得感性素材，使新闻内容更立体。[①] 本报告分析选取的 10 篇福彩新闻通讯文本后，发现其中的感性素材多数通过记者现场观察、访问获得。如来源于烟台福彩的《新春走基层：“90 后”福彩销售员为彩票销售注入新活力!》，其中关于销售员隋燕飞经营投注站的感性素材，大众网·海报新闻记者走进福彩站，观察隋燕飞的外貌、出彩票的状态以及福彩站的装修布置，并访问她经营初期福彩的故事与当前的经营心得等，将这些感性素材整理后塑造出一位热爱福彩、用心经营福彩站的“90 后”销售员形象。

① 刘明华、徐泓、张征：《新闻写作教程》，中国人民大学出版社，2002。

2. 横式结构报道全面

通讯的结构，是围绕通讯主题对素材的组织方式和通讯文体的外部形式。[①] 通讯结构的表现形式，是指通讯这种文体的基本框架和段落格式。通讯的结构有纵式结构、横式结构和递进式结构。[②] 其中，福彩通讯体裁多采用横式结构，即按照新闻事实的内在性质的区别和联系，以多侧面拼接的形式来安排新闻素材，这种结构的表现形式可使报道的福彩主题得到全面展现。如湖南福彩报道的《湖南福彩 2020 年度“关键词”》，分别从党建、抗疫、创业、销量、督查、培训、宣传、公益等方面报道湖南福彩 2020 年工作，展现湖南福彩的高质量发展历程。

3. 事件通讯讲述中奖故事

事件通讯，就是详细报道社会上发生的新闻事件的通讯。在抽取的 10 篇福彩通讯中，事件通讯有 6 篇，且有 3 篇事件通讯均以“彩民中奖”为主题。在得知彩民中奖后，记者通过请中奖彩民陈述事件的经过和现场素材，记述彩民购彩、中奖、兑奖等相对完整的过程。在收集好素材的基础上，记者还着重展现事件的关键内容，捕捉戏剧性情节，如家人假日出游刮彩票意外中奖、小伙得知中奖后激动得彻夜未眠、彩民固定购买梦中双色球号码 15 年意外中奖等。这些戏剧性情节突出了彩民中奖的意外和惊喜，使事件通讯更具趣味性。

四　中国福彩新闻报道的议程设置分析

变化产生新闻。中国福利彩票团结各界热心社会福利事业的人士，发扬社会主义人道主义精神，筹集社会福利资金，开展残疾人、老年人、孤儿福利活动，帮助有困难的人。在这些社会活动中，中国福彩源源不断地产生新闻素材。新闻工作者进而收集素材报道福彩新闻。但是，在众多福彩新闻中，

① 刘明华、徐泓、张征：《新闻写作教程》，中国人民大学出版社，2002。
② 刘明华、徐泓、张征：《新闻写作教程》，中国人民大学出版社，2002。

记者选择报道哪些题材、着重报道哪类福彩新闻以及如何安排报道顺序，进行年度宣传策划。这些问题的答案都需要在福彩新闻报道的议程设置中寻找。

“议程设置功能”作为一种理论假说，最早由美国传播学家 M. E. 麦库姆斯和 D. L. 肖于 1972 年提出。随后许多学者也对该理论进行了验证。他们主要从三种机制上来考察大众传播的议程设置效果。第一种机制称作“0/1”效果或“知觉模式”，也就是说，大众传媒报道或不报道某个议题，会影响公众对该议题的感知。第二种机制称作“0/1/2”效果或者“显著性模式”，即媒介对少数议题的突出强调，会引起公众对这些议题的突出重视。第三种机制称作“0/1/2……N”效果或“优先顺序模式”，即传媒按照一定的优先顺序对一系列议题给予不同程度的报道，会影响公众对这些议题的重要性顺序所做的判断。一般认为，大众传媒主要是通过这三种机制来设置议程的。而且，从“感知”到“重视”再到为一系列议题按其重要程度排出“优先顺序”，是一个影响和效果依次累积的过程，越往后效果越大，影响也越深刻。①

因此，本报告分别通过以上三种机制对福彩新闻报道的议程设置内容进行分析，从而探索其背后的传播密码。

（一）知觉模式：福彩新闻报道哪些题材

新闻题材是新闻作品中所包含的事实材料的总称，也是新闻议题的主要内容。在知觉模式下，媒体选择某一福彩新闻题材进行报道，就会使受众感知到相应的福彩议题。对中国福彩新闻题材进行内容分析后，本报告发现，中国福彩新闻除福彩综合新闻外，还有以下分类：根据彩票销售环节划分，中国福彩新闻报道的题材可以分为促销新闻和开奖新闻等；根据福彩公益划分，中国福彩新闻报道的题材可以分为公益活动新闻、公益金使用新闻等；根据机构运营划分，中国福彩新闻报道的题材可以分为站主新闻、福彩工作新闻等。

① 郭庆光：《传播学教程》，中国人民大学出版社，2011。

1. 福彩综合新闻

福彩综合新闻，是包括上述福彩新闻报道分类两项及以上内容的新闻，通常为福彩年度工作总结新闻及地方福彩中心工作报道。

在福彩年度工作总结新闻中，福彩综合新闻表现为对中国福利彩票发行管理中心某年度彩票营销、公益金使用、公益金筹集、公益活动、站主动态等内容进行总结式报道。如中国福彩网报道的《中国福彩 2020 年温暖瞬间》，以“温暖”为主题，分别报道了福彩业主志愿抗疫、各地福彩在高考期间搭建志愿服务站，资助贫困学子上学，定点帮扶、助力脱贫，慰问贫困老人，站主诚信经营，关爱留守儿童等新闻，从福彩政策到具体措施，从站点经营到公益活动，均展现了 2020 年中国福彩履行社会责任的情况。

在地方福彩中心工作报道中，福彩综合新闻表现为聚焦某一地区福利彩票发行管理中心，对其各项工作进行综合报道。如《上饶日报》报道的《凝心聚力推进福彩事业高质量发展——上饶福彩 2020 年纪事》，该报道分别从新冠肺炎疫情补助、优化福彩站点、提升站点销量、创新营销活动、公益金使用等方面讲述了 2020 年上饶福彩主要工作内容，展现了 2020 年上饶福彩发展情况。

2. 促销新闻

中国福利彩票的公益金主要来源于福彩销售收入。因此，福彩促销是福彩新闻中的重要题材。福彩中心发布促销新闻，彩民获取促销消息后购买彩票，从而提高福彩中心的销售收入。由于福彩促销方式多样，福彩促销新闻内容也各有不同，主要有趣味玩法促销新闻、派奖促销新闻等。

趣味玩法促销是指福彩中心通过发布创意十足的玩法吸引彩民购买彩票。这类促销新闻，如来自“陕西福彩”微信公众号的《陕西福彩新春大回馈！牛气冲天过大年》，该新闻报道了关注“陕西福彩”微信公众号的用户可参加活动免费兑彩票的消息，并详细介绍了 2 种活动玩法，即集福卡得刮刮乐礼包和点亮拼图赢福彩电脑型彩票兑换券。

派奖促销是指当奖池不够时，彩票中心为吸引彩民注入一定金额或实物奖品给奖池的营销方式。因此，派奖新闻是以福彩中心发布派奖活动吸引彩民为内容的新闻。彩民通过关注派奖新闻及时参与福彩派奖活动，便有机会获得更多活动奖品。例如，来源于重庆福彩的《“刮福彩　抽豪车”重庆刮刮乐活动2月7日来袭》，报道了2021年2月7日重庆刮刮乐活动派奖预告，该新闻称2月7～26日，彩民刮刮乐中奖20元以上即可参与豪车抽奖活动，有机会获得2辆豪车的“奖上奖”。

此外，中国福彩还会汇总各地福彩创意促销案例，发布全国福彩主题促销新闻，既让彩民了解了各地不同的促销方式，又让各地福彩中心相互借鉴了促销方式，从而丰富营销创意。如福彩双色球报道的《双色球12亿大派奖还不够？各地促销活动出大招!》，分别介绍了北京、陕西、内蒙古、浙江、山东等福彩站点在双色球派奖12亿元基础上“各显神通”，开展配套营销活动的案例。

3. 开奖新闻

中奖是彩民购彩后最关心的环节，福彩开奖新闻也是彩民最关心的新闻。开奖新闻以“彩民中奖”为主题，报道了中奖彩民购彩、中奖、领奖的全过程。每篇开奖新闻因开奖趣味性不同而侧重点不同。如浙江福彩报道的《得知中奖2878万　杭州小伙彻夜未眠》，描述了双色球2878万元的杭州大奖得主，因中得5注一等奖后激动得彻夜未眠的心理过程；来源于福建福彩的《厦门12名彩民合买刮刮乐“辛丑牛福牛贺岁”斩获200万!》，报道了厦门12位彩民合买“辛丑牛福牛贺岁”喜中奖金100万元加派奖奖金100万元的消息；河北福彩报道的《生日组合号守两年　圆了四世同堂梦》，讲述了河北中奖彩民用家人生日组合号以一张12+1复式票收获奖金合计554.1096万元，实现换大房的愿望。

4. 公益活动新闻

福利彩票来源于社会，且其目的是社会公益和社会福利。为用实际行动践行中国福利彩票“扶老、助残、救孤、济困”的发行宗旨，各地福彩中心在销售彩票的同时，也不定期在当地开展公益活动。福彩公益新闻正是以“福彩中心开展公益活动”为选题向受众展现福彩公益文化的新闻。如广西福彩报道的《广西福彩中心连续5年携手南宁晚报举办“福彩情·爱心年夜饭”活动》，该新闻称广西福彩中心与《南宁晚报》联合举办了“福彩情·爱心年夜饭”公益活动，将230份爱心大盆菜送给社区困难户、孤寡老人、留邕过年一线工作人员以及春节期间坚守岗位的各行业代表，给节日期间仍然坚守岗位的人们和社区困难群众等群体送出关爱和温暖。

5. 公益金使用新闻

筹集彩票公益金支持社会福利事业加快发展，是发行福利彩票的出发点和落脚点，也是福利彩票事业发展的关键和灵魂。福利彩票诞生以来，全国福彩系统忠实履行福利彩票的发行宗旨，努力完成筹集公益金的重要使命。福彩公益金使用新闻报道了中国福利彩票在公益金项目、公益金管理方面的工作情况。

公益金项目是中国福利彩票提取彩票销售收入作为福彩公益金，投入社会福利建设的举措，兑现了中国福彩“取之于民、用之于民”的社会承诺。福彩公益金项目新闻报道使彩民知晓公益金扶持了哪些项目。如山东福彩报道的《关注半失智老人　福彩公益金助力“耆老无惑”项目》，讲述了山东福彩使用4万元福彩公益金专项支持威海“耆老无惑”项目，帮助半失智老人提升自身认知能力和一定的自理能力。

除公益金项目外，彩民还关心公益金的收支管理。媒体报道福彩公益金管理，使福彩在公益金使用上做到信息公开，接受社会监督。如广东福彩网的《连续7年晒账本，广东福彩发布2019年度公益金收支情况公告》，该新闻对《2019年度广东省福利彩票公益金收支情况公告汇总》中2019年广东福彩公益金筹集金额、公益金管理细则、公益金资助明细进行详细介绍，让社会公众进一步了解福利彩票公益金使用情况。

6. 站主新闻

福彩站点是中国福利彩票发行管理中心与彩民线下直接接触的地方。福彩站主作为福彩站点的重要工作人员，代表了中国福彩的形象。因此，各地福彩为塑造自身形象，会挖掘一线福彩站主先进人物，对他们从销售业绩、服务经营、公益精神等方面进行站主风采报道。

销售先进站主新闻以“讲述站主销售经验”为主题，对销售工作进行总结，为各地福彩站主提供营销范例参考。如《公益时报》中华彩讯报道的《佛山“最美福二代”讲述彩票销售秘籍》，讲述了广东佛山市禅城区港口路 26 号星海岸 P40 号铺第 44130180 号福彩站销售员张曼君受母亲从事彩票销售的影响，带着一股工作热情，2017 年就成为佛山市销售冠军，自 2020 年 10 月 28 日开始试点销售快乐 8 游戏，销量一直名列全省第 1。

福彩站主除提升销售业绩外，为彩民提供优质服务也至关重要。因此，相关媒体会挖掘经营服务先进站主新闻，宣传福彩一线形象。如广东福彩报道的《坚持与用心结缘福彩相伴一生》，讲述了惠州市 44080158 号站点业主陈爱军夫妻在经营福彩站的 13 年里，不断学习彩票专业知识指导彩民购彩、精心规划站点布局，营造良好购彩环境，脚踏实地做福彩一线奋斗者。

有关站主公益精神新闻报道方面，如来源于吉林福彩的《他是经营彩站的能者，也是福彩公益的践行者》，报道了吉林市丰满区教工小区 1 号网点的第 22020436 号福彩站站主金英光在疫情防控常态化时期免费为彩民送口罩的公益故事，通过福彩站主公益行动宣传中国福彩的公益形象。

7. 福彩工作新闻

中国福彩除了基层一线新闻外，还有各地福彩中心工作新闻，主要包括福彩行业政策公告的发布、全国各地福彩工作动态等。

政策公告解读报道为中国福彩工作人员提供了行业风向标、指南针。如《中国社会报》报道的《聚焦养老服务“放管服”解决群众“为难事”》，该新闻以社区养老大发展、“放管服”综合发力、产业扶持减负赋能、政府投入持续加码、医养结合一盘棋、服务质量贯国标、养护人才有盼头、为老惠老出实招等八大关键词解读了国务院办公厅印发的《关于推进养老服务发展的意见》，也为福彩公益金投向指明政策方向。

福彩工作动态报道，如来源于陕西福彩的《2021年陕西全省福利彩票工作会议在西安召开》，报道了 2021 年 2 月 7 日陕西福利彩票工作会议重点内容，指出当前陕西福彩工作指导思想与 2021 年福彩工作安排。

（二）显著性模式：福彩新闻重点报道哪些内容

通过以上分析得知，福彩新闻主要有 7 种题材。在议程设置的显著性模式下，探究福彩新闻重点报道哪类题材，以及每类题材重点报道哪些内容。

由于中国福彩网“新闻资讯”板块汇总了福彩各类题材的新闻报道，具有综合性。因此，本报告以中国福彩网“新闻资讯”板块要闻栏目2020年所有新闻报道，共2524篇，作为分析样本，对样本新闻进行题材分类统计，分析结果为：以“工作”为题材的福彩新闻数量最多，为522篇；以“开奖”为题材的福彩新闻数量次之，为436篇；福彩促销新闻有413篇；福彩公益活动和公益金使用新闻数量分别为380篇和370篇；站主新闻有313篇；综合新闻有37篇；其他有53篇。从总体来看，福彩新闻重点报道福彩工作动态和福彩开奖信息。

在完成样本新闻题材分类的基础上，本报告主要对中国福彩网“新闻资讯”板块2020年工作新闻、开奖新闻、促销新闻、公益活动新闻、公益金使用新闻、站主新闻等新闻标题进行词频分析，即统计标题中涉及的话题词出现频率，探究不同题材福彩新闻报道重点，分析结果如下。

1. 工作新闻：助力抗疫、复工复产

除“福利彩票”“开展”“公告”“报告”等表示报道内容的范围等词外，2020年福彩工作新闻报道标题中出现次数较多的词有“疫情”“销售”“恢复”“有序”“防疫”“一线”“补贴”等（见图1）。

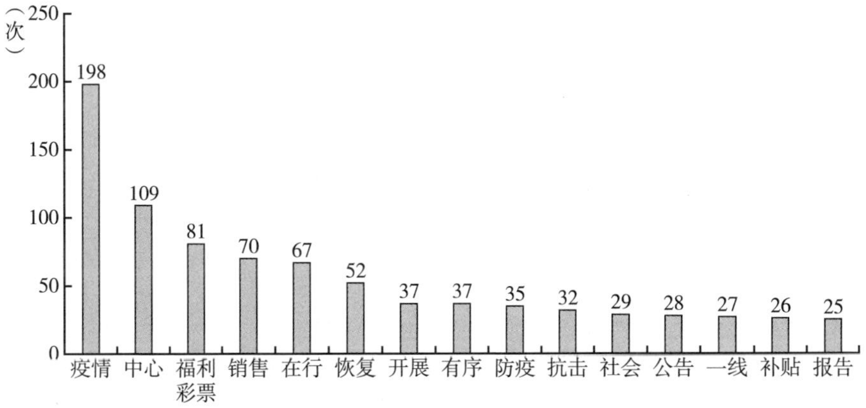

图1　2020年福彩工作新闻报道标题词频统计

由此可见，2020年初新冠肺炎疫情突袭而至，中国福彩休市，将疫情防控作为重点工作内容，福彩从业者奔赴一线参与抗疫工作。随着疫情形势有所好转，中国福彩开始有序恢复彩市销售工作，确保中国福利彩票发行管理中心的工作正常运行。因此，2020 年福彩工作新闻以一线抗疫、复工复产为重点报道内容，向受众展现了中国福彩面对社会环境的变化，采取相应的措施，积极履行社会责任。

2. 开奖新闻：彩民幸运中大奖

除“福彩”“领奖”“奖金”等表示报道内容的范围等词外，2020 年福彩开奖新闻报道标题中出现次数较多的词有“大奖”“得主”“幸运”“头奖”“收获”“小伙”“现身”“一等奖”“千万”等（见图 2）。

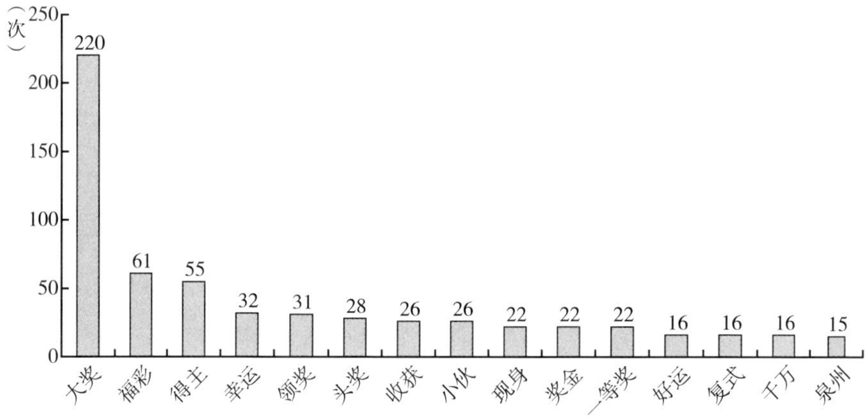

图 2　2020 年福彩开奖新闻报道标题词频统计

彩票开奖是彩民最关心的话题之一。但由于开奖环节多固定，开奖新闻素材也具有同质化现象。对此，福彩新闻工作者以戏剧性为突破点，选择中奖金额高、新游戏首次开奖的素材，着重描写中奖彩民现身领奖的现场，并用事实传递了“中奖是种幸运”的观点，以此报道开奖新闻。值得一提的是，在开奖新闻标题词频分析统计中，“小伙”一词出现了 26 次，说明在福彩新闻工作者创造的拟态环境里，中奖者多为年轻小伙，也从侧面表现出开奖新闻以“年轻彩民中大奖”为报道重点之一。

3. 促销新闻：参加游戏、快乐购彩

除“福彩”“彩票”“营销”“销售”等表示报道内容的范围等词外，

2020 年福彩促销新闻报道标题中出现次数较多的词有“上市”“快乐”“幸运”“游戏”“开启”“惊喜”等（见图 3）。由此可知，福彩促销新闻以发布新彩票上市、彩票促销游戏预告为主要报道内容，使受众及时了解彩市最新销售信息及优惠活动，并向受众传达“快乐购彩”的理念。

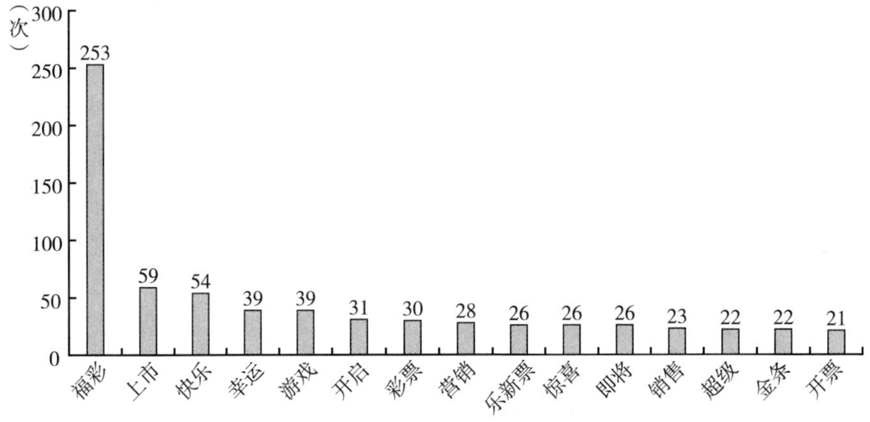

图 3　2020 年福彩促销新闻报道标题词频统计

4. 公益活动新闻：慰问儿童献爱心

除“福彩”“公益”“开展”“中心”等表示报道内容的范围等词外，2020 年福彩公益活动新闻报道标题中出现次数较多的词有“爱心”“慰问”“助力”“走进”“疫情”“儿童”等（见图 4）。

这些词语表明福彩公益活动新闻以关爱儿童为中心，以走访慰问困难群众为主要内容，同时报道中国福彩捐赠物资助力抗疫的消息，向受众传达福彩公益文化中“献爱心、送温暖”的理念。此外，“志愿者”一词在 2020 年福彩公益活动新闻中出现了 18 次，说明福彩公益活动新闻也是宣传福彩志愿者公益精神的窗口。

5. 公益金使用新闻：资助学子圆梦大学

除“福彩”“公益金”“公益”“资助”等表示报道内容的范围等词外，2020 年福彩公益金使用新闻报道标题中出现次数较多的词有“助学”“爱心”“学子”“大学”“圆梦”“项目”“贫困”等（见图 5）。福彩公益金来

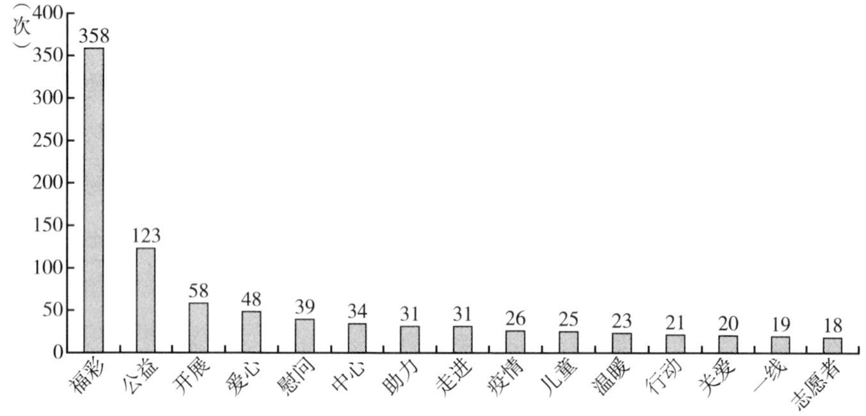

图 4　2020 年福彩公益活动新闻报道标题词频统计

源于彩票销售，用于福彩公益项目，助力社会福利事业发展。福彩公益金使用新闻报道作为公益金透明公开的重要方式，主要报道了福彩公益金助学项目，讲述了一个个贫困学子接受福彩帮助从而圆梦大学的故事，进而向彩民展现了公益金的流向。

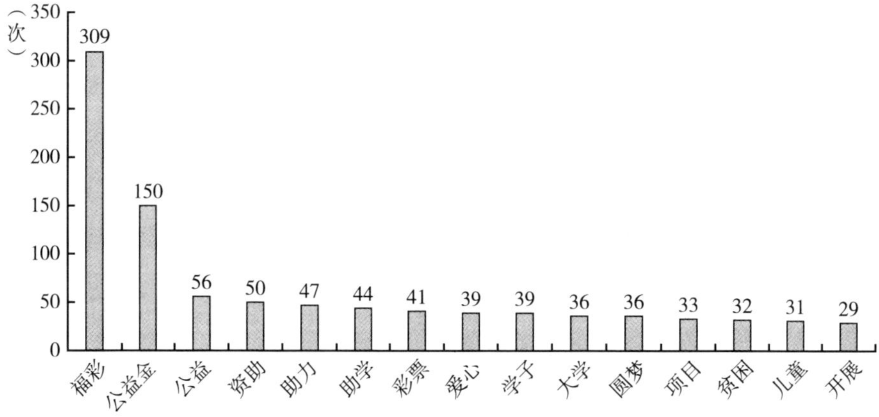

图 5　2020 年福彩公益金使用新闻报道标题词频统计

6. 站主新闻：销售比拼，诚信经营

除“福彩”“站点”“销售员”“业主”“销售站”“彩票”等表示报道

内容的范围等词外，福彩站主新闻报道标题中出现次数较多的词有“销售”“服务”“经营”“擂台赛”“诚信”“疫情”“公益”“坚守”“热情”等（见图6）。一方面，这些词营造了站主的销售业绩竞争氛围。多数福彩站主新闻以“销售经验”为主题，报道福彩先进人物，供其他福彩销售员参考学习。如各地福彩中心相继举办双色球销售技能擂台赛，以赛代补，激励市场。擂台赛优胜站主便是2020年福彩站主新闻报道的重要内容之一。另一方面，一些福彩站主新闻以“社会责任”为落脚点，挖掘诚信经营、热心公益、为彩民提供优质服务的先进站主素材，传播公益福彩、诚信福彩、责任福彩的理念。总体而言，福彩站主新闻塑造了一个个坚守岗位、热爱福彩的积极站主形象。

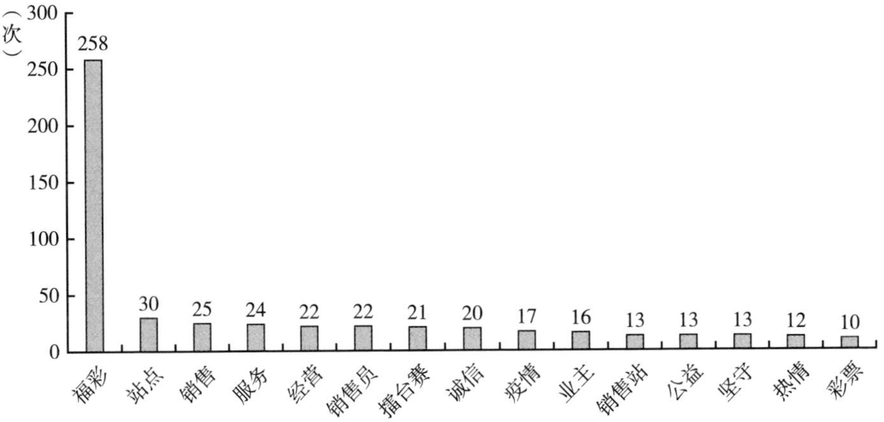

图6　2020年福彩站主新闻报道标题词频统计

（三）优先顺序模式：福彩新闻的议事日程

做好年度总结和年度规划是一个机构有序运营的重要保证。做好年度宣传策划也是中国福利彩票发行管理中心的重要工作内容。规划好福彩新闻报道的议事日程，有利于中国福彩舆论宣传工作和信息披露工作的有序进行。分析福彩新闻的议事日程，有助于把握福彩新闻报道的优先顺序和传播规律，进而为优化福彩新闻报道的议程设置提供参考。因此，本报告以中国福彩网“新闻资讯”板块2020年所有新闻报道共2524篇作为分析样本，分别研究了4个季度的福彩新闻报道题材，结果如下。

1. 第一季度：福彩中心工作

2020年1月1日至3月31日，福彩新闻以各地福彩中心工作动态为主要报道内容。2020年第一季度，中国福彩网“新闻资讯”板块共发布712篇新闻，其中工作新闻375篇，占比为53%；公益活动新闻106篇，占比为15%；开奖新闻62篇，占比为9%；等（见图7）。

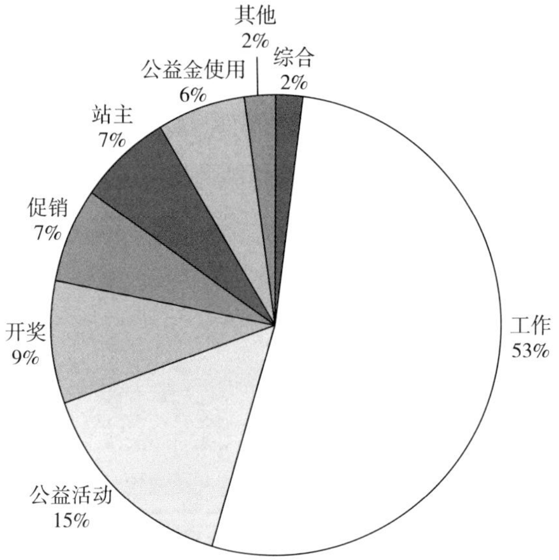

图7　2020年第一季度福彩新闻题材分布

年初，中国福彩面临春节前工作总结、春节期间福彩休市、春节后福彩开市等工作内容。再加上新冠肺炎疫情突袭而至，福彩从业者履行社会责任、奋战抗疫一线也成为中国福彩年初工作的重中之重。疫情延长了福彩休市时间，使安全、有序恢复福彩销售工作任务更加紧迫。因此，年初中国福彩中心工作内容多、任务重、涉及面广。

在此情形下，福彩工作是福彩新闻宣传报道的重点内容。休市公告、抗疫动员、复市工作检查等均是2020年第一季度福彩工作新闻的素材来源，如《关于延长2020年福利彩票市场春节休市时间等相关工作的通知》《上海市民政局发布〈上海市福利彩票销售场所疫情防控工作规范〉》《盱眙福彩积极做好彩票复市准备工作》等福彩工作新闻报道。此外，2020 年第一季度福彩公益活动新闻也是以福彩志愿者助力抗疫为主要内容，如《疫情下的最美志愿者“我想贡献一份绵薄之力”》。

这些新闻高效传达了中国福彩中心在疫情环境下的工作动态，以组织各地福彩从业者参与工作，从而确保市场得以安全恢复销售。

2. 第二季度：站主销售

2020 年 4 月 1 日至 6 月 30 日，福彩新闻以站主促销、彩民开奖为主要报道内容。2020 年第二季度，中国福彩网“新闻资讯”板块共发布 590 篇新闻，其中站主新闻 136 篇，占比为 23%；开奖新闻 119 篇，占比为 20%；促销新闻 111 篇，占比为 19%；等（见图 8）。

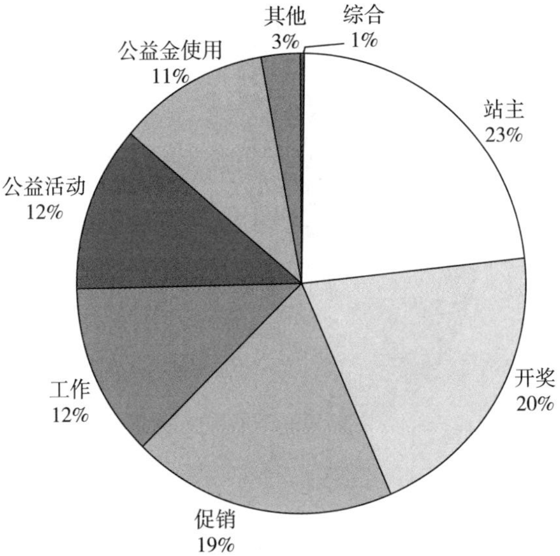

图 8　2020 年第二季度福彩新闻题材分布

中国福利彩票市场顺利开市后，销售彩票筹集公益金便成为中国福彩中心第二季度的重点工作。因此，各地福彩站点发布新游戏玩法，创新促销方式，吸引彩民前来购彩。销量高的福彩站主成为重点宣传对象，传播销售经验，鼓舞站主士气，如《巧借东风 做好宣传——记北京福彩站主经营之道》。随着彩票促销力度加大，获得巨额奖金的幸运彩民层出不穷。福彩新闻工作者挖掘中奖彩民故事、采访彩民中奖心得，吸引更多受众参与购彩，如《双色球765万大奖得主是这样选号的》。以促销、开奖为中心的新闻议程设置，推进福彩公益金筹集工作进展。

3. 第三季度：公益金使用公开

2020年7月1日至9月30日，福彩新闻报道以公益金使用为主、促销开奖为辅。2020年第三季度，中国福彩网“新闻资讯”板块共发布659篇新闻，其中公益金使用新闻157篇，占比为24%；促销新闻138篇，占比为21%；开奖新闻115篇，占比为17%；等（见图9）。

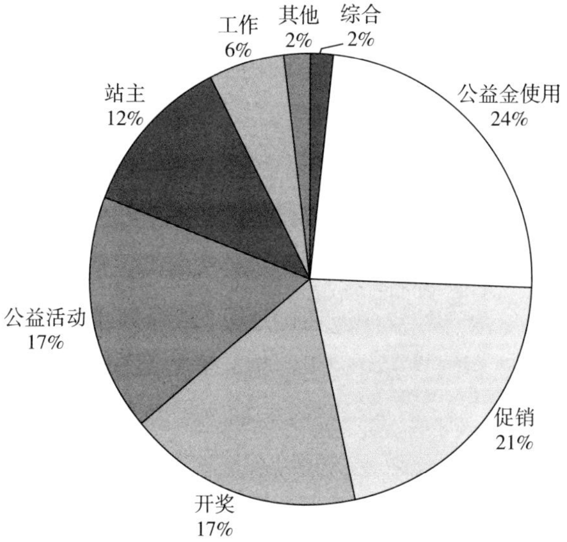

图9　2020年第三季度福彩新闻题材分布

福彩销售利润“取之于民”，公益金项目“用之于民”，福彩新闻对公益金项目进行公开报道，使受众了解公益金使用情况就是“取信于民”。因此，在彩票销售工作取得阶段性成果后，中国福彩逐渐将工作重点从促销转移至公益金分配及使用，将新闻宣传重点从站主先进人物报道转移至公益金项目进展报道。如《2020 年湖南省“福彩助残”项目正式启动》《探访公益福利项目　感悟福彩初心使命》《宿迁市福彩中心向市慈善总会捐赠 10 万元》等，这些公益金使用新闻向受众公开了中国福彩公益金项目计划、进展以及落实情况。

4. 第四季度：促销开奖回馈彩民

2020 年 10 月 1 日至 12 月 31 日，福彩新闻报道内容与第三季度内容相似，只是宣传重点向开奖促销倾斜，形成以开奖促销为主、公益金使用为辅的新闻报道议程设置。2020 年第四季度，中国福彩网“新闻资讯”板块共发布 563 篇新闻，其中开奖新闻 140 篇，占比为 25%；促销新闻 116 篇，占比为 21%；公益金使用新闻 104 篇，占比为 19%；等（见图 10）。

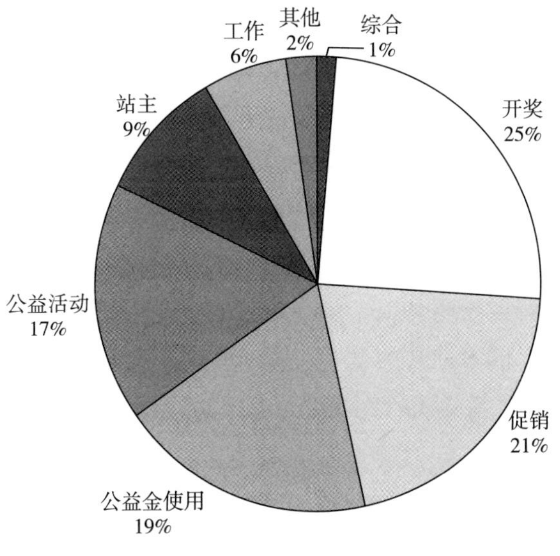

图 10　2020 年第四季度福彩新闻题材分布

年末将至，中国福彩在推进公益金项目的基础上，逐渐将工作重点放至回馈彩民。各地福彩站点采取派奖、赠票等促销活动，奖池变大，彩民中奖回报丰厚。福彩新闻大力宣传促销活动与中奖喜讯，形成喜迎新春的和谐舆论氛围，如《“三分制胜，福礼春城”福彩刮刮乐 2021 开年促销活动闪耀来袭》《刮“锦绣江山”中 10 万头奖　再得价值 6999 元的华为手机》等。与此同时，2020年公益金项目进入最后阶段，新闻宣传聚焦于公益项目完成情况，如《全年610万元公益金，“福彩暖万家”暖进老人心》。值得一提的是，第四季度以社会责任报告为主要内容的福彩工作新闻有13篇，为全年发布高峰。福彩社会责任工作进入总结阶段。

综上所述，福彩新闻年度报道的优先顺序为：第一季度以福彩中心工作为宣传重点，为全年定下工作基调；第二季度以福彩站销售为宣传重点，筹集公益金；第三季度以公益金使用为宣传重点，履行社会责任；第四季度以开奖促销为宣传重点，加大优惠力度，回馈彩民，同时向受众公开履行社会责任年度情况。

五　中日彩票新闻报道的比较研究

为了更客观地分析中国福彩新闻报道的现状，本报告调查了日本彩票新闻报道现状，将中国福彩新闻报道与日本彩票新闻报道进行比较分析，从而为中国福彩新闻报道发展提供参考案例。

（一）日本彩票发展现状

日本第一张彩票于昭和二十年（1945年）10月诞生以来，彩票与战后的日本一起发展。随着社会的发展，彩票的最高奖金金额大幅上升，并出现了数字选择式彩票、刮刮乐等多种彩票。以令和元年（2019年）为例，日本彩票在销售总额中，除去奖金和经费之后，约有40%作为收益金被缴纳到销售方的全国都道府县及20个指定城市，用于高龄化少子化对策、防灾对策、公园建设、教育及社会福利设施的建设改修等。[①] 多年来，日本彩票积累了各种各样的经验，彩票新闻报道工作也得到快速发展。

（二）中日彩票新闻媒介比较分析

与中国福彩新闻媒介分布一样，日本福彩新闻媒介也覆盖广泛。在报刊

① 日本彩票网，https://www.takarakuji-official.jp/about/proceeds/top.html。

方面，1947 年日本彩票官方刊物《宝藏新闻》创刊，每月一期。《朝日新闻》《每日新闻》《日本经济新闻》《读卖新闻》等报纸媒体也刊登彩票相关新闻。日本全国都道府县以及 20 个城市，通过《社会贡献宣传事业》情报，宣传和展示彩票金的具体用处，宣传彩票的社会贡献。在电视方面，日本 NHK、BS 放送等电视机构报道彩票新闻。① 其中 BS 放送特设彩票新闻节目，每周一、二、三、五 8：58 ~ 8：59 和每周四 8：57 ~ 8：59 播出。② 在官方网站方面，日本彩票协会③、自治综合中心、关东・中部・东北自治彩票事务协会④、近畿彩票事务协会、西日本彩票事务协会等日本彩票官方网站报道彩票新闻。在社交媒体方面，YouTube、Mixi、Facebook 及 Twitter 等媒体刊登日本彩票新闻。

不同的是，日本广播电台特设彩票新闻节目较少，而中国许多广播电台都有相关节目。此外，中国未设彩票协会，而是以福彩中心作为官方机构，并设立官方网站，刊登中国福彩新闻。

（三）中日彩票新闻报道题材比较分析

日本彩票新闻报道题材有以下特点：报道彩票促销开奖信息，发布如彩票种类介绍、购买彩票指南、中奖发布、如何成为购买彩票会员、线上线下购买点、中奖如何兑换等信息类报道；报道彩票故事，如彩票主题内容、彩票票面设计故事等；报道彩票年度大型活动、事件，如每年 9 月 2 日彩票日活动、“幸运女神” 活动、年度巨型彩票活动、彩票晚会以及与彩票梦想馆相关活动等；报道各都道县彩票工作，如政府领导视察、与奥运会组织机构签约、彩票经营调研披露以及彩票财务公布等；报道彩票公益新闻，如东日本大地震中彩票金的贡献。

与中国福彩新闻报道题材相比，日本彩票新闻较注重主题事件报道，如

---

① 日本彩票网，https：//www. takarakuji - official. jp/tvcm. html?。

② 日本 BS11 网站，https：//www. bs11. jp/entertainment/post - 21/#about。

③ 日本彩票协会网站，https：//jla - takarakuji. or. jp/。

④ 日本关东・中部・东北彩票官方网站，http：//www. kanchuto - takarakuji. jp/shuuekikin. html。

彩票主题、彩票日等。这些主题事件围绕彩票展开，并借此议程进行新闻宣传策划。另外，日本彩票新闻媒介还会对彩票种类、彩票购买指南、中奖兑换流程等彩票基础知识进行报道，这些新闻题材有利于彩票知识的普及。

六　中国福彩新闻报道的不足与改进

随着中国福利彩票运行的体制机制不断完善，其新闻报道也应与时俱进，从媒介发布、报道方式、体裁分析、议程设置等方面不断优化，发现不足，及时改进，强化福彩宣传工作，提升美誉度。

（一）中国福彩新闻报道的不足之处

经过上述分析，中国福彩新闻报道在以下方面仍有优化空间。

1. 福彩公益形象建设不足

近年来，福彩贪污腐败负面新闻对福彩行业造成巨大打击，彩票丑闻使中国福彩陷入信任危机，中国福彩公益形象受损。修复福彩公益形象再次成为学界、业界关注的重要课题。

可本报告通过分析发现，福彩公益虽是中国福彩社会责任中的重要内容，但在新闻宣传中并未得到重视。这一现象在版面设置与内容分析中均有体现。在版面设置方面，中国福彩网发布的新闻虽然包含上述 7 类题材，但其“新闻资讯”板块下的细分栏目并未完全覆盖所有题材，只有派奖促销、大奖速递、站主风采、各省资讯、媒体声音、环球风采等栏目，缺少福彩公益相关新闻栏目，板块内福彩公益新闻仅通过要闻和各省资讯栏目展现。除此之外，读者只能通过中国福彩网单独的“福彩公益”板块阅读福彩公益相关新闻。在内容分析方面，根据议程设置显著性分析，在中国福彩网“新闻资讯”板块要闻栏目 2020 年所有新闻报道中，福彩公益活动和公益金使用新闻数量共有 750 篇，而开奖和促销新闻共 849 篇，福彩销售议题显著性大于福彩公益议题显著性。综上所述，福彩新闻报道主题公益色彩还有待加强，如此才能有效修补彩票丑闻发生后受损的公益形象。

2. 报道方式全而未融

如今，新闻报道进入全媒体时代。从字面上理解，全媒体是指在现代信息技术的支持和媒介融合观念的支撑下，利用电台、电视、电影、网站、报纸、图书等多种媒体表现手段，借助文字、图像、影像、声音、动画、视频等多种表现形式，将内容、渠道、平台、运营、管理进行统一整合以达到新旧媒体融合的目的，最终实现多屏合一以满足数字用户的信息需求。对此，虽然中国福彩紧跟媒介技术的发展，也使用多种新闻报道方式，满足不同受众的阅读需求，但这些报道方式多数独立存在，并未融合发展。与当前全媒体新闻报道特点相比，中国福彩新闻报道方式还需进一步融合发展。

3. 新媒体内容发布频率较低

当前，中国福彩新闻报道媒介种类多样，已形成以报纸、电视、网站、微信等为主的全媒体矩阵。但是，其微博、抖音等新媒体福彩新闻报道有待加强，具体表现为内容发布频率较低，有些福彩新媒体甚至已停更。如安徽福利彩票中心官方抖音账号“安徽福彩”，该账号于2018年7月6日发布第一条福彩短视频新闻，至今仍保持不定期更新，每隔4～7天更新一次，与抖音高流量账号相比发布频率较低。此外，“舟山福彩”抖音账号发布新闻时间间隔长达30天以上。新媒体活跃度与内容发布频率高低密切相关，内容发布频率较低，易降低粉丝黏性；内容发布时间间隔较长，会导致受众流失。

4. “理性购彩”引导不足

中国福利彩票既是我国重要的公益慈善事业，也是影响力极大的博彩事业。近年来，一些彩民以赌博等心理购买彩票，甚至导致与彩票有关的犯罪问题的发生。例如震惊全国的邯郸农行金库盗窃案、山东德州某银行员工挪用2180万元供男友买彩票案、平顶山煤业（集团）物资供应总公司两职工动用单位资金4000多万元购买彩票案等。[①] 这些问题都表明，福彩文化宣传中的“理性购彩”引导教育亟待加强。

① 贾岳、王燕兵：《别让大奖报道再砸伤了谁！》，《新闻与写作》2007年第9期。

本报告在对福彩开奖新闻进行词频分析时发现，福彩新闻工作者以“年轻彩民中大奖”为报道重点之一，渲染了年轻与财富结合的戏剧性。而在“一分耕耘，一分收获”的价值观倡导下，财富与年龄、资历、劳动往往呈正相关。福彩开奖新闻过度宣传“年轻彩民中大奖”，容易使价值观尚不成熟的青少年产生“买彩票就有机会一夜暴富”的浮躁心理，助长一些人的投机心理和不理智行为。由此可见，福彩新闻对开奖事件的片面宣传，缺乏“理性购彩”引导，易产生误导作用。

5. 福彩主题活动策划联动不足，影响不大

主题新闻策划是指新闻工作者就某一中心思想进行长时间的新闻议程设置。这种新闻策划活动有利于中心思想的传达，周期性主题活动新闻使受众定期接受主题宣传，更能引起受众重视。本报告梳理中国福彩网“新闻资讯”板块 2020 年新闻后发现，中国福彩新闻除利用传统节日、二十四节气等进行福彩文化、彩票销售宣传外，未自主进行彩票主题活动宣传策划。且由于中国福彩只是将节日与促销活动相结合进行介绍，或者将购彩与节日主题相结合撰写新闻述评，这些方式仅是节日与彩票主题的简单结合，并未进行深度策划，因此缺乏联动效应。可见，彩票主题活动策划未受中国福彩相关部门重视。中国福彩新闻由于主题宣传不够，其传播效果也有待提升。

（二）中国福彩新闻报道的改进对策

中国福彩新闻报道是塑造中国福彩形象的重要渠道。不断完善、改进福彩新闻宣传工作，不仅有利于中国福彩形象优化，还有利于提高福彩公益金筹集效率、加大福彩公益金使用信息公开力度。针对上述福彩新闻报道的不足，本报告特提出以下改进对策，以供福彩学界与业界参考。

1. 加强福彩公益形象宣传

要想提升福彩品牌美誉度，福彩公益形象建设至关重要。因此，中国福彩宣传部门应调整“新闻资讯”细分栏目与议程设置显著性机制，加强福彩公益新闻报道宣传。以中国福彩网为例，首先，中国福彩网“新闻资讯”板块可合并派奖促销与大奖速递栏目为福彩销售栏目，增设福彩公益、福彩

服务栏目，分别报道福彩公益活动与公益金使用新闻、站主新闻与福彩工作新闻，使“新闻资讯”板块下新闻题材分布均衡，且进一步提升中国福彩的公益形象与为民服务形象。其次，福彩新闻工作者应从数量和质量上，加强对福彩公益活动和公益金使用情况的报道，提高福彩公益新闻发布频率，突出报道福彩公益金信息透明与公益金使用，提升福彩公益新闻议程设置显著性。最后，中国福彩中心应采取人才激励措施，设置福彩新闻奖，对年度优秀福彩新闻进行评选，提高福彩宣传人员工作积极性，进而促进福彩文化宣传建设。

2. 打造福彩全媒体宣传中心

截至2020年底，福利彩票累计发行销售144.88亿元，筹集公益金444.55亿元。[①] 随着中国福彩事业的迅速发展，福彩文化宣传建设越发重要。面对每天发生的福彩新闻事件，如何优化新闻报道方式、做好舆论引导工作，是福彩新闻工作者亟待研究的课题。对此，全媒体建设同样适用于福彩新闻宣传工作。中国福彩中心及各地福彩中心，可联合打造福彩全媒体宣传中心，汇聚福彩新闻，对福彩舆情进行实时监控，并集中力量提升传播技术，融合多种报道方式报道福彩新闻，形成全国福彩宣传部门联动效应，提高传播效果。

3. 加强福彩新媒体运营人员建设

要想推进福彩新媒体新闻报道发展，福彩新媒体运营人员则是第一资源。只有加强媒体人才建设，福彩新媒体才能提高新闻报道发布频率，优化内容质量。首先，福彩中心应增加福彩新媒体运营人员，保证人力充足。其次，中国福彩中心邀请媒体行业专家，对相关工作人员进行新媒体运营培训，提高人才质量。最后，福彩宣传部门规划好工作目标，提高福彩新媒体发布频率，确保工作人员保质保量完成福彩新闻报道工作，同时阶段性举行福彩新媒体宣传评比活动，营造争先创优的氛围。

---

① 中国福彩网，http：//www.cwl.gov.cn/fcgy/。

4. 注重新闻价值导向

新闻专业主义是新闻工作者恪守的最主要的新闻职业规范。在福彩新闻传播中，新闻专业主义同样至关重要，它表现为遵守新闻价值导向，提倡理性购彩，践行传播福彩社会责任理念，等等。

福彩新闻工作者在报道开奖新闻时，选择的新闻素材要注重价值导向，使“快乐购彩”与“热心公益”的理念同时得到传播，如挖掘中奖彩民的购彩经历、交谈彩民的彩票专业知识、采访购彩者对福彩公益的看法等。通过对中奖新闻进行理性宣传，引导彩民理性购买彩票，进而传播中国福彩“给梦想一次机会，给公益一份关怀”的购彩理念。此外，福彩新闻工作者在保证公众知情权和中奖者隐私权的情况下，还应注重对巨额奖金的信息披露，报道巨额奖金的开奖过程、兑奖流程、彩民对巨额奖金的使用等，遵守“公平、公正、公开、公信”的诚信原则，以避免巨额奖金不透明再次引发福彩舆论危机。

5. 策划福彩主题节日活动，宣传福彩文化

如今，各行各业都有自己的主题节日。新闻媒体利用主题节日进行节庆传播，进而提高某一行业或某一行为的知名度，如记者节、购物节等。福利彩票是惠及大众的社会事业，也应设立“福彩日”，围绕福彩节日进行新闻议程设置策划，使更多大众了解福彩文化，进而促使更多人购买福利彩票。例如，日本彩票发行商和受托银行于1967年将9月2日设立为“彩票日”，设立节日的最初目的是提醒民众核对手中的彩票，9月2日取彩票（くじ）的谐音。此后，日本每年都举行各种纪念活动。日本新闻媒体进行关于彩票日纪念娱乐抽奖的现场直播，播放有关彩票的信息和趣闻。通过这些努力，彩票日成为家喻户晓的节日，日本彩票越来越受重视。① 总之，中国福彩是助力全国社会保障发展的重要事业，中国福彩新闻更是报道全国社会保障工作发展的重要传播渠道。新闻宣传要紧跟形势，建设全媒体矩阵、结合受众阅读习惯创新报道方式、加强宣传人才建设、提高文本质量、以社会主义核

---

① 日本彩票网，https：//www. takarakuji – official. jp/about/dayoftakarakuji. html。

心价值观为导向构建福彩新闻报道议程设置，传播中国福彩文化，让更多人“快乐购彩、热心公益”，为社会福利事业贡献独特力量。

参考文献

党生翠：《福彩传播中的媒介失范：以“中奖新闻”报道为例》，《现代传播》（中国传媒大学学报）2015 年第 2 期。

胡立德：《新闻体裁类别研究》，《浙江传媒学院学报》2014 年第 5 期。

何辉主编《中国福利彩票公益发展报告（2019）》，社会科学文献出版社，2020。

黄丹：《〈公益时报〉的公益报道研究（2012—2016）》，硕士学位论文，湖南师范大学，2018。

尚延蓉：《议程设置视域下的微博热搜研究》，硕士学位论文，内蒙古师范大学，2020。

吴洋：《公益报道中大众传媒的媒体形象研究——以 2008 - 2016〈公益时报〉为例》，硕士学位论文，中国青年政治学院，2017。

调查评估篇

Survey and Assessment

B.7

以责任建设倒逼发展方式转型转轨

——浙江省福彩社会责任指标体系研究

朱 毅 顾鸿昊*

摘 要： 本报告基于《中国福利彩票社会责任标准规范》，构建了符合浙江福彩事业发展实际情况的福彩社会责任指标体系，并运用该指标体系分别从购彩者与公众、代销者（业主/销售人员）、政府及其他利益相关方、福彩工作人员（内部员工）四个方面对浙江福彩社会责任建设满意度进行了详细评测。结果发现：浙江福彩社会责任建设的优势主要体现在销售管理责任建设上，但尚不明显；购彩者责任建设亟待提升。建议在今后的社会责任建设中强化彩票发行的初心，加强购彩者责任建设和公益宣传。

* 朱毅，浙江省福利彩票管理中心营销宣传部部长，主要研究领域为彩票市场营销、渠道管理、社会责任、公益宣传；顾鸿昊，彩票行业从业者，主要研究领域为福彩市场营销、社会责任、公益宣传。

关键词： 浙江省 责任指标体系 福彩改革

一 浙江省福彩社会责任指标体系构建的背景

（一）浙江社会经济发展背景

浙江地处东南沿海，经济活跃，开放包容。2020 年全省常住人口 5850 万人，地区生产总值（GDP）64613 亿元，GDP 连续 20 年、城乡居民收入连续 36 年居各省区首位；在国内外形势深刻变化特别是新冠肺炎疫情突袭而至的情况下，GDP 比上年增长 3.6%（见图 1）。其中，第一产业增加值 2169 亿元，同比增长 1.3%；第二产业增加值 26413 亿元，同比增长 3.1%；第三产业增加值 36031 亿元，同比增长 4.1%。

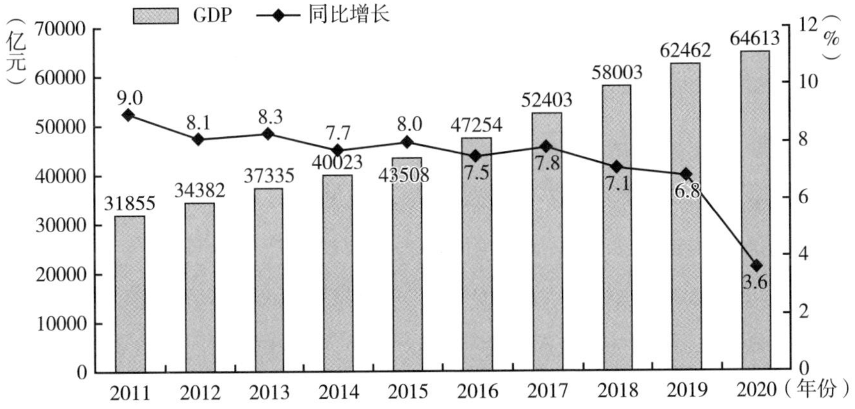

图 1 2011～2020 年浙江省 GDP 及增长情况

资料来源：根据浙江省财政厅 2020 年公布的财政数据制作。

经济社会的稳健发展促进了财政收入与居民人均可支配收入的持续增长（见表 1），而居民可支配收入的增长，为福利彩票市场奠定了良好的经济基础，营造了良好的社会环境。

表1　2020年浙江省居民可支配收入情况

单位：元，%

指标	浙江省居民		城镇常住居民		农村常住居民	
	绝对数	比上年增长	绝对数	比上年增长	绝对数	比上年增长
人均可支配收入	52397	5.0	62699	4.2	31930	6.9
工资性收入	30059	5.4	35370	5.1	19510	5.6
经营净收入	8313	-2.2	8672	-4.9	7601	4.2
财产净收入	6136	7.5	8747	6.7	949	11.4
转移净收入	7888	9.8	9910	7.7	3871	19.2
人均生活消费支出	31295	-2.3	36197	-3.5	21555	1.0

资料来源：根据浙江省财政厅2020年公布的财政数据制作。

浙江省是信息化建设、数字化发展应用走在全国前列的省份。近年来，随着“互联网+”、移动支付、云数据等新兴信息技术的兴起，浙江省将数字经济列入“一号工程”，作为八大万亿产业之首，打造“数据化”驱动信息经济的升级版，全面建设数字经济强省。在“数字浙江”建设的新阶段，数字化改革成为浙江省委、省政府数字化转型的重要拓展和升级，对浙江立足新发展阶段、贯彻新发展理念、构建新发展格局具有重大的战略意义。

福彩事业在浙江的发展不是独立的，而是依存于区域社会发展的大环境，特别是与信息技术的发展密切相关。2021年是“十四五”规划开局之年，也是福彩事业转型发展关键之年。浙江省福利彩票发行中心（以下简称“浙江福彩中心”）将认真总结“十三五”以来标准化、精细化、信息化发展成果，以信息化建设为事业改革发展的切入点，深入推进数字化转型，着力打造“智慧福彩”数字化平台，充分发挥数字治理的优势，破解福彩行业发展瓶颈，在提升福彩行业管理水平、理顺内部运行机制、降低发行销售成本、转变工作作风、提高社会认同度等方面发挥更加积极的作用。

（二）福利彩票责任建设现状

近年来，随着购彩群体的持续扩大，销售渠道不断扩展，如何履行好福利彩票事业的社会责任，成为公众关注的热点、焦点。2012 年，中国福利彩票发行管理中心（以下简称“中福彩中心”）提出建设彩票文化。2013 年，民政部提出践行福彩“社会责任”，发布社会责任报告，让广大公众了解福利彩票的公平、公正、公开、公信及社会责任履行情况。同年，中福彩中心为促进福彩全面、协调、可持续发展，提升行业竞争力，引导福彩系统科学、持续、系统地履行对经济、社会和环境的责任，制定了《中国福利彩票社会责任标准规范》。2014 年，中福彩中心首次发布福彩社会责任报告，各省民政部门、福彩销售机构纷纷加入福彩社会责任报告发布行列，披露福彩社会责任履行情况，深化福彩社会责任建设，推动福利彩票健康、稳定、可持续发展。2016 年 2 月，中国福利彩票获得世界彩票协会责任彩票二级认证，折射出中福彩中心在责任彩票方面所做出的努力得到了更加广泛的认可①。

浙江历来高度重视福彩社会责任建设，紧紧围绕福彩人民性、国家性、公益性，建立健全省市两级福彩社会责任发布体系。2014 年以来，浙江省市两级民政部门连续 7 年发布《福利彩票社会责任报告》，详细地向社会披露了福彩公益金筹集过程和福彩公益金使用绩效，凸显了报告的权威性、完整性、时效性。福彩公益金的使用细化到乡镇、街道、项目和个人，以清晰的数据对福彩公益金的流向进行展示，诠释“阳光福彩”的品牌理念。

随着福彩社会责任建设的逐年推进和逐步深入，我们发现福彩社会责任的内涵外延与指标体系过于原则、过于粗线条，使得福彩责任报告在编制时往往采用单项信息传递，缺乏主动与福彩各利益相关方沟通，以及不能很好地识别利益相关方真正关注的议题，披露的信息与利益相关方实际需求发生错位，报告内容更多地倾向于机构年度工作巡礼。因此，地方福彩销售机构有必要根据区域特征、社会责任发展阶段，对《中国福利彩票社会责任标准规范》进行细化、本地化，明确福彩社会责任建设参与主体、指标体系、评估办法。

---

① 《不忘初心　尽职履责——中福彩发布 2016 年社会责任报告》，《中国民政》2018 年第 4 期。

（三）研究意义

自2013年浙江福彩中心发布首份福彩社会责任报告以来，浙江福彩中心实现了绩效评价的一次突破，标志着单纯的销量指标评价体系已经不适用，取而代之的是“经济—环境—社会”综合性评价体系，以负责任的态度来发行、销售彩票，将社会责任的理念植入日常管理和运营，改变组织传统的管理手段和运营模式，实现可持续发展。因此，建立一套科学的、可行的、符合浙江福彩事业发展实际情况的社会责任指标体系具有十分重要的意义。

本报告旨在基于《中国福利彩票社会责任标准规范》构建符合浙江省福彩事业发展实际情况的彩票社会责任指标体系，在数字化改革的时代背景下，将指标科学赋值、配比权重、量化评估，用数据考核来实现各项工作绩效评定，进而深化浙江福彩改革创新和数字化转型迭代，实现资源要素的最优配置、市场服务的智慧精准，推动福彩事业高质量发展迈向新阶段。

二　浙江福彩社会责任指标体系构建的思路

（一）研究框架

以指标体系相关研究理论为基础，借鉴优秀企业社会责任有关工作指标、世界彩票协会责任博彩框架、欧洲彩票协会责任博彩框架、中国福利彩票社会责任指标体系及中国体育彩票社会责任指标与框架等，从浙江省福彩发展实际情况出发，建立符合浙江省福彩发展实际情况的社会责任指标体系，为指导浙江福彩中心编撰福彩社会责任报告及开展福彩社会责任建设工作提供理论依据[①]。相应体系设计详见图2和表2。

---

① 吴殷、李海：《我国体育彩票社会责任评价指标体系的构建》，《上海体育学院学报》2012年第1期。

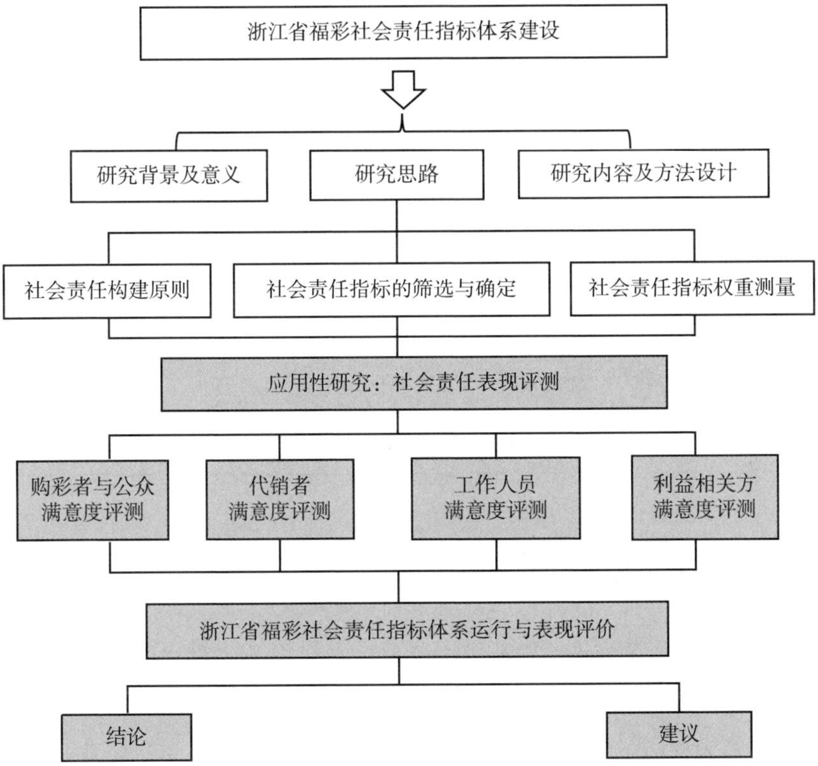

图 2　研究框架

表 2　研究方法设计

单位：人

研究方法	调查方法	调研对象	详细内容及选择理由	样本量
定性研究	文献研究	二手资料	浙江福彩社会责任建设相关活动与运行资料	—
	深度访谈	浙江福彩中心领导	获取领导对社会责任建设现状评价及项目期望	12
	座谈会	彩票专家	获取专家对彩票社会责任建设的意见及趋势预判	5
		地市中心相关负责人	地市中心相关负责人集中讨论，获取运行情况、评价与建议，得到新观点	12（一场）

续表

研究方法	调查方法	调研对象	详细内容及选择理由	样本量
定量调研	拦截+线上调研	社会公众与购彩者	量化分析和评测，最集中的方式接触购彩者	1262
	线上调研	代销者（业主/销售人员）	量化分析和评测，最有效快速集中到代销者	2083
	线上调研	内部员工	量化分析和评测，最有效快速集中到福彩机构内部员工	382
		政府及其他利益相关者	分析和评测，统计政府及其他利益相关者意见	42
大数据	线上舆情	浙江福彩社会责任相关传播内容	快速发现热点信息	—
合计				3798

（二）福利彩票的社会责任界定

社会责任一般指企业/组织的社会责任，目前暂无统一定义，但总的来说有两种观点影响较大：一是以 Brummer 为代表的企业社会责任说；二是以 Carroll 等为代表的企业社会责任综合说。Carroll 等认为，企业社会责任意指某一特定时期社会对组织所寄托的经济、法律、伦理和自由决定（慈善）的期望。本报告采用 Carroll 等的企业社会责任概念，将企业社会责任看作一个涵盖各种责任的综合体①。

根据国外社会责任方面专家 J. M. Bryson 和 B. C. Crosby 的定义，利益相关者是“受一件事的原因或者结果影响的任何人、集团或者组织”②。此定义不仅将影响企业目标的个人与群体视为利益相关者，同时还将企业目标实现过程中受影响的个人和群体也看作利益相关者，正式将社区、政府、环境保护主义者等实体纳入利益相关者的研究范畴。因此，企业必须有效处理好

① A. B. Carroll, “The Pyramid of Corporate Social Responsibility: Towards the Moral Management of Organizational Stakeholders,” *Business Horizons* 4 (1991).

② J. M. Bryson, B. C. Crosby, *Leadership for the Common Good: Tackling Public Problems in a Shared-Power World* (San Francisco: Jossey-Bass, 1992).

自身与各利益相关方的关系，通过满足管理者、员工、供应商、客户等的合理利益要求，使企业得到永续发展。

目前，在文献中社会责任更多的是针对企业的社会责任进行研究，而对福利彩票社会责任的研究很少。在国外，一些彩票行业发展较为成熟的国家的管理机构和国际彩票组织已认识到彩票发展中的社会责任问题，并制定了关于责任博彩的相关原则。

国家特许发行的福利彩票，既是公益慈善事业，又包含市场行为，履行购彩者、代销者、利益相关者等责任，包括公益责任、伦理责任、法律责任等。

我国福彩行业中关于社会责任的建设始于2003年，民政部将“福利彩票社会责任体系建设”列为部省合作重点课题；继而中福彩中心从责任战略、责任治理、责任沟通和责任能力4个方面构建福利彩票社会责任体系，制定《中国福利彩票社会责任标准规范》，并在此基础上建立了相应的培训、服务、考评等制度机制。

2014年，中福彩中心参照国际彩票协会的相关标准，首次发布了以“公益慈善阳光福彩”为主题的《2013中国福利彩票社会责任报告》。此后，一些省级福彩中心纷纷发布福彩社会责任报告，展示了中国福利彩票履行社会责任的态度和努力。

（三）浙江省福彩社会责任指标体系构建的原则

一是综合性。社会责任指标体系的构建应综合平衡各业务板块，考虑周全、统筹兼顾，通过多标准、多尺度衡量，从整体的联系出发，注重多业务的综合性分析。

二是科学性。社会责任指标体系的构建要以科学思想为指导，以事实为依据，所选取的指标既要反映国内外的科学理论，又要与组织实践相结合，必须是能够通过观察、测试、评议等方式得出明确结论的定性或定量指标。指标应满足以下4点：具有相关理论基础的支持；反映评价内容的核心特征；能够全面反映评价内容，避免遗漏重要方面；评价某一项内容时，不同指标应避免内涵上的重叠与覆盖。

三是系统性。将社会责任指标体系看作一个整体，以系统思维方式考虑指标体系各部分与企业社会责任的相互关系，最终使系统完整、平衡。在制定指标体系过程中，综合考虑企业与各利益相关方、浙江福彩中心与各地市福彩中心的关系。

四是扩展性。在社会责任指标体系构建完成后，可根据实际情况予以反馈，适当删减、调整和新增部分指标，以保证指标体系具有现实意义和时代意义。

三　浙江福彩社会责任指标体系的构建

本报告基于利益相关者视角，根据福利彩票销售管理工作属性，结合浙江省福彩发展实际情况，在研究社会责任理论的基础上，构建浙江省福利彩票社会责任指标体系，并根据彩票专家和彩票机构重要成员的评价数据，采用科学的分析方法计算指标权重。此外，项目还根据需要界定了二级指标的含义并对二级指标测评给出合理可行的评分标准，结果可供后续社会责任报告撰写及社会责任建设满意度评价参考。

（一）指标的选取

在选取指标时，计算指标所需的数据应尽量从已披露的公开报告中获得，主要目的为：企业公开披露的信息已经过外部独立审计，数据质量可靠；容易进行量化处理，加强了评价结果的客观性与可比性。

某些指标往往能够贴切地描述企业社会责任履行情况，但由于企业自身原因或披露制度的不完善，计算这些指标的数据难以从企业公开披露的信息中获得，使得该类指标可操作性较差，因此不会选取该指标。

另外指标的选取，强调可比性。即强调评价结果的纵向与横向可比性，纵向可比性反映同一企业不同时期社会责任履行情况的变化趋势；横向可比性为同一时期不同企业社会责任履行情况的差异。该原则旨在加强评价结果的实践性。

（二）浙江省福彩社会责任指标体系的构建

1. 议题和一级指标的确定

在浙江省福彩社会责任指标体系构建中，参考目前国内外有关博彩行业社会责任指标框架，明确浙江福彩实际情况和各利益相关者的需求，选取7个议题进行指标方向的确定，进一步确定21个一级指标（见表3）。

表3　浙江省福彩社会责任指标体系的议题和一级指标

议题	一级指标
组织治理	管理体制
	守法合规
责任管理	责任战略
	责任融合
	责任沟通
	责任绩效
	责任能力
销售管理责任	游戏管理
	理性宣传与营销
	渠道建设
	透明运营
	安全运行
	优质服务
	公益建设
	文化建设
购彩者责任	购彩者责任
队伍建设责任	员工责任
	专管员责任
	代销者责任
社区责任	社区责任
环境责任	环境治理

2. 二级指标的确定

在此基础上，选取126个二级指标，初步构建浙江省福利彩票社会责任指标体系框架（见表4）。

表 4　浙江省福利彩票社会责任指标体系

议题	一级指标	二级指标
组织治理	管理体制	治理架构(组织架构)
		组织管理机制
		社会责任领导机构
		社会责任组织体系
		社会责任组织体系的职责与分工
		社会责任管理制度
	守法合规	建立社会监督员制度
		风险管理
		守法合规体系
		守法合规培训
		守法合规培训绩效
		反腐败
		反腐败培训
		反腐败培训绩效
		重大违法违纪违规事件
责任管理	责任战略	社会责任理念、愿景及价值观
		核心社会责任议题
		社会责任规划
	责任融合	推进地市机构社会责任工作
		推动供应链合作伙伴履行社会责任
	责任绩效	构建社会责任指标体系
		依照社会责任指标体系进行绩效评估
		开展社会责任优秀评选
		社会责任事故处理
	责任沟通	组织核心利益相关方
		利益相关方的关注点和组织的回应措施
		组织内部社会责任沟通机制
		组织外部社会责任沟通机制
		高层领导参与的社会责任沟通与交流活动
	责任能力	开展或参与责任彩票课题研究
		责任彩票培训

续表

议题	一级指标	二级指标
销售管理责任	游戏管理	游戏风险管控
		游戏的社会影响(风险)评估
	理性宣传与营销	合规营销与宣传
		创新营销方式
		宣传规划的制定与落实
		阶段性重点营销宣传方案的制定和落实
		对地市机构宣传业务的指导和检查
		新闻发言人机制
		网络宣传平台建设
	渠道建设	销售模式创新
		销售站点科学布局
		销售站点规范化建设
		销售站点数量
		社会征召
		行业渠道合作
	透明运营	市场调研与分析
		品牌形象方针
		质量管理制度
		开奖流程说明
		兑奖流程清晰
		公开渠道披露
		信息公开透明
	安全运行	数据安全管理
		资金管理
		技术管理
		技术设备更新
		技术系统安全、开奖安全管理
		开奖公告发布
		摇奖安全管理
		彩票销售场所的安全管理
		印制安全管理
		安全认证等级管理
		舆情预警及处置

续表

议题	一级指标	二级指标
销售管理责任	优质服务	开展行风建设
		责任彩票教育培训
		责任彩票教育培训绩效
		规范代销者日常销售工作制度与举措
		优化销售站点购彩环境
	公益建设	公益金筹集与上交情况
		发行费用应用公益项目情况
		资金的分配使用管理
	文化建设	福彩文化与形象建设
		浙江福彩特色文化建设
购彩者责任	购彩者责任	游戏防沉迷评估
		建立与购彩者的沟通渠道
		购彩者诉求处理
		积极应对购彩者投诉
		购彩者投诉解决率
		引导理性购彩
		购彩者信息保护措施
		方便购彩者兑奖的措施
		建立防止非理性购彩者的预警机制
队伍建设责任	员工责任	员工总数及员工结构
		劳动合同签订率
		参加工会的员工比例
		社会保险覆盖率
		平等雇佣制度
		女性管理者比例
		员工心理健康援助制度/措施
		体检及健康档案覆盖率
		员工培训制度
		员工培训力度
		员工职业发展通道
		尊重员工家庭责任和业余生活，确保工作生活平衡

续表

议题	一级指标	二级指标
队伍建设责任	专管员责任	销售终端管理员
		专管员基本权益保障
		专管员专业技能培训
		培训绩效
		专管员职业发展通道
		专管员救助与帮扶
	代销者责任	销售站点从业者人数
		从业人员的年龄结构
		业主经营情况(是否自己经营)
		业主户籍来源统计(本地/外地)
		销售站点从业人员基本权益保护
		代销合同履约率
		销售站点从业人员危机干预及救助
		建立销售激励机制
		销售站点满意率
		丰富代销者的业余生活
		代销者救助与帮扶
社区责任	社区责任	参加当地协会/社团情况
		社区居民彩票知识教育宣传
		机构策划和实施的公益项目
		机构筹集公益金
		支持社区管理、公共服务创新
		支持志愿者活动的政策、措施
		员工志愿者活动情况
环境责任	环境治理	采用环保设备和技术印刷
		废票、尾票处理
		绿色采购
		彩票印制的能源消耗
		绿色办公
		绿色仓储
		淘汰设备的再生利用

3. 指标体系权重确定

首先，使用模糊判断分析方法，对议题的重要性进行排序。本项目采用7－1分标度给予重要性赋值，将议题之间重要性程度一致化（见表5）。

表5　重要性赋值

单位：分

赋值	定义
7	最重要
6	其次重要
5	第三重要
4	第四重要
3	第五重要
2	第六重要
1	第七重要

其次，利用 $W_i = \frac{\sum a_j X n_{ij}}{N \sum a_j}$ 计算各议题的权重，根据议题数量可知 $N = 7$，$\sum a_j = 7 + 6 + 5 + 4 + 3 + 2 + 1 = 28$，$n_{ij}$ 是对某一议题进行某一重要性评判的次数。根据公式可计算出各议题的权重（见表6）。

表6　议题重要性（研究）

议题	权重（研究）
组织治理	0.216
责任管理	0.204
销售管理责任	0.195
队伍建设责任	0.158
购彩者责任	0.116
社区责任	0.059
环境责任	0.053

组织治理和责任管理议题权重占比很高，销售管理责任、购彩者责任和社区责任权重占比相对较弱。但组织治理和责任管理议题在实际工作中已相对完善，可提高空间不足。因此在实际中，应适量关注社区责任建设工作。从应用角度，调整后的议题重要性见表7。

表7　议题重要性（应用）

议题	权重(应用)
组织治理	0.066
责任管理	0.054
销售管理责任	0.345
队伍建设责任	0.108
购彩者责任	0.266
社区责任	0.109
环境责任	0.053

在此基础上，可确定一级指标权重（见表8）。

表8　一级指标重要性

议题	一级指标	权重
组织治理	管理体制	0.572
	守法合规	0.428
责任管理	责任战略	0.270
	责任融合	0.204
	责任绩效	0.194
	责任沟通	0.186
	责任能力	0.145
销售管理责任	游戏管理	0.175
	理性宣传与营销	0.139
	渠道建设	0.128
	透明运营	0.122
	安全运行	0.117
	优质服务	0.113
	公益建设	0.112
	文化建设	0.093
购彩者责任	购彩者责任	1.000
队伍建设责任	员工责任	0.371
	专管员责任	0.378
	代销者责任	0.251
社区责任	社区责任	1.000
环境责任	环境治理	1.000

在确定二级指标权重时，建立模糊判断矩阵。矩阵中的值用0.1～0.9标度表示（见表9）。

表9　0.1～0.9标度的含义

标度	定义	说明
0.5	同等重要	两元素相比较,同等重要
0.6	稍微重要	两元素相比较,一元素比另一元素稍微重要
0.7	明显重要	两元素相比较,一元素比另一元素明显重要
0.8	重要得多	两元素相比较,一元素比另一元素重要得多
0.9	极端重要	两元素相比较,一元素比另一元素极端重要
0.1～0.4	反比较	相比较的反向

将模糊判断矩阵R一致化，对模糊互补矩阵按行求和，并进行相应的数学变换，计算得到二级指标的综合权重（见表10）。

表10　二级指标及权重计算结果

议题	一级指标	二级指标	相对权重	绝对权重
组织治理(0.066)	管理体制(0.572)	治理架构(组织架构)	0.167	0.096
		组织管理机制	0.167	0.096
		社会责任领导机构	0.167	0.096
		社会责任组织体系	0.167	0.096
		社会责任组织体系的职责与分工	0.167	0.096
		社会责任管理制度	0.167	0.096
	守法合规(0.428)	建立社会监督员制度	0.109	0.047
		风险管理	0.109	0.047
		守法合规体系	0.109	0.047
		守法合规培训	0.119	0.051
		守法合规培训绩效	0.109	0.047
		反腐败	0.109	0.047
		反腐败培训	0.119	0.051
		反腐败培训绩效	0.109	0.047
		重大违法违纪违规事件	0.109	0.047

续表

议题	一级指标	二级指标	相对权重	绝对权重
责任管理（0.054）	责任战略（0.270）	社会责任理念、愿景及价值观	0.317	0.086
		核心社会责任议题	0.317	0.086
		社会责任规划	0.367	0.099
	责任融合（0.204）	推进地市机构社会责任工作	0.500	0.102
		推动供应链合作伙伴履行社会责任	0.500	0.102
	责任绩效（0.194）	构建社会责任指标体系	0.250	0.049
		依照社会责任指标体系进行绩效评估	0.250	0.049
		开展社会责任优秀评选	0.250	0.049
		社会责任事故处理	0.250	0.049
	责任沟通（0.186）	组织核心利益相关方	0.200	0.037
		利益相关方的关注点和组织的回应措施	0.200	0.037
		组织内部社会责任沟通机制	0.200	0.037
		组织外部社会责任沟通机制	0.200	0.037
		高层领导参与的社会责任沟通与交流活动	0.200	0.037
	责任能力（0.145）	开展或参与责任彩票课题研究	0.475	0.069
		责任彩票培训	0.525	0.076
销售管理责任（0.345）	游戏管理（0.175）	游戏风险管控	0.500	0.088
		游戏的社会影响（风险）评估	0.500	0.088
	理性宣传与营销（0.139）	合规营销与宣传	0.152	0.021
		创新营销方式	0.136	0.019
		宣传规划的制定与落实	0.136	0.019
		阶段性重点营销宣传方案的制定和落实	0.152	0.021
		对地市机构宣传业务的指导和检查	0.152	0.021
		新闻发言人机制	0.136	0.019
		网络宣传平台建设	0.136	0.019
	渠道建设（0.128）	销售模式创新	0.156	0.020
		销售站点科学布局	0.176	0.023
		销售站点规范化建设	0.176	0.023
		销售站点数量	0.159	0.020
		社会征召	0.159	0.020
		行业渠道合作	0.176	0.023

续表

议题	一级指标	二级指标	相对权重	绝对权重
销售管理责任（0.345）	透明运营（0.122）	市场调研与分析	0.150	0.018
		品牌形象方针	0.150	0.018
		质量管理制度	0.131	0.016
		开奖流程说明	0.131	0.016
		兑奖流程清晰	0.131	0.016
		公开渠道披露	0.150	0.018
		信息公开透明	0.157	0.019
	安全运行（0.117）	数据安全管理	0.090	0.011
		资金管理	0.090	0.011
		技术管理	0.090	0.011
		技术设备更新	0.090	0.011
		技术系统安全、开奖安全管理	0.090	0.011
		开奖公告发布	0.090	0.011
		摇奖安全管理	0.090	0.011
		彩票销售场所的安全管理	0.090	0.011
		印制安全管理	0.090	0.011
		安全认证等级管理	0.090	0.011
		舆情预警及处置	0.099	0.012
	优质服务（0.113）	开展行风建设	0.200	0.023
		责任彩票教育培训	0.200	0.023
		责任彩票教育培训绩效	0.200	0.023
		规范代销者日常销售工作制度与举措	0.200	0.023
		优化销售站点购彩环境	0.200	0.023
	公益建设（0.112）	公益金筹集与上交情况	0.333	0.037
		发行费用应用公益项目情况	0.333	0.037
		资金的分配使用管理	0.333	0.037
	文化建设（0.093）	福彩文化与形象建设	0.500	0.047
		浙江福彩特色文化建设	0.500	0.047
购彩者责任（0.266）	购彩者责任（1.000）	游戏防沉迷评估	0.119	0.119
		建立与购彩者的沟通渠道	0.119	0.119
		购彩者诉求处理	0.106	0.106
		积极应对购彩者投诉	0.106	0.106
		购彩者投诉解决率	0.106	0.106
		引导理性购彩	0.119	0.119
		购彩者信息保护措施	0.103	0.103
		方便购彩者兑奖的措施	0.103	0.103
		建立防止非理性购彩者的预警机制	0.119	0.119

续表

议题	一级指标	二级指标	相对权重	绝对权重
队伍建设责任（0.108）	员工责任（0.371）	员工总数及员工结构	0.083	0.031
		劳动合同签订率	0.083	0.031
		参加工会的员工比例	0.083	0.031
		社会保险覆盖率	0.083	0.031
		平等雇佣制度	0.083	0.031
		女性管理者比例	0.083	0.031
		员工心理健康援助制度/措施	0.083	0.031
		体检及健康档案覆盖率	0.083	0.031
		员工培训制度	0.083	0.031
		员工培训力度	0.083	0.031
		员工职业发展通道	0.083	0.031
		尊重员工家庭责任和业余生活，确保工作生活平衡	0.083	0.031
	专管员责任（0.378）	销售终端管理员	0.167	0.063
		专管员基本权益保障	0.167	0.063
		专管员专业技能培训	0.167	0.063
		培训绩效	0.167	0.063
		专管员职业发展通道	0.167	0.063
		专管员救助与帮扶	0.167	0.063
	代销者责任（0.251）	销售站点从业者人数	0.091	0.023
		从业人员的年龄结构	0.091	0.023
		业主经营情况（是否自己经营）	0.091	0.023
		业主户籍来源统计（本地/外地）	0.091	0.023
		销售站点从业人员基本权益保护	0.091	0.023
		代销合同履约率	0.091	0.023
		销售站点从业人员危机干预及救助	0.091	0.023
		建立销售激励机制	0.091	0.023
		销售站点满意率	0.091	0.023
		丰富代销者的业余生活	0.091	0.023
		代销者救助与帮扶	0.091	0.023
社区责任（0.109）	社区责任（1.000）	参加当地协会/社团情况	0.143	0.143
		社区居民彩票知识教育宣传	0.143	0.143
		机构策划和实施的公益项目	0.143	0.143
		机构筹集公益金	0.143	0.143
		支持社区管理、公共服务创新	0.143	0.143
		支持志愿者活动的政策、措施	0.143	0.143
		员工志愿者活动情况	0.143	0.143

续表

议题	一级指标	二级指标	相对权重	绝对权重
环境责任（0.053）	环境治理（1.000）	采用环保设备和技术印刷	0.134	0.134
		废票、尾票处理	0.134	0.134
		绿色采购	0.165	0.165
		彩票印制的能源消耗	0.134	0.134
		绿色办公	0.165	0.165
		绿色仓储	0.134	0.134
		淘汰设备的再生利用	0.134	0.134

4. 指标体系的评分标准与指标解释构建

对每个二级指标进行解释和评分标准设定，具体的指标解释和评分标准详见本报告末的附录。

四　浙江福彩社会责任表现评测

基于建立的社会责任指标体系，本部分从 4 个方面对浙江省福彩的社会责任建设和履行情况进行评测。这 4 个方面分别是购彩者与公众对浙江福彩社会责任建设满意度评测、代销者（业主/销售人员）对浙江福彩社会责任建设满意度评测、政府及其他利益相关方对浙江福彩社会责任建设满意度评测、福彩工作人员（内部员工）对浙江福彩社会责任建设满意度评测。

（一）购彩者与公众对浙江福彩社会责任建设满意度评测

1. 人口学信息统计结果

（1）总体情况

本次调研通过街头拦截调查及线上调查的方式，共收集 1262 份有效问卷，覆盖浙江省 12 个地级市。其中购彩者 833 人（66.0%），公众 429 人（34.0%），男性被调查者 751 人（59.5%），女性被调查者 511 人（40.5%），受访人员情况详见图 3 至图 5。

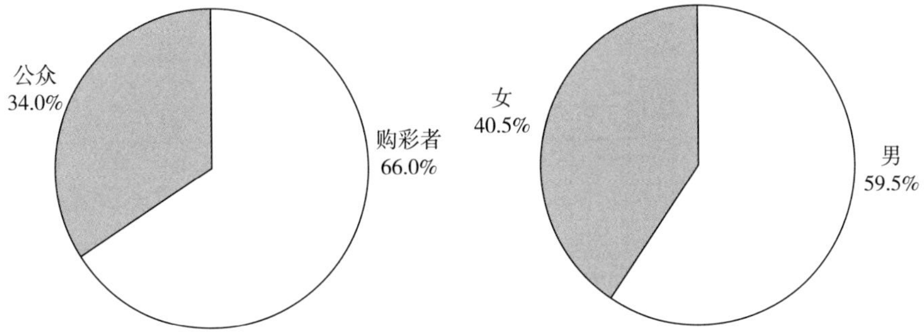

图3　受访人员类型/性别

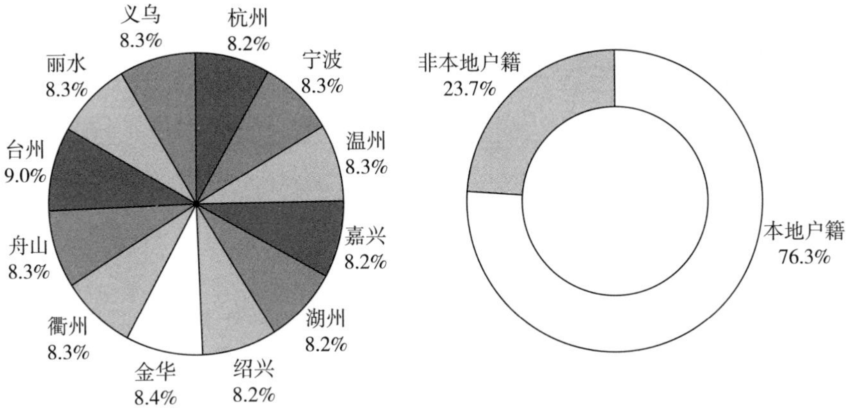

图4　受访人员区域分布/户籍

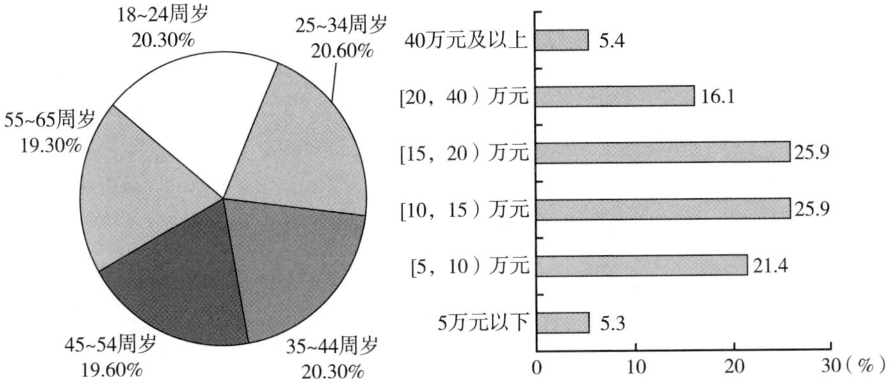

图5　受访人员年龄/年收入

（2）购彩者与公众情况

表 11　购彩者与公众样本基本情况总述

类别	购彩者	公众
城市	基本均匀分布于浙江省 12 个地级市	
男女比例	3∶2	
年龄	集中在 25～44 周岁(46.9%)	55～65 周岁占比最高(30.3%)
家庭年收入	5 万～20 万居多(72.3%)	5 万～20 万居多(75.0%)
户籍	本地户籍(74.4%)	本地户籍(80.0%)
学历	大学本科及以下为主(97.0%),其中本科最多(49.1%),其次大专(26.4%),相对而言,初中及以下相对较少,仅 7.1%	大学本科及以下为主(97.9%),相对而言,本科占比较低,仅 35.2%,初中及以下占比为 11.9%
婚姻	已婚为主(67.1%)	已婚为主(67.1%)
职业	民营/私营企业基层员工(普通员工、初级管理者)为主	民营/私营企业基层员工(普通员工、初级管理者)或自由职业者为主

2. 购彩行为分析（购彩者）

（1）购买彩票类型

销量最大的是体彩乐透数字型彩票，其次是福彩乐透数字型彩票，这两大票种销量所占比重超过浙江省整体彩票市场销售份额的 50%（见图 6）。

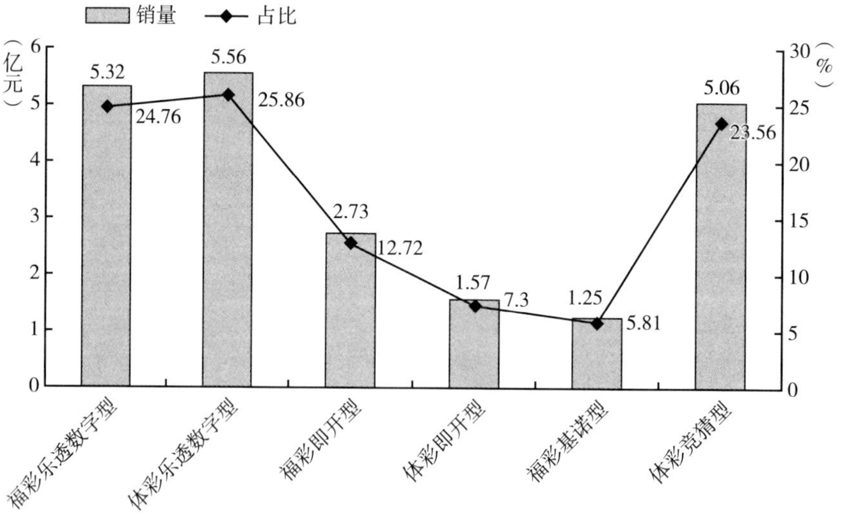

图 6　各类型彩票销量及其占浙江省整体彩票市场销售份额的比重

（2）购买频次

绝大部分购彩者相对理性，购买频次为每周 1 次及以下的占比达 80.6%，其中，每周 1 次占比最高（见图 7）。

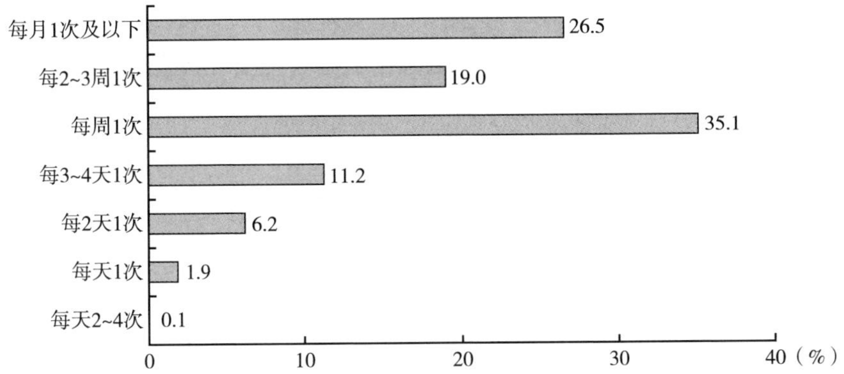

图 7　购买频次

（3）购买情景

总体来看，几乎所有购彩者购买彩票的原因是试运气，期待获得中奖体验。40.1% 的购彩者具有较强的责任意识，觉得购买彩票是为公益奉献一分力量（见图 8）。

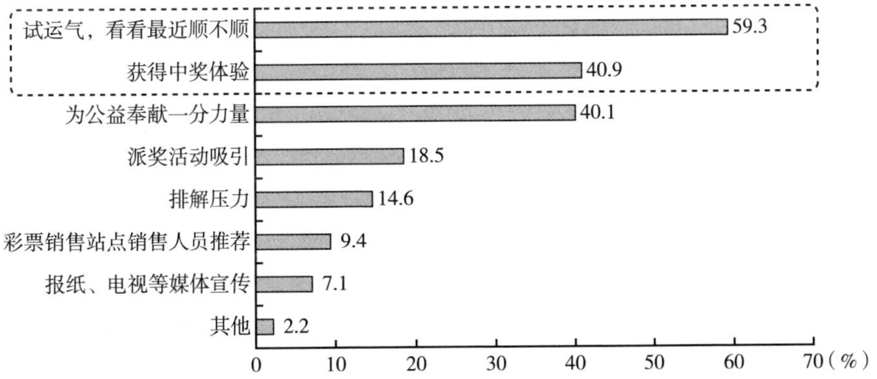

图 8　购买原因

接受调查的购彩者中，42.4%购彩者日常购彩是出于主观因素，想测手气/试运气的时候会买，且该情景占比远高于其他购买情景。分性别来看，25.8%的女性表示自己购买是因为家人/朋友玩，自己也就跟着玩了（见图9）。

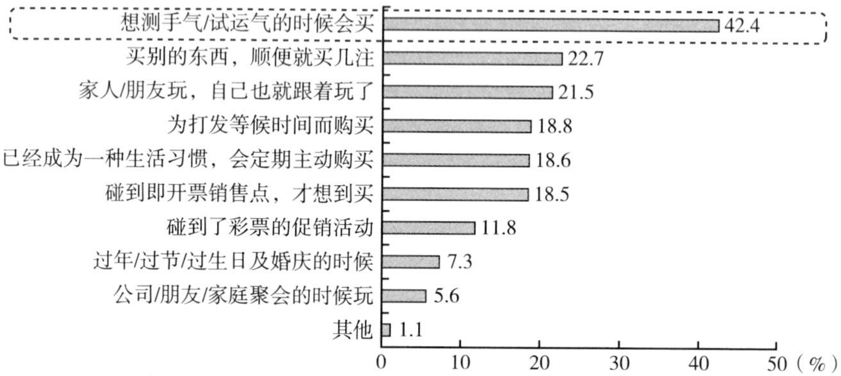

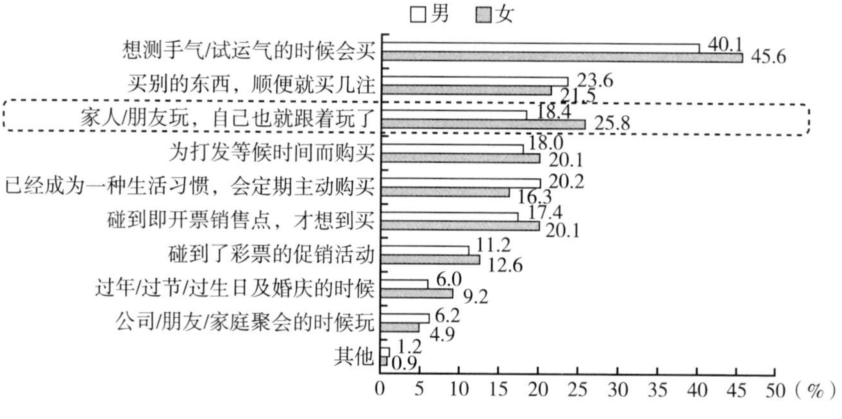

图9　购买情景

从整体来看，购彩者一般偏向随机购买；27.1%的购彩者会花较少时间研究，选择推荐的号码；10.1%的购彩者会花大量时间研究再决定购买，其中，55～65周岁群体相较其他年龄段占比最高（见图10～图11）。

（4）购买金额

从整体来看，62.3%的购彩者每月花费的购彩金额集中在0～100元；

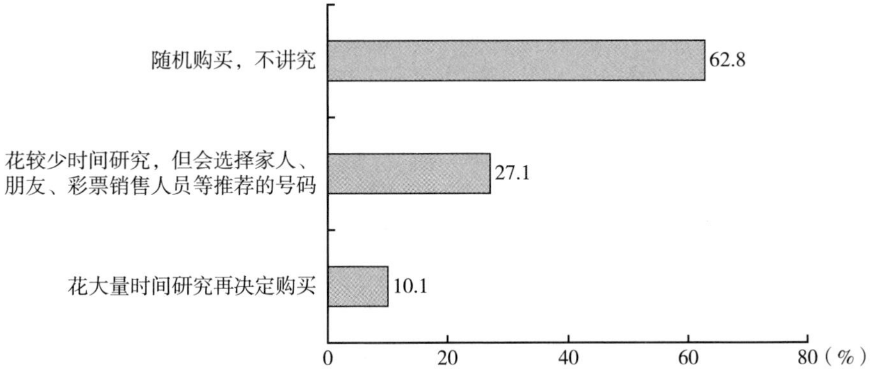

图 10　“研究再购买”的情况

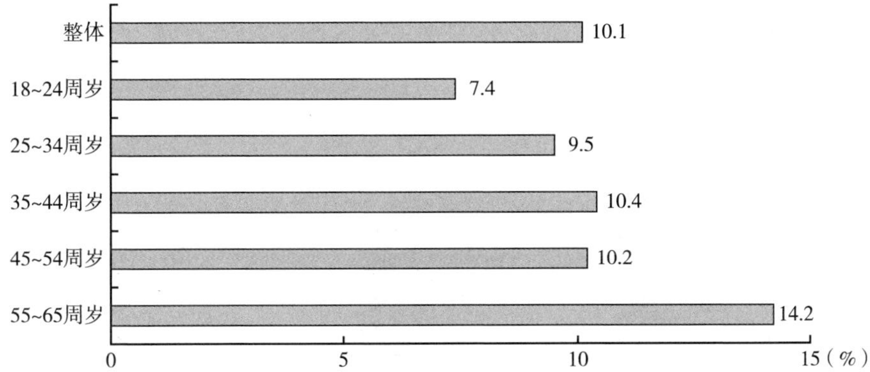

图 11　“花大量时间研究再决定购买”的情况

34.5%的购彩者花费在101~500元，其中35~44周岁占比最高（见图12）。

（5）家人态度

对于购彩行为，52.3%的家人对购彩者的购彩行为持无所谓态度，其中18~24周岁的人群占比相对最高。在持支持态度的群体中，55~65周岁占比相对最高（见图13）。

（二）代销者（业主/销售人员）对浙江福彩社会责任建设满意度评测

1. 基本情况

此次调查总共2083份问卷，覆盖浙江省绝大部分地区，其中宁波市占比最高（见图14）。

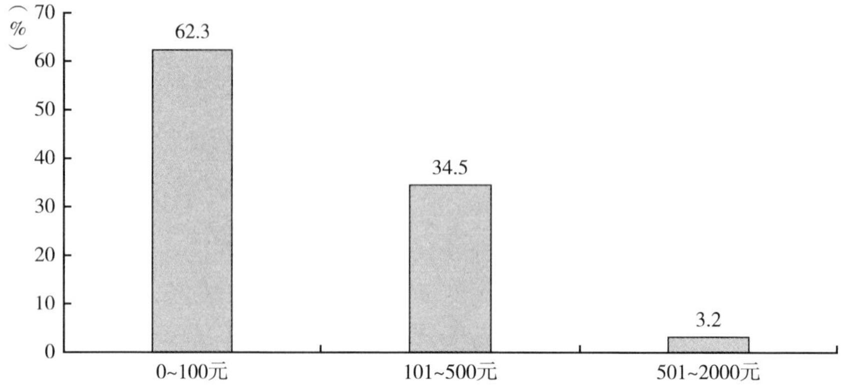
(%)
70
60
50
40
30
20
10
0
62.3
34.5
3.2
0~100元
101~500元
501~2000元

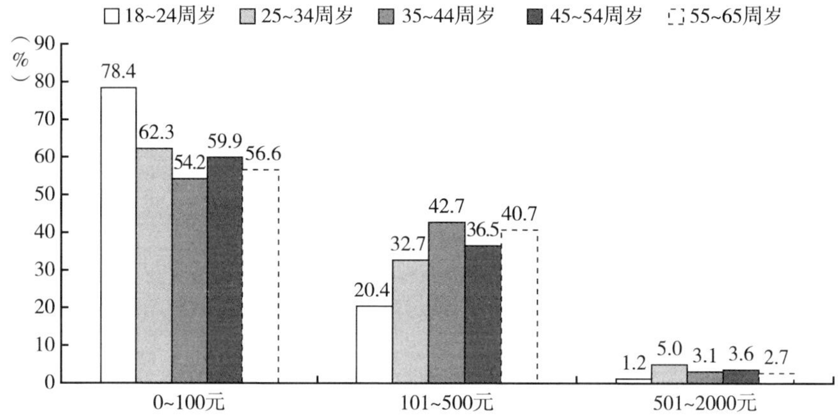
18~24周岁
25~34周岁
35~44周岁
45~54周岁
55~65周岁
(%)
90
80
70
60
50
40
30
20
10
0
78.4
62.3
54.2
59.9
56.6
20.4
32.7
42.7
36.5
40.7
1.2
5.0
3.1
3.6
2.7
0~100元
101~500元
501~2000元

图 12　购买金额

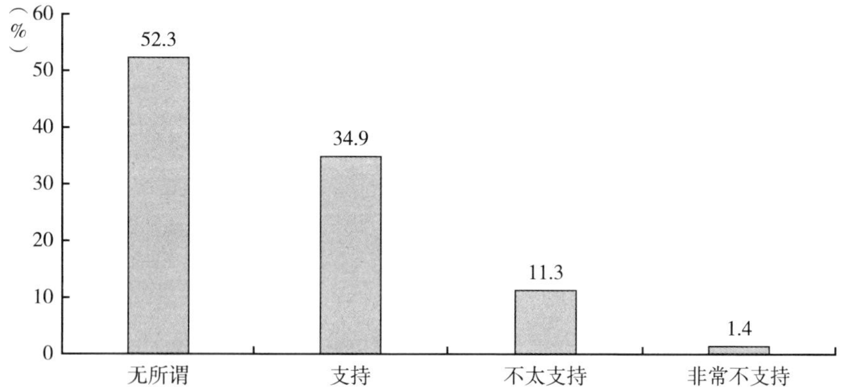
(%)
60
50
40
30
20
10
0
52.3
34.9
11.3
1.4
无所谓
支持
不太支持
非常不支持

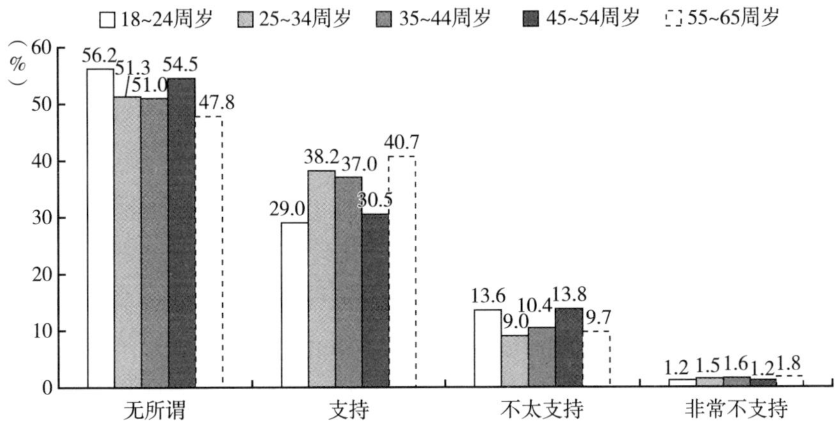

图 13　家人态度

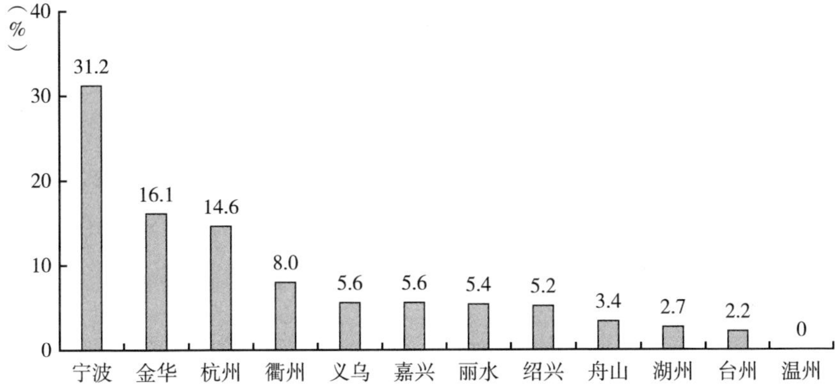

图 14　代销者城市分布

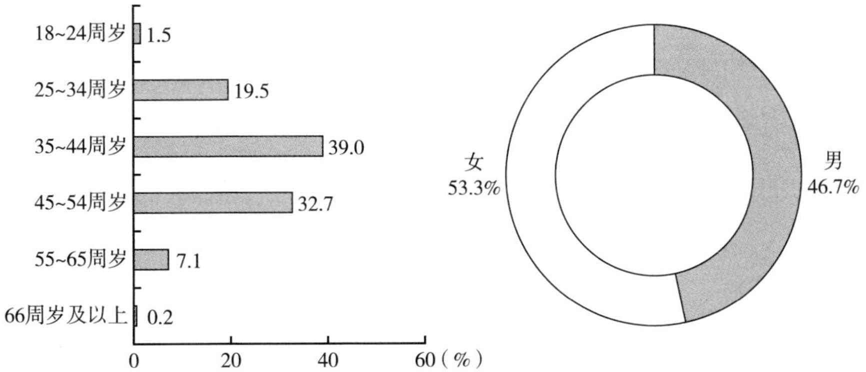

图 15　代销者年龄/性别分布

整体来看，代销者女性比例高于男性。代销者年龄主要集中在 35 ~ 44 周岁，占比为 39.0%；其次是 45 ~ 54 周岁，占比为 32.7%；18 ~ 24 周岁的年轻人从事彩票行业相对较少，占比仅有 1.5%（见图 15）。

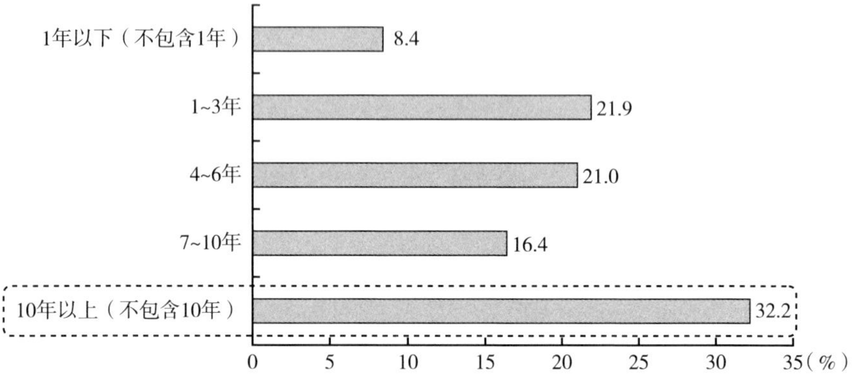

图 16　代销者从事彩票行业年限分布

调查显示，32.2% 的代销者从业时间在 10 年以上（不包含 10 年），从业时间在 1 ~3 年的居其次，新入行的比例最小，占比仅为 8.4%（见图 16）。

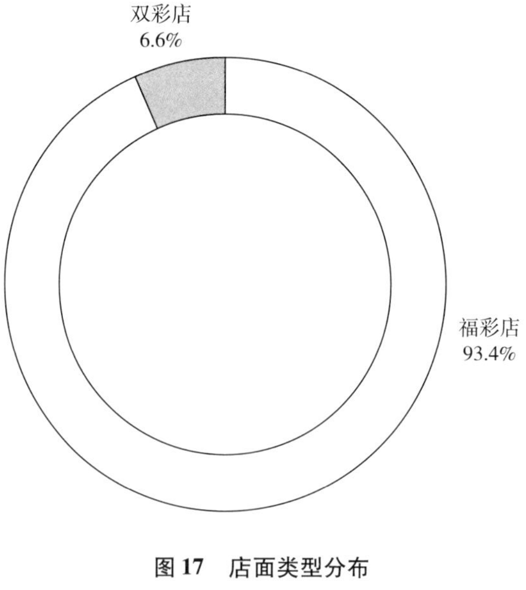

图 17　店面类型分布

此次调查的店铺中，以福彩店为主，双彩店为辅。其中，绝大部分彩票销售站点集中在城乡接合部/城中村，其次是城市居民区（见图17～18）。

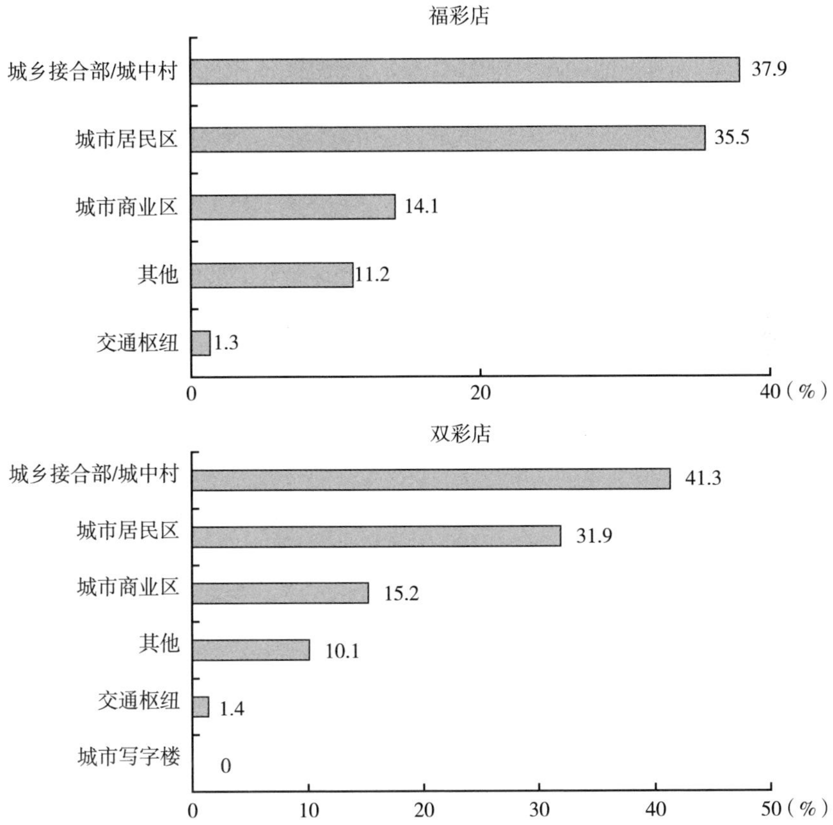

图18　店面位置分布

统计结果显示，彩票日销售金额主要集中在2001～5000元。其中，城市居民区彩票日销售金额集中在1501～8000元；城市写字楼彩票日销售金额较为分散，但彩票日销售金额在30000元以上的占比远高于其他位置的占比；城乡接合部/城中村彩票日销售金额偏低，为1001～1500元；交通枢纽位置的彩票日销售金额相对集中，主要在2001～5000元（见表12）。

表 12 不同位置的网点彩票日销售金额及其占比

单位：元，%

日销售金额	整体	城市居民区	城市写字楼	城市商业区	城乡接合部/城中村	交通枢纽	其他
0 ~ 100	1.9	2.3	—	1.4	1.8	—	1.9
101 ~ 200	1.8	1.8	—	2.7	1.9	3.6	0.5
201 ~ 500	3.6	2.4	—	4.1	4.0	—	6.5
501 ~ 1000	6.3	6.5	6.3	4.1	5.5	7.1	11.2
1001 ~ 1500	7.7	5.6	6.3	6.4	9.7	7.1	9.3
1501 ~ 2000	14.4	15.4	12.5	10.1	14.7	10.7	15.9
2001 ~ 5000	38.5	38.0	18.8	40.5	38.8	53.6	36.0
5001 ~ 8000	13.9	14.8	12.5	14.2	14.0	10.7	10.3
8001 ~ 10000	4.2	4.2	12.5	5.4	4.0	—	3.3
10001 ~ 30000	3.4	4.4	—	5.1	2.3	7.1	1.9
30001 及以上	1.7	1.4	18.8	4.4	0.9	—	0.9
不清楚	2.6	3.3	12.5	1.7	2.4	—	2.3

2. 责任彩票

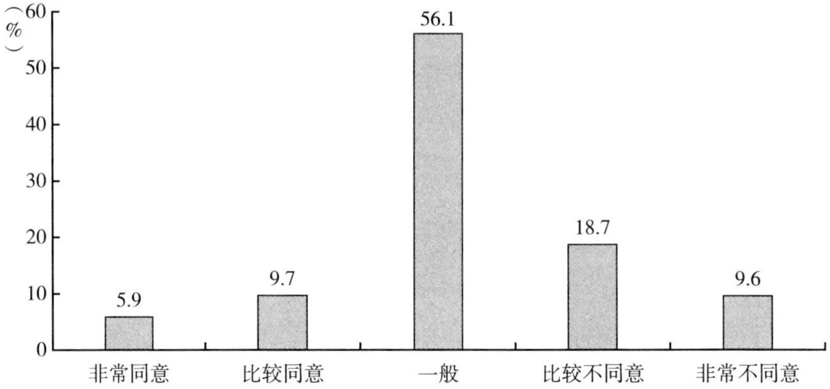

图 19 代销者对“购彩者单次投注金额大的现象较为普遍”的认同度

如图 19 ~21 所示，代销者认为，大额投注现象比较少见，但大户购彩者对网点彩票销量的贡献是显而易见的，多数购彩者更加关注游戏技巧与中奖概率。

如图 22 ~24 所示，专管员对代销者进行责任彩票宣传的概率较高，且 85.6% 的代销者接受过多次责任彩票的培训。但目前彩票销售站点的生存压力已成为一大问题。

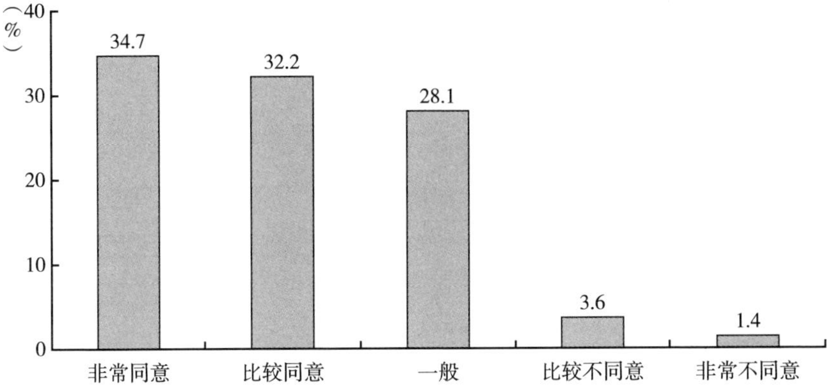

图 20　代销者对“大户购彩者对网点彩票销量贡献是显而易见的”的认同度

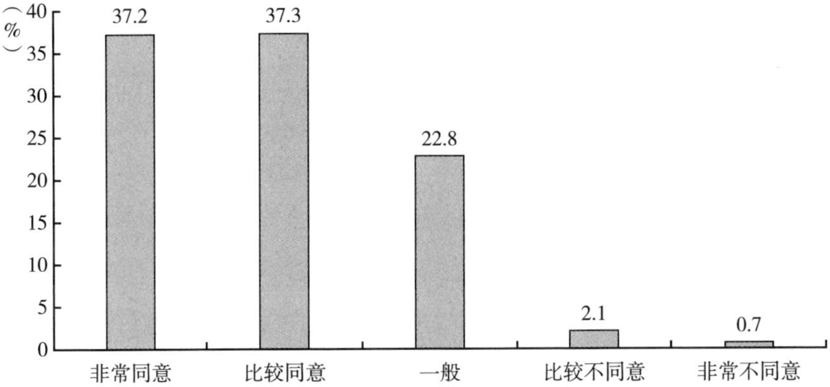

图 21　代销者对“多数购彩者更加关注游戏技巧与中奖概率”的认同度

3. 社会责任建设满意度分析

（1）总体满意度

本次调查的代销者总体满意度由浙江福彩社会责任指标体系中议题、一级指标和二级指标的评分逐级加权构成，未进行测试的指标则采用其他已测群体的均值（调查群体包含购彩者与公众、福彩工作人员、代销者和利益相关方）。根据代销者对浙江福彩社会责任建设的相关性和了解程度，对购彩者责任、代销者责任 2 个一级指标对应的 14 个二级指标进行满意度测试。

调查结果显示，代销者对浙江福彩社会责任建设的总体满意度得分为

8.855 分，其中，代销者对机构代销者责任建设满意度得分为 8.661 分，高于购彩者责任（见表 13）。

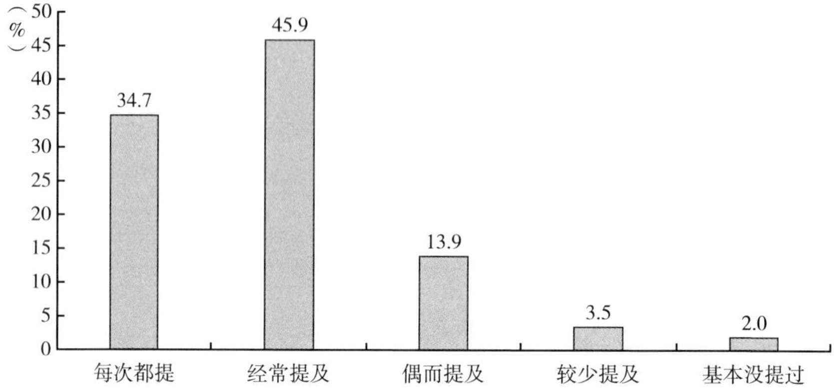

图 22　专管员是否对您提及彩票的社会责任、彩票的公益性等问题

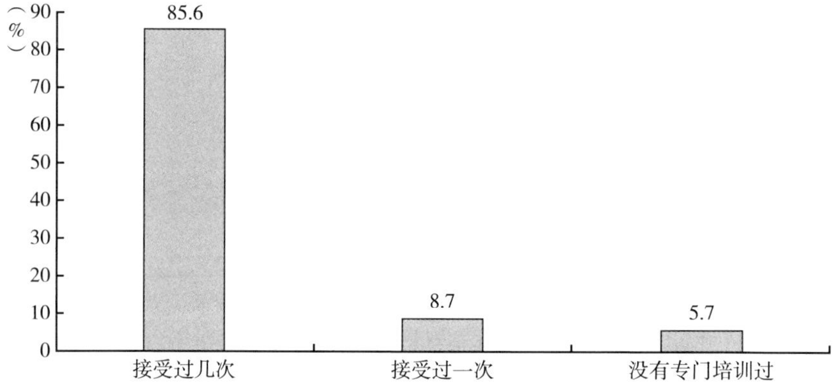

图 23　代销者是否接受过关于彩票公益与责任的培训

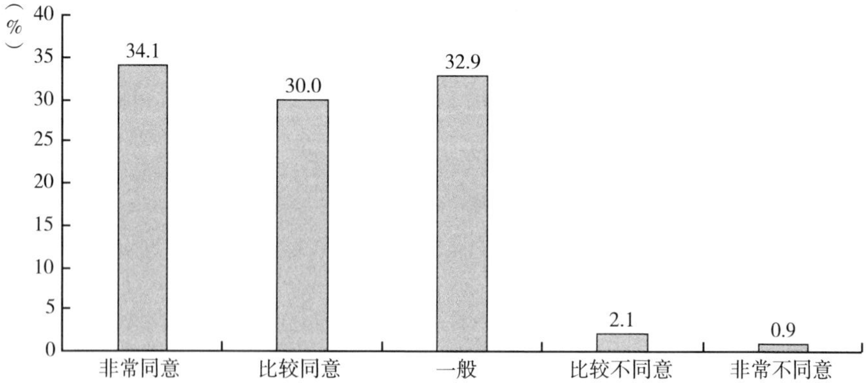

图 24　代销者对“您的彩票销售站点当前面临较大的经营压力”的认同度

表 13　代销者对浙江福彩社会责任建设的满意度

一级指标	权重	整体满意度得分	排名
代销者责任	0.027	8.661	1
购彩者责任	0.266	8.425	2
总体满意度	1	8.855	—

（2）购彩者责任满意度

在测试指标中，购彩者信息保护措施满意度得分最高，其次为方便购彩者兑奖的措施和建立与购彩者的沟通渠道，游戏防沉迷评估得分最低（见表 14）。

表 14　代销者对浙江福彩购彩者责任的满意度

单位：分

二级指标	权重	整体满意度得分	排名
购彩者信息保护措施	0.103	8.920	1
方便购彩者兑奖的措施	0.103	8.831	2
建立与购彩者的沟通渠道	0.119	8.699	3
积极应对购彩者投诉	0.106	8.431	4
引导理性购彩	0.119	8.348	5
建立防止非理性购彩者的预警机制	0.119	8.270	6
购彩者诉求处理	0.106	8.260	7
游戏防沉迷评估	0.119	8.123	8
购彩者投诉解决率（非测试指标）	0.106	8.000	—
总体满意度	1	8.425	—

（3）代销者责任满意度

在测试指标中，代销者对于代销者责任满意度普遍偏低，其中业主经营情况满意度得分最高，其次是代销者救助与帮扶，其余指标满意度得分均低于 8 分，丰富代销者的业余生活得分最低（见表 15）。

表 15　代销者对浙江福彩代销者责任的满意度

单位：分

二级指标	权重	整体满意度得分	排名
业主经营情况（是否自己经营）	0.091	8.480	1
代销者救助与帮扶	0.091	8.007	2
销售站点从业人员危机干预及救助	0.091	7.927	3

续表

二级指标	权重	整体满意度得分	排名
建立销售激励机制	0.091	7.917	4
销售站点从业人员基本权益保护	0.091	7.672	5
丰富代销者的业余生活	0.091	7.173	6
销售站点从业者人数(非测试指标,同下)	0.091	10.000	—
从业人员的年龄结构	0.091	10.000	—
业主户籍来源统计(本地/外地)	0.091	10.000	—
代销合同履约率	0.091	10.000	—
销售站点满意率	0.091	8.000	—
总体满意度	1	8.661	—

（三）政府及其他利益相关方对浙江福彩社会责任建设满意度评测

1. 总体评价

本次利益相关方调研总计收集到42份有效问卷。其中媒体工作人员最多，占总体的59.5%；其次是政府工作人员，占总体的19.0%（见图25）。

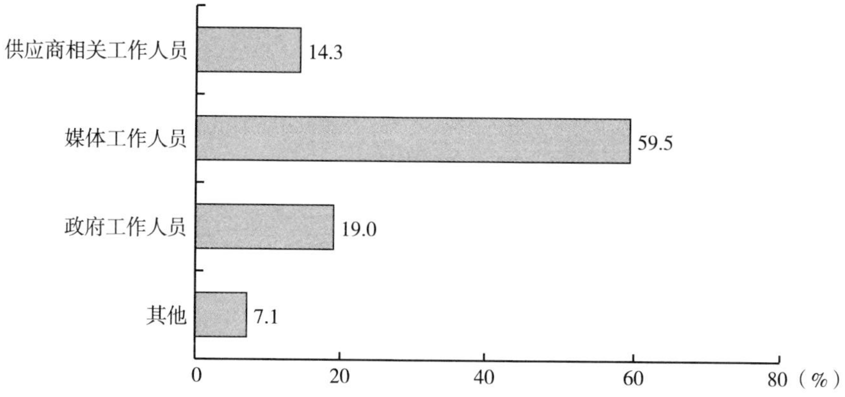

图25　利益相关方类型

调查结果显示，利益相关方普遍对浙江福彩社会责任建设情况有一定了解，其中，媒体工作人员相较于政府工作人员、供应商相关工作人员等是对浙江福彩社会责任建设工作最了解的一方（见表16）。

表 16 利益相关方对浙江福彩社会责任建设的了解度

单位：%

类别	政府工作人员	媒体工作人员	供应商相关工作人员	其他
非常了解	20.0	60.0	15.0	5.0
一般了解	18.2	59.1	13.6	9.1
不了解但感兴趣	0	0	0	0
不了解，认为无关紧要	0	0	0	0

利益相关方普遍认为浙江福彩在彩票销售管理责任方面做得很好，且成效显著，其次是组织治理责任和购彩者责任方面。40.5%的利益相关者认为目前浙江福彩在公信力建设方面仍须提升，其次是购彩者责任方面（见图 26～27）。

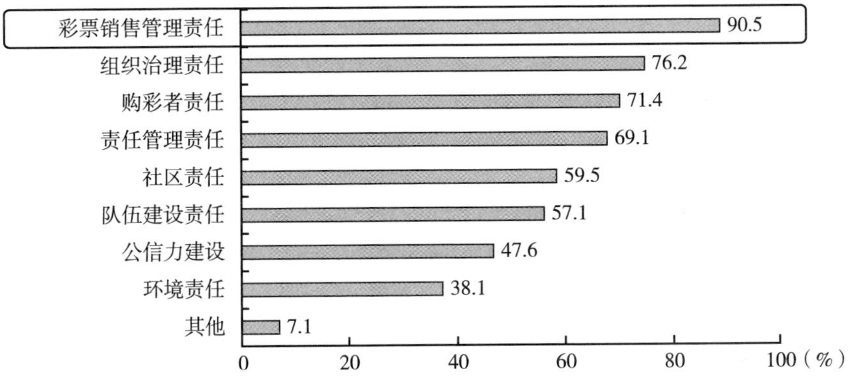

图 26 浙江福彩在社会责任建设方面成效情况

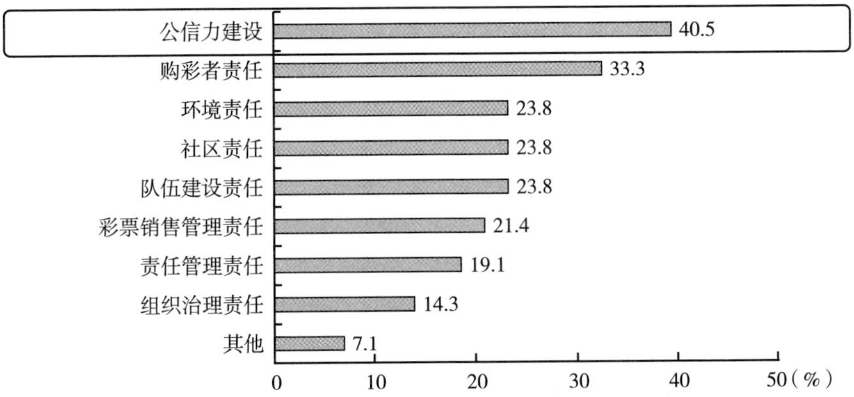

图 27 浙江福彩在社会责任建设方面需要改进的情况

对于彩票社会责任，40.5%的利益相关方更认同“我更关心福彩的每一分公益金是否花到国家的公益慈善事业上”；31.0%的人更认同“我更关注彩票开奖的公正性，保障购彩者权益，对购彩者负责”（见表17）。

表17　利益相关方态度

单位：%

语句	认同占比
我更关注彩票开奖的公正性，保障购彩者权益，对购彩者负责	31.0
我觉得如何引导购彩者群体理性购彩更重要	23.8
我更关心福彩的每一分公益金是否花到国家的公益慈善事业上	40.5
彩票销量是至关重要的，销量越多，筹集的公益金越多	4.8

2. 总体满意度

调查结果显示，利益相关方对浙江福彩社会责任建设的满意度总评分为8.862分，其中责任管理议题中的责任绩效和责任战略得分位于前列，社区责任得分最低（见表18）。

表18　利益相关方对浙江福彩社会责任建设的满意度

单位：分

一级指标	权重	满意度得分	排名
责任绩效	0.194	9.240	1
责任战略	0.270	9.139	2
责任沟通	0.186	8.661	3
购彩者责任	0.266	8.560	4
责任融合	0.204	8.526	5
社区责任	0.109	8.251	6
总体满意度	1	8.862	—

3. 责任管理满意度

责任管理满意度测试总共包含14个二级指标，其中，4个非测试指标，10个测试指标，在测试指标中，利益相关方对于组织外部社会责任沟通机制满意度最高（见表19）。

表 19　利益相关方对浙江福彩责任管理的满意度

单位：分

一级指标	权重	二级指标	满意度得分	排名
责任战略	0.270	社会责任理念、愿景及价值观(非测试指标)	10.000	—
		核心社会责任议题	8.525	5
		社会责任规划(非测试指标)	8.900	—
责任融合	0.204	推进地市机构社会责任工作	8.474	7
		推动供应链合作伙伴履行社会责任	8.579	4
责任绩效	0.194	构建社会责任指标体系(非测试指标)	10.000	—
		依照社会责任指标体系进行绩效评估(非测试指标)	10.000	—
		开展社会责任优秀评选	8.447	9
		社会责任事故处理	8.513	6
责任沟通	0.186	组织核心利益相关方	8.741	3
		利益相关方的关注点和组织的回应措施	8.469	8
		组织内部社会责任沟通机制	8.474	7
		组织外部社会责任沟通机制	8.816	1
		高层领导参与的社会责任沟通与交流活动	8.806	2

4. 购彩者责任满意度

在测试指标中，各指标整体得分都相对较高，其中购彩者信息保护措施和方便购彩者兑奖的措施满意度得分最高，其次是积极应对购彩者投诉，建立防止非理性购彩者的预警机制得分最低（见表 20）。

表 20　利益相关方对浙江福彩购彩者责任的满意度

二级指标	权重	整体满意度得分	排名
购彩者信息保护措施	0.103	9.098	1
方便购彩者兑奖的措施	0.103	9.098	1
积极应对购彩者投诉	0.106	8.811	3
建立与购彩者的沟通渠道	0.119	8.657	4
购彩者诉求处理	0.106	8.541	5
引导理性购彩	0.119	8.436	6
游戏防沉迷评估	0.119	8.324	7
建立防止非理性购彩者的预警机制	0.119	8.189	8
购彩者投诉解决率(非测试指标)	0.106	8.000	—
总体满意度	1	8.560	—

5. 社区责任满意度

在社区责任建设满意度测试中，支持志愿者活动的政策、措施满意度得分最高，其次是机构策划和实施的公益项目与员工志愿者活动情况，得分最低的是社区居民彩票知识教育宣传（见表21）。

表21　利益相关方对浙江福彩社区责任的满意度

单位：分

二级指标	权重	整体满意度得分	排名
支持志愿者活动的政策、措施	0.143	8.632	1
机构策划和实施的公益项目	0.143	8.541	2
员工志愿者活动情况	0.143	8.301	3
参加当地协会/社团情况	0.143	8.231	4
支持社区管理、公共服务创新	0.143	8.075	5
社区居民彩票知识教育宣传	0.143	7.921	6
机构筹集公益金（非测试指标）	0.143	8.000	—
总体满意度	1	8.251	—

（四）福彩工作人员（内部员工）对浙江福彩社会责任建设满意度评测

1. 基本情况

本次调研通过线上调查的方式，总计收集到382份有效问卷，覆盖浙江省12个地级市（见图28）。

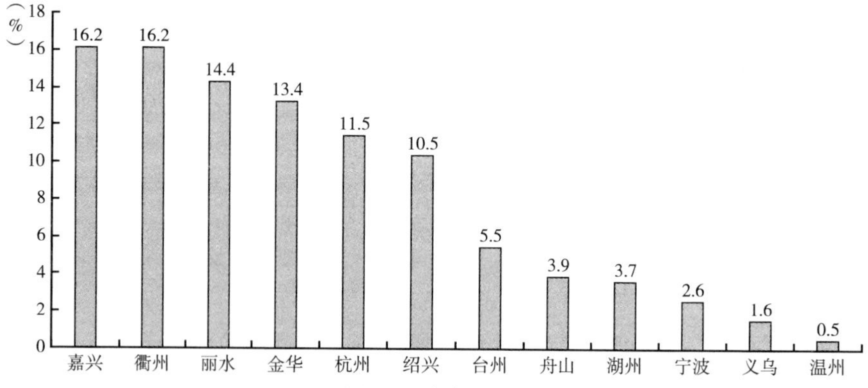

图28　城市分布

被调查者中女性稍多于男性，年龄主要集中在 25 ~ 44 周岁（见图 29）。

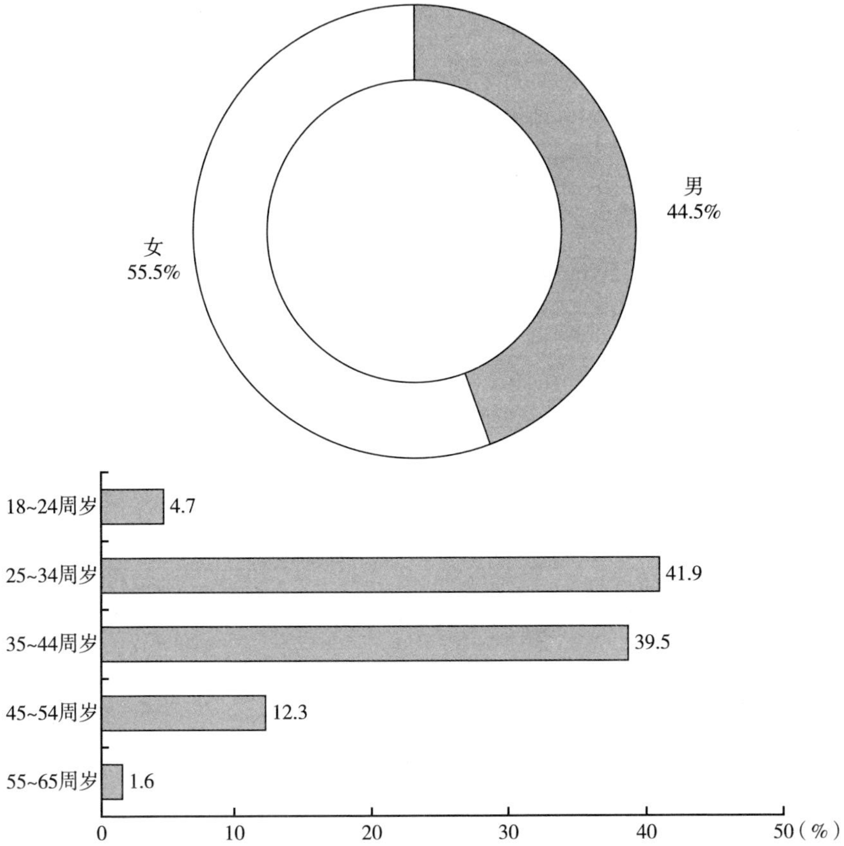

图 29　受访人员性别/年龄分布

2. 总体满意度

调查结果显示，工作人员对于浙江福彩社会责任建设的总体满意度较高。其中，得分最高的是组织治理，其次是责任管理和销售管理责任，社区责任得分最低。相对而言，省中心工作人员对于浙江福彩社会责任建设的满意度低于地市中心工作人员和专管员（见表 22）。

表 22　工作人员对浙江福彩社会责任建设的满意度

单位：分

议题	权重	满意度得分				排名
		整体	省中心工作人员	地市中心工作人员	专管员	
组织治理	0.066	9.610	9.571	9.611	9.634	1
责任管理	0.054	9.202	9.030	9.231	9.239	2
销售管理责任	0.345	9.181	9.034	9.210	9.200	3
队伍建设责任	0.108	9.104	8.987	9.115	9.137	4
环境责任	0.053	9.041	8.810	9.092	9.054	5
购彩者责任	0.266	8.963	8.757	9.008	9.018	6
社区责任	0.109	8.441	8.380	8.591	8.483	7
总体满意度	1	9.065	8.917	9.109	9.099	—

3. 组织治理满意度

组织治理议题满意度测试包含管理体制和守法合规 2 个一级指标，其中工作人员对管理体制满意度高于守法合规（见表 23）。

表 23　工作人员对浙江福彩组织治理的满意度

单位：分

一级指标	权重	满意度得分				排名
		整体	省中心工作人员	地市中心工作人员	专管员	
管理体制	0.572	9.858	9.828	9.858	9.877	1
守法合规	0.428	9.279	9.226	9.282	9.310	2
总体满意度	1	9.610	9.571	9.611	9.634	—

总体来看，社会责任管理制度得分为 9.027 分，其中省中心工作人员满意度评分最低，其次为地市中心工作人员（见表 24）。

表 24　工作人员对浙江福彩社会管理体制的满意度

单位：分

二级指标	权重	满意度得分				排名
		整体	省中心工作人员	地市中心工作人员	专管员	
社会责任管理制度	0.167	9.027	8.853	9.027	9.144	1
治理架构(组织架构)(非测试指标,同下)	0.167	10.000	10.000	10.000	10.000	—

续表

二级指标	权重	满意度得分				排名
		整体	省中心工作人员	地市中心工作人员	专管员	
组织管理机制	0.167	10.000	10.000	10.000	10.000	—
社会责任领导机构	0.167	10.000	10.000	10.000	10.000	—
社会责任组织体系	0.167	10.000	10.000	10.000	10.000	—
社会责任组织体系的职责与分工	0.167	10.000	10.000	10.000	10.000	—
总体满意度	1	9.858	9.828	9.858	9.877	—

守法合规满意度测试中有 3 个测试指标，总体来看，守法合规满意度得分为 9.279 分（见表 25）。

表 25　工作人员对浙江福彩守法合规的满意度

单位：分

二级指标	权重	满意度得分				排名
		整体	省中心工作人员	地市中心工作人员	专管员	
风险管理	0.109	8.946	8.740	8.929	9.136	1
反腐败培训	0.119	8.975	8.820	8.979	9.083	2
建立社会监督员制度	0.109	8.863	8.760	8.909	8.841	3
反腐败培训绩效（非测试指标，同下）	0.119	8.500	8.500	8.500	8.500	—
守法合规体系	0.109	10.000	10.000	10.000	10.000	—
守法合规培训	0.119	10.000	10.000	10.000	10.000	—
守法合规培训绩效	0.109	8.000	8.000	8.000	8.000	—
反腐败	0.109	10.000	10.000	10.000	10.000	—
重大违法违纪违规事件	0.109	10.000	10.000	10.000	10.000	—
总体满意度	1	9.279	9.226	9.282	9.310	—

4. 责任管理满意度

（1）责任管理总体满意度

责任管理议题满意度测试中，责任绩效指标满意度得分最高，责任融合指标满意度得分相对最低。整体上，省中心工作人员满意度评分略低于地市中心工作人员与专管员（见表 26）。

表 26　工作人员对浙江福彩责任管理的满意度

单位：分

一级指标	权重	满意度得分				排名
		整体	省中心工作人员	地市中心工作人员	专管员	
责任绩效	0. 194	9. 491	9. 404	9. 492	9. 548	1
责任战略	0. 270	9. 292	9. 154	9. 320	9. 308	2
责任沟通	0. 186	9. 170	8. 925	9. 211	9. 214	3
责任能力	0. 145	9. 064	9. 026	9. 062	9. 104	4
责任融合	0. 204	8. 979	8. 654	9. 047	9. 017	5
总体满意度	1	9. 202	9. 030	9. 231	9. 239	—

（2）责任战略满意度

责任战略满意度测试中共 2 个测试指标，其中核心社会责任议题指标的满意度得分略高于社会责任规划指标（见表 27）。

表 27　工作人员对浙江福彩责任战略的满意度

单位：分

二级指标	权重	满意度得分				排名
		整体	省中心工作人员	地市中心工作人员	专管员	
核心社会责任议题	0. 317	8. 997	8. 733	9. 042	9. 044	1
社会责任规划	0. 367	8. 909	8. 762	8. 947	8. 912	2
社会责任理念、愿景及价值观（非测试指标）	0. 317	10. 000	10. 000	10. 000	10. 000	—
总体满意度	1	9. 292	9. 154	9. 320	9. 308	—

（3）责任融合满意度

调查结果显示，推进地市机构社会责任工作整体满意度得分略高于推动供应链合作伙伴履行社会责任（见表 28）。

表 28　工作人员对浙江福彩责任融合的满意度

单位：分

二级指标	权重	满意度得分				排名
		整体	省中心工作人员	地市中心工作人员	专管员	
推进地市机构社会责任工作	0.5000	8.981	8.669	9.038	9.045	1
推动供应链合作伙伴履行社会责任	0.5000	8.977	8.638	9.056	8.989	2
总体满意度	0.204	8.979	8.654	9.047	9.017	—

（4）责任绩效满意度

在测试指标中，工作人员对于开展社会责任优秀评选和社会责任事故处理指标满意度评分较为接近（见表29）。

表 29　工作人员对浙江福彩责任绩效的满意度

单位：分

二级指标	权重	满意度得分				排名
		整体	省中心工作人员	地市中心工作人员	专管员	
社会责任事故处理	0.250	9.005	8.812	9.013	9.112	1
开展社会责任优秀评选	0.250	8.958	8.806	8.953	9.079	2
构建社会责任指标体系（非测试指标,同下）	0.250	10.000	10.000	10.000	10.000	—
依照社会责任指标体系进行绩效评估	0.250	10.000	10.000	10.000	10.000	—
总体满意度	1	9.491	9.404	9.492	9.548	—

（5）责任沟通满意度

调查显示，满意度得分前3名分别是组织核心利益相关方、高层领导参与的社会责任沟通与交流活动、利益相关方的关注点和组织的回应措施，组织内部社会责任沟通机制满意度得分最低（见表30）。

表 30　工作人员对浙江福彩责任沟通的满意度

单位：分

二级指标	权重	满意度得分				排名
		整体	省中心工作人员	地市中心工作人员	专管员	
组织核心利益相关方	0.200	9.418	9.088	9.475	9.461	1
高层领导参与的社会责任沟通与交流活动	0.200	9.399	9.113	9.465	9.393	2
利益相关方的关注点和组织的回应措施	0.200	9.027	8.838	9.025	9.148	3
组织外部社会责任沟通机制	0.200	9.023	8.824	9.064	9.046	4
组织内部社会责任沟通机制	0.200	8.983	8.761	9.026	9.023	5
总体满意度	1	9.170	8.925	9.211	9.214	—

（6）责任能力满意度

调查显示，责任彩票培训满意度得分高于开展或参与责任彩票课题研究（见表 31）。

表 31　工作人员对浙江福彩责任能力的满意度

单位：分

二级指标	权重	满意度得分				排名
		整体	省中心工作人员	地市中心工作人员	专管员	
责任彩票培训	0.525	9.155	9.140	9.153	9.187	1
开展或参与责任彩票课题研究	0.475	8.963	8.900	8.962	9.012	2
总体满意度	1	9.064	9.026	9.062	9.104	—

5. 销售管理责任满意度

（1）销售管理责任总体满意度

销售管理责任议题满意度测试中，透明运营指标满意度得分最高，其次是安全运行和公益建设，理性宣传与营销得分最低（见表 32）。

表 32　工作人员对浙江福彩销售管理责任的满意度

单位：分

一级指标	权重	满意度得分				排名
		整体	省中心工作人员	地市中心工作人员	专管员	
透明运营	0.122	9.847	9.821	9.854	9.847	1
安全运行	0.117	9.272	9.125	9.294	9.297	2
公益建设	0.112	9.221	8.814	9.201	9.219	3
渠道建设	0.128	9.219	9.041	9.259	9.227	4
文化建设	0.093	9.088	8.962	9.190	9.225	5
优质服务	0.113	9.058	8.956	9.077	9.126	6
游戏管理	0.175	8.945	8.895	8.981	8.900	7
理性宣传与营销	0.139	8.976	8.792	9.014	8.999	8
总体满意度	0.345	9.181	9.034	9.210	9.200	—

（2）游戏管理满意度

在游戏管理满意度测试中，包含游戏风险管控指标和游戏的社会影响（风险）评估指标，其中游戏风险管控的满意度得分明显高于游戏的社会影响（风险）评估（见表33）。

表 33　工作人员对浙江福彩游戏管理的满意度

单位：分

二级指标	权重	满意度得分				排名
		整体	省中心工作人员	地市中心工作人员	专管员	
游戏风险管控	0.500	9.037	9.040	9.047	9.033	1
游戏的社会影响（风险）评估	0.500	8.852	8.751	8.915	8.767	2
总体满意度	1	8.945	8.895	8.981	8.900	—

（3）理性宣传与营销满意度

理性宣传与营销满意度测试中，合规营销与宣传满意度得分最高，其次是对地市机构宣传业务的指导和检查、宣传规划的制定与落实（见表34）。

表 34　工作人员对浙江福彩理性宣传与营销的满意度

单位：分

二级指标	权重	满意度得分				排名
		整体	省中心工作人员	地市中心工作人员	专管员	
合规营销与宣传	0.152	9.099	8.915	9.131	9.141	1
对地市机构宣传业务的指导和检查	0.152	9.030	8.817	9.050	9.111	2
宣传规划的制定与落实	0.136	9.019	8.843	9.090	8.956	3
阶段性重点营销宣传方案的制订和落实	0.152	8.981	8.724	9.034	9.000	4
网络宣传平台建设	0.136	8.973	8.708	9.020	9.011	5
新闻发言人机制	0.136	8.927	8.762	8.958	8.955	6
创新营销方式	0.136	8.784	8.763	8.798	8.789	7
总体满意度	1	8.976	8.792	9.014	8.999	—

（4）渠道建设满意度

在测试指标中，社会征召满意度得分最高，其次是销售站点规范化建设和行业渠道合作，销售模式创新得分最低（见表35）。

表 35　工作人员对浙江福彩渠道建设的满意度

单位：分

二级指标	权重	满意度得分				排名
		整体	省中心工作人员	地市中心工作人员	专管员	
社会征召	0.159	9.181	8.846	9.251	9.196	1
销售站点规范化建设	0.176	9.163	8.996	9.188	9.200	2
行业渠道合作	0.176	9.011	8.888	9.049	9.011	3
销售站点科学布局	0.176	8.975	8.751	9.007	9.033	4
销售模式创新	0.156	8.918	8.698	8.996	8.848	5
销售站点数量（非测试指标）	0.159	10.000	10.000	10.000	10.000	—
总体满意度	1	9.219	9.041	9.259	9.227	—

(5) 安全运行满意度

在测试指标中，摇奖安全管理满意度得分最高，其次是资金管理和技术系统安全、开奖安全管理（见表36）。

表36　工作人员对浙江福彩安全运行的满意度

单位：分

二级指标	权重	满意度得分				排名
		整体	省中心工作人员	地市中心工作人员	专管员	
摇奖安全管理	0.090	9.328	9.141	9.235	9.356	1
资金管理	0.090	9.223	9.115	9.119	9.225	2
技术系统安全、开奖安全管理	0.090	9.221	8.955	8.909	8.890	3
印制安全管理	0.090	9.220	8.996	9.130	9.043	4
数据安全管理	0.090	9.105	8.860	9.028	8.978	5
彩票销售场所的安全管理	0.090	9.067	8.825	9.392	9.292	6
舆情预警及处置	0.099	9.057	8.846	9.287	9.202	7
技术管理	0.090	9.008	8.887	9.233	9.267	8
技术设备更新	0.090	8.893	8.880	9.001	9.122	9
安全认证等级管理（非测试指标，同下）	0.090	10.000	10.000	10.000	10.000	—
开奖公告发布	0.090	10.000	10.000	10.000	10.000	—
总体满意度	1	9.272	9.125	9.294	9.297	—

(6) 优质服务满意度

在优质服务满意度测试中，开展行风建设满意度得分最高，其次是责任彩票教育培训、规范代销者日常销售工作制度与举措（见表37）。

表37　工作人员对浙江福彩优质服务的满意度

单位：分

二级指标	权重	满意度得分				排名
		整体	省中心工作人员	地市中心工作人员	专管员	
开展行风建设	0.200	9.137	8.929	9.058	9.187	1
责任彩票教育培训	0.200	9.076	9.037	9.178	9.180	2

续表

二级指标	权重	满意度得分				排名
		整体	省中心工作人员	地市中心工作人员	专管员	
规范代销者日常销售工作制度与举措	0. 200	9. 065	8. 920	9. 081	9. 110	3
优化销售站点购彩环境	0. 200	9. 014	8. 894	9. 068	9. 152	4
责任彩票教育培训绩效	0. 200	9. 000	9. 000	9. 000	9. 000	5
总体满意度	1	9. 058	8. 956	9. 077	9. 126	—

（7）公益建设满意度

在公益建设满意度测试中，各测试指标满意度得分相对接近。其中，公益金筹集与上交情况满意度得分最高，省中心工作人员满意度评分略低（见表38）。

表38　工作人员对浙江福彩公益建设的满意度

单位：分

二级指标	权重	满意度得分				排名
		整体	省中心工作人员	地市中心工作人员	专管员	
公益金筹集与上交情况	0. 333	9. 270	8. 897	9. 022	9. 077	1
资金的分配使用管理	0. 333	9. 220	8. 808	9. 252	9. 333	2
发行费用应用公益项目情况	0. 333	9. 202	8. 763	9. 355	9. 276	3
总体满意度	1	9. 221	8. 814	9. 201	9. 219	—

（8）文化建设满意度

在文化建设满意度测试中，各测试指标满意度得分相对接近，浙江福彩特色文化建设满意度得分略高于福彩文化与形象建设（见表39）。

表 39　工作人员对浙江福彩文化建设的满意度

单位：分

二级指标	权重	满意度得分				排名
		整体	省中心工作人员	地市中心工作人员	专管员	
浙江福彩特色文化建设	0.500	9.093	8.994	9.114	9.112	1
福彩文化与形象建设	0.500	9.084	8.931	9.266	9.337	2
总体满意度	1	9.088	8.962	9.190	9.225	—

6. 购彩者责任满意度

在测试指标中，购彩者信息保护措施满意度得分最高，其次是方便购彩者兑奖的措施和积极应对购彩者投诉，得分最低的是游戏防沉迷评估（见表 40）。

表 40　工作人员对浙江福彩购彩者责任的满意度

单位：分

二级指标	权重	满意度得分				排名
		整体	省中心工作人员	地市中心工作人员	专管员	
购彩者信息保护措施	0.103	9.246	8.975	9.113	9.055	1
方便购彩者兑奖的措施	0.103	9.176	9.078	9.296	9.283	2
积极应对购彩者投诉	0.106	9.116	8.762	9.112	9.065	3
引导理性购彩	0.119	9.070	8.935	9.150	9.231	4
建立与购彩者的沟通渠道	0.119	9.049	8.823	8.968	9.033	5
购彩者诉求处理	0.106	9.046	8.718	9.090	9.087	6
建立防止非理性购彩者的预警机制	0.119	9.005	8.812	9.198	9.196	7
游戏防沉迷评估	0.119	8.943	8.697	9.104	9.156	8
购彩者投诉解决率（非测试指标）	0.106	8.000	8.000	8.000	8.000	—
总体满意度	1	8.963	8.757	9.008	9.018	—

7. 队伍建设责任满意度

在队伍建设责任满意度测试中，员工责任满意度得分最高，其次是代销者责任，专管员责任得分最低（见表41）。

表 41　工作人员对浙江福彩队伍建设责任的满意度

单位：分

一级级指标	权重	满意度得分				排名
		整体	省中心工作人员	地市中心工作人员	专管员	
员工责任	0. 371	9. 204	9. 118	9. 260	9. 226	1
代销者责任	0. 251	9. 192	9. 084	9. 209	9. 229	2
专管员责任	0. 378	8. 948	8. 793	8. 911	8. 988	3
总体满意度	0. 108	9. 104	8. 987	9. 115	9. 137	—

在员工责任满意度测试中，员工总数及员工结构满意度得分最高，大部分工作人员认为机构内员工总数及员工的年龄、性别、职称、职务、专业构成较为合理；得分最低的是尊重员工家庭责任和业余生活，确保工作生活平衡（见表42）。

表 42　工作人员对浙江福彩员工责任的满意度

单位：分

二级指标	权重	满意度得分				排名
		整体	省中心工作人员	地市中心工作人员	专管员	
员工总数及员工结构	0. 083	9. 022	8. 940	9. 016	9. 110	1
女性管理者比例	0. 083	8. 970	8. 791	8. 868	8. 859	2
员工培训制度	0. 083	8. 952	8. 780	8. 788	8. 756	3
员工培训力度	0. 083	8. 917	8. 780	8. 998	8. 957	4
员工职业发展通道	0. 083	8. 769	8. 709	8. 985	8. 848	5
员工心理健康援助制度/措施	0. 083	8. 764	8. 729	9. 008	9. 000	6
尊重员工家庭责任和业余生活，确保工作生活平衡	0. 083	8. 659	8. 420	8. 845	8. 633	7
劳动合同签订率（非测试指标，同下）	0. 083	10. 000	10. 000	10. 000	10. 000	—

续表

二级指标	权重	满意度得分				排名
		整体	省中心工作人员	地市中心工作人员	专管员	
参加工会的员工比例	0.083	10.000	10.000	10.000	10.000	—
社会保险覆盖率	0.083	10.000	10.000	10.000	10.000	—
平等雇佣制度	0.083	8.837	8.709	9.060	8.989	—
体检及健康档案覆盖率	0.083	10.000	10.000	10.000	10.000	—
总体满意度	0.371	9.204	9.118	9.260	9.226	—

在专管员责任满意度测试中，专管员专业技能培训满意度得分最高，得分最低的是专管员基本权益保障（见表43）。

表43　工作人员对浙江福彩专管员责任的满意度

单位：分

二级指标	权重	满意度得分				排名
		整体	省中心工作人员	地市中心工作人员	专管员	
专管员专业技能培训	0.167	8.995	8.833	8.849	8.989	1
销售终端管理员	0.167	8.968	8.812	8.636	8.867	2
专管员救助与帮扶	0.167	8.949	8.845	8.973	8.989	3
培训绩效	0.167	8.941	8.780	9.002	9.088	4
专管员职业发展通道	0.167	8.900	8.901	8.922	8.882	5
专管员基本权益保障	0.167	8.826	8.484	8.998	8.989	6
总体满意度	0.378	8.948	8.793	8.911	8.988	—

在代销者责任满意度测试中，业主经营情况满意度得分最高，得分最低的是丰富代销者的业余生活（见表44）。

表44　工作人员对浙江福彩代销者责任的满意度

单位：分

二级指标	权重	满意度得分				排名
		整体	省中心工作人员	地市中心工作人员	专管员	
业主经营情况（是否自己经营）	0.091	8.959	8.689	8.972	8.977	1
代销者救助与帮扶	0.091	8.924	8.721	8.544	8.609	2

续表

二级指标	权重	满意度得分				排名
		整体	省中心工作人员	地市中心工作人员	专管员	
销售站点从业人员危机干预及救助	0.091	8.896	8.648	8.846	9.056	3
销售站点从业人员基本权益保护	0.091	8.857	8.629	9.014	9.000	4
建立销售激励机制	0.091	8.823	8.628	8.898	9.067	5
丰富代销者的业余生活	0.091	8.549	8.505	8.928	8.707	6
销售站点从业者人数(非测试指标,同下)	0.091	10.000	10.000	10.000	10.000	—
从业人员的年龄结构	0.091	10.000	10.000	10.000	10.000	—
业主户籍来源统计(本地/外地)	0.091	10.000	10.000	10.000	10.000	—
代销合同履约率	0.091	10.000	10.000	10.000	10.000	—
销售站点满意率	0.091	8.000	8.000	8.000	8.000	—
总体满意度	1	9.192	9.084	9.209	9.229	—

8. 社区责任满意度

在社区责任建设满意度测试中，支持志愿者活动的政策、措施满意度得分最高，其次是支持社区管理、公共服务创新，得分最低的是机构策划和实施的公益项目（见表45）。

表45　工作人员对浙江福彩社区责任的满意度

单位：分

二级指标	权重	满意度得分				排名
		整体	省中心工作人员	地市中心工作人员	专管员	
支持志愿者活动的政策、措施	0.143	9.073	8.885	9.144	9.000	1
支持社区管理、公共服务创新	0.143	8.851	8.658	8.888	8.860	2
社区居民彩票知识教育宣传	0.143	8.774	8.583	8.882	8.614	3
参加当地协会/社团情况	0.143	8.766	8.520	8.996	8.888	4

续表

二级指标	权重	满意度得分				排名
		整体	省中心工作人员	地市中心工作人员	专管员	
机构策划和实施的公益项目	0.143	8.266	8.658	8.866	8.663	5
机构筹集公益金	0.143	8.000	8.000	8.000	8.000	—
员工志愿者活动情况	0.143	8.000	8.000	8.000	8.000	—
总体满意度	0.109	8.441	8.380	8.591	8.483	—

9. 环境责任满意度

在环境责任建设满意度测试中，各指标满意度得分相近，其中满意度得分最高的是绿色仓储，得分最低的是废票、尾票处理（见表46）。

表46　工作人员对浙江福彩环境责任的满意度

单位：分

二级指标	权重	满意度得分				排名
		整体	省中心工作人员	地市中心工作人员	专管员	
绿色仓储	0.134	9.079	8.760	9.132	9.132	1
采用环保设备和技术印刷	0.134	9.072	8.857	9.128	8.860	2
绿色采购	0.165	9.047	8.926	9.114	9.114	3
彩票印制的能源消耗	0.134	9.056	8.800	9.064	9.064	4
绿色办公	0.165	9.038	8.671	9.119	9.119	5
淘汰设备的再生利用	0.134	9.021	8.828	9.061	9.061	6
废票、尾票处理	0.134	8.971	8.830	9.017	9.000	7
总体满意度	1	9.041	8.810	9.092	9.054	—

五　结论和建议

（一）结论

本报告立足浙江省福彩社会责任体系建设的指标框架，通过对购彩者和公众、代销者、利益相关者和机构工作人员四类人群进行福彩社会责任建设满意度调查，总结浙江省福彩社会责任建设的阶段性成果和不足，并针对调查结果，从战略角度对浙江省福彩社会责任发展提出建议。

（1）销售管理责任是社会责任建设成效的核心，但目前还不具备明显优势

购彩者和公众、代销者、利益相关者和机构工作人员四类人群对各议题的综合满意度中，对组织治理的满意度最高，其次是销售管理责任、责任管理、环境责任和队伍建设责任。但销售管理责任因其权重占比最高，目前综合满意度得分并不具备明显优势，因此其建设还须进一步提升（见图30）。

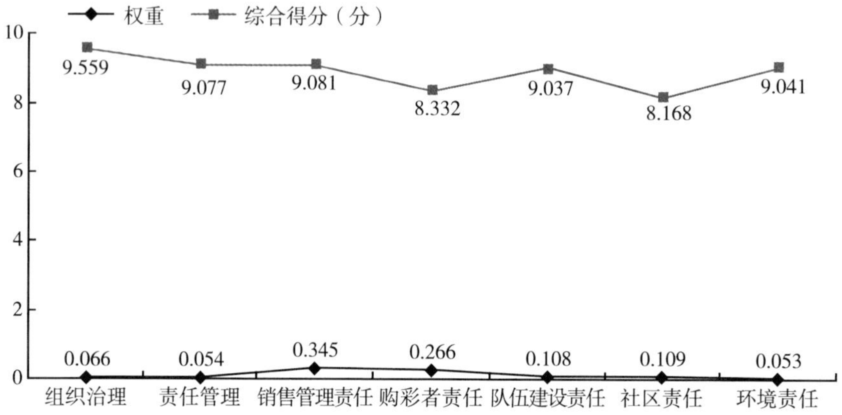

图30　指标满意度与权重对比分析

浙江省福彩社会责任建设形成优势主要体现在销售管理责任上，销售管理责任建设是浙江省福彩日常工作的核心，所有工作都紧紧围绕销售管理责任建设工作展开。从满意度调查可知，目前浙江省福彩销售管理工作基本达到了期望，虽然满意度得分略高于其他几项（除组织治理外），但不具备明显优势。随着我国对福彩社会责任建设的重视程度不断提升，各利益相关方对于福彩社会责任建设的期望也会不断提升，因此仍须持续提升销售管理责任建设（见图31）。

（2）彩票销售过程中存在的具体问题

偏好追求彩票销量。销量作为代销者追求的目标可能使代销群体轻视彩票

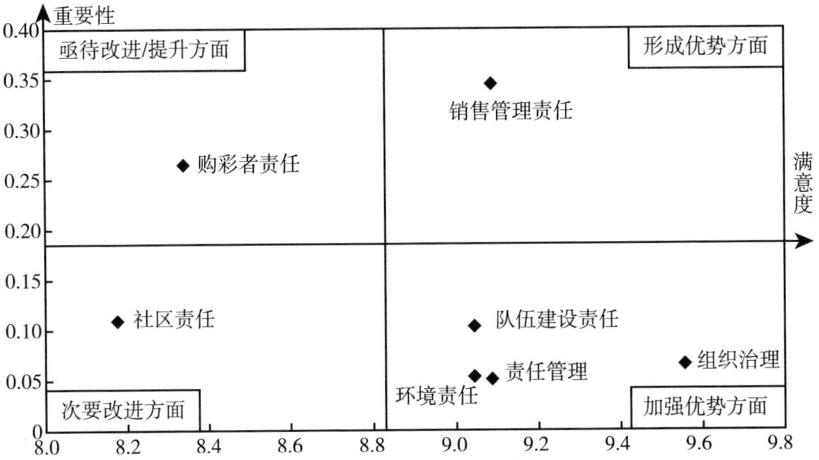

图 31　社会责任建设矩阵分析

注：以平均分 8. 816 作为区分。

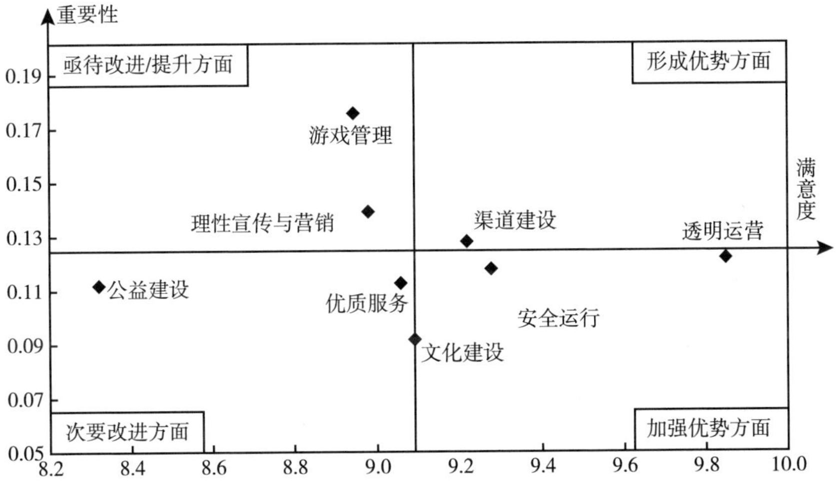

图 32　销售管理责任提升矩阵分析

注：以平均分 9. 091 作为区分。

社会责任的重要性。同时，销量在浙江福彩发展过程中较长时间内也作为机构成绩的重要指标，一度在所有工作中占据较大权重。随着浙江福彩中心对社会责任工作的逐渐重视，引起机构对“销量为先”的价值体系的反思。目前浙江省福彩进入了从销量到责任转型的十字路口，如何做得更好，进入了探索期。

游戏管理不足。游戏管理是目前销售管理责任建设中亟待改进/提升的主要方面之一（见图32）。目前，浙江福彩中心积极响应中福彩中心，采取了一些游戏风险管理措施，以期达到游戏风险管控的目的。随着“中福在线”“快乐12”退出彩票市场，浙江福彩中心对游戏风险管控能力明显加强，但从市场反馈看，彩票游戏社会影响（风险）评估仍然不足，从安全角度考虑，还需要积极完善。

彩票市场存在宣传的不当行为。由于体彩与福彩的竞争，加之销售额的要求，一方面，彩票机构在市场拓展和宣传工作中，过于突出对彩票的高奖池和中大奖的宣传，在有关彩票的社会责任活动，问题购彩的预防、援助等方面的宣传力度较小甚至忽视[①]。另一方面，在宣传的手段上没有运用现代传播学的基本原理，大多数是枯燥的公益项目分类与数字罗列，缺乏生动性和人性化，未能很好地引起社会共鸣。

提供的优质服务中忽略了对购彩者的社会责任教育的重要性。福彩社会责任教育包含两个方面的内容：一是对购彩者的教育，提供公开透明的彩票信息（如中奖概率、购彩风险、问题购彩预防及求助等）；二是对彩票相关机构与从业人员的教育，要求从业人员以负责任的态度与购彩者沟通。目前，彩票行业针对彩票从业人员进行了大量的责任彩票培训教育，但对购彩者的教育相对缺乏。

（3）浙江福彩购彩者责任是亟待改进/提升的主要方面，是浙江福彩社会责任提升至关重要的一环

购彩者责任权重较高，仅次于销售管理责任，但满意度综合得分较低，因此购彩者责任议题是浙江福彩社会责任建设应该重点加强的方面（见图31）。由社会责任建设矩阵分析可知，购彩者责任是目前亟待改进/提升的主要方面，主要是因为购彩者责任是彩票社会责任建设最直接、最真切的方面，将直接影响到各方对于浙江福彩社会责任建设的满意度，所以购彩者责任是浙江福彩社会责任提升至关重要的一环。

---

① 陈又星、蔡丽婷：《中国情境下负责任彩票体系构建及实施路径选择》，《经济师》2015年第11期。

形成优势方面的是建立与购彩者的沟通渠道；亟待改进/提升方面的有引导理性购彩、游戏防沉迷评估和建立防止非理性购彩者的预警，这三项重要性都较高，但满意度都较低；加强优势方面主要有积极应对购彩者投诉、购彩者信息保护措施和方便购彩者兑奖的措施三个方面，重要性较低，但基本已经符合各方预期；次要改进方面有购彩者投诉解决率和购彩者诉求处理（见图 33）。

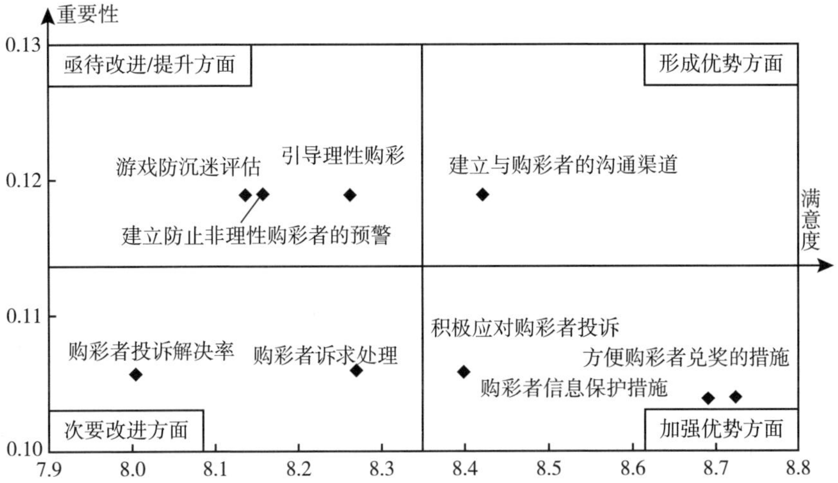

图 33　购彩者责任满意度提升矩阵分析

注：以平均分 8. 339 作为区分。

（4）购彩者责任中存在的具体问题

对购彩者缺乏一定的购彩指导与说明。目前，对购彩者缺乏在游戏中奖概率、游戏缺陷等方面的系统性指导，没有建立能够便捷、有效引导购彩者进行理性投注和正确认识彩票的机制。

非理性购彩干预不够。此次调查中，有 10. 1% 的购彩者表示会花大量时间研究再决定购买，其中 55 ~65 周岁群体体量相较其他年龄段占比最高，他们的行为是在理性范围内。但目前除规劝措施外，还没有更有效的解决办法。由于彩票销量与代销者的利益息息相关，因此由代销者采取规劝措施，成效显然大打折扣。

游戏防沉迷措施不够。调查显示，在购彩者责任测试指标中，游戏防沉迷评估的满意度得分最低。定性调查显示，目前游戏防沉迷更多的是以教育引导为主，未来仍需采取更多措施预防游戏沉迷。

（5）社区责任是在改进/提升购彩者责任之后需要改进的方面

社区责任是次要改进方面，它的重要性一般，满意度也不高。这一议题是在亟待改进/提升议题之后需要改进的方面。

（6）组织治理可提升空间最小，满意度最高

组织治理是7个议题中满意度得分最高的一个议题，满意度得分远高于其他议题，其可提升空间有限。考虑到浙江福彩目前的实际情况，其重要性又较低，所以其优先级次于其他议题。

管理体制较有优势，未来需保持；守法合规方面待改进（见图34）。

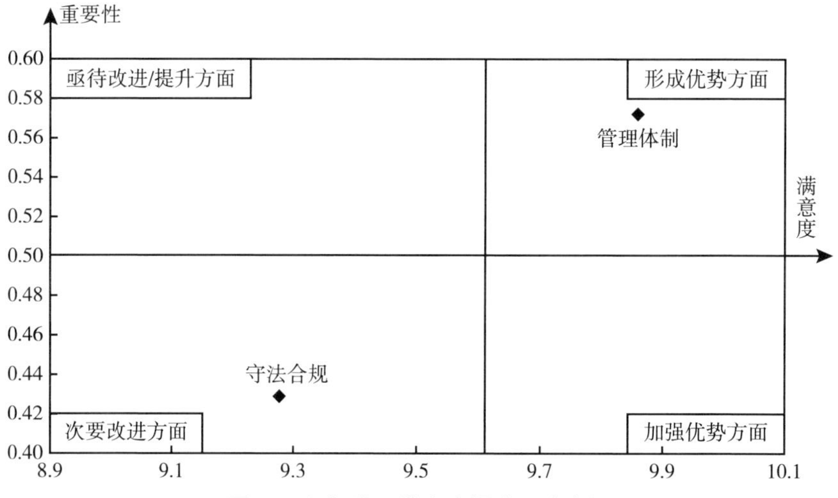

图34　组织治理满意度提升矩阵分析

注：以平均分9.61作为区分。

（7）队伍建设责任、责任管理和环境责任是可加强优势议题

队伍建设责任、责任管理和环境责任三个议题重要性较低，但是满意度得分较高，说明达到了各方心里预期，这也与福彩日常工作的广泛性与周详性息息相关。

员工责任较有优势，未来需要继续保持；专管员责任重要性较高，但满意度较低，未来亟须改进（见图 35）。

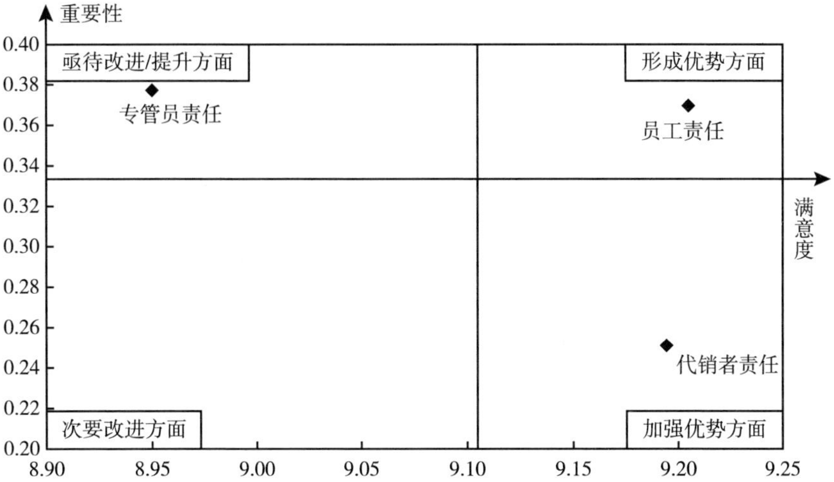

图 35　队伍建设责任满意度提升矩阵分析

注：以平均分 9.104 作为区分。

责任战略较有优势，未来需要继续保持；责任融合重要性较高，但满意度较低，未来亟须改进；责任沟通、责任能力是次要改进方面（见图 36）。

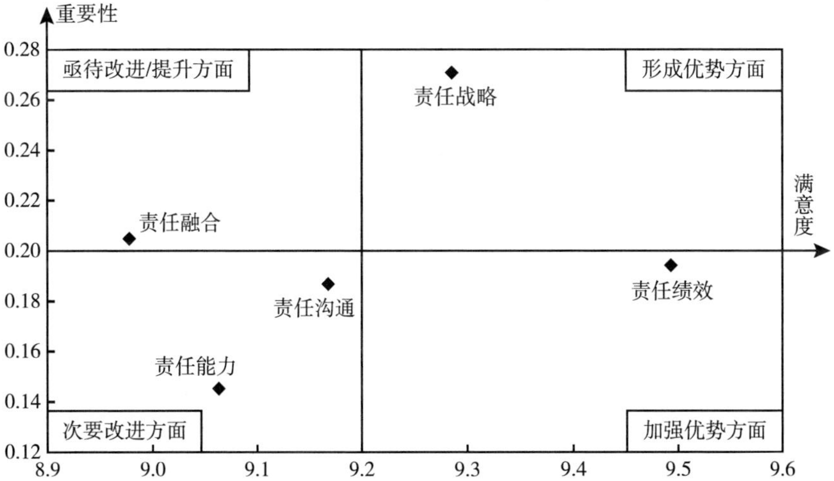

图 36　责任管理满意度提升矩阵分析

注：以平均分 9.202 作为区分。

绿色采购较有优势，未来需要继续保持；绿色办公重要性较高，但满意度较低，未来亟须改进；淘汰设备的再生利用，废票、尾票处理是次要改进方面（见图37）。

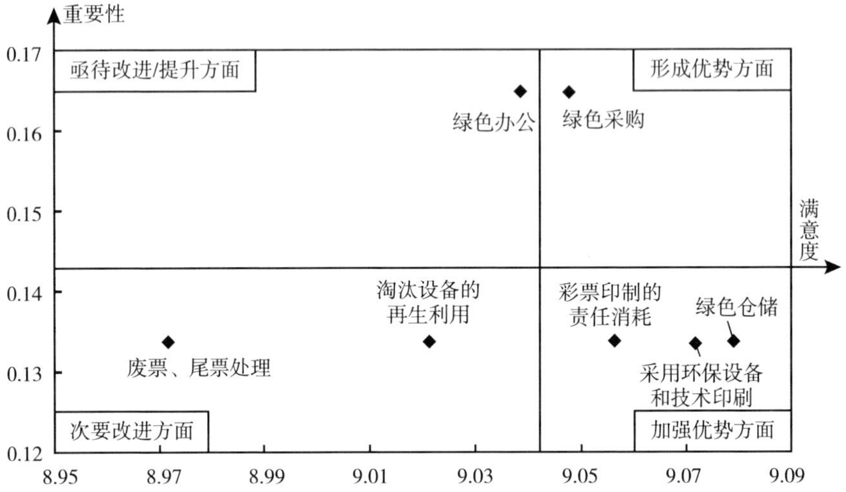

图37　环境责任满意度提升矩阵分析

注：以平均分9.041作为区分。

（二）建议

本次浙江福彩社会责任建设满意度调查项目作为浙江福利彩票管理中心首次对社会责任议题的研究，较为客观、全面地研究了与浙江福彩利益相关的各群体对目前浙江福彩社会责任建设工作的评价，其评价结果作为浙江福彩社会责任实践的基准值，可依据调研结果对未来浙江福彩社会责任建设进行规划①。

调研发现，购彩者和公众对浙江福彩社会责任建设的满意度最低，其次是代销者、利益相关方，满意度最高的是工作人员。不难看出，随着被访者对浙江福彩社会责任建设工作了解程度的逐步加深，其评分越高，这说明购彩者与公众的满意度评分低更多的是因为其对浙江福彩社会责任建设工作的

① 沈小钰：《浅谈新形势下福利彩票的社会责任》，《中国民政》2018年第4期。

了解程度浅，而不是福彩社会责任建设工作没有做到位。因此在下一阶段，浙江福彩管理中心除提升重点工作外，还须加速推进购彩者和公众、代销者和利益相关方对浙江福彩社会责任建设工作的了解。

浙江福彩社会责任建设工作的初步规划：1 年目标是让总体评分达到工作人员满意度评分的平均水平；3 年目标则是在此基础上，进一步加强工作，让满意度得分更上一层；5 年目标是让所有福彩社会责任建设工作达到相对优秀水平（见表 47）。

表 47　浙江福彩社会责任建设工作未来 5 年目标规划

单位：分

议题	目前得分	目标		
		1 年	3 年	5 年
组织治理	9.559	9.610	9.709	9.859
责任管理	9.077	9.202	9.227	9.377
销售管理责任	9.081	9.181	9.331	9.481
购彩者责任	8.332	8.963	9.113	9.263
队伍建设责任	9.037	9.104	9.187	9.337
社区责任	8.168	8.441	8.518	8.868
环境责任	9.041	9.041	9.191	9.341
总体满意度	8.816	9.065	8.966	9.116

针对本次对浙江福彩社会责任建设工作的调研，分析目前浙江福彩社会责任建设工作存在的不足及其原因所在，结合浙江福彩社会责任建设实践，建议在改进工作的程度上着重从销售管理责任和购彩者责任出发，逐步延伸到其他议题。

1. 彩票公益金的筹集要回归初心

“十三五”期间，浙江销售各类福利彩票 746.92 亿元，年均销量为 149.40 亿元，筹集公益金 218.20 亿元。连续多年蝉联全国第 2，已成为福彩具有较大影响力的省份之一。发行销售福利彩票，实质是汇集社会公众爱心，募集公益资金，帮助特殊困难群众，取之于民、用之于民。在销量稳步提升的发展背景下，应考虑到购彩群体的向上发展，即回归到原来的设想，使中高收入人群帮助中低收入群体，弘为民爱民使命，扬公益慈善初心，夯实社会福利基层基础，增进民生福祉。

调查显示，目前购彩者以社会中下阶层为主，社会经济压力较大（年龄以25~44周岁为主，家庭年收入集中在5万~20万元，绝大多数为本科及以下学历，以民营/私营企业基层员工为主），筹集中下阶层人民的资金，可能会影响其生活水平，这与福彩“扶老、助残、救孤、济困”的宗旨相悖。因此让购彩群体向上发展，从低收入群体向中高收入群体渗透，从中青年向年轻群体渗透，从男性向女性全体渗透，改变购彩者结构，是社会责任建设的核心之一。

（1）注重宣传导向，吸引更广泛的人群

当前我国已进入中国特色社会主义新时代，习近平总书记在批示中强调，彩票发行的根本出发点和落脚点是取之于民、用之于民，要立足更广泛的购彩人群，探索开创新的营销宣传渠道，如互联网、短视频、户外（商场楼宇、地铁、出租车、公交车等）广告，充分运用不同类型媒体的优势，开展针对福利彩票的公益宣传和营销宣传活动，形成立体式营销宣传网络，注重彩票的公益性宣传，让广泛的中上层群体更有机会了解彩票、接受彩票、购买彩票，让福利彩票成为众人的慈善事业，成为共奏的民生曲谱。

（2）发行更多具有浙江特色的主题地方即开型彩票

浙江福彩中心可创新设计思路，将公益彩票与浙江地域文化有机结合，推出体现浙江历史文化、自然景观、民俗文化、名胜古迹、土特产品、城市建设风貌等地方主题的“刮刮乐”，这不仅可以吸引部分关注即开型彩票设计的女性或年轻群体，还可以反映浙江经济、文化、生态、社会等方面的发展现状，各地也可以通过彩票宣传地方文化，体现彩票发行文化与社会保障事业、经济发展的良好互动，凸显人民群众的发展自豪感、生活幸福感、心灵归属感和社会认同感。

（3）普及公益理念，吸引中高收入阶层

逐步加强与外部专业营销机构的合作，借助外力普及相关理念，让福彩的广告和营销宣传工作更加贴合精英阶层和富人阶层的价值理念，同时还要加大对公益金筹集、分配和使用等相关工作的宣传，特别是日常规范展示和重点工作的宣传，让他们深入了解相关工作的开展情况，广泛传播福彩的社会责任形象。

（4）专项渠道研究课题，推动销售渠道布局的改变

为了解并推动目前销售渠道布局，可做销售渠道专项研究，进行科学研究设计，改变以销量为导向的产品布局模式，适应市场变化，打造全方位、多元化、立体式渠道体系，为购彩者提供便捷的购彩途径，让彩票销售站点走进写字楼、走进商场、走进高档社区等。首先，可开拓异业的行业合作渠道，如便利店、大型商场、交通枢纽、加油站等人流量较大的地点。其次，可以在日常场景中增加自动售卖机，这不仅可以将彩票的市场延伸到更广泛的群体，更对宣传福利彩票公益性有极大的帮助。

（5）建设浙江福彩特色公益文化，激发公众共鸣

在福彩发展过程中，逐渐总结和形成了“公益、慈善、健康、快乐、创新”的福彩文化。浙江福彩中心也可以根据区域特色打造其特有的公益文化，以增进福彩的核心价值认同，传播福彩的正能量，激发公众公益共鸣，汇聚爱心，助力福彩社会公益事业发展。

2. 加强彩票社会责任培育，有效做到防沉迷

浙江福彩中心始终倡导健康理性购彩，为购彩者提供玩法丰富的游戏类型，并拥有较为完善的游戏管理机制，合理评估游戏风险，让购彩者购买安全、健康的游戏产品，并在各销售站点张贴“量力而行，理智投注”的警示标语。

然而彩票防沉迷措施，单纯靠“提示”“声明”“敬告”等难以发挥应有的作用。学习借鉴国外彩票机构成熟经验，建立彩票社会责任建设相关机制，把握好营销宣传的度，防止误导购彩者过度购彩，积极强化公益导向的责任营销，倡导“寓募于乐、多人少买、量力而行、理性投注”的购彩理念，引导购彩者理性购彩。

（1）大额投注提前预警，防范沉迷购彩

首先，加强销售站点业主的责任彩票教育及培训，如在销售过程中遇到购彩者大额投注或频繁投注时，可以做到及时提醒或制止。其次，构建大额投注限制系统，并制定突发事件的防范措施和应急处理预案，当购彩者单次购买达到一定额度时，提前预警，防范购彩者沉迷购彩。最后，大额投注须实名信息填报，并将大额投注购彩者信息进行系统收集，建立大额投注购彩

者信息库，有效做到提前防范。根据大额投注购彩者特点，建立彩票评估体系，对非理性购彩者非理性行为提前监控，做到有效防范。

（2）在彩票销售站点配备完善的社会责任宣传资料，正确引导购彩者，并落实指导责任

在彩票销售站点配备理性购彩宣传语和警示语、理性购彩指导手册，同时加强对公益金筹集、分配和使用等相关工作的宣传，特别是日常规范展示和重点工作的宣传，让广大民众、购彩者等深入了解彩票发行、销售和使用的相关工作的开展情况，广泛传播福彩的社会责任形象。此外，还须对彩票销售站点销售人员进行社会责任培训，让其在销售过程中落实指导购彩者理性购彩责任，通过实名制，对彩票销售站点代销者或销售员的社会责任履行进行绩效考核，针对落实不到位的情况采取一定的惩罚措施。

（3）建立或完善与购彩者的沟通渠道

首先，加强浙江福彩客服平台建设及宣传，进一步强化浙江福彩客服平台的推广，让越来越多购彩者了解客服平台，在购彩过程中遇到问题时能想到使用客服平台，及时解决购彩问题。其次，浙江福彩中心还须提升客服人员的专业技能与服务态度，保证在第一时间与潜在问题购彩者及问题购彩者接触时，就能向其提供有效的基本服务；积极应对购彩者的投诉，在认真谦和倾听投诉和建议购彩者陈述投诉理由时，不得随意打断，以避免影响其情绪；要对事件全过程进行仔细询问，详细做记录，尽量做到不让购彩者重述，以免冲突；适时给予购彩者回应，表明对购彩者反映问题的关注和重视，对购彩者表示同情和理解，并对购彩者表示歉意。最后，强化“浙江福彩”官微服务功能，提高与购彩者沟通的便捷性与智能性，畅通与购彩者的交流通道，倾听购彩者心声，提供购彩服务信息。

（4）与社会组织联合，建立防沉迷专项资金

建立防沉迷专项资金，与社区、街道、公益组织等联合，让更多志愿人士走进社区、走进购彩者。一方面，做好社区居民的彩票知识教育宣传，引导理性购彩；另一方面，因为购彩者自身承担风险的能力较低，所以更要加强对非理性购彩行为的监控，及时发现并阻止，防患于未然。

（5）塑造健康福彩文化，引导购彩者理性投注

浙江福彩中心应要求各级销售机构、投注站点在销售过程中严格执行民政部和中福彩中心有关政策和规定，不能因为单纯追求销量而夸大或误导宣传，不能让购彩者因过度购彩出现生活困难或返贫，更不能因为销量而影响社会稳定，要积极塑造健康的福彩文化，引导购彩者理性购彩，维护购彩者合法权益，保证浙江省福利彩票市场健康有序发展，使福利彩票成为大众慈善公益平台。

3. 有效打造福彩慈善事业品牌形象，增强福彩公信力

福利彩票从筹集之初就本着“扶老、助残、救孤、济困”的宗旨，践行公益使命。尽管福彩为社会公益事业做出了很大的贡献，但社会公众对于发行彩票的目的，对于彩票的社会公益性，对于彩票的真实性，对于公益金的使用等，仍存在一些误解。为了消除这些误解，公益宣传必须常抓不懈。

目前，由于公益金的使用与筹集的分开管理与运行，福彩中心仅负责彩票的发行与销售，筹集的公益金直接上交财政部和民政部，并不直接使用公益金，自然也就不能统计并向社会公布公益金的实际使用情况，这严重影响了彩票的社会公信力。因此，有效打造福彩慈善事业品牌形象，增强福彩社会公信力成为目前亟待解决的问题。

（1）跨部门联合，权威发布公益金使用情况，详尽回答“公益金用到了哪里”的问题

浙江福彩中心可与相关政府部门沟通协商，联合发布公益金使用情况，借助权威媒体发布，并对资助的公益项目进行标识，供社会各界查询，这不仅有助于建立福彩公信力，还能唤醒购彩者的“公益心”，把支持公益放在首位，也在一定程度上减少“问题购彩者”。

（2）多形式、多渠道宣传福彩公益事迹，树立福彩公益品牌形象

第一，在实体销售站点全覆盖宣传，在站点内张贴公益宣传海报、吊旗，在高频终端机上定期播放公益广告及公益活动视频，在各类型票面上显示用于公益金的比例及金额；第二，与主流传统媒体合作，在报纸、广播、电视上投放公益广告；第三，撰写公益宣传文章，在官网、微信公众号及微博每日不间断更新；第四，在户外进行宣传，利用公交车、出租车、大屏、墙体、小区等

宣传公益宣传语；第五，在互联网上投放公益活动广告。

（3）定期发布社会责任报告

社会责任报告的发布可以全方位展示浙江福彩社会责任建设的新进展，以及在报告期间内的彩票销量、公益金筹集情况及公益金使用状况，可以增进社会各界对浙江福彩的认知、理解，提升浙江福彩的品牌影响力和社会公信力，同时对社会公众进一步了解浙江福彩公益事业有一定的促进作用，也从侧面赢得社会各界对浙江福彩事业更大的支持，让浙江福利彩票作为全省社会福利、社会公益事业的重要支撑力量之一发挥更大的作用。

（4）打造浙江福彩自己的公益项目标识，并联动社会各界，尤其是购彩者

浙江福彩中心可结合区域特色，创建属于浙江福彩的特有公益项目，并尽可能地让购彩群体参与公益项目中，进一步强化浙江福彩公信力。“十三五”期间，浙江福彩中心开展的以“福彩暖万家”为主题的系列公益活动，资助了大量的困难人群，引起社会强烈反响。未来浙江福彩中心应继续办好“福彩暖万家”系列公益活动，进一步加大投入，广泛宣传，拓展活动领域、活动规模和资助范围，让更多的人民群众感受到党和政府的温暖，进一步扩大浙江福彩的品牌影响力。

（5）彰显福彩公益品牌形象

在浙江福彩公益金资助建设的各类重点福利设施的显著位置设立“中国福利彩票资助项目”标志牌，以彰显福彩公益品牌形象，也便于社会公众了解和监督福利彩票公益金的投入使用情况，让更多的人民群众认识到福利彩票公益金的作用，吸引更多的人群加入福利彩票的慈善事业中，因为每一个设施不仅是浙江福彩的“出资”，更凝聚了每一位购彩者的力量，促进购彩者共同以爱心奉献整个社会。

参考文献

赵晓明、刘英涛：《沉甸甸的责任浓浓的爱》，《中国社会报》2016 年 3 月 11 日。

附录:

二级指标的解释和评分标准

议题	一级指标	二级指标	指标解释	评分标准
组织治理	管理体制	治理架构（组织架构）	有简要说明	有——10 分 没有——0 分
		组织管理机制	—	同上
		社会责任领导机构	由组织高层领导直接负责的、位于组织委员会层面最高的决策、领导、推进机构，如社会责任委员会、可持续发展委员会	有——10 分 没有——0 分
		社会责任组织体系	明确或建立组织社会责任工作的责任部门；组织社会责任工作部门的人员配置情况	同上
		社会责任组织体系的职责与分工	社会责任组织体系中的各层级、各单位的责任、义务和主要工作内容	同上
		社会责任管理制度	社会责任沟通制度、信息统计制度、社会责任报告的编写发布等制度	制度完善 8～10 分 制度有所欠缺 5～7 分 制度较少 0～4 分
	守法合规	建立社会监督员制度	提高福利彩票发行的透明度，公开选聘热心于福利彩票的人士对彩票销售管理过程、宣传过程及非理性购彩者应对情况等进行全面监督，并建立相关制度或管理办法规范选聘程序	完全符合 8～10 分 一般符合 5～7 分 不太符合 0～4 分
		风险管理	组织重大风险识别的情况，重大风险应对措施，商业秘密保护措施及绩效	风险识别能力较强，应对策略良好，打 8～10 分；风险识别能力一般，应对策略一般，打 5～7 分；风险识别能力较差，应对能力较弱，打 0～4 分
		守法合规体系	遵守国家法律法规、监管机构规章制度等	有——10 分 没有——0 分

续表

议题	一级指标	二级指标	指标解释	评分标准
组织治理	守法合规	守法合规培训	企业组织的守法合规培训活动，包括法律意识、行为合规、反腐败及反商业贿赂等培训	同上
		守法合规培训绩效	参加守法合规培训的员工人数、培训时间、培训次数	员工培训(4分):80%及以上,4分;50%~79%,2~3分;30%~49%,1~2分;29%及以下,0分。培训时间(3分):全年30小时及以上,3分;10~29小时,2分;5~9小时,1分;4小时及以下,0分。培训次数(3分):全年10次及以上,3分;5~9次,2分;2~4次,1分;1次及以下,0分
		反腐败	组织反腐败的政策或措施	非常符合8~10分,一般符合5~7分,不太符合0~4分
		反腐败培训	组织员工进行反腐败培训	同上
		反腐败培训绩效	参加反腐败培训的员工人数、培训时间、培训次数	员工培训(4分):80%及以上,4分;50%~79%,2~3分;30%~49%,1~2分;29%及以下,0分。培训时间(3分):全年30小时及以上,3分;10~29小时,2分;5~9小时,1分;4小时及以下,0分。培训次数(3分):全年10次及以上,3分;5~9次,2分;2~4次,1分;1次及以下,0分
		重大违法违纪违规事件	组织发生的重大违法、违纪、违规的事件	有——0分 没有——10分
责任管理	责任战略	社会责任理念、愿景及价值观	组织对经济、社会和环境负责任的经营理念、愿景及价值观	有——10分 没有——0分
		核心社会责任议题	由组织业务、规模、性质等决定的在经济、社会和环境等方面应该履行的主要责任	明确知道应该履行的社会责任8~10分,知道一部分5~7分,不太清楚0~4分
		社会责任规划	组织社会责任工作总体目标、阶段性目标、保障措施等	总体目标、阶段性目标及保障措施等清晰明确,打8~10分;总体目标清楚,但阶段性目标及保障措施等不明确,打5~7分;没有明确的社会责任规划,打0~4分

续表

议题	一级指标	二级指标	指标解释	评分标准
责任管理	责任融合	推进地市机构社会责任工作	推进下属单位的社会责任工作情况，包括下属单位发布社会责任报告、对下属单位进行社会责任培训、在下属单位进行社会责任工作试点、对下属单位社会责任工作进行考核与评比等	积极推进/指导各地市体彩中心社会责任建设工作，打8~10分；有推进各地市体彩中心社会责任建设工作，但积极性和配合性程度较低，打5~7分；与各地市体彩中心推进社会责任建设工作较少，打0~4分
		推动供应链合作伙伴履行社会责任	组织对合作机构、同业者以及其他组织履行社会责任工作的倡议；增强其他组织的社会责任意识	履行情况很好8~10分 履行情况一般5~7分 履行情况较差0~4分
	责任绩效	构建社会责任指标体系	组织社会责任评价指标体系的构建过程和主要指标	有——10分 没有——0分
		依照社会责任指标体系进行绩效评估	组织运用社会责任评价指标体系对履行组织社会责任的绩效进行评价的制度、过程和结果	同上
		开展社会责任优秀评选	组织内部的社会责任优秀单位、优秀个人评选或优秀实践评选相关制度、措施及结果	开展效果很好8~10分 开展效果一般5~7分 没有开展或开展效果很差0~4分
		社会责任事故处理	在经济、社会或环境领域发生的重大事故，受到的影响和处罚以及组织的应对措施	能有效应对社会责任事故8~10分，应对一般5~7分，应对较差0~4分
	责任沟通	组织核心利益相关方	对组织的决策和活动有重大影响，与组织运营发展关系最为紧密的相关方	落实较好8~10分 落实一般5~7分 落实较差0~4分
		利益相关方的关注点和组织的回应措施	识别组织的内外部利益相关方，如股东、监管者、政府、客户等；对利益相关方的需求及期望进行调查；阐述各利益相关方对组织的期望以及组织对利益相关方期望进行回应的措施	同上

续表

议题	一级指标	二级指标	指标解释	评分标准
责任管理	责任沟通	组织内部社会责任沟通机制	组织内部社会责任信息的传播机制及媒介，包括内部刊物，如《社会责任月刊》《社会责任通讯》等；在组织网站建立社会责任专栏；社会责任知识交流大会；CSR 内网等	相关机制较为全面 8～10 分 相关机制不全面 5～7 分 相关机制较少 0～4 分
		组织外部社会责任沟通机制	组织社会责任信息对外部利益相关方披露的机制及媒介，如发布社会责任报告、召开及参加利益相关方交流会议、开放日等	同上
		高层领导参与的社会责任沟通与交流活动	组织高层领导人参加的国内外社会责任会议及会议发言、责任承诺等情况	有——10 分 没有——0 分
	责任能力	开展或参与责任彩票课题研究	组织应根据社会责任理论与实践的需要自行开展社会责任调研，把握行业现状和组织自身情况，以改善组织社会责任管理，优化组织社会责任实践	落实较好 8～10 分 落实一般 5～7 分 落实较差 0～4 分
		责任彩票培训	通过培训等手段培育负责任的组织文化，提升全体员工履行社会责任的能力	非常符合 8～10 分 一般符合 5～7 分 不太符合 0～4 分
销售管理责任	游戏管理	游戏风险管控	有合理的措施和制度对游戏进行风险管控，有效防沉迷、防止未成年人购彩、打击私彩等	落实较好 8～10 分 落实一般 5～7 分 落实较差 0～4 分
		游戏的社会影响（风险）评估	评估游戏对社会产生的影响和风险	同上
	理性宣传与营销	合规营销与宣传	合法合规地开展营销和宣传活动	同上
		创新营销方式	创新营销理念与营销方式	营销活动具有很强的创新性，打 8～10 分；营销活动在原有基础上有局部创新，打 5～7 分；营销活动常规性地进行，基本没有创新，打 0～4 分

续表

议题	一级指标	二级指标	指标解释	评分标准
销售管理责任	理性宣传与营销	宣传规划的制定与落实	根据年度工作目标，制定合理的宣传规划	落实较好 8 ~ 10 分 落实一般 5 ~ 7 分 落实较差 0 ~ 4 分
		阶段性重点营销宣传方案的制订和落实	阶段性重点营销宣传方案的制订和落实	同上
		对地市机构宣传业务的指导和检查	对地市机构宣传业务的指导和检查	同上
		新闻发言人机制	有专门人员针对涉及组织相关的重大事项、重要活动、社会关注的热点问题、重大突发事件等与公众利益直接相关的问题接受公众公开咨询、质询和问责的制度安排	同上
		网络宣传平台建设	有专门的网络宣传平台，如官网、微信公众号、微博等	同上
	渠道建设	销售模式创新	—	同上
		销售站点科学布局	合理、科学设定销售站点	同上
		销售站点规范化建设	规范销售站点的设立、环境与设施、人员管理、彩票销售管理、兑奖和结算管理等的制度或措施	同上
		销售站点数量	—	省中心省级排名前 10，打 8 ~ 10 分；排名 11 ~ 20 名，打 5 ~ 7 分；21 名及以后，打 0 ~ 4 分。地市中心排名前 4 名，打 8 ~ 10 分；排名在 5 ~ 8 名，打 5 ~ 7 分；9 名及以后，打 0 ~ 4 分
		社会征召	—	公平、公开、公正地进行社会征召。落实较好 8 ~ 10 分，落实一般 5 ~ 7 分，落实较差 0 ~ 4 分
		行业渠道合作	—	积极开展行业渠道合作。打分规则同上

续表

议题	一级指标	二级指标	指标解释	评分标准
销售管理责任	透明运营	市场调研与分析	根据运营需求，合理开展市场调研与分析	打分规则同上
		品牌形象方针	—	有——10分 没有——0分
		质量管理制度	—	有——10分 没有——0分
		开奖流程说明	有清晰明确的开奖流程说明	同上
		兑奖流程清晰	同上	同上
		公开渠道披露	有公开的渠道披露重要信息	同上
		信息公开透明	—	同上
	安全运行	数据安全管理	有完善的制度和措施对数据进行安全管理	落实较好8~10分 落实一般5~7分 落实较差0~4分
		资金管理	为规范资金的归集、分配和使用，保障资金安全所制定的管理办法和措施	相关机制很完善8~10分；相关机制较好，但有待加强和规范5~7分；相关机制还不够完善0~4分
		技术管理	加强福利彩票销售和管理活动的各个技术系统的管理，以及支持技术创新，加快技术进步的制度措施	有完善的技术管理制度和措施。打分规则同上
		技术设备更新	福利彩票发行中心机房设备、彩票销售设备等更新和维护的制度措施	非常符合8~10分 一般符合5~7分 不太符合0~4分
		技术系统安全、开奖安全管理	严格按照开奖程序开奖，保护开奖系统、器具和开奖球等工具，确保开奖安全的管理制度和措施	同上
		开奖公告发布	及时将开奖情况向社会全面发布，接受社会公众的监督	有——10分 没有——0分
		摇奖安全管理	—	能够落实摇奖安全。非常符合8~10分，一般符合5~7分，不太符合0~4分

续表

议题	一级指标	二级指标	指标解释	评分标准
销售管理责任	安全运行	彩票销售场所的安全管理	—	彩票销售场所非常安全，不存在安全隐患。打分规则同上
		印制安全管理	规范电脑票印制业务流程，加强电脑票检测及防伪测试，保障电脑票印制质量的管理制度及措施	电脑票印制业务流程非常规范，有防伪标识。打分规则同上
		安全认证等级管理	福利彩票开奖、销售等业务系统通过的信息系统安全保护等级	有——10 分 没有——0 分
		舆情预警及处置	针对可能引发负面新闻或公共安全事件的舆情分析、检测、预警及处置机制	非常符合 8 ~ 10 分 一般符合 5 ~ 7 分 不太符合 0 ~ 4 分
	优质服务	开展行风建设	系统内开展行风建设的制度、措施和成效	同上
		责任彩票教育培训	描述组织对供应商、经销商等价值链伙伴进行社会责任培训或社会责任宣传教育的活动	同上
		责任彩票教育培训绩效	组织对供应商、经销商等价值链伙伴进行社会责任培训或社会责任宣传教育的活动而投入的人员、时间和次数等	员工培训（4 分）：80% 及以上，4 分；50% ~ 79%，2 ~ 3 分；30% ~ 49%，1 ~ 2 分；29% 及以下，0 分。培训时间（3 分）：全年 30 小时及以上，3 分；10 ~ 29 小时，2 分；5 ~ 9 小时，1 分；4 小时及以下，0 分。培训次数（3 分）：全年 10 次及以上，3 分；5 ~ 9 次，2 分；2 ~ 4 次，1 分；1 次及以下，0 分
		规范代销者日常销售工作制度与举措	代销者日常工作的管理规范包括培训、专人示范等	代销者日常销售工作制度完善、规范，销售员可有效执行。非常符合 8 ~ 10 分，一般符合 5 ~ 7 分，不太符合 0 ~ 4 分
		优化销售站点购彩环境	优化彩票销售站点环境的制度或措施	积极优化彩票销售站点环境。打分规则同上

续表

议题	一级指标	二级指标	指标解释	评分标准
销售管理责任	公益建设	公益金筹集与上交情况	上一年度福利彩票公益金筹集及上交分配金额与占比	公益金的筹集与上交工作顺利完成。打分规则同上
		发行费用应用公益项目情况	发行费用于公益项目情况	积极践行社会责任公益活动。落实较好 8 ~ 10 分,落实一般 5 ~ 7 分,落实较差 0 ~ 4 分
	文化建设	资金的分配使用管理	年度使用公益金的金额及其占筹集公益金总额的比例	合法合规对资金进行分配、使用和管理。打分规则同上
		福彩文化与形象建设	利用刊物、网络、电视等媒体,开展形式多样的文化活动,宣传福彩形象;通过福彩文化理论研究等形式,强化福彩文化的宣传和引导	文化活动种类丰富,相关的理论研究多,打 8 ~ 10 分;文化活动丰富性一般,相关理论研究较少,打 5 ~ 7 分;文化活动不丰富,理论研究没有或较少,打 0 ~ 4 分
		浙江福彩特色文化建设	具有本身特色的文化建设	具有浙江福彩特色的文化建设成果。非常符合 8 ~ 10 分,一般符合 5 ~ 7 分,不太符合 0 ~ 4 分
购彩者责任	购彩者责任	游戏防沉迷评估	有及时提醒或阻止有非理性购彩倾向的购彩者继续投注的机制和措施	相关机制很完善 8 ~ 10 分;相关机制较好,但有待加强和规范 5 ~ 7 分;相关机制还不够完善 0 ~ 4 分
		建立与购彩者的沟通渠道	建设与购彩者的信息双向传播渠道,拓展彩票业务信息公开的平台,同时建立购彩者向机构传递信息的渠道	落实较好 8 ~ 10 分 落实一般 5 ~ 7 分 落实较差 0 ~ 4 分
		购彩者诉求处理	组织对购彩者投诉所设的投诉管理流程	积极组织应对购彩者投诉,解决购彩者疑虑与问题。打分规则同上
		积极应对购彩者投诉	当出现购彩者质疑彩票发行和销售的安全、公平等问题时,机构有正式的渠道供其反映问题,并有人员针对其提出的问题进行调查、处理、回复	有正式的购彩者投诉渠道且有人员进行调查、处理、回复,打 8 ~ 10 分;有购彩者投诉渠道,但是没有相关人员进行系列工作,打 5 ~ 7 分;没有购彩者投诉渠道,打 0 ~ 4 分

续表

议题	一级指标	二级指标	指标解释	评分标准
购彩者责任	购彩者责任	购彩者投诉解决率	购彩者投诉解决次数/购彩者投诉总数	购彩者投诉问题解决率达到100%，打10分;90%~99%，打9分;80%~89%，打8分;70%~79%，打7分;60%~69%，打6分;50%~59%，打5分;40%~49%，打4分;30%~39%，打3分;20%~29%，打2分;10%~19%，打1分;0~9%打0分
		引导理性购彩	向购彩者普及理性购彩、彩票知识的制度措施	相关机制很完善8~10分;相关机制较好，但购彩者理性购彩和制度执行方面落实不够5~7分;相关机制还不够完善0~4分
		购彩者信息保护措施	对于普通购彩者的信息保护的措施;对于中奖者的信息保护的制度	落实对普通购彩者信息保护的措施及对于中奖者的信息保护。落实较好8~10分，落实一般5~7分，落实较差0~4分
		方便购彩者兑奖的措施	为了方便中奖者兑奖采取的制度和措施，包括小奖、中奖、大奖的兑换时间和流程	积极推进方便中奖者兑奖的制度和措施。打分规则同上
		建立防止非理性购彩者的预警机制	有及时提醒或阻止有非理性购彩倾向的购彩者继续投注的机制和措施，防止其过度沉迷，成为问题购彩者	非理性购彩者预警相关机制很完善，有效防止购彩者沉迷，打8~10分;相关机制较好，但依然存在非理性购彩现象，打5~7分;相关机制还不够完善，打0~4分
队伍建设责任	员工责任	员工总数及员工结构	机构内员工总数及员工构成，包括年龄结构、性别结构、职称结构、职务结构、专业结构等	机构内员工总数及员工的年龄、性别、职称、职务、专业构成合理。非常符合8~10分，一般符合5~7分，不太符合0~4分
		劳动合同签订率	签订劳动合同的员工人数占机构内员工总人数的比例	所有员工都签订了劳动合同，打10分;没有达到100%签订，打0分
		参加工会的员工比例	参加工会的员工人数占机构内员工总人数的比例	所有员工都参加了工会，打10分，没有达到100%参加，打0分
		社会保险覆盖率	参加社会保险的员工人数占机构内员工总人数的比例	为所有员工购买社会保险，打10分，没有达到100%购买，打0分
		平等雇佣制度	即公平雇佣，指组织在员工聘用、薪酬分配、职位提升等问题上，没有种族、社会等级、国籍、宗教、身体残疾、性别、政治归属或年龄等方面的歧视性行为	组织在员工聘用、薪酬分配、职位提升等问题上，没有歧视性行为，打8~10分;在雇佣、薪酬、升职等方面存在少量的歧视现象，打5~7分;存在大量歧视现象，打0~4分

续表

议题	一级指标	二级指标	指标解释	评分标准
队伍建设责任	员工责任	女性管理者比例	女性管理者占全体管理人员的比例	女性管理者占全体管理人员的比例合理。非常符合 8~10 分,一般符合 5~7 分,不太符合 0~4 分
		员工心理健康援助制度/措施	缓解员工心理压力的制度或措施	有缓解员工心理压力的相关机制,很完善且的确能降低员工心理压力,打 8~10 分;相关机制较好,但依然存在员工压力大等现象,打 5~7 分;相关机制还不够完善,打 0~4 分
		体检及健康档案覆盖率	员工参加体检的比例以及为员工建立健康档案的比例	所有员工都接受了体检,且为员工建立健康档案——10 分;没有达到 100% 建立档案——0 分
		员工培训制度	组织的培训管理体系,包括员工培训的组织机构、培训制度、培训类别、课程体系、培训考核等	相关机制很完善 8~10 分;相关机制较好,但有待加强和规范 5~7 分;相关机制还不够完善 0~4 分
		员工培训力度	主要包括接受培训的员工人数、接受培训员工人数占员工总数的比例、企业对员工培训的资金投入、人均培训时间、人均培训费用等	员工培训人数、人数比例、时间和资金投入合理,打 8~10 分;有某几项没有重视投入,打 5~7 分;基本没有员工培训投入,打 0~4 分
		员工职业发展通道	包括职业生涯规划和员工发展通道两种形式	有相关机制或措施畅通职业发展机制,且落实得很好。相关机制很完善 8~10 分;相关机制较好,但有待加强和规范 5~7 分;相关机制还不够完善 0~4 分
		尊重员工家庭责任和业余生活,确保工作生活平衡	丰富员工的业余生活,如组织员工活动、家庭日、旅游、竞赛等	用活动、旅游、竞赛等方式丰富员工的业余生活,打 8~10 分;对业余生活的关注度一般,活动较少,打 5~7 分;很少或没有组织过工作以外的活动,打 0~4 分

续表

议题	一级指标	二级指标	指标解释	评分标准
队伍建设责任	专管员责任	销售终端管理员	推进销售终端管理	落实较好8~10分 落实一般5~7分 落实较差0~4分
		专管员基本权益保障	对销售站点工作人员的基本权益，如工资、休假、社会保险和福利等予以保护的措施	有保障制度且完美落实，打8~10分；相关机制较好，但有待加强和规范，打5~7分；相关机制还不够完善，打0~4分
		专管员专业技能培训	对在销售站点工作的员工制定的培训制度和措施，包括培训类别、课程体系、培训考核等	打分规则同上
		培训绩效	主要包括接受培训的员工人数、接受培训员工人数占员工总数的比例、组织对员工培训的资金投入、人均培训时间、人均培训费用等	积极开展专管员培训。落实较好8~10分，落实一般5~7分；落实较差0~4分
		专管员职业发展通道	—	有相关机制或措施畅通职业发展机制，且落实得很好，相关机制很完善8~10分；相关机制较好，但有待加强和规范5~7分；相关机制还不够完善0~4分
		专管员救助与帮扶	对专管员包括但不限于经济扶持、节日慰问等	有帮扶措施且相关机制很完善8~10分；相关机制较好，但有待加强和落实5~7分；相关机制还不够完善0~4分
	代销者责任	销售站点从业者人数	在销售站点工作的员工人数	—
		从业人员的年龄结构	代销人员队伍年龄结构组成	—
		业主经营情况（是否自己经营）	代销者对业务知识的理解程度、站点经营时间及销售情况	代销者对业务知识的理解程度高、站点经营时间长、销售情况优秀。非常符合8~10分，一般符合5~7分，不太符合0~4分

续表

议题	一级指标	二级指标	指标解释	评分标准
队伍建设责任	代销者责任	业主户籍来源统计（本地/外地）	业主户籍统计及本地、外地占比	有——10分 没有——0分
		销售站点从业人员基本权益保护	对销售站点工作人员的基本权益，如工资、休假、社会保险和福利等予以保护的措施	相关机制很完善，且员工确实能够得到相应福利，打8~10分；相关机制较好，但有待加强和规范，打5~7分；相关机制还不够完善，打0~4分
		代销合同履约率	履约代销合同数占签约的代销合同总数的比例	履约率达到100%，打10分；90%~99%，打9分；80%~89%，打8分；70%~79%，打7分；60%~69%，打6分；50%~59%，打5分；40%~49%，打4分；30%~39%，打3分；20%~29%，打2分；10%~19%，打1分；0~9%，打0分
		销售站点从业人员危机干预及救助	在销售站点工作员工遇到难以处理的事件和遭遇时提供有效帮助和支持	相关机制很完善，打8~10分；相关机制较好，但有待加强和落实，打5~7分；相关机制还不够完善打0~4分
		建立销售激励机制	采取激励措施调动销售人员的积极性，促进销售额的增长	同上
		销售站点满意率	各销售站点对各省中心的满意率	满意率达到100%，打10分；90%~99%，打9分；80%~89%，打8分；70%~79%，打7分；60%~69%，打6分；50%~59%，打5分；40%~49%，打4分；30%~39%，打3分；20%~29%，打2分；10%~19%，打1分；0~9%，打0分
		丰富代销者的业余生活	组织销售员开展各类文体活动，丰富业余生活	组织销售员开展各类文体活动8~10分；活动较少或者参与积极性不高5~7分；基本没有组织过活动0~4分
		代销者救助与帮扶	对贫困的代销者包括但不限于经济扶持、节日慰问等	相关机制很完善8~10分；相关机制较好，但有待加强和规范5~7分；相关机制还不够完善0~4分
社区责任	社区责任	参加当地协会/社团情况	报告期内组织参与当地协会/社团的情况，如参加次数、参加人数等	积极参与当地协会/社团。非常符合8~10分，一般符合5~7分，不太符合0~4分

续表

议题	一级指标	二级指标	指标解释	评分标准
社区责任	社区责任	社区居民彩票知识教育宣传	组织对社区居民开展彩票知识的教育和宣传的制度措施	相关机制很完善8~10分;相关机制较好,但有待加强和规范5~7分;相关机制还不够完善0~4分
		机构策划和实施的公益项目	报告期内福彩机构策划和实施的公益项目的数量	—
		机构筹集公益金	报告期内福彩机构筹集到的公益金金额	省筹集的公益金金额达到全国前5,打8~10分;达到全国前15,打5~7分;排在16名及以后,打0~4分
		支持社区管理、公共服务创新	组织支持社区管理以及公共服务创新的制度、是否鼓励创新、是否对创新给予资金支持	支持社区的管理、服务工作,给予资金支持,并鼓励创新。非常符合8~10分;一般符合5~7分;不太符合0~4分
		支持志愿者活动的政策、措施	组织建立志愿者协会、章程等,鼓励员工参加志愿活动	建立志愿者协会,有志愿者管理章程。有——10分;没有——0分
		员工志愿者活动情况	员工志愿者人数、员工志愿者提供志愿活动的时间	省中心省级排名前10,打8~10分;排名在11~20名,打5~7分;21名及以后,打0~4分。地市中心排名前4,打8~10分;排名在5~8名,打5~7分;9名及以后,打0~4分
环境责任	环境治理	采用环保设备和技术印刷	在彩票印刷的过程中,为保护环境而使用环保技术和设备	符合或超过国家标准,打8~10分;一般符合,有些设备没有达到国家标准,打5~7分;不太符合,基本没有达到国家标准的设备,打0~4分
		废票、尾票处理	废票、尾票的回收、销毁等的处理措施	对废票、尾票进行回收处理。非常符合8~10分,一般符合5~7分,不太符合0~4分
		绿色采购	指在采购中对产品、服务以及供应商的绿色环保要求	相关机制很完善8~10分;相关机制较好,但有待加强和规范5~7分;相关机制还不够完善0~4分

续表

议题	一级指标	二级指标	指标解释	评分标准
环境责任	环境治理	彩票印制的能源消耗	报告期内,福利彩票在印制过程中能源的消耗量	能源消耗低于国家限额,打8~10分;一般符合,能源与国家标准持平,打5~7分;不太符合,超过国家规定的标准,打0~4分
		绿色办公	通过加强节能管理,在办公场所的各个环节,降低消耗、减少损失和污染物排放、制止浪费,有效、合理地利用能源	非常符合8~10分 一般符合5~7分 不太符合0~4分
		绿色仓储	在仓储的过程中采取节能减排的措施,减少废弃物的排放等	同上
		淘汰设备的再生利用	福利彩票销售、运输等设备淘汰后的回收再利用制度及措施	相关机制很完善8~10分;相关机制较好,但有待加强和规范5~7分;相关机制还不够完善0~4分

注：公信力建设主要指的是使公众信任的力量，是一种社会系统信任，同时也是公共权威的真实表达，较为抽象，且又涉及彩票工作的方方面面，只有当彩票社会责任建设所有工作都做好时，才能形成彩票公信力。

专题研究篇

Specific Topics

B.8

我国彩票在国民收入分配体系中的定位研究

陈　瑜*

摘　要：　20世纪80年代中期，民政部针对社会福利方面的政策失灵，大胆提出发行社会福利有奖募捐券进行财富自愿转移分配的新机制。经党中央、国务院批准，国家正式以彩票的形式，将我国互助互济的道德文化传统上升为政府监管下的一种制度安排，彩票本质上是中国特色社会主义市场经济下的一种慈善募捐，在发行初期，有效缓解了资源和财富在社会福利等领域分配失衡的问题。本报告旨在回顾我国彩票的发展历程，基于国民收入和财富的三次分配的理论视角，梳理不同时期的彩票定位，探索我国彩票发展规律，研究具有中国特色的彩票发展道路，以推动彩票高质量发展，更好地服务我

* 陈瑜，中国福利彩票发行管理中心人力资源部职员，高级经济师，主要研究领域为彩票政策法规、彩票管理体制和运营体制、彩票机构人力资源管理。

国经济社会发展大局。

关键词： 彩票 第三次分配 分配机制

近年来，彩票在第三次分配中的定位有所漂移，引发了一些问题。因此需要重新回归到第三次分配的定位。建议完善彩票立法，体现彩票的人民性；改革彩票管理运营机制，体现财富转移的自愿性，而不是政府主导的“有奖纳税”；明确彩票公益金的公益用途，体现财富转移的目标是第一、二次分配后社会上存在的弱势群体或区域。

一 国民收入和财富的三次分配

（一）市场机制主导的第一次分配

国民经济包括生产、分配、交换、消费过程，生产即产品、服务和价值的创造。20 世纪 90 年代初，党的十四届三中全会通过《中共中央关于建立社会主义市场经济体制若干问题的决定》，勾画出社会主义市场经济体制的基本框架，我国产品和服务的创造过程引入市场机制。充分发挥市场的作用，在价值创造的过程中，鼓励能者多劳、多劳多得，并在此基础上，允许人力、土地、资本等生产要素参与分配。价值创造过程中的分配就是第一次分配，讲效率，充分发挥市场的作用，目的是充分调动生产要素的积极性，创造更多的价值，把蛋糕做大做好。

（二）政府机制主导的第二次分配

价值创造过程中的初次分配，讲效率，充分发挥市场作用，这会给整个社会带来较大的财富差距。价值创造的领域各不相同，价值创造的主体千差万别，因此，对于生产过程中创造的财富，仅按讲效率原则实施初次分配是不够的。资源为社会共同拥有，基于共有资源创造的财富理应全社会共享，政府应承担起保障公平、缩小差距、保障发展成果共享的责任，这也就是收入和财富的再分配。政府通过税费（企业所得税、个人所得税、房产税、遗产税、消费税等），把参与价值创造并得到的部分财富，由有收入、高收入群体向无收入、低收入的群体转移，由高收入地区向低收入地区转移。政府应完善全面、公平的社会保障和社会救助体系等，削峰填谷，缩小因市场机制造成的弱势群体、弱势地区在收入、教育、医疗等方面与其他地区的差距，促使资源和财富在不同社会群体间趋向均衡，维护社会的和谐稳定。

（三）社会机制主导的第三次分配

政府建立的社会保障和社会救助体系，对低收入地区和群体，以及不参与价值创造群体的保障，可能无法做到面面俱到，也可能无法惠及每一个人。因此，也就需要社会、个人等进行第三次分配，即社会和个人等基于责任感、社会道德、公益爱心、价值追求等力量，把自有资源和财富自愿地通过政府、非政府组织或个人直接向不参与价值创造的群体、低收入地区、低收入群体转移，以弥补市场机制和政府机制对收入和财富分配的不足。

第三次分配由政府引导，由社会和个人等主导，体现的是中华民族互助互济的道德文化传统。相比初次分配和再分配强调规则和强制，第三次分配强调新的社会机制，强调自愿性、直接性、无偿性与福利性，通过公益慈善、志愿服务、社会救助、福利彩票等自愿的社会活动形态，将自有的产品、服务等财富自愿地向弱势地区和弱势群体转移。第三次分配与第一、二次分配形成我国“三位一体”的分配机制，从而在全社会范围内实现资源和财富的分配均衡，实现社会财富效用最大化，以促进社会的和谐稳定和繁荣发展。

二　发行初期的彩票

第三次分配的概念最初由著名经济学家厉以宁先生于20世纪90年代初

期提出，其在1994年出版的《股份制与现代市场经济》一书中，明确指出："第三次是在道德力量的作用下，通过个人收入转移和个人自愿缴纳和捐献等非强制方式再一次进行分配"。但第三次分配机制最早的实践探索，可追溯至20世纪80年代中期的民政部，其针对"扶老、助残、救孤、济困"方面的政策失灵，大胆在我国提出发行社会福利有奖募捐券进行财富自愿转移分配的新机制，并付诸实践。经党中央、国务院批准，国家正式以彩票的形式，将我国互助互济的道德文化传统上升为政府监管下的一种制度安排，彩票本质上是中国特色社会主义市场经济下的一种慈善募捐。

（一）发行销售主体

1986年，为更好地扶老、助残、救孤、济困，民政部向党中央、国务院申请开展社会福利有奖募捐活动。1987年3月，获得党中央同意。按照国务院要求，民政部成立了中国社会福利有奖募捐委员会（以下简称"中募委"），并设立了中募委发行中心，负责组织实施有奖募捐活动，发行社会福利有奖募捐券，中募委和中募委发行中心"两块牌子、一套人马"，地方对应成立募委会。中募委和地方募委会均是筹集社会福利资金的群众性社会团体。

（二）资金来源和用途

中募委的宗旨是"团结各界热心社会福利事业的人士，发扬社会主义人道主义精神，筹集社会福利资金，兴办残疾人、老年人、孤儿等福利事业和帮助有困难的人"。社会福利资金通过热心人士购买奖券的形式，进行有奖募捐。购买奖券完全自愿，不强迫、不摊派，募集资金用于资助兴办社会福利项目，帮助残疾人、老年人、孤儿和有困难的人，取之于民、用之于民，突出了财富转移的福利性。

（三）资金管理主体

中募委负责管理、分配筹集的社会资金，动员社会力量，促进社会福利事业发展。

（四）福利彩票的功能

通过发行社会福利有奖募捐券，我国打通了从社会和个人募集福利资金的通道，探索了一条“社会福利社会化”道路，弥补了社会福利资金支出的不足，改变了社会福利资金全部由国家和集体支出的现状，并有助于发扬社会主义人道主义精神，促进人民关心社会福利工作，发扬尊老爱幼、互助互济的传统美德。社会福利有奖募捐券发行初期，有奖募捐是为了缓解市场机制主导的第一次分配造成的社会差距问题，弥补政府机制主导的第二次分配的不足。

（五）发行初期的定位

我国发行初期的福利彩票，被称为有奖募捐券，有奖募捐活动包括奖券的印制、运输、销售和兑付。有奖募捐活动本身不创造价值，不参与社会财富的创造过程，其实现的是社会财富的自愿转移，由社会闲散资金的拥有群体自愿地向不参与价值创造的无收入群体，或参与价值创造过程的低收入群体转移。转移机制由政府引导和监管，由群众性社会团体的中募委负责组织实施，取之于民、用之于民。此一时期的彩票，从财富分配准则、功能、运行方式等方面看，类似慈善事业、志愿服务等社会机制，属于较为典型的第三次分配的运行机制。

三　当下彩票在国民收入分配中的定位

（一）当下彩票管理的转变

伴随彩票事业的高速发展，发行销售规模的不断扩大，福利彩票在管理等方面发生了六个转变。一是发行销售主体的转变，由群众性社会团体转变为国家设立的事业单位；二是公益金管理主体的转变，由群众性社会团体转变为财政、民政、体育行政等政府部门；三是公益金用途的转变，由用于第一、二次分配后社会上存在的弱势群体或弱势地区扩展到社会保障、医疗救助、教育等领域；四是公益金职能的转变，很多被政府财政统筹使用，替代了部分政府财政拨款，承担了部分由政府财政承担的职责；五是财富转移方式的转变，财富转移不再是自愿的有奖募捐而是自愿的市场交换行为，且仍存在进一步市场化的倾向；六是价值追求的转变，财富转移主体追求的更多是物质价值，互助互济的道德责任和精神价值相对弱化。

（二）当下彩票在分配中的定位

从发行销售主体、资金使用管理来看，当下的彩票与最初的有奖募捐有了本质的区别。初期的有奖募捐是由群众性社会团体组织实施，动员社会力量将个人财富自愿转移到第一、二次分配后社会上存在的弱势群体或区域，用于弥补政府机制主导的第二次分配的不足。从财富转移方式、资金募集过程看，当下彩票实现的财富转移，则是政府通过市场交易行为完成对个人财富的“有奖纳税”。财富转移是政府通过市场机制完成的，转移的方式不再强调自愿和无偿，而是突出了物质价值追求。当下彩票转移财富机制类似于第二次分配的机制。

（三）彩票体制改革中定位的回归

为什么要回归。彩票外延一定的博弈属性，决定其不适合以“有奖纳税”的形式扮演类似于税费征收工具的角色，不应作为政府主导的再分配的机制来承担政府财政的职能。应回归初心，回归“互助互济”的本意，重新走“社会福利社会化”“取之于民、用之于民”的道路，应作为第三次分配的一种社会机制，弥补政府主导的再分配解决社会差距的不足，在政府主导建立社会保障和救助体系对初次分配造成的社会差距进行兜底保障的基础上，查缺补漏、雪中送炭，以第三次分配的社会机制的形式，让彩票筹集的社会闲散资金进一步回归公益，进一步完善我国市场、政府、社会“三位一体”的分配格局。

怎么回归。借助彩票管理体制改革，一是完善彩票立法，通过全国人大立法监管彩票，解决彩票监管缺位问题，体现彩票的人民性；二是改革彩票管理运营机制，校正政府职能偏差，强化政府对彩票的监管职能，弱化政府在彩票管理和发行销售中的作用，明确社会机制（不是市场机制）在彩票管理和发行销售中的主导作用，体现财富转移的自愿性，而不是政府主导的“有奖纳税”；三是明确彩票公益金的公益用途，不得承担公共财政职能，财政不得统筹使用，不得平衡一般财政预算，体现财富转移的目标是第一、二次分配后社会上存在的弱势群体或区域。

回归的表现。彩票的本质是中国特色社会主义市场经济下慈善捐助。从管理体制上看，彩票将由全国人大立法监管，社会机制主导，体现财富的自愿转移；从资金用途上看，财富应坚持向社会福利等社会公益领域转移，体现的是社会或个人自愿的互助互济；从资金职能上看，彩票公益金应承担缩小第一、二次分配后存在的社会差距职能，不扮演政府财政的角色。

参考文献

王名等：《第三次分配：理论、实践与政策建议》，《中国行政管理》2020 年第 3 期。

高敏雪：《从初次分配、再分配到“第三次分配”》，《中国统计》2006 年第 3 期。

贾康、程瑜、于长革：《优化收入分配的认知框架、思路、原则与建议》，《财贸经济》2018 年第 2 期。

B.9

彩票事业高质量发展的理念和路径

何 辉*

摘 要： 进入新时期的彩票事业需要着力推进高质量发展。与一般行业不同，彩票行业包括彩票销售市场和公益金使用市场，这两个市场合起来构成彩票事业的整体。彩票事业高质量发展包含三个维度，分别是彩票销售市场的经济高质量，公益金使用市场的社会高质量，以及两个市场协同发展的治理高质量。单独要求彩票机构高质量发展，或者单独要求公益金使用的高质量发展，并不能推动彩票事业的健康发展，只有这三个维度协同，才能推动彩票事业整体的高质量发展。基于现状，经济高质量方面，彩票机构需要着重加强数字化彩票和营销建设；社会高质量方面，彩票公益金的分配和使用需要进行制度创新，例如采取公益基金会的运作模式；治理高质量方面，政府规制部门需要进一步优化规制理念和方法，彩票机构需要加强自律和社会责任建设，不同部门需要协同做好彩票公益的形象塑造和传播。

关键词： 高质量发展 整体观 协同发展 彩票

2018 年我国彩票销量达到历史新高，2019 年则因为政府的严格规制政

---

* 何辉，经济学博士，副教授，中国社会科学院大学商学院党总支书记，主要研究领域为政府规制和产业经济学、公益市场、彩票、公共政策和社会组织等。

策而下降17%。这种过山车般的销量涨跌，以及政府的严格规制措施，对彩票行业的稳定产生了很大的影响。中共十九大明确提出“我国经济由高速增长阶段转向高质量发展阶段”。在国家层面推动经济高质量发展的大背景下，我国彩票产业将如何发展？彩票事业是否要，或者如何高质量发展，就变成一个迫切需要思考的问题。

本报告首先介绍了对彩票事业高质量发展进行研究的意义；其次，从彩票事业的特性出发，梳理了彩票事业的两个市场，以及彩票事业的整体观；再次，基于整体观，提出彩票事业高质量发展的概念及三个维度；复次，梳理了彩票事业发展的现实环境；最后，本报告就彩票事业如何高质量发展，提出了对发展路径的建议。

一 彩票事业高质量发展的原因

研究彩票事业高质量发展，对我国彩票事业的稳定以及健康可持续发展具有非常重要的意义。

一是在经济发展新常态的背景下，中央提出我国经济已从高速增长阶段转向高质量发展阶段。从宏观角度看，推动经济高质量发展成为今后一个时期确定发展思路、制定经济政策、实施宏观调控的根本要求。从中观和微观角度看，推动经济高质量发展就是要实现产业层面的质量变革、效率变革和动力变革，提升微观经济主体的经济活力。这些视角无疑对彩票产业的发展，具有方向性的指导意义。

二是长期以来，社会上对于彩票是否要发展以及如何发展，存有很大的争议。近年来，彩票销量呈稳步增长态势，特别是2018年彩票销量达到5000多亿元，创历史新高，与此同时彩票的负面事件和舆情频发。社会上对彩票产业有了更多的争议：彩票业内外不断有发行“部门彩票”、发行“赛马票、赛狗票”，甚至将“彩票博彩化”的呼吁，一些研究者和媒体则认为目前彩票发展问题重重，甚至对继续发行彩票持否定意见。从高质量发展的角度对彩票行业进行研究，突出其高质量发展的社会意义和价值，对于明确我国彩票的属性和定位，减少纷争，无疑具有非常重要的意义。

三是在具体的监督和管理层面。由于对彩票的发展道路、发展方式没有统一明确的认知，这在一定程度上导致针对彩票的发展政策和监管措施摇摆反复和不连贯。因此，从理论层面开展对彩票事业高质量发展的研究是彩票事业发展的内在需要。

二　彩票事业的特征

彩票行业与一般行业有非常大的区别。

从产品角度看，彩票游戏产品天然具有一定的博弈性，绝大多数产品则不具备这种特性。不同彩票产品的博弈性程度不同，有的博弈性较强，容易引发人们的非理性购彩，甚至有可能变相为赌博。从这个角度看，彩票的游戏设计和产业发展会有一定的限度。超过某个限度，就会引发负外部性以及社会稳定问题。

从彩票收入角度看，其与一般行业也有很大区别。一般行业中，某家企业产品的销售收入除去纳税和支付各种成本支出后，就变为企业的利润，由企业自由支配。而彩票行业的销售收入分为三部分，即彩票奖金、发行费和公益金。其中，彩票奖金支付给中奖者；发行费是彩票从设计到销售各环节产生的各种费用，主要分配给彩票机构和各层次的销售主体；彩票公益金则是彩票收入中去掉彩票奖金和发行费后剩余的部分，这部分资金将通过政府基金的方式，直接投入社会公益事业。

以上两点，使彩票行业成为一个特殊的行业。一般行业经营的主要目的是获得利润，而彩票行业经营的主要目的是获得公益金。

（一）彩票事业中的两个市场

我国彩票从设计生产到销售筹集公益金，再到公益金的分配和使用，包括多个环节（见图 1）。我们可以将其归纳为两个部分：一是彩票销售市场，主要涉及彩票机构、消费者；二是彩票公益金的分配和使用市场，主要包括

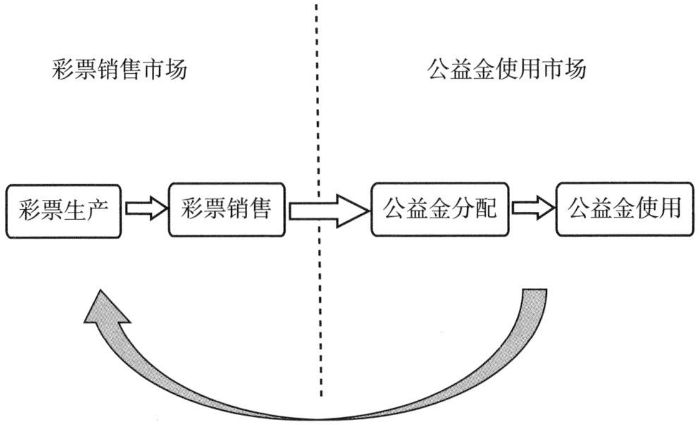

图1　彩票事业的两个市场

公益金如何分配，具体如何使用，主要涉及公益金的分配部门、公益金使用部门。

从现有的文献看，对于彩票的研究，绝大多数是基于这两个市场中的某一个市场进行研究的。从产业角度研究彩票，主要关注的是彩票设计生产和销售的环节，进而去探讨行业的市场结构、政府监管、产品等。由于公益金的使用关系到彩票资金是否被有效地使用，是否达到了支持我国公益和社会福利事业的要求，因此也有很多学者主要从公益金的分配使用、公益金政策等对彩票进行研究。

需要注意的是，当前彩票产业的规制和彩票公益金的分配使用，都是由财政部来监管。但由于这两个市场的各自特征，以及彩票经营收入作为政府基金实行收支两条线管理的特性，这两个市场的监管和运行，基本上是完全分开的。也就是说，彩票销售市场的调整与公益金使用市场的调整，在国家彩票的运行模式①下，并没有建立必要的联系。

（二）彩票事业的整体观

两个市场分别对应着彩票产业以及彩票的社会公益事业。人们一般使用

① 参见本书 B. 10《福利彩票运行模式转换及其影响》。

的彩票产业的概念，主要是针对彩票发行销售市场来讲的。彩票公益则往往是针对彩票公益金分配和使用市场来讲的。但彩票事业则是一个涵盖面更广的概念，既包括彩票发行销售，也包括公益金分配和使用，两个部分构成一个整体。彩票产业和彩票事业的关系，类似于教育产业和教育事业的关系。彩票事业的发展需要有这样的整体观。

有了整体观，彩票两个市场的发展就可以通盘考虑，相互协调和呼应。在彩票的销售端，购彩者购买彩票，除部分购彩者之外，很多人是基于娱乐和公益来购买彩票的。那么，对于彩票的发行管理机构和销售机构来讲，就需要回应乃至满足购彩者的这两个需求。因此，近年来，我们看到彩票机构组织了多种公益活动，来彰显彩票的公益性。但彩票的公益性，如果主要由彩票发行管理机构传播，并不是很有效的做法。如果从整体观的视角出发，彩票的公益性，应该更多地从彩票公益金的分配使用环节来显示。但恰恰在这个环节，公益金如何分配和使用，以及效果如何，这些信息一般情况下很难低成本、高效率地传递给广大社会公众。

因此，从专业分工的角度出发，彩票发行管理机构应主要着眼于彩票的娱乐性，更多地开发能够满足人们需求、娱乐性强、博弈性低的彩票游戏；彩票公益金分配使用部门则要从彩票公益性出发，不仅要分配和使用好公益金，而且有义务将这些公益项目和公益精神传递、传播出去。由此，彩票发行管理机构和彩票公益金分配使用机构能够分工协作，共同推进彩票公益事业的高质量发展。

三　彩票事业高质量发展的含义

（一）彩票高质量发展的界定

高质量发展是一个多维度的概念，到目前为止，已有很多学者就我国经济高质量发展做了大量研究。高质量发展可以从质量变革、效率变革、动力变革的角度去理解，也可以从微观、中观、宏观角度去分析。具体到彩票的高质量发展，微观上包括产品质量和经营质量，中观上包括产业发展质量、渠道和营销、产品结构质量，宏观上包括彩票增长质量、彩票的社会公益形象等。基于这些研究成果，我们认为，推动福利彩票事业高质量发展，就是对现有彩票事业发展方式的转变，是对结构的优化、动力的转换，进而实现彩票事业转型升级。其中，包括深化供给侧结构性改革，还包括改善彩票事业的发展环境，培育彩票发展新动能。

（二）彩票事业发展的整体观与高质量发展

经济学家高培勇等认为，高质量发展不仅是经济的高质量，而且包括社会高质量和治理高质量。高质量发展需要经济高质量、社会高质量和治理高质量三者协同①。

前面提到，对于彩票，既需要特别关注其两个市场的划分以及这两个市场各自的特征，也要注意这两个市场之间的关联，以及彩票事业的整体性。从这个角度来看，经济高质量、社会高质量和治理高质量三个层面的分析架构非常适合分析彩票行业。经济高质量主要针对的是彩票销售市场，社会高质量主要针对的是公益金使用市场，治理高质量则是从整体角度，综合考虑彩票销售市场和公益金使用市场（见图 2）。

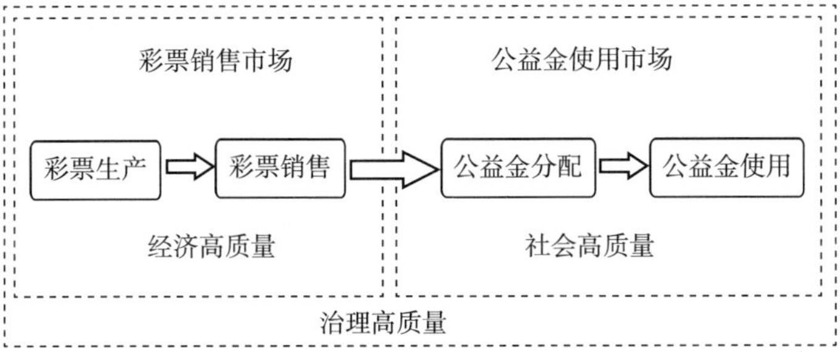

图 2　彩票高质量发展的三个维度

① 高培勇、袁富华、胡怀国、刘霞辉：《高质量发展的动力、机制与治理》，《经济研究参考》2020 年第 12 期。

具体来看，经济高质量重点关注的是彩票销售市场的高质量，涉及市场结构和效率、产品质量和数量，以及供需关系的高质量，也包括彩票消费的合理可控、负外部性低；社会高质量主要指彩票公益金分配使用的高效率和高质量；治理高质量指彩票产业规制体制机制完善，彩票机构履行社会责任等。

四　彩票事业发展环境

（一）经济社会环境

1. 经济环境

新中国成立 70 多年来，特别是改革开放以来，我国经济快速增长，经济规模不断扩大，目前我国经济已从高速增长向高质量发展转变。2019 年，我国经济继续健康发展，GDP 逾 99 万亿元，比上年增长 6.1%，符合 6% ~ 6.5% 的预期目标，高于全球经济增速。截至 2019 年 6 月，我国 GDP 增速已连续 18 个季度运行在 6.0% ~7.0%，经济保持平稳增长。

经济发展使我国综合国力显著增强，人民生活质量进一步提高。2019 年，我国人均 GDP 为 70892 元，按年平均汇率折算达到了 10276 美元，突破了 1 万美元的大关，人均 GDP 进入世界上中等收入国家行列，居民消费能力进一步提升。2019 年，全国居民人均可支配收入 30733 元，实际增长 5.8%，与 GDP 增长基本同步。农村居民人均可支配收入实际增长 6.2%，继续快于城镇居民人均可支配收入增速，城乡居民收入差距有所缩小。

2. 消费市场潜力

2019 年，我国彩票市场波动较大，受调整高频快开和竞彩两类游戏规则影响，全年彩票销售额降至 4200.53 亿元，同比下降 17.5%，但值得注意的是，剔除高频快开和竞彩游戏外，2019 年我国其他彩票游戏销量达 1728.93 亿元，同比增长 11.1%，高于同期 GDP 增幅。这表明，从市场的潜在规模看，我国彩票市场还有一定的增长空间。

2019 年，全国居民人均消费支出 21559 元，同比增长 8.6%，扣除价格因素实际增长 5.5%。消费结构不断优化，服务性消费上升，全年居民消费支出中服务消费占比为 50.2%，比上年提高了 0.7 个百分点。彩票作为文化娱乐服务业，2019 年人均购彩金额仅占人均消费支出的 1.4%。从人均购彩金额来看，2019 年我国人均购彩金额由上年的 366.55 元下降至 301 元，主要受政策影响，降幅较大。与很多国家相比，我国的彩票消费支出在居民消费支出中还有上升的空间。短期来看，我国购彩者的购彩能力还有待挖掘；长期来看，我国彩票市场还有相当大的增长潜力。

3. 社会环境

社会主义新时代，我国的社会主要矛盾已经转化为人民日益增长的美好生活需要和不平衡不充分的发展之间的矛盾。之前的主要矛盾体现为短缺，新时代的主要矛盾则体现为不平衡不充分。一是人们的需求越发多元化、个性化。彩票，甚至盲盒、娃娃机等，都是能够满足一些群体的需求的。二是个体和社会对于社会公平、公正、弱势群体保护、社会公德等有了更高的要求。社会中有相当一部分人，对于彩票是持一定的负面意见的，认为为了维护社会的公序良俗，弱化人们博彩天性，应该严格限制甚至取缔彩票。三是人们有了更多参与社会建设、公益活动和慈善活动的需求。购买彩票是参与社会公益慈善的一种途径。但与直接捐赠或者参与志愿服务相比，购买彩票这种途径是间接参与公益活动，因此在满足人们参与公益的需求方面，是有一定劣势的。

（二）政策环境

基于我国经济总量的迅速扩大，以及社会主要矛盾的变化，国家进一步明确了彩票的“人民性、国家性、公益性”的属性。从相关表述看，销量不再是我国彩票考量的主要指标，监管机构和主管部门不再单纯追求彩票销售额的快速增长，而是更重视追求彩票社会综合效益发展，推动彩票产业由快速到健康的转型发展，重质量而不是重销量，重长远而不是重眼前。监管部门基于以上的考虑，进一步规范彩票产业发展，严格控制彩票市场风险，确保国家彩票市场安全稳健运行。

对于竞彩的超高速发展以及近些年高频快开彩票游戏的快速增长，监管部门已觉察到其中蕴含的彩票市场风险，在2019年初对高频快开游戏和竞彩游戏采取了严格的限制措施。在竞彩方面，调整竞彩游戏规则，降低竞彩返奖率，并要求竞彩开售比赛数量至少比上年减少30%。对于高频快开游戏，要求减少开奖频次、降低返奖率等[①]。这些政府规制立竿见影，竞彩游戏和高频快开游戏销量大幅下滑，2019年全国彩票的整体销量下降。

“从彩票行业的安全性和稳定性角度，从降低非理性购彩等社会负面影响的角度，近几年针对彩票的政府规制都是极为重要的。除聚焦彩票品种和渠道的监管外，财政部、民政部等部委还出台了多个关于彩票发行、销售、公益金管理、公益金项目管理等规章，特别是近期彩票法的立法推进，可以预见我国对彩票行业的规制将更加规范、严格。”[②]

（三）彩票事业的挑战和机遇

30余年时间，我国彩票业经历了从起步、探索到壮大，现已进入转型期。对于彩票机构而言，当前既有困难和挑战，也有发展的机遇。从困难和挑战看，与宏观经济面临“三期叠加”的态势相仿，彩票产业发展也到了增长速度换挡、结构调整阵痛以及发展模式变革的时期。在彩票经营方面，乐透数字型游戏老化、即开票市场占比小等问题仍然存在，彩票销售站点经营成本不断上升，不少销售站点过于依赖快开游戏。在彩票经营、监督管理方面，还存在体制机制方面的问题[③]；在具体的彩票经营方面，人员的专业能力不强，激励约束机制不足，推动创新协调发展的难度仍然不小。社会环

① 《财政部　民政部　体育总局关于调整高频快开彩票游戏和竞猜彩票游戏规则加强彩票市场监管的通知》，民政部网站，2019年1月28日，http://www.mca.gov.cn/article/xw/mzyw/201901/20190100014643.shtml。

② 参见何辉《福利彩票事业的公共价值、发展方向和供给侧改革》，载何辉主编《中国福利彩票发展报告（2019）》，社会科学文献出版社，2020。

③ 参见《中国福利彩票发展报告（2019）》总报告部分内容。

境中仍存在一些对彩票发展的质疑。

从机遇和有利因素来看，彩票法的立法推进，为彩票体制机制改革提供了有利的法律环境。随着彩票“人民性、国家性、公益性”的属性被进一步确认，彩票在我国社会公益事业发展中扮演的角色更加重要，使彩票发展的“合法性”和社会基础进一步拓宽。国民收入持续稳定增长，消费升级带动文化娱乐消费支出高速增长，潜在消费群体数量巨大，彩票事业发展拥有更加广阔的市场空间。

五 推动彩票事业高质量发展的维度和路径

有学者提出，我国经济高质量发展的关键是“循环”，即打通生产、分配、流通、消费的堵点和梗阻，促进生产要素自由流动和资源优化配置，提高国民经济循环效率，增强经济发展的内生动力①。

从彩票事业高质量发展来看，也需要突出“关联”和“循环”。关联，指的是在彩票的两个市场之间建立紧密的互动关系。循环，指的是要打通彩票生产、流通、消费，公益金分配和公益金使用之间的循环。

一是彩票的研发和生产环节要加强产业链和供应链建设，开发民众喜闻乐见、博弈性低的彩票游戏产品；二是彩票的流通环节，要加强彩票的营销渠道和流通体系建设，畅通实体和线上两个渠道；三是消费环节重在合理引导居民参与和购买彩票，推动彩票消费的转型升级；四是公益金分配环节，要优化分配的体制机制，借鉴基金会的模式，从相对封闭变为相对开放，适当引入竞争来提高公益金分配的效率。在公益金使用环节，要重视资金的使用效率，更要重视资金的使用效果。

彩票事业高质量发展包括经济高质量、社会高质量、治理高质量三个维度。经济高质量，主要面对彩票销售市场，涉及彩票的生产、流通和消费环节；社会高质量主要面对公益金使用市场，涉及公益金的分配和使用两个环

① 王一鸣：《百年大变局、高质量发展与构建新发展格局》，《管理世界》2020 年第 12 期。

节；治理高质量主要面对两个市场之间的关联，特别是从整体观的角度，对彩票生产、流通、消费，公益金分配、使用之间的循环进行规划、设计和治理。

（一）经济高质量

经济高质量重点关注的是彩票销售市场的高质量，涉及市场结构和效率、产品质量和数量，以及供需关系的高质量，也包括彩票消费的合理可控、负外部性低等内容。考虑到文章篇幅，这里仅就彩票的流通渠道环节和消费环节进行论述，主要包括数字化彩票和营销两个方面。

1. 发展数字化彩票

流通渠道建设，一方面属于彩票机构的市场行为，另一方面由于彩票的特殊属性，渠道建设也受到政府的严格管制。因此渠道建设，既包括监管部门如何适应新时代发展需要，以及彩票健康发展的需要，适当放松对渠道建设的限制，也包括彩票机构基于市场需求的探索创新。短期内彩票销售的传统渠道是需要保持稳定的。与此同时，需要开拓新的营销渠道。数字化彩票，包括彩票的互联网销售、电子支付以及无人售卖机等多种形式，是迫切需要进行探索和实践的方向。

2015 年之前，我国的互联网彩票经历了一个快速发展的时期。通过互联网渠道销售彩票，快速推高了彩票销量，但同时也出现了非常多的问题。第一个问题是多家商业企业力推互联网彩票，但对于这种与传统完全不同的营销渠道如何监管，当时是没有现成的经验可以借鉴学习的。第二个问题是经营互联网彩票的公司经营不规范，损害购彩者利益的事情时有发生。经营互联网彩票的平台，也更容易被赌博和非法经营彩票的组织所利用，危害到更多人的权益。第三个问题是我国的彩票销售是按照地区来划分的，长期以来形成了在哪里购彩，就在哪里筹集公益金的属地管理模式。而互联网平台由于虚拟性，人们通过网络可以实现异地购彩。对于此时该彩票属于在哪里销售的，公益金应该算到哪个地区等，存在一些利益上的问题。以上几点，最终使政府对于互联网彩票实行了全面禁止。

经过近几年科学技术的发展，以及监管部门在技术资源、监管能力等方面的提升，一些学者也对互联网售彩进行了比较深入的理论研究，上述三个问题中第一个和第三个都是可以在较大程度上解决的。至于非法经营彩票的问题，则需要相关部门持续打击。

对于数字化彩票的发展，我们持审慎的支持态度。也有学者已经就我国发展或者重启互联网彩票，提出了一些真知灼见。第一，在互联网售彩平台建设上，可以考虑通过特许的方式，由彩票机构独自或者与企业合作，建立互联网彩票销售平台。为了保证平台经营的合法合规和可控，建议彩票的互联网销售平台建设，类似于现有的福利彩票和体育彩票的形式，实行彩票机构的垄断经营。由此，互联网彩票经营的主体是彩票机构或者彩票机构委托并实施严格监管的商业企业平台，可以基本上保证互联网彩票发展的稳定性。第二，在互联网渠道上销售的彩票种类，需要与实体店的售彩种类有所区分，避免互联网渠道对线下渠道的简单替代。第三，需要通过机制建设使互联网渠道与线下渠道协同发展。

2. 营销理念和策略的优化

在营销上，随着我国社会主要矛盾的变化，以及社会上青年人群和中高收入群体消费习惯的变化，也为了能够适应彩票游戏品种的调整和更新，需要在市场营销方面进行积极的探索。

传统的营销理论强调的是4P，即产品（product）、价格（price）、渠道（place）、促销（promotion）。其中的促销，不仅指促销，还包括品牌宣传、公关等内容。4P理论主要是从企业管理决策的角度出发的，没有考虑企业自身不可控的外部环境因素。对此，1986年科特勒提出了大市场营销的理念，在已有的4P的基础上增加了两个P：政治力量（political power）、公共关系（public relations）。政治力量指的是企业需要关注和了解国家或者地区的政治环境，这样才能有效营销产品。公共关系则指的是营销人员需要知道怎么样在消费者心目中营造良好的产品形象和品牌形象。

1990年，随着“以消费者为中心”的时代的到来，传统的4P或者6P理论已经不能很好地适应。一些学者提出了4C的新营销理论，该理论强调要紧紧围绕消费者的个性化需求、满足消费者需求的价值和成本、消费的便捷性、保持与消费者沟通四个方面进行营销。具体的4C包括：消费者的需求与欲望（consumer's needs and wants）、消费者需求得到满足的成本和价值（cost and value to satisfy consumer's needs and wants）、消费的便捷性（convenience to buy）、保持与消费者沟通（communication with consumer）。

如果与4P或6P理论比较，可以发现，4C理论强调以消费者为中心，产品和营销不仅要满足消费者的价值需求和实际需求，而且要保证消费过程的低成本和便捷性，以及随时与消费者沟通了解消费者的动态。对于我国的彩票市场而言，长期以来彩票主要是双寡头的卖方市场，尽管体育彩票和福利彩票之间有同行竞争，但由于彼此的彩票产品比较同质化，且销量总体上呈稳步增长态势（几次销量下跌主要是受政府规制的影响。市场本身一直没有达到饱和状态），因此如何更好地满足消费者的多样化的需求，如何针对社会不同群体进行细分市场的设计和建设，长期以来并没有成为彩票发行管理机构的工作重点。

但随着2019年政府针对高频快开、竞彩游戏实施的严格规制，这类在彩票市场上占据重要地位的彩票游戏受到很大冲击。两家彩票机构需要在其他的彩票游戏营销上发力。此时，4C营销理论就非常具有指导意义，需要从以卖方为中心、以生产为前提调整为以消费者为中心，按照消费者需求来组织。

例如，消费的便捷性问题。前文已经提到，彩票消费支付的电子化以及通过互联网渠道销售彩票，能够大大降低购买彩票的成本，达到便捷化的目的。又如，对于彩票消费者而言，虽然有非常多的购彩者是基于彩票博弈性和收益购买彩票，但也有非常大的潜在的消费群体，他们看重的是彩票消费本身具有的公益性，也就是彩票的公益价值。但目前的彩票机构与购彩者之间是非常简单的彩票买卖关系，营销过程中当然也能看到“取之于民、用之于民”等标语及其蕴含的公益色彩，但仅此而已。至于彩票销售后筹集的公益金如何分配、如何使用、效果如何，相关政府部门和彩票机构虽然也会定期公布一些公益金使用的信息，但购彩者很难便捷地获得相关信息，彩票机构更没有就此保持与消费者的沟通。如果从 4C 理论看，也就是消费者需求得到满足的价值成分并不够。

基于上述分析，我们认为，2019 年彩票销量结构性下跌也正好为彩票机构和营销渠道的改革创新提供了一个机会窗口。彩票机构需要在 4C 方面多做探索，满足消费者个性化的经济需求和价值需求。在满足消费者的公益价值需求方面，就不仅或者不主要是彩票发行管理的事，而更多的是彩票公益金分配和使用环节的问题。

（二）社会高质量

社会高质量主要是指彩票公益金分配使用的高效率和高质量。目前的公益金分配和使用的机制，需要逐步做一些调整，增加公益金使用和彩票机构之间的关联度，将彩票事业中的彩票销售市场和彩票公益金的分配使用市场结合起来。对此问题，在《中国福利彩票发展报告（2019）》的总报告中已经谈到了一些内容，包括如何在公益金分配中重视市场因素、如何提高公益金使用的绩效评估等。本书中两篇文章，特别就彩票公益金分配使用的体制机制创新做了探讨。①

本报告认为，可以尝试成立彩票公益金的基金会，负责中央层面的公益金的分配使用。由该基金会按照通用的基金会的管理方式来运营和管理彩票公益金。一方面，基金会的资金管理已有相对成熟的模式，可以通过面向社会的市场化的方式遴选出有价值且有社会影响力的公益项目进行资金支持，提高分配效率；另一方面，基金会相对政府部门来讲，天生是非常重视信息公开和社会影响力传播的。由此也可以最大化地传播公益价值，低成本地为彩票机构做公益宣传和产品宣传。

当然，从现有的财政部门管理公益金的体制转型到基金会模式，可能需要较长的时间。当前，可以考虑通过福利彩票和体育彩票机构成立基金会，将每年的弃奖奖金注入基金会，由该基金会来分配和使用。这样做的好处

① 参见本书 B. 5《彩票公益金监管的民法设计》；B. 4《彩票公益金监管的沿革、现状和优化路径》。

是，该基金会天然与彩票机构有密切联系，也就成为彩票机构公益营销的最佳拍档。需要注意的是，基金会的管理要相对独立，保持公益金管理的公开透明。

（三）治理高质量

治理高质量包括构建多方参与的彩票治理体系、完善政府规制、推动彩票机构履行社会责任、完善彩票机构的管理体制、强化公益金使用和彩票销售之间的关联、基于彩票事业整体观加强彩票的公益宣传。

1. 政府规制

2019 年，在政府的严格监管下，彩票销量整体的结构性下跌，从中长期看对于我国彩票行业的发展能够起到积极作用。但无疑，在短期对于彩票市场的影响是巨大的，市场的稳定，特别是众多彩票从业者均受到较大的影响。从近些年包括 2019 年我国彩票监管的措施来看，监管机构是从彩票机构的产品和销售的环节来进行约束和限制的，减少博弈性。这样的做法效果很明显，但同时会对市场产生非常大的冲击。因此，对于监管机构来讲，是否还有其他的政策选项，既能够推动彩票的高质量发展，又能够尽量减少对市场的剧烈冲击有待探寻。

对于规制部门而言，如何选择具体的规制策略，要考虑到很多因素，包括不同策略的难易程度比较、不同策略的短期和长期影响，以及规制部门对待彩票的观念。现阶段，社会上能够获得的有关彩票的信息基本上都是关于销售环节的。由此，既然社会主要关注点在产品销售市场上，考虑到彩票博弈性的负面影响，以及引发的社会稳定问题，直接对一些彩票种类进行更严格规制乃至禁止，更容易成为监管部门的优先选项。

基于前文提到了彩票事业的整体观，本报告认为彩票监管机构需要更全面、整体地看到彩票事业中的两个市场，在彩票销售市场和彩票公益金使用市场同步发力，而非单方面地通过禁止等方式来降低风险。通过制度创新等方式，将彩票销售和彩票公益金的分配使用二者的关系塑造得更紧密，通过公益项目的影响力和传播力，来反哺彩票市场的发展。

因此，从两个市场协调的角度，我们可以考虑对政府监管策略进行适当调整。统筹考虑销售环节彩票的博弈性和公益金使用环节彩票的公益性。例如，为了适当弱化产品的博弈性，不仅可以从产品角度出发，也可以在公益金使用方面做一些提升。在彩票游戏的博弈性维持不变的情况下，可以通过提升公益金使用的效率和效果，来增加整个彩票事业的公益性。在公益金使用效率效果没有大的变动的情况下，要提升彩票事业的公益性，则需要降低彩票游戏的博弈性以及由此引发的负外部性。

当社会上对彩票行业的负面声音增多时，彩票监管机构也可以从这两个市场着手，采取以下三个策略：一是对特定的彩票游戏种类进行更严格的规制，减小彩票消费引发的负面影响；二是短期内不对彩票游戏进行更严格的规制，而是从公益金分配使用环节出发，突出彩票的公益性，进而回应社会上的负面声音；三是两个环节共同发力，既对彩票游戏实施更严格的规制，也从正面信息传递的角度传播彩票的公益性，弱化社会上的负面声音。

现有规制对福利彩票和体育彩票的市场发展会有不同的影响。长期以来，体育彩票和福利彩票在发展中逐步形成了双寡头的市场结构。对于稳定的双寡头市场而言，两个主体处于一种相对平衡的状态。这个平衡包括了市场占有率的相对稳定，接近于1∶1 的关系，与此同时，两种彩票的游戏品种也有同有异。这无论是对于市场的稳定，还是对于中国整个彩票市场的发展，都是非常重要的。2019 年的政策及后续政策，有可能打破这个相对平衡。因此，在后续的监管中，可能要考虑到目前二者的市场占有率的情况，通过非对称规制的方式来进行再平衡。

2. 彩票机构的社会责任和自律

近年来，我国彩票市场出现明显变化，销量不再是政府考量彩票发展的主要指标，监管部门更重视追求彩票社会综合效益发展。在此政策环境下，彩票机构一方面需要在遵循监管要求的情况下，努力通过挖掘潜力、推出新产品，以及创新渠道等做好适应性发展；另一方面需要加强责任彩票建设。构建以安全为基础、以公益责任为核心、预防非理性购彩的责任彩票体系，营造彩票和彩票机构的良好形象，坚持做好社会责任报告发布，创新开展社会工作，做好非理性购彩者疏导，引导理性购彩，有效化解各类矛盾。

3. 彩票机构管理模式的分析探索

目前，我国不同省份的彩票销量的增长态势以及对彩票的管理模式是有所不同的。如果从政府的组织管理的角度看，分为省以下的垂直管理或者属地管理。而从经济学角度分析，垂直管理和属地管理的适用性是有所不同的。我国大部分省份实行的是属地管理，有几个省份实行的是垂直管理。如果从管理体制来看，有必要调研和分析我国省级福彩机构的管理体制的具体情况，逐步推动省级以下管理体制的优化。

4. 多部门协作、推动彩票公益传播

对于彩票公益性的传播，目前主要集中在彩票销售市场一端，由彩票机构来承担。彩票机构一边销售彩票，一边通过各种方式进行公益传播。但彩票公益金支持的公益项目，或者说彩票真正发挥公益作用的部分，是在彩票公益金的使用市场一端。而这一端对于彩票公益性的宣传，却远远不够。

彩票销售和公益金使用之间缺乏关联，导致了彩票公益性的宣传成本很高，而效果还不明显。从彩票事业整体观的角度出发，需要相关的监管部门来统筹两个市场之间的关联，即彩票销售市场的监管部门、彩票公益金分配使用的管理部门、彩票机构，以及彩票公益金的具体使用部门（或者公益项目），协同推进彩票事业发展。加强公益性的宣传，通过打造公益品牌项目、彩票公益日①等方式，让更多的人知晓彩票的属性和社会价值，提高对福彩公益理念的认同度，为彩票高质量发展营造良好的舆论环境。

---

① 何辉：《建议设立全国彩票公益日》，《经济参考报》2020 年 8 月 13 日。

B.10
福利彩票运行模式转换及其影响

马福云*

摘　要：20世纪90年代以后，我国逐步建构起独立于彩票发行管理部门的彩票统一管理制度，财政部代替中国人民银行成为负责彩票统一管理的政府部门。同时，彩票公益金也由发行管理部门的内部使用演变为在中央、地方分成基础上中央统一归集分配使用。经过几十年的发展演变，我国彩票运行从早期的奖券运行模式，经历部门彩票运行模式后发展到当前的国家彩票运行模式。现有模式在推动彩票的国家属性、公益金使用范围扩宽方面具有优势，但由于其分割了彩票发行筹资机构与彩票公益金使用部门，进而使彩票的社会责任难以得到体现。

关键词：运行模式转换　彩票统一管理　福利彩票

20世纪80年代改革开放所带来的宽松环境给中国彩票的产生与发展提供了难得的、可尝试的宏观背景。为救助困难人群、筹集社会福利事业发展资金，1987年，民政部门经批准发行社会福利有奖募捐券，进而建构起部门指导、机构主导的奖券运行模式。1994年中国人民银行成为彩票主管机构后，福利彩票的行销监管及资金使用等开始更多由民政部门负责，逐步形成部门彩票的运行模式。1999年后，财政部主导彩票统一管理工作，在强

---

* 马福云，法学博士，教授、博士生导师，中共中央党校（国家行政学院）社会和生态文明教研部社会治理教研室主任，主要研究领域为发展社会学。

化彩票运行管理制度的同时，彩票资金分配使用开始超出部门范畴，逐步建构起国家彩票的运行模式。本报告拟对此福利彩票运行模式的转换过程进行论述，并分析其运行模式的特征及影响，以深化对当前我国福利彩票运行特征的把握与理解。

一　社会福利有奖募捐券的发行背景

20 世纪 80 年代初，中国确立了“对内改革、对外开放”的基本政策，并依此逐步改革经济体制，强化发挥市场作用，以推动经济的快速增长。当时，国家财政收入有限，在经济领域的投入比重较高，加之此前投入欠账过多，由民政部门主管的社会救济、社会福利等的发展面临严重资金制约，难以满足各类救济对象的有限需求。根据民政部门的数据，1985 年，中国优抚、救济对象约为 1.5 亿人，受灾人口约为 3.12 亿人，残疾人近 5000 万人，而全国的福利企业仅为 1.5 万个，城乡各种福利院床位数仅为 49.1 万张，全国约 1500 个县级地区没有福利院，半数以上的乡村没有敬老院。在已建的福利院、光荣院、荣军院等机构中，也有半数左右属于危旧房，需要投入资金予以改造。另外，弃婴、流浪儿童、孤残儿童、灾民等福利对象数量还在增加，满足其基本生活需要、进行基础救助也需要大笔资金。面对政府资金投入的不足，民政部门提出“社会福利社会办”，开始思索筹集社会资金的办法和途径。

20 世纪 80 年代中期，中国经济走上繁荣发展的快车道。为了促销，一些工商企业，甚至事业单位等尝试发行各种奖券，以设立大奖的“有奖销售”等形式促进产品销售，连银行也用抽奖来鼓励人们进行储蓄。有的甚至强行摊派，给奖券发行带来了负面影响。1985 年 3 月，国务院发布了《关于制止滥发各种奖券的通知》，要求各地、各部门坚决制止滥发奖券行为，工商企业停止有奖销售，特别提出不得举办有奖募捐活动。通知强调，为兴办社会福利事业而举办的有奖集资，经当地政府批准可以进行试点。这一政策规定为后来以发行募捐券（彩票）募集社会福利资金方式的出现埋下了伏笔。

1984年，根据有关人士建议，民政部开始调研世界各国的社会福利筹资情况，对奖券（彩票）筹资有了初步认识。1986年7月，民政部部长崔乃夫致信国务院领导，提出了彩票筹资的设想及思路，并得到中央领导的首肯。1986年12月，国务院召开的常务会议讨论了民政部报送的《关于开展社会福利有奖募捐活动的请示报告》，并批复同意发行“中国社会福利有奖募捐券”来筹集社会福利资金，发展以“安老、扶幼、助残、济困”为主的社会福利事业。

1987年6月，在征求民主党派及社会各界人士的意见后，中国社会福利有奖募捐委员会（以下简称“中募委”）成立。《中国社会福利有奖募捐委员会章程》指出，中募委是为动员社会力量、促进我国社会福利事业的发展、筹集社会福利资金而组建的群众性社会团体；将其任务明确为制定社会福利有奖募捐活动的规划和办法，组织、实施有奖募捐活动，管理、分配筹集的社会福利资金，资助兴办社会福利项目和其他社会福利事业等。该章程还规定其经费来源为有奖募捐收入以及海内外捐赠，经费用途为资助兴办社会福利项目及社会福利事业。民政部发布了《发行社会福利有奖募捐券试行办法》，提出奖券发行由中募委统一规划，会同有关部门有计划地开展；并明确中募委发行工作的主要任务包括制定奖券发行的年度计划和奖券发行办法、监制奖券、规划全国有奖募捐活动的开展，指导、监督、检查地方社会福利有奖募捐委员会的工作等。

二　奖券发行及其运行模式的建构

1987年5月，民政部成立社会福利有奖募捐券发行中心。中募委成立后，发行中心由中募委领导，承担福利奖券发行工作。[①] 经过紧张的准备，1987年7月27日，中国社会福利有奖募捐券首先在河北省石家庄市公开向社会发行，此后上海、浙江、天津、江苏、湖北、黑龙江、山东、广东、福建等9省（市）陆续开始发行销售有奖募捐券。各地方政府逐步组建起隶属于

① 杨晓东：《中国福利彩票管理体制的历史变迁》，《长沙民政职业技术学院学报》2008年第3期。

本地政府的社会福利有奖募捐委员会（以下简称“募委会”，一般到县市级），在民政部门设立办公室，并建立组织机构负责社会福利奖券在辖区范围内的发行销售。在全国逐步形成了按政府行政层级设置、各级民政部门主导、专门为民政福利事业发展筹集资金的有奖募捐管理及奖券销售的网络体系。

在规范社会福利奖券的资金分配方面，1987 年《发行社会福利有奖募捐券试行办法》明确了发行奖券奖金总额的分配原则，即奖金总额的 35% 给中奖者；总额的 15% 为发行成本（其中，印刷费为 4%，中募委发行费为 1%，地方募委会的发行费、代销费及银行手续费为 10%）；除去应付的奖金和发行成本外的净收入作为社会福利基金，由中募委与发售地区募委会按三七分成。1988 年、1989 年，根据相关奖金总额分配的规定，奖金占比提高 5%，相应福利金占比减少 5%，发行成本占比不变。1990 年 3 月，中募委发布《关于调整即开型社会福利奖券资金分配比例，统一全国结算办法的通知》，对面值一元、两元奖券的奖金返还、发行成本及福利资金构成进行调整，规定福利资金占比为 30%。1991 年 1 月，中募委发布《中国社会福利有奖募捐券发行财务管理试行规定》，提出社会福利有奖募捐券资金总额分配的基本原则：总额的 45% 为奖金返还，返还给中奖者；总额的 15% 为发行成本（其中，印刷费 4%，中央发行费 1%、地方发行费 6%，代销费 4%）；每期奖券销售总额减去上述奖金额和发行成本的净收入，作为社会福利金（其中，各省（区、市）和计划单列市募委会将奖券面值的 5% 上交中募委）。

社会福利（基）金用于资助兴办社会福利项目，发展社会福利事业。1991 年 9 月，中募委印发《有奖募捐社会福利资金管理使用办法》，明确有奖募捐社会福利资金属于社会资金，是对国家发展社会福利事业资金的补充，不冲抵中央和地方安排的社会福利事业费和固定资产投资额的预算；并提出，社会福利资金的使用范围为兴办为残疾人、老年人、孤儿服务的社会福利事业，帮助有困难的人，资助社会福利企业，发展社区服务等；另外，还提出了有奖募捐社会福利资金管理、审批程序、监督等相关规则。1991 年 12 月，中募委下发《中募委“八五”期间福利资金使用计划》，提出社会福利资金使用安排的指导方针，包括对原骨干福利事业单位以资助改造危房和改善设备条件为主，对福利企业的扶持以技改贷款贴息的形式为主，在城市以资助发展区或区以下综合性社区服务中心为主，在农村以资助发展乡镇敬老院为主；并明确资助兴办的各类福利事业、社区服务项目，要坚持以“雪中送炭”为主，以中小规模为主，注意量入为出、量力而行。1992 年 5 月，中募委印发《扶贫专用社会福利基金试行方案》，设立扶贫专用社会福利基金，用于扶持老、少、边、贫地区社会福利企业的改造和发展等；当年将资金投放范围确定为宁夏、青海、甘肃、贵州、云南、四川、内蒙古、新疆、西藏、海南、江西、安徽、广西 13 个省和自治区，次年又增加陕、晋两省共 15 个省和自治区。对每个省或自治区，中募委给予 35 万元的年度资金支持。1994 年 12 月，民政部发布《有奖募捐社会福利资金管理使用办法》，在重申社会福利资金社会资金性质的同时，明确社会福利资金主要用于资助为老年人、残疾人、孤儿服务的社会福利事业，帮助有特殊困难的人，支持社区业务和社会福利企业的发展；社会福利资金使用采取无偿资助或与有偿资助相结合的方式进行，对老、少、边、穷地区给予必要照顾。该办法还提出资金管理、审批程序、监督等多方面的规范，强化了有奖募捐社会福利资金的管理、使用。1995 年 12 月，中募委办公厅《关于加强有奖募捐社会福利资金规范化管理的意见》《关于“九五”期间中募委本级社会福利资金使用工作的几点建议》由民政部批转，提出严禁挤占、挪用和对外借贷福利资金，加快福利资金投放速度，严守资助范围，建立健全项目评审等，以加强有奖募捐社会福利资金规范化管理。在“九五”期间中募委本级社会福利资金使用中，除调整扶贫资金使用方向、投放办法外，还建议延续并提高对“三项康复”和“特教”的资助额度，[①] 增加革命伤残军人现代假肢换装补助、

① “八五”期间，为落实国务院批准的《中国残疾人事业五年工作纲要》目标，民政部分别与中残联、国家教委商定，每年由中募委向中残联“三项康复”提供专项经费 220 万元，由中残联安排使用；每年由中募委向弱智儿童特殊教育（简称“特教”）提供经费 300 万元，分别由国家教委和民政部安排使用。“九五”期间，建议每年对“三项康复”的资助额由 220 万元提高到 300 万元，对“特教”的资助额由 300 万元提高到 350 万元。

流浪儿童救助设施改造、孤残儿童助医工程补助、受灾地区城乡社会福利事业恢复重建补助等必要的专项支出。

奖券发行以来，在中募委及地方各级募委会的努力下，奖券发行规模逐渐扩大。自1989年起，一些省市探索采取实物设奖、灵活设奖的方式，利用集市等集中销售彩票，从而极大地提高了彩票销量。1992年，部分省市采取大奖组、高奖额、多奖级的形式，以现场购买、现场刮奖、现场兑奖的方式销售彩票。这种被称为“大奖组”的销售模式在媒体的全方位宣传下，进一步加大场面和声势，并辅以大奖额实物奖品，例如汽车、电视机、摩托车甚至住房等进行销售，收到较好效果，使得彩票销量迅速上升，1992年的销量超过13亿元，比1991年增长了50%多。[①] 1994年11月6日，新疆玛纳斯县创造了单个站点日销彩票205万元的全国新纪录；1995年4月28日，乌鲁木齐市推出800万元大奖组，当天销售彩票690万元，单点日销量的全国纪录被再次刷新。[②] 通过有奖募捐券的发行，民政部门筹集的社会福利资金逐步增加，为社会福利事业发展提供了资金支持，奖券成为我国社会福利发展的重要支撑。

20世纪80~90年代，随着社会福利有奖募捐券的发行，民政部、中募委经过逐步探索，建构起符合实际的奖券运行及监管制度，形成了较规范、有特色的社会福利奖券运行模式。在这一模式中，新成立的中募委负责发行管理奖券，分配社会福利资金，资助兴办社会福利项目。可以说，中募委就是为以发行奖券来筹集社会福利资金，并将其用于社会福利项目，发展社会福利事业而建立的。中募委作为主角发挥核心作用，成为奖券运行管理监督及其福利资金分配使用的主导者，承担全过程管理工作和全链条社会责任。

---

① 中国彩票年鉴编委会：《中国彩票年鉴2017》，中国财政经济出版社，2018。

② 《20年——中国福利彩票与您共同走过》，中广新闻网，2010年6月11日，http://www.cnr.cn/2010zhuanti/zgfcflp/fcgk/201006/t20100611_ 506565158.html。

三　部门彩票运行模式的建构

1994 年 3 月，国家体育运动委员会被批准在全国范围内发行体育彩票，用于发展体育事业。体育彩票的出现终结了社会福利有奖募捐券的独占地位。基于两者之间较强的替代性，福利奖券与体育彩票间的竞争难以避免。同时，针对彩票发行市场一度出现私自发行彩票、彩票过多过滥的混乱状况，1994 年 5 月中共中央办公厅、国务院发布了《关于严格彩票市场管理禁止擅自批准发行彩票的通知》，重申彩票发行审批权集中在国务院，将中国人民银行确定为主管彩票的机关，并要求其会同民政部、国家体委及国家工商局等部门做好彩票市场的管理工作。1994 年 7 月，中国人民银行下发《关于贯彻执行〈中共中央办公厅、国务院办公厅关于严格彩票市场管理禁止擅自批准发行彩票的通知〉的通知》，明确经国务院批准授权，民政部、国家体委可适量发行“中国社会福利奖券”和“体育彩票”，用途为社会福利事业和全国性大型体育运动会，其具体组织发行单位为“中募委”和“国家体委彩票管理中心”。除上述两种彩票外，未经国务院批准，一律不得擅自发行彩票。中国人民银行成为彩票主管机构后，开始遵照国务院指示，协同民政部、国家体委强化彩票的发行管理，建构更为完善的彩票管理规范体系。

1994 年 12 月，为加强彩票管理，民政部发布《关于加强社会福利有奖募捐工作领导的通知》，提出为了同各种名目的有奖销售划清界限，并使中国彩票逐步走向世界，决定将中国社会福利奖券发行中心更名为中国福利彩票发行中心，从 1995 年起，将面市的奖券更名为中国福利彩票；明确中募委发行中心（亦称中国福利彩票发行中心）为自收自支、实行企业化管理的事业单位；提出各省（区、市）（含计划单列市）募委会办公室，凡有条件的，应同时改建成当地福利彩票发行中心，进行工商注册，取得法人地位，实行自收自支和企业化管理，与公务员序列脱钩；提出资助审项职能由中募委交由部有关职能司行使，原中募委项目评审小组改为部评审小组，继续行使评审权，并建议各省（区、市）按此原则作相应调整。

1994 年 12 月，民政部印发《中国福利彩票管理办法》，对福利彩票进行了描述性界定，提出了福利彩票的发行目标及原则。明确民政部依法依规制定和发布福利彩票管理制度，对福利彩票实施行政管理。中募委作为民政部领导的全国福利彩票的管理机构，依规行使决定福利彩票类型、面值和资金分配比例，决定社会福利资金分配使用，决定福利彩票发行额度和发行区域等方面的职权。中国福利彩票发行中心负责全国福利彩票的发行、销售和资金结算，其职责包括依规制定福利彩票的发行、销售、开奖规则，审定彩票制作方案并组织印制，发行福利彩票、组织检查及监督各地销售活动，按规定收缴各项资金。其还规定福利彩票销售总额为彩票资金，并将彩票资金分解为奖金、管理资金和社会福利资金，其中，奖金不得低于彩票资金的 50%，管理资金不得高于彩票资金的 20%，社会福利资金不得低于彩票资金的 30%。还要求在福利彩票每个发行年度结束后的 3 个月内，各级募委会应通过新闻媒体，发布福利彩票销售和社会福利资金使用公告，接受社会监督。

同时，民政部还印发了《有奖募捐社会福利资金管理使用办法》。明确社会福利资金属于社会资金，是对国家发展社会福利事业资金的补充，不得冲抵中央和地方安排的社会福利事业费；社会福利资金实行分级按比例留成使用的原则，中募委留成比例为彩票面值的 5%，独立组织销售的县级募委会留成比例不得低于彩票面值的 20%；社会福利资金主要用于资助为老年人、残疾人、孤儿服务的社会福利事业，帮助有特殊困难的人，支持社区业务和社会福利企业的发展。社会福利资金的分配和投放，由各级民政部门和募委会共同组成的评审委员会负责审批。社会福利资金的管理、使用情况要定期提交本级募委会审议，并向社会公布，接受群众监督。

为强化彩票统一管理，1995 年 12 月，中国人民银行发布《关于加强彩票市场管理的紧急通知》。重申除中国福利彩票、中国体育彩票外，未经国务院批准，任何地区、部门、机构、个人一律不得发行彩票；提出自 1996 年起对彩票实行年度发行计划审批管理，并严格要求不得发行由认购人自主选号的主动型彩票。1996 年 4 月，中国人民银行发布《关于进一步加强彩票市场管理的通知》，重申严格控制彩票发行，实行彩票发行年度规模管理制度，严禁无额度、超额度发行彩票，提出对于出现彩票发行违规现象或因发行彩票而影响社会稳定的地区，予以扣减或取消彩票发行指标，并要求尽量控制大规模集中彩票销售活动的举办，防止引发群众哄闹事件。

1998 年 10 月，财政部、民政部发布了《社会福利基金使用管理暂行办法》，明确社会福利基金属于预算外资金，要将其纳入财政专户进行管理，并实行收支两条线。社会福利基金实行按比例分级留成使用的原则，用于资助为老年人、残疾人、孤儿、革命伤残军人等特殊群体服务的社会福利事业，帮助有特殊困难的人，支持社区服务、社会福利企业和其他社会公益、慈善事业的发展，以及对老化、陈旧社会福利设施和社会福利事业单位的维修和更新改造予以适当资助等。1998 年 12 月，民政部发布了《中国福利彩票发行与销售管理暂行办法》。该办法明确，民政部授权中国福利彩票发行中心具体承担福利彩票的统一发行、统一印制、统一编制，并实施发行和销售额度计划，制定技术规则、管理制度等工作；提出民政部门是行政区域内福利彩票的管理机构，其设立的福利彩票发行销售机构承担本地区福利彩票的统一销售管理职责；并重申福利彩票资金的组成、比例划分及用途，要求对其进一步规范化使用。

1999 年 1 月，中国人民银行印发了《关于加强彩票市场管理的通知》，指出了彩票市场发展中出现的实物兑奖奖品以次充好，销售信息披露不够真实、充分，彩票销售中的承包、转包、摊派等违规行为，以及变相发行彩票和私彩禁而不止等问题，提出调整彩票兑奖方式，逐步推广电脑彩票，以分散销售取代大奖组销售，严禁排他性、抵毁性宣传及其他恶性竞争行为，建立健全从彩票发行到公益金使用过程的信息披露制度，提高开奖、兑奖过程的透明度等要求。

中国人民银行在成为彩票主管机构后，规范彩票市场发行，强化彩票市场管理，开启对彩票的统一化管理工作。这推动了民政部门对社会福利彩票发行销售及管理的强化，推动了社会福利资金使用的规范化，从而使福利彩票行销及监管的部门化体制得以逐步完善。民政部门负责福利彩票的发行销售及管理，与体育彩票实行不尽相同的行销及管理制度，所筹集的彩票公益金也归民政部门在职责范围内分配使用，用于弥补政府财政拨款的不足。福利彩票实际上成了民政部门的筹资工具，民政部门也更多地介入福利彩票的发行管理及其监管过程，更多涉及福利资金分配、使用、管理的过程，并对福利彩票的发行销售、福利资金使用等承担管理责任。这使福利彩票更趋于部门化，也使政府行政管理开始与彩票利益纠缠在一起。

四　国家彩票运行模式的建构

20 世纪 90 年代中期以后，我国的彩票发行销售开始转型发展。1995 年，中国福利彩票发行中心在广东、湖南、浙江 3 省以及深圳、广州、沈阳 3 市开始进行电脑彩票发行试点。福彩发行中心研究开发出准热线销售系统，还在上海进行了准热线销售系统的发行销售运行试点，并建成全国电脑彩票系统监控中心，为电脑彩票的行销提供载体与物质保障。同时，为保障电脑彩票行销系统的安全规范化运行，福彩发行中心出台一系列关于技术保障的规范性文件，为彩票网点的统一销售及其运行提供了基础保障。1999 年 10 月 1 日，“上海风采”电脑彩票在上海市发行，这是我国首张通过计算机网络管理系统行销的乐透型福利彩票，为推动福利彩票发行销售转型探索出一条新路径。2000 年后，福利彩票网点销售方式逐步成熟，并开始在全国进行推广。彩票的网点销售更安全、更透明、更科学，也更能够满足彩票转型的需要，使我国福利彩票从实体票逐步走向电脑票、从大奖组集中销售走向网点式分散销售，彩票兑奖奖品也从实物开始向现金回归。

2001 年 10 月 18 日，西藏自治区正式开通电脑彩票销售系统。至此，除港澳台外，借助准热线或热线系统网络化发行的“风采系列”电脑福利彩票在全国 31 个省（区、市）全部开通，电脑彩票的发行取得了巨大成功。2003 年 2 月，我国首个统一游戏规则、统一开奖、共享奖池、全国联销的电脑乐透型彩票游戏——“双色球”在全国 22 个省（区、市）联合发行，开启了福利彩票的品牌化发展时代。2004 年 10 月，中国福利彩票 3D 游戏以“统一名称标识、统一游戏规则、统一开奖号码”的形式在全国上市，又一个全国性福利彩票品牌出现。福彩行销系统率先完成了整体性热线改造，标志福利彩票成功实现了从即开型彩票、人工化管理到电脑彩票、网络化管理的彩票行销转型。彩票行销方式的变革也带动了彩票销量的“大跃进”。2003 年，福利彩票销售额首次突破 200 亿元，2004 年福利彩票销售额为 226 亿元，2005 年大幅攀升至 410 亿元，2006 年再创新高，达 495 亿元。[①] 彩票销售规模大增，使筹集公益金的数量水涨船高。

伴随彩票行销方式转型的是彩票统一管理的强化。1999 年底，财政部代替中国人民银行成为彩票统一监管部门。2001 年 10 月，国务院发布了《关于进一步规范彩票管理的通知》，明确了财政部与民政部、国家体育总局在彩票管理中的职责。该通知赋权财政部制定彩票管理的法规政策、管理彩票市场、监督彩票行销活动以及会同民政部和国家体育总局制定彩票资金使用政策，监督彩票资金解缴、分配和使用等职能。该通知规定，民政部负责研究制定福利彩票行销和资金管理办法并组织实施，研究制定彩票发展规划，研究提出发行额度并经审批后组织实施，及时足额解缴彩票公益金，加强彩票行销机构管理等。该通知还提出，从 2001 年起调整彩票公益金分配比例。确定民政部门彩票公益金基数后，基数以内的由民政部门在规定范围内使用；超过基数的，80% 上交财政部，将其纳入全国社会保障基金，统一管理和使用。该通知还要求，从 2002 年起调整彩票资金构成比例，返奖比例不得低于 50%，发行费用比例不得高于 15%，彩票公益金比例不得低于 35%。从 2002 年起，彩票公益金的使用范围逐步扩大，除原有社会福利、体育部门使用，以及补充社会保障基金外，逐步拓展到青少年校外活动场所建设维护、北京奥运会、红十字会人道主义救助等方面。

2006 年 3 月，财政部发布的《关于调整彩票公益金分配政策的通知》提出，从 2005 年起对彩票公益金分配政策进行如下调整：第一，彩票公益

① 中国彩票年鉴编委会：《中国彩票年鉴 2017》，中国财政经济出版社，2018。

金在中央与地方之间，按 50∶50 的比例分配；第二，中央集中的彩票公益金，在社会保障基金、专项公益金、民政部和国家体育总局之间，按 60%、30%、5%和 5%的比例分配；第三，地方留成彩票公益金，将福彩和体彩分开核算，按彩票发行宗旨使用，由省级人民政府财政部门商民政部门、体育部门研究确定分配原则。其中，专项公益金部分用于农村医疗救助、城市困难群体医疗救助、青少年教育基地建设、大型体育活动、红十字会和残疾人救助等其他社会公益项目。这将公益金的使用范围拓展到社会福利及体育活动以外，使彩票公益金的部门化筹资、部门化使用被打破，进而推动部门彩票向国家彩票的转型。随后，财政部颁布《彩票发行与销售管理暂行条例》《彩票发行与销售机构财务管理办法》等法规，对彩票的发行、销售以及彩票行销机构管理等进行统一规范，在彩票行销及其管理等方面建构起全国统一规范的管理监督制度。

2009 年 5 月，为强化彩票的政府规制，《彩票管理条例》颁布。该条例以国务院行政法规的形式建构起我国彩票管理的基本制度规范，肯定了现有财政部会同民政部门、体育部门以及其他政府机构综合管理的彩票监管模式，强调了彩票发行的公益使命及其承担的社会责任。2012 年，《彩票管理条例实施细则》发布，进一步细化落实了不同政府部门的彩票运行管理职责，使彩票发行、销售及其资金管理过程中的各环节更规范。

进入 21 世纪后，随着彩票行销方式的转型，彩票销量大幅增长，所筹集的公益金大增。财政部成为彩票统一管理机构后，继续完善彩票发行管理办法，强化彩票资金及财务管理制度，并将管理触角进一步延伸到彩票游戏审批等事务中。面对彩票发行带来的资金诱惑，一些政府部门及相关人士提出发行教育彩票、环保彩票、西部开发彩票、扶贫彩票等诸多名目。这些名目看起来都有一定道理，但是如果一概照准可能会带来更多的负面社会影响。拓展彩票公益金的使用范畴，推动彩票公益金被更为多元化地使用，使原来部门内部受益的彩票公益金使用走出部门樊篱，推动部门彩票向国家彩票转型。

五　彩票运行模式的比较分析

我国的福利彩票产生于改革开放的大背景下，是为保障社会福利发展而采取的“不给钱给政策”的产物。在几十年的发展过程中，福利彩票发展模式也在不断变革，从早期的奖券运行模式到部门彩票运行模式，再到国家彩票运行模式。其中，每种彩票运行模式都具有其自身特征，也给彩票运行管理带来不同影响。

早期的奖券运行模式是基于有奖募捐券发行而逐步建立起来的。为发行奖券而成立的中募委负责奖券的发行管理，主导社会福利资金的分配与使用以及社会福利项目的发展。从中募委以及地方募委会的组成来看，其作为相对独立的第三方，成为奖券运行、管理、监督及其福利资金分配、使用的主导者，承担全过程管理职责，对奖券发行、公益金筹集使用担负全部社会责任。首先，中募委负责有奖募捐券的发行及管理。《中国社会福利有奖募捐委员会章程》等明确了中募委的群众性社会团体性质，并规定了其在管理组织社会福利有奖募捐活动、分配筹集社会福利资金、资助兴办社会福利项目等方面的职责和任务。这为中募委行使其职责、进行奖券发行管理、筹集分配社会福利资金等奠定了合法性基础。其次，奖券运行监督由中募委主导进行。中募委具有社会团体性质，同时也被赋予奖券运行监管的职能，负责指导、监督、检查地方募委会的工作。在民政部指导下，中募委逐步构建起奖券发行及其管理规制制度，以保障奖券的有序发行销售，合规进行开兑奖，及时结算分配和使用好福利资金。最后，社会福利资金的筹集、分配和使用由中募委主导。发行社会福利奖券的基本目的是筹集社会福利资金。募集的社会福利资金的性质被明确为社会资金，主要用于资助以老年人、残疾人、孤儿为主的社会福利事业，帮助有特殊困难的人，支持社区业务和社会福利企业发展。为此，在民政部背书下，中募委主导部本级社会福利资金的分配使用，并指导地方社会福利资金的使用方向。此时，社会福利资金开始超越民政业务范畴，被用于扶贫、“三项康复”和“特教”等不同领域，而且呈现扩展趋势。

20 世纪 90 年代，中国人民银行对彩票进行统一管理，强化彩票行销监管，福利彩票进入部门彩票运行模式。1994 年体彩被批准发行。中国人民银行成为国务院批准的彩票主管机构，由其统一管理全国彩票工作。面对当时一度出现的彩票私自发行、发行过多过滥的混乱状况，中国人民银行对彩票进行清理整顿，着手建立起彩票统一监管制度，由此形成中国人民银行统一监管，民政、体委分别主导福利彩票与体育彩票行销，各自筹集彩票公益金、各自在其业务范围内使用公益金的发行管理体系。民政部对原奖券运行模式予以调整，推动其转型为部门彩票运行模式。首先，中国福利彩票发行中心负责福利彩票的发行及管理。原由中募委主导的中国社会福利奖券发行中心更名为中国福利彩票发行中心。在改名后进行改制，成为民政部主管的实行自收自支企业化管理的事业单位，并在国家工商总局登记注册。各省（区、市）（含计划单列市）募委会办公室改建成当地福利彩票发行中心，受当地民政厅（局）的领导，负责本辖区的彩票销售工作。其次，彩票运行监督由民政部门主导，人民银行进行外部监管。福彩中心以及各省（区、市）的福彩发行中心分别受民政部及其当地民政厅（局）的领导，彩票发行及管理成为民政所属事业单位相对独立承担的工作。在谁主管谁负责的行政管理体制下，彩票运行激励及监督转由民政部门主导。同时，人民银行对彩票进行统一监管，承担彩票运行监管责任。最后，社会福利资金使用由民政部门有关职能部门行使。在强化彩票监管中，社会福利资金分配已制度化或者约定俗成，社会福利资金使用改由民政系统的有关职能部门负责。中募委项目评审小组改为部评审小组，继续行使评审权。但是，这种评审权从原有项目审批转变成审批参考，不再发挥决定性作用。

进入 21 世纪后，彩票行销方式变革，在彩票业快速成长过程中，彩票统一管理改由财政部负责，进而从部门化内部自我管理走向跨部门的法制化监管，彩票公益金使用被扩展到更多领域，由此彩票运行进入国家彩票运行模式。首先，中国福利彩票发行管理中心负责彩票发行及管理。中国福利彩票发行管理中心是民政部直属的事业单位，负责全国福利彩票的发行销售及业务管理，制定福利彩票发行、销售、开奖、兑奖等的规则，制订调整发行销售计划，督促各地彩票销售机构完成行销任务。其次，彩票运行监督由民政部门负责，财政部门进行外部监管。民政部基于国家有关政策法规，研究制定福利彩票的发行、销售和资金管理办法，以及福利彩票发展规划，并负责福利彩票行销、资金管理及发展规划的具体实施。民政部门负责对所属彩票行销机构进行管理监督，督促其合规运营。财政部门基于彩票统一管理规则，对其进行外部监管。最后，彩票公益金规范化分配，资金使用由不同使用方主导。彩票资金分配根据财政部批复在不同彩票类型品种中不尽相同。彩票公益金按照财政部要求，先在地方和中央对半分配，中央集中公益金在社会保障基金、专项基金与民政、体育部门之间按照约定比例分配。彩票公益金的分配则由各自不同的使用部门按照相关规定进行。民政部负责中央集中的5%份额公益金的使用，其依然被分配到不同职能司局，各自负责使用。

当前中国发行的福利彩票产生于改革开放的大背景下，是面对社会福利事业运行的资金困境而采取的特殊政策，也就是“不给钱给政策”的产物。经过几十年的发展演变，福利彩票运行从早期的奖券运行模式，经历部门彩票运行模式后发展到当前的国家彩票运行模式。但是，这种运行模式优劣势并存。这一运行模式分割了彩票发行筹资机构与彩票公益金使用部门，进而使彩票的社会责任难以得到体现。彩票发行筹资由福彩、体彩两大彩票发行管理机构及其主管部门负责，而彩票公益金的使用，除地方留成使用外，中央集中的公益金则用于社会保障基金、专项基金以及民政、体育部门。其中，专项基金的使用涉及众多政府部门、群团组织及基金会，其公益金分配使用状况难以为广大彩民及公众所知晓，影响彩票社会责任的公开与透明。彩票公益金使用领域的扩展依然没有解决彩票公益金分配使用的合理性及绩效问题。

参考文献

刘泽东：《从国外彩票业的发展探究符合我国实际的彩票管理体制》，《贵州体育科技》2005 年第 4 期。

马福云：《中国彩票业的发展及其政府规制》，《北京科技大学学报》（社会科学版）2014 年第 5 期。

徐海燕：《论彩民权利的法律保护》，《法学杂志》2007 年第 1 期。

B.11
烟草专卖制度对我国福利彩票专营制度的启示

王微微　高珊珊　姚怀国*

摘　要： 专营是政府对彩票业进行管理的最有效手段之一。本报告梳理我国福利彩票专营制度发展历程以及福利彩票市场结构特征，并总结我国烟草专卖制度发展历程，从实施专营专卖制度的政府考量、法律依据、运行机制、市场化程度、国际接轨程度五个维度将彩票专营制度和烟草专卖制度进行对比分析。并总结出我国烟草专卖制度发展对福利彩票专营制度的启示：完善立法，推动专卖专营法律制度建设；立足国情，坚定不移地实施专卖专营制度；以专卖制度为基础，构建适度竞争新机制；推动专卖制度改革，减少行政化路径依赖；改变税利不分、政企不分现象，形成全国统一市场；履行入世承诺,积极引入竞争机制。

关键词： 福利彩票　烟草专卖　专营制度

彩票是国家特许批准发行销售的特殊商品。从全球情况来看，在彩票业发展较快的国家和地区，政府管理彩票业的有效形式之一为彩票专营，即成立国有化的独家垄断发行机构进行管理。

* 王微微，博士，中国社会科学院大学经济学院副教授，主要研究领域为国际贸易理论与政策、产业经济学；高珊珊、姚怀国均为中国社会科学院大学经济学院2020级国民经济学专业硕士研究生，主要研究领域为产业经济学。

一　我国福利彩票专营制度发展历程及绩效表现

（一）彩票专营制度的雏形

现代彩票传入中国始于清朝时期。中国最早的彩票是从菲律宾传入的吕宋票，从19世纪中期起，吕宋票垄断中国彩票市场达40年之久。① 1898年美西战争期间，吕宋票因战事暂时停发，其他国家和地区的“洋彩票”如暹罗大票、澳门彩票、长崎彩票、先令彩票等大量涌入中国市场。其中，发展最快、发行最广的是澳门彩票。② 受到“洋彩票”涌入中国市场的启发，中国彩票商开始尝试自办彩票。

1899年初，广济公司成立，随即得到两江总督刘坤一批准，发行一种名为“江南义赈票”的救灾彩票，其被称为江南票。③ 江南票吸引了大量的博彩者参与，第一年销售额达180万元，相当于上海吕宋票的3倍。④ 同时广济公司申请了专利，在6年的专利期内，江南票行销之地不许设立其他公司，表明该专利的实质是以垄断手段消灭市场竞争，也是国内彩票专营的萌芽形态。但是这项专利政策只能限制其他中国商人发行彩票，却无法阻挡外国商人在中国发行彩票，截至1901年2月，外商在上海接连开办10家彩票公司，凡中外通商之地都成了“洋彩票”的销售范围。⑤

彩票泛滥引起各界关注，禁绝呼声不断。彩票具有明显的赌博性质，长期被视为赌博的工具之一，为清朝禁赌法律所不容，但是清朝政府从未采取

---

① 刘力、徐晓宗：《晚清舶来品：西洋吕宋票述略》，《重庆师范大学学报》（哲学社会科学版）2008年第1期。

② 金世斌：《中国彩票业规制体系研究》，南京大学出版社，2013。

③ 闵杰：《论清末彩票》，《近代史研究》2000年第4期。

④ 朱彤、周耀东、许力攀：《我国彩票市场结构与政府监管体制改革研究》，中国商业出版社，2005。

⑤ 闵杰：《论清末彩票》，《近代史研究》2000年第4期。

禁止彩票的实际行动。[①] 彩票屡次被禁，又屡次开禁，发展颇为曲折。由于清末时期财政窘困，天灾人祸交迫，清政府缺乏吸引民间投资的有效手段，经常利用发行彩票来吸引社会资金、应付各种需要，造成彩票的泛滥。彩票首先是以救灾的名义，冲破清政府的禁赌法令，于上海创办，而后各地政府纷纷效仿，以各种借口滥发彩票。作为敛财的新手段，清政府无力干预，对彩票正常行销的种种规定也形同虚设。清朝覆灭前10年间，彩票风靡全国，这绝不是经济政策的进步开明，而是清政府权力衰微不能对社会实行有效控制的表征，是法律无力监管公民行为的必然结果，追根溯源是国家的政治腐败。[②]

中华民国政府曾通过立法明令禁止发行彩票。1918年后，各省督军发行各种以"善后""济实""慈善"为名的彩票，如"湖北军事善后有奖义券""浙江绍萧塘工券""湘赈慈善救济券"等。[③] 从总体上看，国民政府在执政期间也发行了大量的彩票，主要为建设交通、赈济灾民、筹集资金，但是由于管理不严，彩票发行泛滥，官员从中营私现象严重，彩票发行出现了诸多弊端。

（二）新中国福利彩票专营制度的形成

新中国成立后，社会对彩票性质的认知不够全面，主要将其视为具有赌博性质的娱乐活动，因而彩票被长期禁止。随着改革开放和社会主义市场经济的发展，人们关于彩票的观念也随之发生变化，彩票得到了有史以来最快速的发展。从1987年开始，形成了覆盖全国的福利彩票和体育彩票两大彩票系统。[④] 2001年，中国正式发行足球彩票，标志着我国彩票业进入新的发展阶段。从彩票市场发展的角度，新中国彩票专营制度大致可分为三个发展阶段。

---

① 闵杰：《论清末彩票》，《近代史研究》2000年第4期。

② 姚建平：《中美彩票制度的道德评价比较分析》，《理论导刊》2006年第1期。

③ 双成：《彩票史话》，《财会月刊》2001年第1期。

④ 杨晓东：《中国福利彩票管理体制的历史变迁》，《长沙民政职业技术学院学报》2008年第3期。

1. 第一阶段：独家彩票和市场过度竞争的初步发展阶段（20世纪80年代中期至1992年）

1986 年 12 月 20 日，国务院第 128 次常务会议讨论同意由民政部组织社会福利有奖募捐委员会，在全国范围内开展有奖募捐活动。[①] 1987 年 6 月 3 日，经党中央、国务院批准，新中国成立后的第一家彩票经营、管理机构中国社会福利有奖募捐委员会（以下简称“中募委”）在京成立，并通过了中募委章程。设在民政部的“中国社会福利奖券发行中心”成为新中国第一个全国性的专业彩票发行机构，承担社会福利奖券的具体发行工作。当时社会福利彩票的管理体制采取中央和地方两级制度。中央一级由民政部负责，地方一级由地方政府负责，但业务上接受中募委领导，承办当地具体销售社会福利奖券的工作。由此，一个全国性、专业化发行销售福利彩票的组织体系开始形成，其职责是专门为民政福利事业筹集资金。1987 年 7 月，天津市造币厂印制出新中国第一张福利彩票——中国社会福利有奖募捐券；[②] 7 月 28 日，第一批福利彩票在河北省石家庄市销售。[③] 从此，新中国结束了长达 38 年无彩票的历史。不过，由于观念上的偏见，福利彩票销售的社会认可度较低，导致 1987 年全国的彩票销售额只有 1739.5 万元。[④]

1988 年，福利彩票出现仅半年之后，由于监管制度尚未形成，一些地方部门、企事业单位自行发行彩票，造成彩票市场乱象。为此，国务院先后 3 次通知各地各部门进一步加强对彩票市场的管理，将彩票发行批准权等收归国务院。[⑤] 1990 年后，彩票逐步被人们接受，销售额逐年增加，1992 年部分省市开始尝试百万元大奖组销售方式，当年福利彩票销售额达 13.76 亿

① 《福彩与扶贫的历史渊源（上）》，《石家庄日报》2020 年 7 月 27 日。

② 《彩票的属性（1）》，《石家庄日报》2020 年 5 月 11 日。

③ 胡穗华、陈又星、谷卫民：《彩票营销学》，中国经济出版社，2009。

④ 《中国彩票连续三年销量破千亿　还不到美国彩市 1/5》，新浪网，2009 年 12 月 15 日，http：//sports.sina.com.cn/l/2009－12－15/14134746284.shtml。

⑤ 《一张彩票的资金去向，你知道吗?》，“珠海民政”澎湃号，2020 年 10 月 9 日，https：//www.thepaper.cn/newsDetail_ forward_ 9493999。

元，比上年增长 56% 。[1]

1987 年开始的彩票事业的发展并非一帆风顺。由于彩票发行和管理最初就深深地被打上了地方色彩，彩票发行权实际被控制在各地政府手中，地方政府和地方主管部门缺乏必要且有效的监管体制，彩票竞争不可避免。据统计，1988～1990 年，以各种名目发行的彩票达 50 种以上，覆盖了全国绝大多数地区，内容涉及金融、基建、广告、体育、电影、旅游、住房和购物等。[2] 成千上万的商业企业大搞有奖销售，其中，以促销为名变相发行彩票、或以有奖销售为名推行滞销产品、以虚假的有奖销售欺骗群众的混乱状况，严重干扰了合法彩票的发行。

为了加强彩票市场管理，1991 年 12 月 9 日，国务院发布《关于加强彩票市场管理的通知》（国发〔1991〕68 号），明确了发行彩票必须经国务院批准。但 1992 年下半年以来，少数地方彩票市场的混乱现象有所加剧。有的地方违反规定，不经国务院批准自行决定发行彩票；有的地方未经批准就准备利用外资经营当地彩票业；有些政府部门、企事业单位擅自发行彩票或变相发行彩票。全国彩票市场再次呈现混乱局面。

2. 第二阶段：寡头竞争和市场稳步发展阶段（1993～1998年）

全国范围内的彩票市场乱象引起了政府高度重视。1993 年 5 月 5 日，国务院发布《关于进一步加强彩票市场管理的通知》（国发〔1993〕34 号），重申未经国务院批准，由地方或部门批准发行的各类彩票一律停止发行。

1993 年，我国颁布了《反不正当竞争法》，1994 年 5 月 31 日，中共中央办公厅、国务院办公厅颁布了《关于严格彩票市场管理禁止擅自批准发行彩票的通知》（中办发〔1994〕21 号），修改了彩票的发行和管理体制，改变了原有的建立在中央和地方两级管理基础上的横向管理体制，利用中国

---

① 张钦：《揭秘：彩票收益究竟该怎么花?》，搜狐网新闻频道，2015 年 6 月 29 日，http：//news. sohu. com/20150629/n415798818. shtml。

② 刘国永、淦未宇、仲伟周：《我国彩票业市场结构与管制问题研究》，《首都体育学院学报》2011 年第 3 期。

人民银行垂直型的机构管理彩票，对国内彩票市场起到了强有力的清理整顿和规范作用。1994 年之后，“彩票大战”① 问题逐渐得到解决。1994 年 7 月 27 日，中国人民银行发布了《关于贯彻执行〈中共中央办公厅、国务院办公厅关于严格彩票市场管理禁止擅自批准发行彩票的通知〉通知》，要求中国人民银行各级分行履行好彩票市场的监管职责，加强对当地福利和体育彩票机构发行销售活动的管理。

1993 年，“中国社会福利有奖募捐券”更名为“中国社会福利奖券”，1994 年再次更名为“中国福利彩票”。② 1995 年，根据民政部《关于中国社会福利奖券发行中心更名的批复》，“中国社会福利奖券发行中心”更名为“中国福利彩票发行中心”。③ 这些举措标志着中国福利彩票事业向规范化、与国际接轨的目标迈出了重要一步。

1994 年，随着体育彩票进入市场，发行机构增加，双寡头占据市场的新格局形成，中国彩票市场形成了福利彩票和体育彩票两家共同竞争、共同发展、不断创新的局面。至此，中国福利彩票和中国体育彩票成为独占我国彩票市场的主要品种，两大彩票系统之间的竞争也日趋激烈。

3. 第三阶段：特许经营彩票发展阶段（1999年至今）

新中国彩票自发行之初，一直由政府控制，尤其是 1994 年之后，彩票每年的发行额度集中由国务院批准。从这一角度看，彩票发行一直被国家垄断控制。但由于长期以来我国实行中央地方两级管理体制，彩票发行和销售一度混乱，出现了不规范的市场行为。为此，进一步规范发行和管理权限，整顿彩票市场发行、管理、销售各环节的责、权、利关系，完善彩票市场的

---

① 1987 年国务院批准民政部门发行彩票后，由于彩票发行权实际由各地政府控制，造成彩票市场一度混乱，各种名目发行的彩票大量充斥市场，各地各单位硬性摊派彩票、乱拉资金，由此形成了具有特色的“彩票大战”。

② 《中国福利彩票 33 年公益路》，中国福彩网，2020 年 6 月 11 日，http://www.cwl.gov.cn/c/2020-06-11/469538.shtml。

③ 这是福利彩票机构第二次更名。第一次更名是在 1993 年，根据民政部《关于中国社会福利有奖募捐券发行中心更名和更换法人代表的批复》，“中国社会福利有奖募捐券发行中心”更名为“中国社会福利奖券发行中心”。

治理机制，对于促进彩票市场的发展具有重要的意义。

1999 年 12 月 23 日，中国人民银行、财政部联合发布《关于移交彩票监管工作的通知》，彩票的管理机构转为财政部，这一变化符合世界各国彩票管理的基本经验和趋势，有利于彩票公益金的分配和使用，对彩票市场的发展具有深远的影响。

长期以来，发行与销售管理一直是彩票市场管理中矛盾比较突出的方面，两个彩票机构分别实行不同的管理制度，政府主管部门与彩票机构之间、彩票机构之间经常因管理制度不明确而发生冲突。1999 年，财政部提出彩票管理体制改革方案，基本指导思想是将彩票机构的部门性质改为国家性质，分离彩票发行与公益金使用环节，逐步扩大公益金的使用范围。

2001 年 10 月 30 日，国务院发布了《关于进一步规范彩票管理的通知》（国发〔2001〕35 号）（以下简称《通知》），确定由财政部门主管彩票法规、政策和制度，管理彩票市场及彩票资金，民政部门和体育部门负责组织发行销售彩票。根据《通知》的要求，2002 年，财政部发布《彩票发行与销售管理暂行规定》（财综〔2002〕13 号）和《彩票发行和销售机构财务管理办法》，明确指出彩票销售活动中只能存在一个独立的主体，彩票的发行销售由彩票机构专营。这一文件规范了彩票机构行为准则，从管理制度上统一了全国彩票市场。

2009 年 4 月 22 日国务院第 58 次常务会议通过的《彩票管理条例》是新中国第一部彩票管理行政法规，目的是加强彩票管理，规范彩票市场发展。2012 年 1 月 18 日，财政部、民政部、国家体育总局令第 67 号公布《彩票管理条例实施细则》，2018 年 8 月 16 日财政部、民政部、国家体育总局审议通过《关于修改〈彩票管理条例实施细则〉的决定》，自 2018 年 10 月 1 日起施行。现行体制确定了各级管理部门在彩票管理和行销中的责任和义务，但在管理制度上仍存在两条线发展的轨迹。尽管财政部在其后的具体经营过程中，对发行和销售机构的财务制度进行了统一安排，但彩票市场仍然没有统一，依旧为两家寡头所分割。

随着市场规模的扩大，我国福利彩票行销蓬勃发展，相关法律法规不断建立完善，彩票经营管理不断规范。国家彩票特许发行制度的出现，表明彩票市场在朝着更高效率的市场运行机制发展。

4. 我国福利彩票专营制度发展阶段的绩效分析

对我国福利彩票专营制度发展阶段进行总结分析，可将彩票专营制度三个发展阶段的绩效表现概括如下（见表1）。

表1　我国福利彩票专营制度发展阶段、核心理念及绩效分析

彩票专营制度发展阶段	发展的核心理念	主要绩效表现	发展阶段的文件依据
第一阶段：独家彩票和市场过度竞争的初步发展阶段（20世纪80年代中期至1992年）	探索实行彩票专营制度	设立全国性的专业彩票发行机构——中国社会福利奖券发行中心；社会福利彩票管理体制采取中央和地方两级制度；形成第一个全国性、专业化的福利彩票行销组织体系；进一步加强彩票市场的管理，将彩票发行批准权等收归国务院	《国务院关于加强彩票市场管理的通知》（国发〔1991〕68号）
第二阶段：寡头竞争和市场稳步发展阶段（1993～1998年）	理顺彩票发行管理体制	清理整顿全国彩票市场，管理体制更加规范，改变了原有建立在中央地方两级管理基础上的横向管理体制，转变了原有的彩票市场结构，逐渐解决“彩票大战”的问题。1994年之后，形成了福利彩票和体育彩票共存的局面，出现了双寡头占据市场的新格局	《国务院关于进一步加强彩票市场管理的通知》（国发〔1993〕34号） 《关于严格彩票市场管理禁止擅自批准发行彩票的通知》（中办发〔1994〕21号）

续表

彩票专营制度发展阶段	发展的核心理念	主要绩效表现	发展阶段的文件依据
第三阶段：特许经营彩票发展阶段（1999年至今）	确立彩票专营制度，有效应对外部挑战	形成国家彩票特许发行制度，出现全国范围内相对统一的彩票市场格局。彩票市场管理体制更加完善，福利和体育彩票机构被改制成企业性质的彩票专业发行机构；公益金分配政策改革，在更广泛的社会公益领域中分配彩票公益金	《国务院关于进一步规范彩票管理的通知》（国发〔2001〕35号） 《彩票发行与销售管理暂行规定》（财综〔2002〕13号） 《彩票管理条例》（2009年7月1日起施行） 《彩票管理条例实施细则》（2012年1月18日财政部、民政部、国家体育总局令第67号公布，2018年8月16日修订） 《彩票发行销售管理办法》（2013年1月1日起施行，2018年修订） 《财政部关于变更中国福利彩票双色球游戏规则的审批意见》（财综〔2018〕43号） 《财政部关于印发〈中央专项彩票公益金支持地方社会公益事业发展资金管理办法〉的通知》（财综〔2019〕21号）

资料来源：根据历年《中国彩票年鉴》数据资料整理。

二　我国福利彩票市场的结构特征

1987年，我国正式开始成立彩票公司发行社会福利彩票以来，经过30多年的发展，我国彩票业快速发展和壮大，形成了具有一定规模和特点的彩票消费群体。在向市场化转型的过程中，彩票市场面临许多问题和挑战。从目前我国彩票市场的结构特征来看，我国彩票市场整体呈现双寡占结构特征，但各地区发展不平衡，呈现省内寡占、省际竞争，彩票品种间竞争，乐透型彩票占据市场主力品种等特征。

（一）福利彩票市场发展规模

1987年，我国社会福利彩票首次公开发行，发行规模为1739万元。由于当时彩票发行的审批权不仅受国家民政部管辖，还受当地政府的影响，因此这仅是民政部统计的社会福利彩票规模，实际数量要远远高于此。随着彩票的管辖权逐渐回归国家，彩票规模也逐渐壮大，并且呈快速增长的趋势。1995 年，体育彩票首次登陆彩票市场，发行规模为 10 亿元，标志我国彩票品种逐步完善。2002 年，彩票发行规模超过了 385 亿元，占当年 GDP 的 0.03%，是 1987 年发行规模的2268 倍，增速惊人。2003 年，彩票市场波动导致福利彩票和体育彩票销量均有所下降。2004 年是我国彩票业进入 21 世纪以来发展最为艰难的一年，经过财政与民政、体育部门及彩票机构的共同努力，全国共发行彩票 380.57 亿元，完成了国务院下达的 380 亿元的发行任务。2005 年以来，我国彩票销售规模不断创新高，2007 年彩票销售额首次突破 1000 亿元大关，2018 年更是突破 5000 亿元。2011 年福利彩票销售额突破 1000 亿元大关，2014 年首次超过 2000 亿元（见表 2）。截至 2019 年，我国累计发行福利彩票 2.211 万亿元，累计筹集彩票公益金 6568.65 亿元。[①] 一直以来，福利彩票公益金在我国用于福利事业的专项资金中，都占非常大的比例。

表 2　1987～2020 年我国彩票销售额及同比增长情况

单位：亿元，%

年份	福利彩票		体育彩票		总计	
	销售额	同比增长	销售额	同比增长	销售额	同比增长
1987	0.17	—	—	—	0.17	—
1988	3.76	2111.76	—	—	3.76	2111.76
1989	3.83	1.86	—	—	3.83	1.86
1990	6.47	68.93	—	—	6.47	68.93
1991	7.74	19.63	—	—	7.74	19.63
1992	13.76	77.78	—	—	13.76	77.78
1993	18.43	33.94	—	—	18.43	33.94

① 李志勇：《中国福利彩票 33 年不变公益初心——技术产品飞快升级　管理体系日臻完善　公益作用突飞猛进》，《经济参考报》2020 年 7 月 30 日。

续表

年份	福利彩票		体育彩票		总计	
	销售额	同比增长	销售额	同比增长	销售额	同比增长
1994	17.98	-2.44	—	—	17.98	-2.44
1995	57.3	218.69	10	—	67.3	274.30
1996	64.75	13.00	12	20	76.75	14.04
1997	36.38	-43.81	15	25	51.38	-33.06
1998	63.2	73.72	25	67	88.2	71.66
1999	104.44	65.25	40.36	61	144.8	64.17
2000	89.88	-13.94	91.14	126	181.02	25.01
2001	139.57	55.28	149.29	64	288.87	59.58
2002	167.99	20.36	217.73	46	385.72	33.53
2003	200.06	19.09	201.35	-8	401.4	4.07
2004	226.38	13.16	154.2	-23	380.57	-5.19
2005	411.2	81.64	302.7	96	713.9	87.59
2006	495.7	20.55	323.6	7	819.3	14.76
2007	631.6	27.42	385.14	19	1016.73	24.10
2008	603.98	-4.37	456.15	18.44	1060.13	4.27
2009	756.06	25.18	568.73	24.68	1324.79	24.96
2010	968.02	28.03	694.46	22.11	1662.48	25.49
2011	1277.97	32.02	937.85	35.05	2215.82	33.28
2012	1510.32	18.18	1104.92	17.81	2615.24	18.03
2013	1765.28	16.88	1454.36	31.63	3219.64	23.11
2014	2059.68	16.68	1764.10	21.30	3823.78	18.76
2015	2015.11	-2.16	1663.73	-5.69	3678.84	-3.79
2016	2064.92	2.47	1881.50	13.09	3946.41	7.27
2017	2169.77	5.08	2096.92	11.45	4266.69	8.12
2018	2245.56	3.49	2869.16	36.83	5114.72	19.88
2019	1912.38	-14.84	2308.15	-19.55	4220.53	-17.48
2020	1292.18	-25.08	1682.21	-19.38	2974.39	-21.96

注：2020 年为 1～11 月数据。

资料来源：根据财政部、历年《中国彩票年鉴》数据计算整理。

（二）我国彩票市场的特点

我国彩票市场与经济学理论所研究的一般产品市场不完全相同，是一个特殊的市场，其特点主要表现在如下几个方面。

1. 进入壁垒非常高

我国彩票市场属于行政性垄断，国务院特许发行福利彩票、体育彩票，未经国务院特许，禁止发行其他彩票。民政部和国家体育总局两个发行机构共同占据彩票市场的时间已将近三十年，短期内很难有新进入者。

2. 价格形成机制不同

彩票价格不由市场供求关系决定，而是由政府进行规定和限制，彩票价格固定，不得溢价或者折价销售彩票。

3. 市场竞争形式和手段特殊

由于彩票的价格固定，市场竞争多体现为品种和数量竞争。福利彩票和体育彩票发行的种类较多，但是呈现一定的同质化现象，[①] 游戏种类之间具有较强的替代性，容易出现过度竞争，呈现“囚徒困境”的行为特征。近年来，由于政府进行产品规制，福利彩票和体育彩票的具体游戏种类也出现一定的差异化趋势，存在差异化竞争的现象。

4. 彩票销售机构较少考虑成本因素

彩票销售机构的收入来自彩票发行销售，对固定收益率的规制导致其主要目标是追求销售数量（市场份额）的最大化，较少考虑成本因素，而不像普通企业一样追求利润最大化。发行机构全力争取扩大市场份额，有时会出现重复建设、恶性竞争等违背市场常规的手段，造成社会资源的不合理配置。

5. 竞争范围明确

彩票市场范围基本与行政区划范围重合，福利彩票和体育彩票在全国范围内展开竞争，地方彩票机构不能跨区域发行彩票。这主要是因为彩票公益金是按销售额的一定比例提取的，属于地方政府的预算外收入，所以各发行机构对所辖区域均实行严格的保护。

---

① 福利彩票有数字乐透型、视频型、即开型、基诺型等种类，具体游戏包括双色球、3D、七乐彩、福彩快开、中福在线、刮刮乐、基诺游戏等；体育彩票有数字乐透型、竞猜型、即开型等种类，具体游戏包括超级大乐透、排列三、七星彩、体彩高频、竞彩、传统足球、传统单场、虚拟足球、顶呱刮等。

（三）我国彩票市场结构的特征

我国彩票市场的结构呈现以下几个特征。

1. 全国层面呈现双寡头垄断格局

由于国家特许中国福利彩票发行中心和中国体育彩票发行中心两家机构发行彩票，彩票发行市场呈现寡占市场特征，福利彩票和体育彩票形成双寡头垄断格局，且短期内该格局不会发生改变。

2. 省际层面呈现区域性寡占特征

以福利彩票为例，国内各地区都有不同的品种，例如北京风采、上海风采、福建风采等各种区域性系列福彩，从运营角度来看，其带有区域性色彩。在区域性寡占结构中，两大彩票的发行机构拥有发行权，地区彩票发行中心受国家彩票发行中心和当地民政部门或者体委的双重领导。因此，彩票市场结构不仅受到寡占结构影响，同样也受到各地区具体条件（收入水平、居民偏好以及当地的管理状况）的制约。从2019年全国福利彩票销售量的排名来看，广东、浙江、山东、江苏4省占据全国市场份额的31.94%，按照贝恩的分类属于寡占型；① 8省市场占据全国市场份额的51%，按照贝恩的分类，8省也属于寡占型（见表3）。

表3　2019年全国福利彩票各地区销售额排名及占全国比重情况

单位：亿元，%

排名	地区	地区销售额	占全国销售额比重	排名	地区	地区销售额	占全国销售额比重
1	广东	194.77	10.18	5	四川	98.81	5.17
2	浙江	153.88	8.05	6	陕西	95.25	4.98
3	山东	135.98	7.11	7	辽宁	89.05	4.66
4	江苏	126.24	6.60	8	湖北	81.24	4.25

资料来源：根据《中国彩票年鉴2020》数据计算整理。

① 根据美国经济学家贝恩对产业集中度的划分标准，行业集中度 CR4 < 30、CR8 < 40，则该行业为竞争型；而如果 30≤CR4 或 40≤CR8，则该行业为寡占型。

3. 纵向层面呈现行政性寡占特征①

由于彩票发行管理中心属于行政性事业单位，彩票市场因此还呈现行政性寡占结构特征。长期以来，由于链条太长、管理不善，彩票发行的实际控制权由各地方掌握。1995 年以后，这种现象在一定程度上有了转变，2001 年《国务院关于进一步规范彩票管理的通知》明确指出，彩票发行的审批权集中在国务院。各地区发行彩票的额度、规模和品种需要经过彩票发行管理中心（福彩中心和体彩中心）批准。可以看出，国家对彩票市场实行总体规模控制，而各地区发行彩票规模的大小不仅取决于实际能够销售的数量，而且也取决于从彩票管理中心争取到的额度。各地区发行的费用以及公益金的分配则需要通过本地区的财政部门统一管理，表明各地区的彩票发行和管理中心发行的规模和品种受到当地政府和国家彩票发行管理中心双重控制，呈现行政性纵向结构特征。因此，这一发行体制不仅决定了国家、地方和发行机构的利益分配，也决定了我国彩票市场的纵向结构。

三　我国烟草专卖制度发展历程

根据我国《烟草专卖法》和《烟草专卖法实施条例》，国家对烟草专卖品的生产、销售、进出口业务实行垄断经营、统一管理。我国烟草专卖制度的发展历程主要经历以下 3 个时期。

1. 创立期（1982 ~ 1991 年）

20 世纪 80 年代，我国的烟草行业以国家管理为主，实行统一规划。这一阶段主要是建立组织体系、上划财政关系、确定业务边界、理顺管理流程、关闭地方烟厂、建立管理制度。② 1981 年 5 月 18 日，国务院下发国发

① 行政性寡占结构的特点在于行政性命令是自上而下的信息传递，行政型组织的目标多元化，不仅仅要追求利润，而且还要追求社会福利等多元化目标；市场型组织则更多地以追求利润为目标；中央和地方呈现纵向的、金字塔形的关系。

② 刘伟、张亚宾、姜立功等：《履职责　重担当　坚持和完善烟草专卖制度》，《东方烟草报》2017 年 8 月 9 日。

〔1981〕85 号文件，决定对烟草行业实行国家专营。1982 年中国烟草总公司正式成立，标志烟草专卖和集中管理体制正式确立。1983 年 9 月 23 日，国务院颁布《烟草专卖条例》，对卷烟生产、销售进行了规定，这标志我国的烟草专卖制度正式建立。1984 年国家烟草专卖局成立，与中国烟草总公司实际上是“两块牌子、一套机构”。1992 年 1 月 1 日起正式实施的《中华人民共和国烟草专卖法》以法律的形式确立了国家烟草专卖制度，也标志新中国第一部烟草专卖法律的诞生。

2. 巩固发展期（1992 ~ 2002年）

这一时期的重点是严格依法管理、实行限产压库、关闭非法烟厂、实行交易统一管理、整顿非法批发市场、开展卷烟打假打私、保持经济快速发展。1994 年，国家撤销烟草总公司，将其大部分管理职能并入国家烟草专卖局，各省、地（市）、县则继续维持烟草专卖局与烟草公司“两块牌子、一套机构”的管理模式。1997 年 7 月 3 日，国务院颁布《中华人民共和国烟草专卖法实施条例》，规定任何组织不经国家批准，不得从事烟草生产与经营活动，为加强烟草专卖管理做出了更加具体和明确的规定，标志着我国以国家法律的形式确定了“统一领导，垂直管理，专卖专营”的烟草专卖制度。① 这一时期我国烟草专卖法律法规不断完善，卷烟市场经营和烟草专卖管理更加规范。

3. 完善成熟时期（2003年至今）

这一时期是烟草行业实行专卖管理以来效益增长最快、行业发展最好的阶段，制度优势得以充分显现。2003 年，为打破烟草市场的地区封锁，原有省级烟草专卖局（公司）负责管理工业的职能分离，形成工业、商业两个独立主体。2005 年 11 月，国务院发出通知，明确指出烟草行业应继续实行“统一领导、垂直管理、专卖专营”的管理体制。② 2007 年，国家对各

① 1998 年，《国务院办公厅关于印发国家烟草专卖局职能配置内设机构和人员编制规定的通知》提出对烟草行业实行“统一领导、垂直管理、专卖专营”。

② 国务院办公厅：《关于进一步理顺烟草行业资产管理体制深化烟草企业改革的意见》，2005。

层级烟草公司的职能定位进行调整，将县级烟草公司法人资格统一收归地市烟草公司。

自党的十一届三中全会以来，国家通过组建中国烟草总公司、建立与完善烟草专卖制度、关停计划外烟厂、建设卷烟销售网络、工商分开、调整企业组织结构等多种经济、法律和行政手段，强力保障了烟草行业的有序生产和经营。在保证国家财政收入上，自 1982 年中国烟草总公司成立至 2016 年，烟草行业工商税利年均增长 14.8%。[①] 2020 年，全国烟草行业实现工商税利总额 12803 亿元，同比增长 6.2%，上缴财政总额 12037 亿元，同比增长 2.3%，税利总额和上缴财政总额均创历史新高，为国家和地方财政增收、经济发展做出积极贡献。[②] 面对跨国烟草公司的潜在竞争，烟草专卖制度的优势可以有效抵御跨国烟草公司的竞争压力，防止国内烟草市场过度和无序竞争。实践证明，我国烟草专卖制度在很大程度上促进了烟草行业的良性发展。同时，外界对在一定程度上依靠行政、计划管理手段的烟草专卖体制也存在质疑。如，专卖制度的公益性与私利性权衡失当；专卖主体既从事烟草管理，又从事烟草经营，政企合一的管理体制导致产业缺乏适度竞争，导致效率低下、缺乏创新、技术进步缓滞、腐败等；此外，烟草专卖制度的行政垄断性质，违背了自由竞争的市场交易规则，容易滋生地方保护、以权谋私等问题。

因此，在目前的烟草专卖体制下，通过渐进式改革应对未来挑战势在必行。但也要认识到，专卖专营制度改革涉及的经济、行政和法律关系复杂而广泛，应在遵守市场竞争规律的前提下，通过经济、行政和法律等方面的综合措施来逐步建立适应我国国情的专卖体制，这必定是一个由浅入深、逐步推进的长期过程。

---

① 段红斌：《坚持和完善烟草专卖体制的思考》，《东方烟草报》2017 年 11 月 15 日。

② 《2020 年烟草行业实现税利总额和财政总额创历史新高》，国家烟草专卖局网站，2021 年 2 月 1 日，http：//www.tobacco.gov.cn/gjyc/hyyw/202102/d4fb7551baaf4e03976ca017e09d81cb.shtml。

四 我国彩票专营制度和烟草专卖制度的比较分析

我国彩票专营制度和烟草专卖制度具有内在的相似性，本质上都体现高度的行政垄断性质，专卖专营主体都既承担市场管制的职能，同时又承担运营的职能。二者的区别主要体现在政府考量、法律依据、运行机制、市场化程度和国际接轨程度五个方面（见表4）。

表4 彩票专营制度和烟草专卖制度的区别

区别	烟草专卖制度	彩票专营制度
政府考量	政府统一管理，均衡需求和供给，保护本国市场，保障财政税收来源	政府统一管理，确保国家彩票信誉，维护国家利益和公共利益
法律依据	《中华人民共和国烟草专卖法》	《彩票管理条例》
运行机制	实行烟草专卖许可证制度	国务院特许、财政部门监督、民政主管部门负责彩票发行与销售
市场化程度	全国统一的烟草行业市场格局尚未形成	行销采取特许经营方式，发行环节存在较高进入壁垒
国际接轨程度	行业整体具有封闭性，呈现计划和集中管理的显著特征，没有融入国际烟草经济大循环	管理运行体制机制具有中国特色，制度建设积极与世界接轨，达到国际先进水平

下面从这五个方面对彩票专营制度和烟草专卖制度的区别进行介绍。

（一）政府考量

实施专卖专营制度，政府必然以维护公共利益为基本出发点，这决定了专卖专营制度除了增加财政收入和保护本国市场等作用之外，还有维护公共利益这一基本功能。如果失去了对公共性的考量，专卖专营制度就失去了其存在的根基（见表5）。

表 5　烟草专卖制度和福利彩票专营制度的政府考量

	公共秩序管理者	公共利益代言人	公共建设承担者
烟草专卖制度	烟草作为日常消费品，对居民身体健康不利，政府统一管理，通过行政手段进行调控，促使供需均衡	保护本国市场，采取高关税、低配额、许可证管制等手段提高国内市场进入壁垒，为国内烟草企业创造税利提供有利的市场条件	烟草具有刚性需求、价格浮动小的特征，烟草专卖可通过调控价格和税收为国家财政提供来源
福利彩票专营制度	信誉是彩票的生命，为确保国家彩票的信誉，世界绝大多数国家的彩票发行和销售都由国家垄断和特许经营。彩票具有一定的博弈性，有成瘾的可能性，从而有可能对购彩者个人产生副作用，政府可进行统一管理，在供给侧方面进行改革和创新[①]	对彩票进行统一管理，充分保障国内彩票市场发行销售秩序，有利于发挥彩票行业集中优势，维护国家利益和公共利益	彩票专营的实质是国家实行排他性垄断经营，为社会福利事业提供更多的资金支持

（二）法律依据

1992 年 1 月 1 日起施行的《中华人民共和国烟草专卖法》是我国烟草史上的第一部法律，标志着我国烟草行业从分散管理走上依法治理、国家垄断经营的轨道。烟草专卖法的立法宗旨是“提高烟草制品质量，维护消费者利益，保证国家财政收入”，我国对烟草专卖品依法实行“统一领导、垂直管理、专卖专营”的管理体制。烟草专卖许可证制度扭转了改革开放初期烟草市场混乱的态势，形成了国家对烟草及其制品业务全部垄断经营的局面。说明专卖专营制度有其科学性，可以维护国家利益，促进行业稳定发展。

2009 年 7 月 1 日起施行的《彩票管理条例》[②] 是新中国历史上第一部系

① 何辉：《公共价值是我国彩票事业健康发展的方向》，《经济参考报》2020 年 7 月 30 日。

② 从法律层级上讲，《彩票管理条例》的法律地位低于全国人大及其常委会颁布的法律，但高于行政规章和地方性法规等。

统规范彩票管理工作的行政法规，系统规范了彩票的管理体制、运作原则、发行销售、开奖兑奖、安全管理、风险防范、资金监管以及法律责任等内容。由此，国家彩票特许发行制度形成，统一了政府的彩票行政管理权。为了规范彩票的发行和销售，条例明确了彩票由国务院特许发行。未经国务院特许，禁止发行其他彩票。

（三）运行机制

我国实行烟草专卖许可证制度，国家对批零烟草制品的企业实行严格管理。烟草制品生产企业必须取得烟草专卖生产企业许可证。国务院计划部门对省、自治区、直辖市下达生产计划，省级烟草专卖行政主管部门下达烟草制品生产企业的生产计划，超产必须经过国务院烟草专卖行政主管部门批准。

福利彩票专营制度具体体现在财政部、民政部、省级民政部门、福利彩票代销者等不同层级的管理和执行上。国务院特许发行、销售福利彩票；财政部负责制定彩票监督管理制度和政策，管理全国彩票市场以及彩票行销活动；民政部负责全国的福利彩票管理工作；省级财政部门和民政部门分别负责本行政区域的彩票监督管理和福利彩票管理工作。省福利彩票发行机构、销售机构向社会征召福利彩票代销者，设置福利彩票销售场所，与福利彩票代销者签订彩票代销合同、发放彩票代销证。

（四）市场化程度

全国统一的烟草行业市场格局尚未形成，烟草行业的上游烟草制品生产制造环节市场化程度高于下游烟草制品商业营销环节，下游环节的区域性行政垄断特征还较为明显，市场并未发挥基础性的资源配置作用，市场区域分割和地域垄断，导致烟草产品销量和价格无法由全国统一的烟草市场决定。

《彩票管理条例》第二条指出，“本条例所称彩票，是指国家为筹集社会公益资金，促进社会公益事业发展而特许发行、依法销售，自然人自愿购买，并按照特定规则获得中奖机会的凭证”。可见，彩票必须是“自然人”“自愿”购买，是一个市场化的行为。福利彩票的行销采取了特许经营方式，彩票发行品种和规模的最终控制权由国务院决定，彩票发行管理中心负责具体事务，其他机构如果想进入这一发行领域，必须得到国务院批准。各地区的彩票管理机构也具有类似的特许特征，这就使福利彩票产业发行环节存在很高的进入壁垒。我国目前的彩票发行销售体制，也被称为“双寡头直接竞争模式”，即将彩票市场的经营权集中到民政部和国家体育总局两个政府部门手中。

（五）国际接轨程度

我国加入 WTO 后，烟草专卖制度并没有融入国际烟草经济大循环，[①] 仍处于闭环市场中，烟草管理机构对烟草行业原料、生产、销售、对外贸易等各环节实行全流程计划管控，导致行业整体上依然保持封闭管理、计划管理和集中管理的显著特征。这使烟草专卖制度存在的合理性不断遭受质疑，在经济全球化不断推进的背景下，我国现行的烟草专卖制度、政企一体化的经营管理模式改革势在必行。

2014 年，中国福利彩票成为世界第一大规模的彩票，占全球彩票销量的份额由 2012 年的 13.97% 增至 2016 年的 20.19%。[②] 我国彩票业已经成为全球彩票业中一股不可忽视的力量，在制度建设方面也应该积极与世界接轨，达到国际先进水平。从国际上发行彩票的 120 多个国家来看，国家彩票的根本属性是一致的，都是政府特许专营的行业，但管理运行的体制和机制有所不同。不过，无论是英美模式[③]，还是法国模式[④]，都是市场化的经营方式。我国福利彩票现行的市场运营基本上以行政为导向，存在一些弊端，国外以市场为导向的运营方式值得借鉴。

---

① 陈拙、陈贝琦：《我国烟草专卖制度的缺陷与改革思路》，《中国经贸导刊》2020 年第 4 期。

② 《中国福利彩票厚积薄发　正在接轨国际》，中国福彩网，2018 年 1 月 2 日，http://www.cwl.gov.cn/c/2018-01-02/428468.shtml。

③ 国家不直接经营彩票，而是授权或者特许彩票公司经营，不参与公司内部的经营和管理，只是对彩票的经营实施管理。

④ 彩票国有化是法国彩票业的典型特征。

五　我国烟草专卖制度对福利彩票专营制度的启示

（一）完善立法，推动专卖专营法律制度建设

自《烟草专卖法》颁布实施后，政府又出台了《烟草专卖法实施条例》，由此烟草专卖制度的设立和专卖管理工作真正做到有法可依。从长远看，这套比较完整的法律体系为烟草行业持续健康发展创造了有利条件，烟草主管部门组织开展专卖管理、市场检查以及涉烟案件的查处等活动，都能够在严格遵循和执行相关法律法规条款的前提下有序开展。

福利彩票的管理与运营也以立法为基础。2009 年，国务院颁布《彩票管理条例》，《互联网销售彩票管理暂行办法》《彩票管理条例实施细则》《彩票公益金管理办法》《彩票发行销售管理办法》等规章制度和加强彩票管理的操作细则与管理办法陆续出台，彩票行业建设规范化程度不断提高。但是，受限于这些规范立法层级低、立法内容不完备等因素，难以形成权威的适用效果，影响了彩票行业的深入发展。如实践中在对非法彩票的认定、彩票发行者的监管、利益受损者的有效救济等方面，均缺乏明确、有力的法律保障。在这种背景下，推动“彩票法”立法，以其法律权威性来促进彩票业良性发展和市场不断完善，是推动福利彩票依法、有序、稳定、健康发展的根本之策，也是福利彩票专营体制的根本保证。

（二）立足国情，坚定不移地实施专卖专营制度

由于烟草产品性质较为特殊，不能放任其过度竞争和自由发展。尽管具体方式不尽相同，但各国对烟草行业都实施严格监管。在西方发达国家，对烟草行业主要是利用立法规范、种植限制、税收、社会管理等方法进行监管的，[①] 例如美英在长期的竞争、重组、并购中形成了事实上的经济垄断，直

① 李昶：《对烟草专卖专营性质的若干认识》，《中国烟草学报》2014 年第 20 期。

到今天，世界多数国家包括西方发达国家其实都在实行不同程度、不同形式的烟草专卖制度。[①] 改革开放以来，中国烟草行业整体实力不断增强，但与发达国家烟草行业发展状况相比，在体量、技术、管理、物流等各方面仍存在较大差距，对外需要依托国家行政垄断性质的专营专卖制度应对国际烟草市场的冲击和挑战，对内需要通过市场化改革做大做强。所以，坚持和巩固烟草专卖制度是符合中国国情的现实选择。

对福利彩票而言，要充分认清专卖实质上是国家专卖、专营实质上是国家专营，其根本目的是维护公共利益、保证市场有序发展。因此，要坚持专卖专营管理制度不动摇，发挥其独特的制度优势，履行监管执法职能、净化市场环境、规范经营行为，促进行业平稳健康发展。

（三）以专卖制度为基础，构建适度竞争新机制

事实证明了中国实施烟草专卖专营制度和相关管理制度的正确性。同时，有必要借鉴发达国家成熟的烟草行业发展模式，结合我国具体国情，坚持专卖专营制度原则不动摇，寻求提升专卖制度效率的发展路径。有学者认为，中国烟草产业是典型的行政垄断行业，具有行业行政垄断与地区行政垄断的双重特征。[②] 依据我国《反垄断法》第七条的规定，对于国有经济占控制地位的关系国民经济命脉和国家安全的行业以及依法实行专营专卖的行业，国家对其经营者的合法经营活动予以保护。烟草专卖制度是服务于公益的垄断行为，适用《反垄断法》的豁免条款，因此从立法上确立了国家垄断的合法性。与完全自由竞争的行业相比，烟草行业在一定程度上将国家垄断与竞争相结合，最大限度地节省交易成本并形成规模优势，可能带来更大的社会效益。[③] 一方面，国家通过垄断保障对市场的管控；另一方面，从烟草

① 李昶：《巩固和完善烟草专卖制度的路径思考》，载中国烟草学会编《中国烟草学会学术年会优秀论文集》，2017。

② 李剑：《烟草业需要反垄断法吗？——烟草专卖改革的逻辑与路径》，《当代法学》2013 年第 5 期。

③ 陈拙、陈贝琈：《我国烟草专卖制度的缺陷与改革思路》，《中国经贸导刊》2020 年第 4 期。

行业内部的实际情况来看，在地域性烟草市场内部，存在一定的竞争机制，这种以市场机制为主导的局部市场运营模式可减少行政垄断带来的效率损失。

在福利彩票发展过程中，除了坚持专卖专营管理制度不动摇，还要坚持市场化改革方向，发挥市场配置资源的决定性作用，处理好专卖专营与市场化的关系。专卖专营与市场化要相互促进，共同服从、服务于提高我国福利彩票整体竞争实力的战略目标。

（四）推动专卖制度改革，减少行政化路径依赖

完全取消专卖制度，须具备几个前提条件：一是国内市场经济机制发育成熟，形成全国统一的大市场；二是产业结构调整达到预期效果，实现规模经营；三是建立全国性的统一销售网络；四是取消专卖制度后仍能保持政府对行业的“垄断”地位，即从行政垄断向经济垄断转变；五是烟草行业的税收占国民收入比重降到一定的水平。[①] 目前我国完全取消烟草专卖制度的条件尚未成熟，当前可推动专卖制度深入改革，打破行政区划导致的市场区域分割和区域壁垒，加强区域间生产和销售竞争，提升烟草行业综合竞争力。

计划管理和市场调节都是配置社会资源的有效手段，各有优势，可将两种手段有机结合起来，灵活运用。对福利彩票专营制度而言，完善才是最好的巩固。只有推动专卖专营制度深入改革与不断完善，福利彩票专卖专营制度才能持久地保持生机与活力，不断为国家改革发展做出新贡献。

（五）改变税利不分、政企不分现象，形成全国统一市场

我国烟草专卖制度目前仍有重要的税收、就业、脱贫作用，但同时暴露出的税利不分、政企不分弊端也严重阻碍效率提高。对内行政垄断将烟草维持在较高的价格水平，对外严格限制外烟流入，而烟草需求弹性本身较小，

---

① 陈晓熙：《浅析坚持烟草专卖制度及深化改革方向》，载中国烟草学会编《中国烟草学会学术年会优秀论文集》，2017。

三种因素综合作用使烟草公司可以轻松盈利，而不需要将太多的精力放在提升质量与生产效率上。[①] 财政分税制和专卖制度交织在一起，严重影响了中国烟草行业的竞争力。应将地方政府的经济职能与行政职能加以区分，政府通过制定法律规章、出台标准规范等方式履行监管职能，烟草公司负责市场经营。政企分开有助于降低制度成本，促进形成全国统一的、规范的烟草市场。

适度的行政手段是必要的，可以有效防止市场失灵，扩大国际竞争优势，但却不能因此形成路径依赖，过度的行政干预势必大大削弱行业自身发展的活力和动能。福利彩票也要克服专卖专营的行政路径依赖，尊重市场规律，将福利彩票的行销管控逐步从以行政手段为主，转变为以市场手段为主，通过构建统一开放、竞争有序的全国大市场，在全国范围内优化配置生产要素，持续加大对社会公益、慈善事业的支持力度，以及参与社会事业建设的力度，更好地承担社会责任，树立行业良好形象。

（六）履行入世承诺，积极引入竞争机制

在市场经济的大背景下，无论怎么强调烟草的特殊性与重要性，其本质仍然是商品，必然受到市场规律和法律法规的制约。随着中国加入 WTO，融入全球一体化的进程加快。一方面，面临的世界市场竞争更加激烈。随着全球反烟运动不断推进，各国尤其是发达国家市场上烟草产品销量呈持续下降趋势，烟草行业采取切实改革措施成为大势所趋。另一方面，中国履行降低关税、削减非关税壁垒等入世承诺也势必推动国内烟草行业的改革。烟草行业的“引进来”有助于打破国内烟草公司的垄断，形成以竞争为核心的市场机制，提高生产效率、改善产品质量。

创新是彩票行业发展的第一动力和不竭源泉，福利彩票除了坚持寻求技术上的突破，还应坚持与国际接轨。通过“引进来”，学习发达国家彩票行业发展理念、管理经验；在引进先进国际元素的同时，积极“走出去”，参

① 陈拙、陈贝琈：《我国烟草专卖制度的缺陷与改革思路》，《中国经贸导刊》2020 年第 4 期。

与国际彩票事务，用最高的行业准则来衡量和要求自己，积极宣传中国福利彩票，提升国际影响力。积极参与国际博彩业规则、制度、标准的制定，不断提升国际话语权。在国内市场，要积极借鉴国际彩票业的发展经验，可尝试发行新的彩票品种，如教育彩票等，有利于更好地开发彩票市场，打破国内市场垄断，形成良性有序竞争。

参考文献

胡正明：《中国福利彩票营销理论前沿》，经济科学出版社，2007。

马福云：《以彩票立法解决彩票政府规制问题》，《经济参考报》2020 年 7 月 16 日。

杨博闻：《请进来走出去——中国福彩以开放的姿态迎接未来》，《社会福利》2015 年第 12 期。

张建明：《我国彩票市场分析与管理研究》，北京理工大学出版社，2012。

张妍：《新常态下对烟草专卖专营制度的思考》，载中国烟草学会编《中国烟草学会 2016 年度优秀论文汇编——专卖管理主题》，2016。

B.12
彩票立法的相关建议研究

陈　瑜*

摘　要：　经过30多年的发展，我国彩票销售规模不断扩大，社会关注度不断提高，彩票亟须通过立法确立其存在的合法性，实现其运营管理的规范、健康。彩票立法应汲取过去30多年正反两方面的经验，定位好彩票的社会功能和根本宗旨，理顺彩票管理体制，明确彩票运营机制，限制彩票审批权限，确定彩票资金的使用范围，强化彩票市场监管，规范彩票市场运营，保护参与主体合法权益，确保彩票的公益性和健康发展。

关键词：　彩票管理　彩票立法　彩票公益

一　关于彩票立法的认识和思考

（一）彩票实践的经验教训

我国彩票32年的发展实践表明，彩票管理的经验和教训并存。经验的主要体现：一是彩票必须垄断经营，且由国务院或更高层次的机构特许发行，没有高层次机构的特许发行，难免再次出现20世纪90年代彩票发行销

* 陈瑜，中国福利彩票发行管理中心人力资源部职员，高级经济师，主要研究领域为彩票政策法规、彩票管理体制和运营体制、彩票机构人力资源管理。

售乱象；二是彩票筹集资金主要用于扶贫济困、增强人民体质等社会公益事业，这是我国彩票发行的初心，也是人民群众购买彩票的本意，更是体现我国彩票特色的根本所在。教训更为深刻，主要体现：一是彩票概念、宗旨体现不鲜明，缺乏人民立场；二是彩票审批过多、自由裁量权力过大，且缺乏制约；三是彩票发行销售管理层级过多、运营机制不顺，缺乏核心能力，服务效率较低；四是彩票资金缺乏监督，乱占滥用问题突出；五是彩票市场监管主体和职责不明，缺乏整顿非法彩票、打击私彩等维护彩票市场秩序的依据、能力和手段。“五个缺乏”导致权力寻租、管理混乱、资金滥用、私彩泛滥等彩票乱象丛生，严重损害了国家公信力，严重制约了彩票事业的发展，给我国探索“社会公益社会化”、用彩票支撑社会公益事业发展平台的建设蒙上了阴影。

（二）彩票立法的指导思想

党的十八大以来，新时期的彩票实践有了新的指导思想。彩票立法应深入贯彻习近平新时代中国特色社会主义思想，严格落实中央巡视整改要求，以立法的形式规范彩票运营与管理，让我国的彩票事业回归国家属性、人民属性和公益属性。通过彩票立法，明确彩票发行宗旨，理顺彩票管理体制，合理设置彩票运营机制，划定彩票公益金使用领域和分配比例，加强彩票权力行使和资金使用监督，强化彩票市场参与主体权益维护，落实彩票市场秩序维护主体和职责。立法先导，把我国的彩票事业塑造为国家放心、人民满意、健康发展的公益事业发展平台。

（三）彩票立法的应有原则

1. 突出使命原则

明确彩票使命，坚守彩票初心，“扶老、助残、救孤、济困”“取之于民、用之于民”，把彩票使命贯穿立法始终，让彩票事业站稳人民立场，在彩票宗旨上体现中国特色。

2. 从严从简原则

严格界定彩票、严格限制权力、严格资金使用、严格市场准入、严格违规处置，用简单明确、直白明了的法条，严格规范彩票的监督管理、市场经营、资金使用和违规处置，不给执法留自由裁量的空间。

3. 解决问题原则

要充分总结我国彩票30多年发展实践的经验教训，汲取经验、规避教训，充分解决实践中发现的问题，坚决杜绝问题再次发生。

二　关于彩票法的建议

（一）站稳彩票人民立场

明确我国彩票扶贫济困、增强国民体质等服务社会公益的发行宗旨，“扶老、助残、救孤、济困”“取之于民、用之于民”，突出我国彩票的本质特点和公益属性；明确彩票区别于赌博的概念界定，通过立法弱化彩票博弈性，回归大众娱乐性，以人民为中心，突出我国彩票的人民属性，在彩票立法上站稳人民立场。

（二）限制彩票审批权力

明确我国彩票准许发行的品种、类型，拒绝彩票新品种、新类型的上市申请；若需发行新彩票，将新彩票品种、类型的审批权赋予全国人大，减少彩票审批权力行使的机会，提高彩票审批权力行使的层次，强化对彩票审批权力行使的监督。

（三）明确彩票发行销售运营机制

彩票管理模式，既要解决当前彩票事业多头管理、管理层级过多的问题，又要解决彩票如何运营、资源如何配置的问题。彩票作为特殊商品，应遵循彩票市场化经营的特性，按照国家事业单位改革的思路，结合彩票发行、销售的职责特点，将彩票发行机构明确为公益二类事业单位或行政单位，确保彩票发行的公益属性，充分发挥政府的作用；将彩票销售机构明确为国有企业，保障彩票销售的市场运营，充分发挥市场在资源配置中的决定性作用，在政府和市场的双重作用下，体现彩票公益属性、增强彩票核心竞争力、提高彩票机构服务市场的能力和效率。

（四）明确彩票资金使用和分配，加强彩票资金使用监督

明确彩票公益金的提取比例，确定彩票公益金的使用领域以及在各领域的分配比例，消除权力对彩票公益金分配和使用的干预，让彩票公益金的分配和使用充分体现彩票服务社会福利、增强国民体质等社会公益的初心和使命，充分反映彩票购买者公益捐助的本意。同时，取消彩票返奖比例和彩票发行费比例的划定，充分赋予彩票发行销售机构利用资源调控市场的自主权。以立法的形式明确彩票资金的使用、分配和监督方式，彻底消除权力对彩票资金的干预，不留觊觎彩票资金的机会，根治彩票资金乱占滥用的问题。

（五）明确彩票市场秩序维护主体和职责

借鉴烟草市场秩序维护的做法，整合彩票市场监管职责，明确彩票市场秩序维护的唯一主体，如明确由彩票发行机构承担彩票市场秩序维护职责，明确赋予其打击私彩、整顿市场以及违法处置的依据和职责，充分保障彩票参与者的合法权益，为我国彩票健康发展营造良好的市场环境。

彩票立法是为规范彩票各参与主体的行为、保护各参与主体的权益、推进彩票事业的健康发展的，建议彩票立法工作能够深入调查研究、听取意见，充分考虑彩票代销者、彩票机构等彩票市场参与主体的利益，保障彩票发行销售的稳定，推动彩票事业平稳运行，促进社会公益事业发展，并为社会稳定贡献力量。同时，以彩票立法为契机，建立健全彩票监督管理、发行销售、公益金使用、市场秩序维护、市场参与主体权益保护的制度体系，构建和培育我国监管清晰、秩序规范、运营顺畅、公开透明、公益、健康的彩

票市场，合法募集资金，支持我国社会公益事业的发展，自觉服务于我国“五位一体”总体布局和“四个全面”战略布局。

参考文献

田开友、徐梅：《彩票立法问题研究》，《昆明理工大学学报》（社会科学版）2008 年第 3 期。

倪明、陈雷：《浅析我国彩票法律制度》，《内蒙古农业大学学报》（社会科学版）2012 年第 14 期。

马福云：《以彩票立法解决彩票政府规制问题》，《经济参考报》2020 年 7 月 16 日。

附　　录

Appendix

B.13

2019年中国福利彩票大事记

1月13日，双色球游戏第2019006期开奖，当期全国中出头奖32注，单注奖金为551万多元。其中，云南一张彩票独中25注，奖金共计1.37亿余元。这是2019年中国福利彩票中出的首个亿元大奖，也刷新了云南福彩最高奖金纪录。1月14日下午，大奖得主就现身云南省福彩中心，领走了这份巨奖。

1月15日，财政部、民政部、国家体育总局三部委联合下发《关于加强高频快开游戏派奖促销管理的通知》，叫停福彩快开游戏和体彩高频游戏的加奖活动，并要求暂停开展任何形式的促销活动。通知要求，自2019年1月16日起，暂停开展任何形式的派奖活动，要求高频快开游戏暂停开展任何形式的促销活动。通知还要求彩票发行机构加强统一管理和组织协调，增强社会责任意识，进一步规范高频快开游戏市场管理。此后，多个省份彩票销售机构紧急停止或取消高频快开游戏派奖促销活动。

1月22日，国家发改委召开新闻发布会，发布宏观经济运行情况并回答记者提问。发改委新闻发言人通报了宏观经济运行、社会信用体系建设等

8 个方面情况，在介绍关于社会信用体系建设情况时，提及重点领域专项治理成效显著，包括破获呼伦贝尔特大网络赌博案等大案要案，涉赌资金流水超过 1000 亿元，涉及 20 余万人。

1 月 25 日，中国机构编制网发布了《民政部职能配置、内设机构和人员编制规定》。民政部机构设置作出部分调整。机构调整后，规划财务司、慈善事业促进和社会工作司分别负责福利彩票公益金管理和福利彩票发行销售管理职责。规划财务司负责拟订“民政部门彩票公益金使用管理办法”，管理本级彩票公益金；慈善事业促进和社会工作司负责拟订福利彩票管理制度，监督福利彩票的开奖和销毁，管理监督福利彩票代销行为。

1 月 28 日，财政部、民政部、国家体育总局三部委联合下发《关于调整高频快开游戏和竞猜彩票游戏规则加强彩票市场监管的通知》。通知内容主要涉及调整高频快开彩票游戏和竞猜彩票游戏规则，拉长每期销售时间，提高公益金提取比例；调整投注倍数范围；不得新增销售终端；对单台销售终端实行额度监管等。

2 月 11 日，中国福利彩票发行管理中心到北京市福彩销售站一线进行实地调研。先后来到 105702、105704 和 125063 销售站，详细了解了财政部、民政部、国家体育总局《关于调整高频快开彩票游戏和竞猜游戏规则加强彩票市场监管的通知》（财综〔2019〕4 号）文件精神落实情况和销售站经营情况。

2 月 21 日，民政部在国务院新闻办举办的新闻发布会上介绍，在民政部会同财政部采用因素法分配中央财政困难群众救助补助资金方面，2018 年开始新增了深度贫困的因素，使得资金分配向深度贫困地区倾斜，向 22 个脱贫攻坚任务重的省份下拨了民政部彩票公益金 22.5 亿元，占下拨各地资金的近 80%。

2 月 21 日，国务院新闻办公室举行新闻发布会，介绍 2018 年民政事业改革发展有关情况。发布会上，民政部副部长高晓兵表示，福利彩票系统有 10 多万名干部职工，这 10 多万名干部职工坚决拥护中央对福利彩票领域系统性腐败案件的查处，坚决拥护民政部党组落实全面从严治党要求所采取的一系列措施，对福彩公信力受到这些腐败案件的影响和伤害扼腕叹惜，对腐败的现象深恶痛绝。同时，民政部正在加快完善技术标准规范体系，加大新游戏、新渠道技术的研发和储备，更好地适应新时代人民群众在公益性和娱乐性方面购买彩票的需求，推进福利彩票事业高质量健康发展。

3月，陕西省福彩中心搭建了客户综合服务平台96106。经过前期建设及试运行，该平台形成了以96106呼叫系统为主，公众号、官方网站、邮箱为辅的客户综合服务体系。该平台以“政策咨询、彩民沟通、传递理念、便民服务”为核心，以“统一平台、一号对外、集中受理、分类处置、统一协调、省市联动、限时办理、监督落实”为工作机制，将成为社会公众和彩票机构沟通的新桥梁。

3月1日，中国机构编制网发布财政部职能配置、内设机构和人员编制规定。财政部主要职责为管理中央各项财政收支、按分工负责政府非税收入管理等。其中，综合司承担彩票管理有关工作，负责政府非税收入管理包括制定彩票管理政策和有关办法、监管彩票市场、按规定管理彩票资金。

3月20日，财政部网站发布了2019年财政部立法工作安排。2019年财政部立法工作包括三方面，其中之一是力争年内完成增值税法、消费税法、印花税法、城市维护建设税法、土地增值税法、关税法、彩票管理条例（修订）的部内起草工作，及时上报国务院；力争年内修订“事业单位国有资产管理暂行办法”“注册会计师注册办法”等部门规章。

3月21日，财政部驻重庆专员办到重庆市福利彩票发行中心，专题调研福利彩票发行销售工作。调研组走访了中福在线销售厅、福彩投注站、主城北分中心，向销售员详细询问了去年以来国家相关彩票管控政策出台后的市场反应情况、各彩种销售情况等，鼓励投注站积极应对当前困难，调整经营思路，努力提高销量。

3月24日，福利彩票“走近双色球”活动启动，全年共开展70期。

3月25日，中国福利彩票发行管理中心启动“积分有礼，福彩有爱”福彩积分服务回馈活动。福彩积分服务于2007年6月15日开始试点以来，已先后在天津、山西、吉林、浙江、安徽、福建、江西、河南、湖北、湖南、广西、贵州、陕西、青海14个省（区、市）开展。此次积分服务回馈活动将在上述地区派送5万份中国福利彩票信息服务，每张积分服务卡可获赠会员派送奖一份。

3月27日，央行发布了《中国人民银行关于进一步加强支付结算管理防范电信网络新型违法犯罪有关事项的通知》（银发〔2019〕85号），要求进一步加强支付管理，防范电信诈骗。通知明确要求，不得直接或变相为互联网赌博、互联网销售彩票平台，非法外汇、贵金属投资交易平台，非法证券期货类交易平台等的非法交易提供支付结算服务。

4月，杭州市福利彩票销售网点行业工会联合会正式成立，入会人数达881人。作为全国首个针对彩票销售员群体的工会组织，行业工会的成立具有重大的里程碑意义。一是加强销售员权益维护，二是强化行业自律，三是有助于销售员技能提升，四是实现困难帮扶制度化常态化。

4月，国务院办公厅印发《关于推进养老服务发展的意见》（以下简称《意见》）。《意见》指出，民政部本级和地方各级政府用于社会福利事业的彩票公益金，要加大倾斜力度，到2022年要将不低于55%的资金用于支持发展养老服务。《意见》还提出，从2019年起民政部本级和地方各级政府用于社会福利事业的彩票公益金，采取以奖代补等方式，引导和帮助存量民办养老机构按照国家工程建设消防技术标准配置消防设施、器材，针对重大火灾隐患进行整改。

4月，在第十四次全国民政会议上，浙江省福彩中心荣获“全国民政系统先进集体”称号，受到人力资源和社会保障部、民政部表彰。近年来，浙江省福彩中心着力突出以扩点增量为主的速度规模型向以提质增效为主的质量安全型销售模式转轨的工作主线，进一步夯实基础、拓宽渠道、提升形象、优化市场，积极推动“阳光福彩”“清廉福彩”建设。

4月2日，中国福利彩票发行管理中心等102个中央部门集中公布了2019年度部门预算。2019年，中福彩中心收支总预算为19.34亿元：政府性基金预算拨款收入为12.73亿元，同比减少1.97亿元，下降13.40%；上年结转6.32亿元，同比减少5339万元，同比下降7.79%。

4月4日，中国政府采购网发布了中国福利彩票发行管理中心基于区块链智能合约技术的可公证性电子开奖技术研究与应用项目的招标公告。本研究项目立足于福利彩票电子开奖的开奖号码生成的实际需求，从各省应用场景出发，破除传统电子开奖的技术思维“定式”，结合金融区块链技术的核心特点，研究将区块链智能合约技术应用到电子开奖系统的手段和模式，解决当前福利彩票行业电子开奖系统不可公正、不可审计的关键问题，对下一代摇奖与开奖系统技术进行研究。项目预算金额为284.87万元。

4月4日，财政部印发《关于同意“年年有余”等20款即开型福利彩票的通知》。

4月22日，国家网信办举报中心发布文章《“赌一把”？警惕互联网彩票欺诈骗局!》，称仍有少数不法分子擅自开展网络售彩，引诱彩民网上购彩。文章指出，打击非法售彩网站艰巨而复杂，不法分子绞尽脑汁企图规避执法部门的查处，相关网站不断出现、形式不断翻新。文章提醒，可通过国家网信办举报中心官方网站举报入口、网络举报客户端、举报中心微信公众号和官方微博的“一键举报”等途径，提供必要的网址链接和截图等证据，进行举报。

5月，重庆市福彩中心开通社工服务热线，这是重庆福彩通过委托第三方社会组织开展的一项彩票社会责任项目服务内容。社工热线由专业社工与心理专家接听热线，协助解决购彩中出现的困惑与困扰，引导塑造健康、正确的购彩认知与购彩心理，减少或避免过度购彩及成瘾性购彩等不良购彩行为，及其对购彩者家庭与社会功能造成的损害。

5月，吉林省白城市成立了由市民政局、市公安局、市文化广播电视和旅游局组成的市打击非法彩票工作领导小组。领导小组通过采取一系列有效措施，全市整治“黑彩”乱象工作取得了阶段性成效，包括重点整治彩票投注站内非法经营“黑彩”，以“快3”“3D”“体彩”等电脑彩票开奖号为依托进行赌博，在村屯商店、药店、农资商铺和社区居民住房中私设“黑彩”，以及利用互联网等方式非法销售“黑彩”等违法行为。

5月20日，山东省福彩中心发布公告，禁止违规转让福利彩票投注专用设备。公告指出，彩票投注专用设备属于彩票销售机构所有，彩票代销者不得转借、出租、出售。一切私自转让福利彩票投注专用设备的行为均是违规行为，不受法律保护。

5月21～23日，第二届中国彩票行业沙龙亚太年会暨亚洲彩票论坛在澳门举办。此次活动由中国内地彩票行业协会性质的中国彩票行业沙龙联合亚洲国际娱乐展（G2E Asia）共同举办，论坛旨在推动亚太区域彩票合作发展的新局面，并不断助推地区彩票业健康有序发展。参与嘉宾除了中国彩票行业沙龙成员，还有来自日本、美国、越南、新加坡、柬埔寨等国家的彩票从业者、机构负责人和专家学者。

5月28日，《彩票管理条例》施行10周年暨彩票理论体系建设研讨会在京召开。彩票监管、发行以及销售部门的从业者、相关专家、学者梳理《彩票管理条例》实施10年以来的成绩和不足，探讨彩票理论体系建设等话题，共同为我国彩票业的健康发展出谋划策。来自财政部、民政部、国家体育总局、中福彩中心、国家体彩中心等相关部门的领导出席会议并参与座谈，来自福利彩票、体育彩票发行和销售机构的从业者还就“彩票的内涵和外延”“我国彩票的社会责任”两个主题进行了充分交流。

5月28日，河北福彩的即开票微信兑奖软件顺利通过了中福彩技术研究中心组织的验收评审。专家组认为，该软件经过国家相关测试标准检测，符合上线要求，同意该软件评审通过。该软件交付使用后，彩民登录“河北福彩”官方微信公众号和订阅号，点击“刮刮乐兑奖”菜单，然后扫描刮刮乐彩票上的保安区即可完成兑奖，奖金自动进入中奖彩民的微信账户。目前该软件只限兑付5000元以下的小奖。

5月30日，北京市福彩中心官方微信“京福京彩”新增便民功能——刮刮乐扫码兑奖。用户可关注“京福京彩”微信公众号，点击公众号下方菜单的扫码兑奖，刮开中奖刮刮乐的保安区，点击“扫码兑奖”按钮，扫描保安区内条形码，即可完成兑奖。

6月，民政部联合教育部、公安部等10部门制定出台《关于进一步健全农村留守儿童和困境儿童关爱服务体系的意见》。要求各地结合实际需要，做好农村留守儿童和困境儿童关爱服务经费保障；特别是要求各地统筹使用困难群众救助补助等资金，用于农村留守儿童和困境儿童关爱服务工作；民政部本级和地方各级政府用于社会福利事业的彩票公益金，要逐步提高儿童关爱服务的使用比例。

6月，无锡福彩对市区所有投注站销售员就人身意外险、财产综合险、福利彩票盗抢险、公众责任险展开续保工作，并在此基础上，又给他们增加了重大疾病险种。2019年已经是无锡福彩对销售员投保的第3个年头，各投注站销售员对原投保的财产综合险、意外伤害险、福利彩票盗抢险、公众责任险非常满意。2019年度无锡福彩按照每家站点235元的标准，共计投入12万多元为市区500多家投注站投保。

6月，中国福利彩票发行管理中心启动有奖征集即开型彩票游戏。自2014年以来，中福彩中心已经连续举办了五届即开票游戏征集活动，每次活动都涌现大量优秀作品。

6月1日，海南省人民代表大会常务委员会发布公告，《海南省人民代表大会常务委员会关于废止〈海南经济特区农垦国有农场条例〉等十四件地方性法规的决定》已由海南省第六届人民代表大会常务委员会第十一次会议于2019年6月1日通过，自公布之日起施行。海南省此次废止的14件地方法规包括《海南省禁止赌博规定》（1988年）、《海南省人民代表大会常务委员会关于批准〈海南省彩票管理办法〉设定罚款的决定》（1997年）等涉及赌博和彩票等的相关法规。

6月5日，中国福利彩票新技术应用研讨会在成都召开。会议由中福彩技术研究中心组织召开，中国福利彩票发行管理中心相关部室负责人，各省（区、市）福彩中心主任、分管技术工作的副主任及技术部门负责人等参加了会议。会议主要对中福彩技术研究中心的新技术研究成果和中福彩中心销售系统技术规范进行了讨论，包括基于区块链的电子摇奖机、投注终端身份认证平台、基于区块链的数据封存系统、聚合支付、通信安全解决方案等。与会代表对上述新技术的研究和发展应用、中福彩中心销售系统技术规范进行了充分的讨论。

6月17日，四川省宜宾市长宁县发生6.0级地震。地震发生后，四川省福利彩票发行中心立即启动应急预案，安排部署相关救灾善后工作。按照省中心的安排部署，宜宾市分中心组织人员奔赴灾区开展救灾善后和慰问工作。在21日举行的“同舟共济大爱永恒长宁‘6·17’地震捐赠仪式”上，四川省福利彩票发行中心向灾区捐款50万元。

6月24～26日，中国福利彩票发行管理中心赴江苏调研和指导工作。中福彩中心战略发展部和湖北、安徽、江西、重庆、四川省（市）销售机构主要负责人等陪同参与此次调研。冯亚平强调，要加强规划研究、优化渠道布局、改善游戏结构、提高保障能力，努力开拓创新，更好地适应市场化需求；在加强业务工作的同时，要牢记公益使命，始终注重社会责任，深入开展公益宣传，广泛传播正能量，进一步维护和提升福彩发展的社会基础、声誉形象。

6月27日，连云港市福彩中心举行“心灵港湾”启用仪式。连云港福彩成立“心灵港湾”理性购彩指导中心。中心为了提供更专业的指导服务，聘请了市康复医院的两位心理科专家、市福彩中心两位社工师，常年为自愿寻求帮助的广大彩民提供专业的心理疏导和购彩服务。

6月27日，财政部网站发布了《中央专项彩票公益金支持地方社会公益事业发展资金管理办法》，进一步规范和加强中央专项彩票公益金支持地方社会公益事业发展资金管理，要求资金应当重点向“补短板”的社会公益事业项目倾斜，向困难行业和弱势群体倾斜，用于当地社会公益事业发展薄弱环节和领域。

6月28日，民政部网站发布了《民政部2018年度彩票公益金使用情况公告》。公告显示，经财政部核准，民政部2018年彩票公益金预算额度为29.87亿元，专项用于民政社会福利及相关公益事业。其中，补助地方项目资金共计28.9748亿万元；财政部批复民政部彩票公益金民政部项目8个，预算金额为8952万元。

7月，福利彩票通过世界彩票协会（WLA）“责任彩票”三级认证。

7月，“辽宁刮刮乐自助兑奖”微信公众号上线。此前，辽宁可以使用

“福彩自助终端”微信公众号进行自助兑奖，以后该公众号对辽宁的功能将停用，换作识别率更高、兑奖速度更快的“辽宁刮刮乐自助兑奖”公众号进行自助兑奖，兑奖范围仅限辽宁省内购买的刮刮乐彩票。

7月1日，中山市的第2019050期双色球2454万元得主没能现身兑奖，中奖奖金2454万元遗憾成为弃奖，成为中山福彩历史以来最大的弃奖，并且超越云南2095万元弃奖，成为中国彩票史上的第二大弃奖。福彩第一大弃奖为东莞2015年11月10日双色球第2015132期的2565万元。根据《彩票管理条例实施细则》的有关规定，这次的2454万元弃奖奖金将被纳入彩票公益金。

7月12日，国务委员、公安部部长赵克志在京主持召开专题会议，研究部署防范打击整治跨境网络赌博活动工作，强调坚决依法打击整治跨境网络赌博活动。赵克志要求，要精心组织开展打击整治跨境网络赌博犯罪“断链”专项行动，坚决查处为网络赌博活动提供服务的网络运营商和通信服务商，依法关闭赌博网站，切实加大对非法资金支付结算活动的整治力度，深入清理整治擅自利用互联网销售彩票活动，严肃查处诱导和组织游客到境外赌场参赌的单位和人员。

7月19日，中国福利彩票发行管理中心（以下简称中福彩中心）发布2018年部门决算情况，对2018年部门收支总体情况进行了公布和说明。中福彩中心2018年度收支总决算为21.07亿元。中福彩中心2018年度政府性基金预算财政拨款收支总决算为20.66亿元。本年支出全部为福利彩票发行机构的业务费支出（项），支出金额年初预算数为21.55亿元，决算数为12.60亿元，完成年初预算数的58.47%；年末结转结余8.05亿元，按有关规定结转到下年度继续使用。

8月，民政部蹲点工作调研组一行来到芜湖市，就芜湖市福利彩票发行工作进行了实地调研。民政部蹲点工作调研组首先来到中福在线九华山路销售厅，详细了解中福在线销售厅的运行机制、人员、销售及安全管理等情况，随后走访了中心各部门，了解各部门工作情况和具体业务，并在中心会议室与部分员工、站点站主代表进行了座谈。

8 月 30 日，财政部网站发布了 2019 年第 82 号公告，公布了 2018 年彩票公益金筹集分配情况和中央集中彩票公益金安排使用情况。2018 年，全国发行销售彩票 5114.72 亿元，共筹集彩票公益金 1338.75 亿元，其中弃奖 25.13 亿元。2018 年，中央集中从彩票公益金分配给社保基金会 358.45 亿元；分配给中央专项彩票公益金 168.35 亿元；分配给民政部和国家体育总局各 29.87 亿元。

9 月 10 日至 6 日，由中国社会工作联合会彩票工作委员会主办、东港股份有限公司协办的“彩票销售网点建设与创新”经验交流会在山东烟台召开，来自全国 23 个省（区、市）的福彩机构负责人，以及一线彩票销售网点代表近 200 人参加了本次交流会，与会代表一同交流各省市福彩机构、彩票销售网点建设与创新经验，探讨下一步工作方向和具体措施。

9 月 10 日，为庆祝新中国成立 70 周年，中国福利彩票发行管理中心特别推出刮刮乐新票“中国龙”，并于 9 月 10 ~ 29 日推出“中国龙”彩票全国营销活动，活动的总奖金及电子兑换券超过 2000 万元。

9 月 18 日，中国福利彩票技术研究中心在湖北省武汉市召开中国福利彩票技术研究委员会专家组成立会议。与会专家共同审议通过了技术研究委员会专家组管理办法，并签署了专家承诺书。会议从落实中福彩中心对福彩事业健康发展要求、保证福彩事业发展主动权、协助中福彩中心整合技术资源、搭建技术研究及交流平台四个方面，明确了成立技术研究委员会专家组的目的和意义。

10 月 15 日，深圳福彩启动了以“商用密码技术”为核心技术的“智能网络系统”建设和配套改造工作。该技术与深圳福彩已建成的“CA 安全认证中心”的联动，成为福利彩票业内首次使用商密算法安全认证的应用案例，将为未来深圳福彩业务发展提供安全可靠、便利拓展的新型网络系统。方案实施后，将对深圳福彩现有投注站多元化、智能化发展提供更加安全、成本可控、可扩展的基础网络支撑。

10 月 26 日，“第十七届全国彩票收藏交流会”在河南郑州举行，来自全国各地的热爱彩票文化收藏的百余名彩友共同参与见证了这一彩票收藏界的年度盛会。本届交流会由全国纸品收藏联盟彩票委员会、中国社会工作联合会彩工委彩票收藏鉴定专家委员会主办，河南省福彩中心协办，旨在弘扬彩票文化，展示集彩成果，扩大集彩群体，挖掘集彩潜力，加强藏品交流，推动彩票研究，推动彩票收藏健康发展。

10月21日，第十三届全国人大常委会第十四次会议初次审议《中华人民共和国未成年人保护法（修订草案）》。草案提出，禁止向未成年人出售烟酒、销售彩票或者兑付彩票奖金。烟酒经营者和彩票销售机构、彩票代销者应在显著位置设置不向未成年人出售烟酒或者彩票的标志；对难以判明是否已成年的，应要求其出示身份证件。彩票销售机构如未在显著位置设置不向未成年人出售彩票标志，由民政、体育等主管部门予以纠正。

10月29日，由宁波福彩出品的福彩首支双色球IP动画MV正式发布，填补了行业空白。该动画MV内容立足福彩“双色球”游戏中的各种特点，将红球、蓝球的形象拟人化，配以朗朗上口的原创福利彩票歌曲，以蒙太奇的手法将“双色球”游戏的幸运性及福利彩票的公益性向公众呈现。

11月1日，中国福利彩票发行管理中心发布公告，向社会公众开放自行报名参观福利彩票开奖渠道。根据安排，每年3～12月开奖日为社会公众开放日，其中，周二为双色球、3D开奖开放日，周三为七乐彩、3D开奖开放日。前期开通电话报名渠道，报名时间为社会公众开放日前1～5个工作日。报名预约成功后，参观人员须携带本人有效身份证，在规定时间前到达福利彩票开奖现场登记参观。

11月1日，中国福利彩票发行管理中心启动“圆梦双色球　一起做公益”活动。活动期间，用户参与线上答题活动将获得抽奖资格，有机会获得双色球彩票体验券、华为手机等奖品。活动共计投入价值约700万元的双色球彩票体验券。

11月10日，中国福利彩票发行管理中心向江西省莲花县捐赠100万元，用于莲花县的龙潭水库修缮，龙潭水库已被命名为福彩龙潭水库。

11月10日，自双色球2019129期（开奖日期为2019年11月10日，星期日）开始，中国福利彩票发行管理中心安排连续派奖20期。派奖活动所需派奖奖金约为12亿元，是我国彩票史上金额最大、范围最广的派奖活动。

12月，国务院扶贫办发布关于提前下达2020年中央专项彩票公益金支持扶贫革命老区脱贫攻坚资金预算的通知，2020年将安排20.6亿元中央专项彩票公益金支持贫困革命老区县实施扶贫项目。

12月13日，全国福彩系统第三届创新竞赛决赛结束，来自全国9个省、市的12名选手进入决赛。广东省福彩中心《大游戏附加小玩法“双色球”追加投注游戏设计》等6个作品获得一等奖。

中福彩中心从即开票手工艺品大赛获奖作品中选取了30件有代表性的作品举行首次公益拍卖活动，活动所得全部用于民政部定点扶贫县脱贫攻坚工作。

12月17日，中国福利彩票发行管理中心发布《关于停止销售“勇士闯关5”等100款即开型福利彩票游戏的公告》：根据《财政部关于停止销售“勇士闯关5”等100款即开型福利彩票游戏的审批意见》（财综〔2019〕46号）的要求，中国福利彩票发行管理中心决定自2020年3月20日24时起，在全国范围内停止销售100款即开型福利彩票游戏。

截至2019年12月31日，全国共销售彩票4220.53亿元，同比降幅为17.5%，筹集公益金1140.46亿元（不含弃奖奖金）。

Abstract

This book is the third in the welfare lottery blue book series. This book has two purposes: First, by comprehensively combing the sales of welfare lottery market, the collection, distribution and use of public welfare funds in 2019, it presents the overview and possible trend of the development of welfare lottery in China in 2019; Second, through several special research articles, this book attempts to analyze the problems in different fields of the development of China's lottery industry and lottery industry, and put forward targeted policy suggestions.

Through the quantitative analysis of the market performance of various games of welfare lottery and the sales changes in provincial regions in 2019 by statistical methods, it is found that factors including government regulation policies have led to the structural slowdown of China's lottery industry in 2019; The growth of large-scale lottery games is weak, and the diversity of games is insufficient, which can not meet the needs of mainstream market; There are great differences in lottery sales in different provinces, and the regional imbalance of lottery development is very obvious. Regulators and lottery institutions need to explore and innovate in the diversification of lottery varieties, the consideration of low game and entertainment in game design, lottery marketing channels and so on.

After more than 30 years of evolution, China's lottery has developed from the early lottery operation mode and the departmental lottery operation mode to the current national lottery operation mode. The existing model has advantages in promoting the national attribute of lottery and broadening the scope of use of public welfare funds, but it is difficult to reflect the social responsibility of lottery due to the division of lottery issuing institutions and lottery public welfare funds.

Based on the analysis of the system and mechanism of lottery public welfare fund supervision, it is considered that there are some problems in the distribution and use of public welfare fund, such as the funds distribution structure to be optimized, the lack of third-party supervision, closed management and low use efficiency. It is suggested that the supervision of public welfare fund can adopt the mode of "public trust + foundation" . Public trust can legally convert lottery public welfare fund into public welfare funds of lottery, and many elements of the foundation can increase the transparency of system operation, improve performance.

Lottery franchise is an important feature of lottery management in China. Lottery monopoly and tobacco monopoly are different in five dimensions: government consideration, legal basis, operation mechanism, marketization degree and international integration degree. In order to further improve the lottery monopoly, we need to build an appropriate competition mechanism based on the monopoly system and reduce the path dependence of administration.

News reports play an important role in China's lottery cause. Based on the agenda setting behind the lottery news reports and the comparison of lottery news reports between China and Japan, it is found that the lottery news has some questions, such as insufficient theme public welfare, incomplete reporting methods, low release frequency of new media, insufficient news value orientation and lack of linkage of lottery themes. It is necessary to strengthen the lottery's public welfare image, build an all media center, pay attention to the improvement of news value orientation.

Lottery essentially belongs to the third distribution of national income and wealth. It is a kind of charitable fund-raising under the socialist market economy with Chinese characteristics. In recent years, the development of lottery industry has caused some problems. Lottery should return to the positioning of the third distribution, reflecting the national attribute, people attribute and public welfare attribute of lottery.

The research and policy analysis of lottery often ignore that lottery is a unified whole including lottery sales market and public welfare fund distribution and use market. Starting from the overall view of the lottery industry, the high-quality development of China's lottery industry needs to be promoted in three aspects: high economic quality, high social quality and high governance quality.

Keywords: Structural Slowdown; Government Regulation; High-quality Development

Contents

I General Report

Abstract: This report combs the sales of China's lottery market, especially the welfare lottery market, and the collection, distribution and use of public welfare funds in 2019; It is considered that the structural slowdown is mainly affected by government regulation. At present, the development of China's lottery industry is in the state of "superposition of three phases"; Government regulation and the structural slowdown of lottery sales objectively provide an opportunity for the high-quality development of lottery. In order to promote the high-quality development of lottery industry, government regulatory agencies need to combine strict supervision with appropriate deregulation; Lottery institutions should do a good job in adaptive development, practice social responsibility, and pay attention to the R & D, channel development and marketing innovation of game products.

Keywords: Structural Slowdown; Government Regulation; High-quality Development; Welfare Lottery

Ⅱ Market Reports

B.2 A Comparative Analysis of Various Types of Games in the 2019 Welfare Lottery *Ma Yan* / 054

Abstract: The welfare lottery has been a double-digit decline in 2019: First, welfare lottery games have dropped sharply under the influence of policies; Second, the growth of large-scale lottery games, which is the cornerstone of the market, has been weak; And third, there is insufficient diversification of games and a small number of local and regional games, there is no product matrix. In addition, the experience of the game is poor, can not meet the young groups, but also a pain point in the future market development. This report suggests to explore and adjust the existing probability of winning and the amount of prize money of the double color ball, and increase the variety of lottery games, continue to optimize the design and channel construction of the ticketing, and improve the experience of buying lottery.

Keywords: Welfare Lottery; Game Type; Product Layout; Rate of Return to Award

B.3 Comparative Analysis of Welfare Lottery at Provincial Level in China *Wang Xiaolei, Yang Le* / 069

Abstract: This report will discuss the sales of welfare lottery at the provincial level in 2019, mainly including the welfare lottery development index, the deviation between the sales proportion and GDP proportion, welfare lottery per capital sales, etc. According to the "lottery deviation index" set in this report, it can draw conclusions such as "in the western and northern provinces, the proportion of the sales of welfare lottery in most provinces is higher than the proportion of their provincial GDP", "in the southeast coastal and central provinces, the proportion of the sales of welfare lottery in most provinces is lower than or basically equal to the proportion of provincial GDP". In addition, based on this analysis, combined with combing the data over the years, this report makes a comparative analysis between the more general "lottery development index" and the "lottery deviation index" set in this report from the statistical level. Through rstudio software, "lottery development index" and "lottery deviation index" verify the judgment of normal distribution, as well as the data display combined with histogram and nuclear density curve.

Keywords: Welfare Lottery Sales; Welfare Lottery Deviation Index; Welfare Lottery Development Index

Ⅲ Lottery Public Welfare Reports

Abstract: This report combs the historical evolution of China's welfare lottery public welfare fund supervision system, and takes 2019 as an example to analyze the distribution and use of public welfare funds at all levels, such as the central special fund, the Ministry of civil affairs and provincial departments. After summarizing the existing supervision system, distribution and use of public welfare funds in China, through the analysis of the operation mechanism of British and American regulators and Hong Kong Jockey Club in China, combined with the actual situation of welfare lottery public welfare funds in mainland China, this report puts forward that we should promote the legalization process of lottery management, optimize the fund use structure carry out on regular audit of lottery funds and management through foundation mode.

Keywords: Welfare Lottery Public Welfare Fund; Supervision; The Process of Legalization

B.5 Civil Law Reform of Lottery Charity Fund Supervision

Lei Qiuyu, Song Huimin and Liu Li / 112

Abstract: The current lottery public welfare fund supervision system is to ensure the realization of the purpose of public welfare, but its tendency of departmental interest and the administrative is strong. The shortcomings of this kind of system are obvious, which can be manifested as that the lottery public welfare fund is crowded out, and the process of administrative management is interlized, focusing on the department's interests and not easy to be supervised. Civil law reform is a possibile way to reform, and the way of "public trust + foundation" be choosed. Charitable trusts can legally convert lottery public welfare funds into lottery charity funds. Some changement will take place if the refomation is executed, which can be described as the openness of key elements of the foundation's system, the flattening of its operation, and the social participation of councils or committees, and so on. Under this system, the interests of various departments will be taken into account, and the transparency, effectiveness, and scientificity of the system's operation will be increased. All these changements will lead to the realization of openness, fairness, justice and more efficient operation of lottery welfare fund supervision.

Keywords: Lottery Public Welfare Fund; Administrativeization; Civil Law Reform; Public Welfare Trust

Abstract: In order to present the present situation of chinese welfare lottery news report, this report analyzes the media distribution and reporting methods of China welfare lottery news reports, studies the text characteristics of welfare lottery news and communication genre, explores the agenda setting function behind welfare lottery news reports from three aspects: topic selection, publicity focus and reporting priority, and makes a comparative analysis of Chinese welfare lottery news reports and Japanese lottery news reports. It is found that there are some deficiencies in welfare lottery news reports, such as insufficient public welfare color of the reporting theme, incomplete reporting methods, low release frequency of new media, insufficient news value orientation, lack of linkage of welfare lottery theme, and then it is proposed to strengthen the publicity of welfare lottery image, build welfare lottery all media center, strengthen the construction of new media operators, pay attention to news value orientation, plan the festival activities with the theme of welfare lottery and publicize the welfare lottery culture.

Keywords: Welfare Lottery; News Report; Genre; Agenda Setting

Ⅳ Survey and Assessment

Abstract: This report aims to build a lottery social responsibility index system in line with the actual situation of the development of Zhejiang welfare lottery industry based on the "China welfare lottery social responsibility standard specification". Using this index system, the satisfaction degree of social responsibility construction of Zhejiang Fortune lottery is evaluated in detail from four aspects: lottery buyers and the public, agents (owners and sales staff), government and other stakeholders, and employees (internal staff) . The findings: The advantages of zhejiang welfare lottery social responsibility construction are mainly reflected in the construction of sales management responsibility, but it is not obvious; The construction of lottery buyer responsibility urgently needs to be improved. It is suggested that in the construction of social responsibility in the future, the initial intention of lottery issuance should be strengthened, and the responsibility construction of lottery buyers and public welfare publicity should be strengthened.

Keywords: Zhejiang Province; Responsibility Index System; Welfare Lottery Reform

V Specific Topics

B.8 Research on the Positioning of Lottery in the National Income Distribution System in China *Chen Yu* / 253

Abstract: In the mid -1980s, against government failure of social welfare, Ministry of Civil Affairs plucked up the courage to operate the social welfare lottery to transfer wealth voluntarily. With the approval of the Party Central Committee and the State Council, the state officially takes the form of lottery as institutional arrangements regulated by government to pass the moral and cultural tradition of mutual aid on. The essence of lottery is a form of charity in our socialism market economy. In the early days of operating, this mechanism was effective in settling distribution imbalance of social welfare. This report aims at reviewing the development of our lottery, the positioning of lottery in the national income over time, exploring the development road of lottery with Chinese characteristics, promoting development of lottery with high quality to economy and society of our country.

Keywords: Lottery; The Third Distribution; Distribution Mechanism

B.9 The Idea and Path of High-quality Development of Lottery

He Hui / 260

Abstract: The lottery industry in the new era needs to focus on promoting high-quality development. Different from general industries, the lottery industry includes lottery sales market and public welfare fund use market. These two markets together constitute the whole of lottery business. The high-quality development of lottery includes three dimensions: the economic high-quality of lottery sales market, the social high-quality of public welfare fund use market, and the high-quality governance of the coordinated development of the two markets. Requiring the high-quality development of lottery institutions alone, or requiring the high-quality use of public welfare funds alone, can not promote the healthy development of lottery. Only the coordination of these three dimensions can promote the overall high-quality development of lottery. Based on high economic quality, lottery institutions need to focus on strengthening the construction of digital lottery and channel marketing; In terms of high social quality, the distribution and use of lottery public welfare funds need institutional innovation, such as the operation mode of public welfare foundation; In terms of high-quality governance, government regulatory departments need to further optimize regulatory concepts and methods, lottery institutions need to strengthen the construction of self-discipline and social responsibility, and different departments need to cooperate to shape and spread the image of lottery public welfare.

Keywords: High Quality Development; Holistic View; Coordinated Development; Lottery

B.10 The Transformation of Welfare Lottery Operation Mode and Its Influence

Ma Fuyun / 277

Abstract: Since the 1990s, a unified lottery management system independent of the lottery issuing and management departments had been established. The Ministry of finance had replaced the People's Bank of China as the government department responsible for the unified lottery operation supervision. At the same time, the lottery welfare fund had also evolved from the internal distribution use of the management department to the central centralized distribution and use on the basis of the central and local distribution. After decades of development and evolution, China's lottery operation from the early lottery operation mode, manager department lottery operation mode to the current national lottery operation mode. The existing model has advantages in promoting the national nature of lottery and expanding the scope of public welfare funds. However, the social responsibility of the lottery is difficult to be reflected because of the division of the lottery issuing fund and the lottery public welfare fund.

Keywords: Operating Mode Conversion; Unified Lottery Management System; Welfare Lottery

B.11 Analysis on the Enlightenment of Tobacco Monopoly System to Welfare Lottery Monopoly System in China

Abstract: The franchise is one of the most effective means for the government to manage the lottery industry. This report reviews development history of China's welfare lottery franchise system and the market structure characteristic of welfare lottery, summarizing Chinese tobacco monopoly system development course. This report compares and analyzes the lottery monopoly system and tobacco monopoly system from five dimensions: government considerations, legal basis, operation mechanism, marketization degree and international integration degree. Then it summarizes the enlightenment of the development of tobacco monopoly system in China to the welfare lottery monopoly system, including improving legislation and promoting the construction of monopoly legal system; unswervingly implement the monopoly system based on national conditions; construct a new mechanism of moderate competition on the basis of monopoly system; promote monopoly system reform and reduce administrative path dependence; change the discrimination between taxes and profits, government and enterprises, and form a unified national market; fulfill WTO commitments and introduce competition mechanism actively.

Keywords: Welfare Lottery; Tobacco Monopoly; Franchise

Abstract: After more than 30 years of development, lottery has expanded sale scale rapidly. The lottery has been highly concerned by publics that needs lottery legislation to establish the legitimacy of lottery. Lottery legislation should learn from the experience of the past 30 years. The law of lottery has to fix lottery's social function, to improve management institution of lottery, to clarify operation mechanism, to restrict approval authority about lottery, to delimit the use scope of lottery funds, to strengthen the supervision of lottery market. Law of lottery clarifying mentioned above will make lottery market more orderly, will protecting the legitimate rights and interests of participants better, and will safeguard lottery serving as a public welfare and its development more healthy.

Keywords: Lottery Management; Lottery Legislation; Lottery Public Welfare

Ⅵ Appendix

皮 书

智库报告的主要形式
同一主题智库报告的聚合

皮书定义

皮书是对中国与世界发展状况和热点问题进行年度监测，以专业的角度、专家的视野和实证研究方法，针对某一领域或区域现状与发展态势展开分析和预测，具备前沿性、原创性、实证性、连续性、时效性等特点的公开出版物，由一系列权威研究报告组成。

皮书作者

皮书系列报告作者以国内外一流研究机构、知名高校等重点智库的研究人员为主，多为相关领域一流专家学者，他们的观点代表了当下学界对中国与世界的现实和未来最高水平的解读与分析。截至 2021 年，皮书研创机构有近千家，报告作者累计超过 7 万人。

皮书荣誉

皮书系列已成为社会科学文献出版社的著名图书品牌和中国社会科学院的知名学术品牌。2016 年皮书系列正式列入“十三五”国家重点出版规划项目；2013~2021 年，重点皮书列入中国社会科学院承担的国家哲学社会科学创新工程项目。

中国皮书网

（网址：www.pishu.cn）

发布皮书研创资讯，传播皮书精彩内容
引领皮书出版潮流，打造皮书服务平台

栏目设置

◆ **关于皮书**

何谓皮书、皮书分类、皮书大事记、皮书荣誉、皮书出版第一人、皮书编辑部

◆ **最新资讯**

通知公告、新闻动态、媒体聚焦、网站专题、视频直播、下载专区

◆ **皮书研创**

皮书规范、皮书选题、皮书出版、皮书研究、研创团队

◆ **皮书评奖评价**

指标体系、皮书评价、皮书评奖

◆ **皮书研究院理事会**

理事会章程、理事单位、个人理事、高级研究员、理事会秘书处、入会指南

◆ **互动专区**

皮书说、社科数托邦、皮书微博、留言板

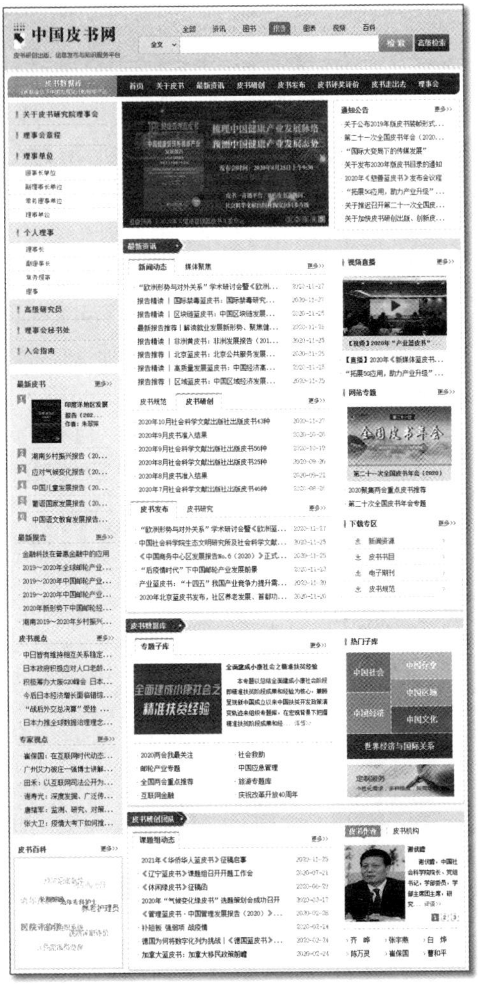

所获荣誉

◆ 2008 年、2011 年、2014 年，中国皮书网均在全国新闻出版业网站荣誉评选中获得“最具商业价值网站”称号；

◆ 2012 年，获得“出版业网站百强”称号。

网库合一

2014年，中国皮书网与皮书数据库端口合一，实现资源共享。

中国皮书网

权威报告·一手数据·特色资源

皮书数据库

ANNUAL REPORT(YEARBOOK) DATABASE

分析解读当下中国发展变迁的高端智库平台

所获荣誉

- 2019年，入围国家新闻出版署数字出版精品遴选推荐计划项目
- 2016年，入选“‘十三五’国家重点电子出版物出版规划骨干工程”
- 2015年，荣获“搜索中国正能量 点赞2015”“创新中国科技创新奖”
- 2013年，荣获“中国出版政府奖·网络出版物奖”提名奖
- 连续多年荣获中国数字出版博览会“数字出版·优秀品牌”奖

成为会员

通过网址www.pishu.com.cn访问皮书数据库网站或下载皮书数据库APP，进行手机号码验证或邮箱验证即可成为皮书数据库会员。

会员福利

- 已注册用户购书后可免费获赠100元皮书数据库充值卡。刮开充值卡涂层获取充值密码，登录并进入“会员中心”—“在线充值”—“充值卡充值”，充值成功即可购买和查看数据库内容。
- 会员福利最终解释权归社会科学文献出版社所有。

社会科学文献出版社 皮书系列
SOCIAL SCIENCES ACADEMIC PRESS (CHINA)
卡号：768355414682
密码：

数据库服务热线：400-008-6695
数据库服务QQ：2475522410
数据库服务邮箱：database@ssap.cn
图书销售热线：010-59367070/7028
图书服务QQ：1265056568
图书服务邮箱：duzhe@ssap.cn

S 基本子库
SUB DATABASE

中国社会发展数据库（下设 12 个子库）

整合国内外中国社会发展研究成果，汇聚独家统计数据、深度分析报告，涉及社会、人口、政治、教育、法律等 12 个领域，为了解中国社会发展动态、跟踪社会核心热点、分析社会发展趋势提供一站式资源搜索和数据服务。

中国经济发展数据库（下设 12 个子库）

围绕国内外中国经济发展主题研究报告、学术资讯、基础数据等资料构建，内容涵盖宏观经济、农业经济、工业经济、产业经济等 12 个重点经济领域，为实时掌控经济运行态势、把握经济发展规律、洞察经济形势、进行经济决策提供参考和依据。

中国行业发展数据库（下设 17 个子库）

以中国国民经济行业分类为依据，覆盖金融业、旅游、医疗卫生、交通运输、能源矿产等 100 多个行业，跟踪分析国民经济相关行业市场运行状况和政策导向，汇集行业发展前沿资讯，为投资、从业及各种经济决策提供理论基础和实践指导。

中国区域发展数据库（下设 6 个子库）

对中国特定区域内的经济、社会、文化等领域现状与发展情况进行深度分析和预测，研究层级至县及县以下行政区，涉及省份、区域经济体、城市、农村等不同维度，为地方经济社会宏观态势研究、发展经验研究、案例分析提供数据服务。

中国文化传媒数据库（下设 18 个子库）

汇聚文化传媒领域专家观点、热点资讯，梳理国内外中国文化发展相关学术研究成果、一手统计数据，涵盖文化产业、新闻传播、电影娱乐、文学艺术、群众文化等 18 个重点研究领域。为文化传媒研究提供相关数据、研究报告和综合分析服务。

世界经济与国际关系数据库（下设 6 个子库）

立足“皮书系列”世界经济、国际关系相关学术资源，整合世界经济、国际政治、世界文化与科技、全球性问题、国际组织与国际法、区域研究 6 大领域研究成果，为世界经济与国际关系研究提供全方位数据分析，为决策和形势研判提供参考。

法律声明